William Shakespeare

Hamlet

Englisch/Deutsch

Herausgegeben,
übersetzt und kommentiert
von Holger M. Klein

Philipp Reclam jun. Stuttgart

William Shakespeare

Hamlet

Band 1

Einführung
Text
Übersetzung
Textvarianten

Philipp Reclam jun. Stuttgart

RECLAMS UNIVERSAL-BIBLIOTHEK Nr. 8243

Gesamtherstellung: Reclam, Ditzingen. Printed in Germany 2009

ISBN 978-3-15-008243-0

www.reclam.de

Inhalt

Band 1

Vorwort 7
Zur Einführung in das Drama 13

Hamlet 51
Dramatis Personae 52
Erster Akt 54
Zweiter Akt 111
Dritter Akt 156
Vierter Akt 218
Fünfter Akt 264

Zur Textgestalt 315
Verzeichnis der Textvarianten 325

Band 2

Zur Anlage des Kommentars 7

Kommentar 11
Dramatis Personae 11
Erster Akt 13
Zweiter Akt 154
Dritter Akt 259
Vierter Akt 433
Fünfter Akt 557

Verzeichnis der Abkürzungen und Siglen 669
Bibliographie 675

Vorwort

Hamlet ist außerordentlich häufig ins Deutsche übertragen worden, fast ausschließlich unter Beibehaltung der Versformen des Originals. Gerade die zwei ersten Übersetzer, Christoph Martin Wieland (1766) und Johann Joachim Eschenburg (1782), wählten die Prosa. Es folgte 1798 Schlegels Versübersetzung, die sich zunehmend durchsetzte und, vielfache spätere Abänderungen und ›Verbesserungen‹ wie auch mehr oder weniger eigenständige Versuche anderer Dichter in den Schatten stellend, *die* Form blieb, in der *Hamlet* in Deutschland heimisch geworden ist. Schlegels Übersetzung hat Fehler, Mängel und Probleme; auch hat sich die deutsche Sprache so weiterentwickelt, daß manches bei ihm nicht mehr unmittelbar eingeht und dem Ganzen unvermeidlich eine Art Patina anhaftet, die, ebenso weit von Shakespeares Zeit wie von unserer entfernt, den Zugang zu Shakespeares Text gelegentlich eher hindert als fördert. In ihrer allgemeinen Schönheit, Plastizität und Kraft aber stellt Schlegels Übersetzung in sich selbst ein denkwürdiges Stück deutscher Literatur dar. Wie die meisten meiner Generation, die überhaupt mit diesem Drama in Berührung kamen, bin ich mit Schlegels *Hamlet* aufgewachsen; er läßt sich nicht überholen, nur umgehen – »and who else would trace him – his umbrage, nothing more«.

Der Aufforderung, der Bühne und dem allgemeinen Lesepublikum, Schule und Universität eine deutsche Prosaübersetzung im Rahmen einer zweisprachigen Ausgabe anzubieten, kam ich dagegen mit (manchmal heftig bereuter) Freude nach. Im Folgenden seien kurz die Prinzipien dargestellt, die meine Arbeit bestimmt haben.

Zunächst das *Textproblem*: Was sollte man übersetzen? Wie in »Zur Textgestalt« dargelegt, sind die Verhältnisse bei diesem Stück ungewöhnlich verwickelt und heiß debattiert. Es schien mir ein Unding, etwas abzudrucken und zu übersetzen, von dem ich nicht selbst überzeugt war. So erstellte ich eine neue

englische Ausgabe, die sich von den Texten, auf denen voraufgehende deutsche Übersetzungen basieren, vielfältig unterscheidet. Bei dieser Arbeit leisteten die Ergebnisse der Textkritik, die inzwischen erhebliche Fortschritte gemacht hat, große Dienste. Über einen gewissen Punkt hinaus aber hilft sie nicht, es bleibt nur die eigene Interpretation der Textlage von Fall zu Fall, verbunden mit allgemeineren Interpretationsgesichtspunkten.

Dazu kommt das *Verständnisproblem*: Für den Übersetzer stellt sich die dem Herausgeber vielfach ersparte Aufgabe, jeden Satz, ja jedes einzelne Wort zu ›verstehen‹ – d. h. es zu interpretieren und ihm innerhalb seines Kontextes eine bestimmte Bedeutung zu geben. Hier schien, über frühere Übersetzungen und deutschsprachige Hilfsmittel hinaus, ein radikal neuer Ansatz geboten. So wurden für jedes Wort direkt nach dem *Oxford English Dictionary* die in Frage kommenden Bedeutungen ermittelt. Auch dieses und andere unschätzbare Nachschlagewerke, so vor allem Alexander Schmidts (englischsprachiges) *Shakespeare-Lexicon*, geben oft nur Anhaltspunkte; denn *Hamlet* ist voll von sprachlichen Neuschöpfungen und Neuverwendungen, deren genauer Sinn fraglich bleibt und deren versuchsweise Definition bereits von bestimmten Interpretationen geleitet ist. Selbst in vielen ›normalen‹ Fällen bleibt die Festlegung der an der betreffenden Stelle p r i m ä r e n Bedeutung problematisch – eben eine Frage der Interpretation. Die Übersetzung muß sich für eine Bedeutung entscheiden, und die Darstellung anderer Möglichkeiten den Anmerkungen überlassen.

Weiterhin das Problem der *Wiedergabe*: Übersetzung im allgemeinen und die Übersetzung Shakespeares im besonderen sind in unserer Zeit zum eigenen Gegenstand wissenschaftlicher Forschung und Theorie geworden. Sie sind am nützlichsten in ihrer Analyse und Beschreibung bereits existierender Übersetzungen; für das Handeln, für die Praxis des literarischen Übersetzens, das eine Art Nachschöpfen ist, können sie wenig helfen. Man steht, wenn man endlich glaubt, ein Wort, eine

ganze Passage ›verstanden‹ zu haben, im wesentlichen allein vor der Frage: Wie soll man das in der anderen Sprache ausdrücken?

Allgemein habe ich versucht, weder zu ›altertümlich‹ noch zu ›modern‹ zu schreiben. Diese Neutralität, obgleich häufig angegriffen, scheint, verbunden mit den Zielen möglichster ›Genauigkeit‹, Klarheit und Sprechbarkeit, nach wie vor der beste Rahmen. Dafür bedarf es der Konzessionen nach beiden Seiten: Gelegentlich mußte eine moderne ›Aufladung‹ des Ausdrucks in Kauf genommen werden, oft schien es unumgänglich, den älteren Verhältnissen Rechnung zu tragen. Besondere Schwierigkeiten bieten dabei die *Anredeform* und die *Titulierung*. Für *you* wurde nicht »Sie«, sondern »Ihr« gewählt; das elisabethanische Englisch hatte ein System der Unterscheidung zwischen *you* und *thou*, das sich zwar in Auflösung befand, aber noch als Gerüst fungierte: *you* gegenüber Eltern und Ranghöheren, als allgemeine Höflichkeitsform, usw.; im Stück drückt der häufige Wechsel zwischen beiden Formen oft eine ›Temperaturschwankung‹ der Beziehung aus, wie sich am Beispiel von Claudius und Laertes in 4.5 gut beobachten läßt. Grundsätzlich wurde der Wechsel aber auch dort nachvollzogen, wo er nicht so klar einleuchtet oder überhaupt nicht. Bei den Titeln dagegen schien sowohl Übertragung als auch Vereinheitlichung notwendig. Manche neuere Shakespeare-Übersetzungen behalten *sir*, *my lord* und *madam* bei. Das ist zwar einfach, aber unbefriedigend. Hier wurde versucht, deutsche Äquivalente zu setzen, die dem jeweiligen Bezugsverhältnis entsprechen. So erscheint *my lord*, auf Hamlet angewendet, als »mein Prinz«, auf Claudius dagegen (außer im Fall von Gertrud) als »mein Fürst«. Darüber läßt sich natürlich streiten, wie über jede andere Lösung dieser Crux.

Die Grundsatzentscheidung für die *Prosa* fiel leicht; sie bedingt eine Entfernung von Shakespeares rhythmischen und klanglichen Effekten, erlaubt dafür aber eine der Verswieder-

gabe meist verwehrte grammatische, syntaktische und vor allem semantische Nähe zum Original. Innerhalb dieses Rahmens wurde versucht, Blankvers als etwas rhythmisierte, Prosapassagen aber als etwas ›prosaischere‹ Prosa wiederzugeben. Damit blieb für die Lieder, die vereinzelten Reimpaare und das Spiel im Spiel, die sämtlich hervorstechen müssen, nur – Vers und Reim; letzterer schien wichtiger, die Verslänge sekundär. Diese Lösung des Abstufungsproblems der Sprachebenen ist gewiß angreifbar; die Übertragung auch der gereimten Passagen als Prosa beeinträchtigt jedoch so wichtige Aspekte des Originals, daß die bekannten Übel der Versübersetzung, die man sich zu mindern mühen, aber die man kaum beseitigen kann, im Vergleich dazu als geringerer Nachteil erscheinen. Zweifel und ein Gefühl des Ungenügens, die dem Übersetzer hier und an anderen Stellen bleiben, werden dadurch gelindert, daß zumindest dem Leser Seite für Seite auch der englische Text zur Verfügung steht.
Schließlich das Problem der *Einrichtung*: hierfür war die englische Ausgabe von John Dover Wilson richtungweisend. Viele spätere englische Ausgaben zogen es vor, die Einrichtung der Frühdrucke möglichst unbearbeitet zu reproduzieren. Wie Wilson, scheint es auch mir dagegen wichtig, dem Darsteller wie dem Leser Anregungen zur Visualisierung des Bühnenvorganges zu geben. Auf die lange Editionstradition zurückgreifend, wurden daher oft zusätzliche Bühnenanweisungen eingefügt und vorhandene erweitert oder adaptiert. Dabei war die Perspektive des Zuschauers stets der Ausgangspunkt. Anhand des Textapparates sind solche Eingriffe klar zu unterscheiden. Sie bedingen, in minderem oder stärkerem Maß, eine bestimmte Interpretation; das ist jedoch, wie dargelegt, bereits der Fall bei der Wahl von Text- und Anweisungsvarianten der Frühdrucke und vornehmlich in der Auswahl einer einzigen aus mehreren Übersetzungsmöglichkeiten. Jede Herausgabe schließt wie jede Übersetzung die Deutung ein.
Die Arbeit an der vorliegenden *Hamlet*-Edition wurde im

Sommer 1981 abgeschlossen, später erschienene Studien und Ausgaben (so vor allem die 1982 erschienene »New Arden Edition« von Harold Jenkins, s. Bibliographie) konnten daher nicht mehr berücksichtigt werden.

H. M. K.

Zur Einführung in das Drama

Gegen Ende des 12. Jahrhunderts verfaßte der Däne Saxo Grammaticus (um 1150–1206), ein Gelehrter und Dichter, auf Anregung des Erzbischofs Absolon von Lund, dessen Sekretär er war, eine große Sammlung von Geschichten. Sie umfaßt (ähnlich wie Geoffrey of Monmouths etwas frühere *Historia Regum Britanniae*) teilweise mythenhafte Legenden, aber auch historische Begebenheiten aus der näher zurückliegenden Vergangenheit. Das 3. und 4. Buch von Saxos *Historia Danica* enthält die früheste uns bekannte Fassung des *Hamlet*-Stoffes, wobei die Leiden, Abenteuer und Heldentaten von Amlethus, Sohn von Horwendillus und Gerutha, den Rahmen der im Drama wiedergegebenen Handlung weit überschreiten.
Saxos Werk wurde 1514 zum ersten Mal gedruckt und im 16. Jahrhundert noch mehrmals aufgelegt (u. a. erschien 1579 eine dänische Übersetzung). François de Belleforest (1530–83) übertrug die ausführliche, wilde Geschichte, wie Amleth sich an seinem Onkel Fengo(n) für den Mord am Vater und die Heirat mit der Mutter zielbewußt, listig, sogar Wahnsinn vortäuschend, mit blutrünstiger Grausamkeit rächte, und was er sonst noch erlebte, ins Französische. Dabei nahm er einige Änderungen vor (fügte vor allem das Ehebruch-Motiv hinzu) und streute viele lange moralische Betrachtungen ein. Belleforests Version erschien von 1570 an im 5. Band seiner populären *Histoires Tragiques*; sie wurde (nach der Ausgabe von 1582) anonym ins Englische übersetzt und als *The Hystorie of Hamblet* in London 1608 gedruckt, also nach Shakespeares *Hamlet* und, wie man an Spuren besonders der *Hamlet* 3.4 entsprechenden Situation wahrnehmen kann, vermutlich in Kenntnis einer Aufführung von Shakespeares Drama.
Inzwischen war Belleforests Geschichte bereits in England aufgegriffen worden, vermutlich von Thomas Kyd, in einem Drama, das wohl kurz vor oder nach *The Spanish Tragedy* (um 1589, gedr. 1592) entstand, die ihrerseits viele Ähnlichkeiten

mit *Hamlet* hat. Jedenfalls existierte ein *Hamlet*-Drama 1589, denn Thomas Nashe schreibt im Vorwort zur pastoralen Romanze *Menaphon* von Robert Greene verächtlich über »whole Hamlets, I should say handfuls of Tragicall speeches«, die jemand im Gefolge der Senecaschen Rachetragödie liefere; für Juni 1594 ist eine Aufführung im Newington-Butts-Theater belegt, und es gibt weitere frühe Hinweise und Anspielungen. Es ist sogar wahrscheinlich, daß dieser ›Ur-Hamlet‹ (der nicht von Shakespeare stammen kann) von Shakespeares Truppe gespielt wurde. Wie das Stück ausgesehen haben mag, bleibt Sache mehr oder weniger überzeugender Deduktion und Spekulation, die auch das erste *Hamlet*-Quarto (1603) und den *Bestraften Brudermord* einbeziehen (vgl. »Zur Textgestalt«). Nur daß der ›Ur-Hamlet‹, wie auch die *Spanish Tragedy*, einen Geist enthielt, kann als sicher gelten.

Es ist nicht ausgeschlossen, daß Shakespeare Saxos Geschichte direkt kannte; es ist viel leichter möglich, daß er Belleforests Version benutzte oder konsultierte; am wahrscheinlichsten aber entstand sein *Hamlet* auf der Grundlage, zunächst vielleicht als Überarbeitung, dieses älteren englischen Hamlet-Dramas. Dabei flossen hinsichtlich bestimmter Elemente wie z. B. des »Murder of Gonzago« und anderer, kleinerer Passagen weitere Materialien ein, die sich in Geoffrey Bulloughs schöner Sammlung *Narrative and Dramatic Sources of Shakespeare* (Bd. 7, 1973) vereinigt finden.

Das Entstehungsdatum von Shakespeares *Hamlet* wird heute allgemein auf 1600/1601 angesetzt; aber auch ein früherer Beginn, 1598 oder besser 1599, ist möglich. Der Terminus ante quem wurde lange u. a. auf eine vielleicht vor Februar 1601 geschriebene Notiz des Cambridger Gelehrten Gabriel Harvey gestützt, die ausdrücklich »Shakespeares [. . .] tragedie of Hamlet, Prince of Denmarke« lobend erwähnt; inzwischen ist die Datierung dieser Notiz auf spätestens 1603 verrückt, aber 1601 ist auch aufgrund anderer Faktoren höchstwahrscheinlich späteste Grenze. Für den 26. Juli 1602 weist das »Stationer's Register«, u. a. das Titelrechts-Register der Londoner Buch-

händlergilde, einen Eintrag für Shakespeares *Hamlet* auf, mit dem Vermerk »latelie Acted by the Lord Chamberleyne his seruantes«. Und der Raubdruck Q 1 von 1603 verkündet stolz Aufführungen »in the Cittie of London« sowie »the two Vniuersities of Cambridge and Oxford, and else-where«.

*

Populär war *Hamlet* schon zu seiner Zeit; es gibt Belege und Hinweise über weitere frühe Aufführungen, bald schon deutliche Einflüsse und Parodien in anderen Stücken. Aber auch *The Spanish Tragedy* und (offenbar) der ›Ur-Hamlet‹, den Shakespeares Stück völlig verdrängt bzw. abgelöst haben muß, erfreuten sich großer Beliebtheit. Für das Hamlet-Stück kann man dabei auf gewisse äußere Umstände hinweisen – Dänemark war in den neunziger Jahren des 16. Jahrhunderts durch intensivierte Beziehungen beider Länder in England ›aktuell‹; in einer anderen Richtung konnte mit der ›Besetzung‹ James, seiner Mutter, Mary Stuart, seinem Vater, Lord Darnley, und Marys drittem Mann, Lord Boswell, eine zumindest entfernte politische Parallele gesehen werden, usw. Rache fand als Dramenstoff in dieser Zeit aber auch allgemein großen Zuspruch; den genannten muß man vor allem vier weitere Stücke anfügen, die sich mit Shakespeares *Hamlet* (in kaum entwirrbarem chronologischem Verhältnis) vielfältig berühren: *Alphonsus, Emperor of Germany* (anonym; um 1597, gedr. 1654), John Marstons *Antonio and Mellida* (1599, gedr. 1602) und *Antonio's Revenge* (um 1600, gedr. 1602) sowie Henry Chettles *The Tragedy of Hoffman* (1602, gedr. 1631). Die Unterschiede sind jedoch tiefgreifender als die oft verblüffenden Parallelen und manchmal wörtlichen Anklänge. Und weder von dieser ersten, weitgehend Seneca-orientierten Welle der ›Rachetragödie‹ im Gefolge Kyds, noch von der etwas späteren, die Rache immer prononcierter ablehnenden Welle des Genres (vgl. Fredson Bowers, *Elizabethan Revenge Tragedy 1587–1642*, 1940) ist viel geblieben – außer Shakespeares *Hamlet*. Einzelvergleiche können die maßgeblichen Gründe dafür leicht herausarbeiten.

Hamlet hat wie wohl wenige andere Dramen des Abendlandes Geister und Gemüter bewegt, hat sie fasziniert. Der unübersehbare Strom von Untersuchungen, Studien und Beiträgen aller Art birgt methodisch die verschiedensten Ansätze und kritisch die unterschiedlichsten Werturteile. Er ist bereits selbst wieder Gegenstand wissenschaftlicher Arbeiten geworden (vgl. besonders die neuere Studie von Maurice Weitz, *»Hamlet« and the Philosophy of Literary Criticism*, 1964). Solche Überblicke über die *Hamlet*-Literatur verdeutlichen vor allem drei Dinge:

Bis in unser Jahrhundert hinein war Hamlet, der Prinz, hauptsächliches Faszinans; an der Gestalt des melancholischen Dänenprinzen ist die *Hamlet*-Kritik großgeworden.

Zweitens zeigt sich, daß für dies Drama in erhöhtem Maße zutrifft, was Friedrich Gundolf (*Shakespeare und der deutsche Geist*, 1927) in größerem Rahmen einprägsam aufzeigte: daß nämlich jeder einzelne und jede Epoche (falls man einen solchen Begriff als Arbeitsbehelf verwenden darf) in der Interpretation Shakespeares zugleich das eigene Portrait mitentwirft. Dies erweist sich vom tatenunlustigen, kontemplativen Menschen, der seinem Schöpfer Coleridge so verblüffend ähnelt (wie jener wach genug war, selbst zu erkennen) bis zur starken Verlagerung des Interesses auf das Stück als Ganzes in unserer Zeit – einer Zeit, die beispielsweise auch in der Historiographie eine weitreichende Verschiebung von politisch-biographischen auf sozialgeschichtliche Aspekte erlebt hat. Mit Jan Kott (*Shakespeare Our Contemporary*, 1964/65) ist diese Möglichkeit der ständigen Neu-Entdeckung und Neu-Identifizierung positiv, als Beweis der Lebendigkeit und Bedeutung dieses Dramas, zu betrachten.

Drittens veranschaulicht die retrospektive Aufarbeitung, daß in der Literaturwissenschaft kaum je ein neuer Gesichtspunkt, eine neue Methode, voraufgehende wirklich ablöst, ungültig oder überflüssig macht; das gibt es hauptsächlich in den Nachbardisziplinen der Bibliographie und Textkritik, die gerade zu *Hamlet* viel Wesentliches beitragen konnten. Aber schon, was

oft mit aus naturwissenschaftlich-exakten Verfahren erzielten Ergebnissen gemacht wird, unterliegt wieder dem Vorgang der Akkumulation eher denn dem der Substitution. So hat auch die langwährende Konzentration auf Hamlet statt *Hamlet* einige gute Gründe im Text selbst, und die Annäherung an das Drama durch den ›Charakter‹ bleibt eine fruchtbare Möglichkeit, wenngleich sie der Ergänzung durch andere bedarf, die hier im Vordergrund stehen sollen.

*

Warum hat sich die Kritik so lange vorwiegend mit dem Titelhelden beschäftigt? Warum haben ungezählte Schauspieler höchsten Ranges sie verkörpert – Richard Burbage (wie wir annehmen können), Thomas Betterton, David Garrick, Edmund Kean, Henry Irving, Josef Kainz, John Gielgud, Gustav Gründgens, Alec Guiness, Laurence Olivier, um nur an einige zu erinnern? Warum fesselte Hamlet die Phantasie eines ungeheuren Theater- und Lesepublikums? Auf diese (miteinander verknüpften) Fragen gibt es zunächst eine einfache Antwort: Das Drama ist in ungewöhnlichem Maße auf diese Figur hin organisiert; Annäherungen an eine solche Konzentration auf die Zentralgestalt sind vielleicht *Richard II*, die ›tragödienhafteste‹ unter den Historien, und die glorreiche Epopöe *Henry V*. Weiterhin ist *Hamlet* Shakespeares längstes Stück, und Hamlet spricht rund die Hälfte des gesamten Textes. Es ist die längste Shakespeare-Rolle, die reichste und sicher eine der schwierigsten.

Das genügt natürlich nicht. Andere Erklärungen lassen sich anfügen. Kaum eine Zentralfigur Shakespeares ›kennen‹ wir so gut, kaum eine ist, in E. M. Forsters (für den Roman geprägten) Terminologie, ein so ›runder‹ Charakter. Das hängt zusammen mit der großen Zahl von Monologen, aber die haben Richard III, Iago und Macbeth gleichfalls. Es hängt auch mit der Breite des von Hamlet berührten Interessenfeldes und der Vielfalt heterogener Situationen zusammen, in denen wir ihn erleben.

Noch wichtiger ist vielleicht die Art seiner Rolle und seine Lage im Stück als passiver, den Einwirkungen der Umwelt und des Geschicks ausgesetzter Held. Dies macht ihn, wie Goethe in seiner interessanten Unterscheidung der beiden Gattungen (*Lehrjahre* V.7) bemerkt, zur ›romanhaften‹ Hauptfigur; es vermehrt auch die Ansatzflächen für Anteilnahme und teilweise Identifizierung. Die Manipulationen eines Richard oder Iago (mit Aaron und Edmund als weniger bedeutenden Parallelfiguren) verfolgt man wohl doch mit einer Mischung von Abscheu und widerwilliger Bewunderung; auch das lebhafteste Interesse bleibt distanziert und durch das Mitleid mit den Opfern ihrer Triumphe begrenzt. Macbeth steht etwas näher, indem er bald zum Gefangenen der mit Zögern und Skrupeln unternommenen Tat wird. Es bleibt aber der grundsätzliche Unterschied zu diesen wie anderen großes Interesse auf sich ziehenden Figuren als Handelnden im Sinn von Missetätern (wie Claudius).

Schon eher vergleichbar scheint Lear, dessen ›Tat‹ kein Verbrechen, sondern ein Fehler ist (Aristoteles' *hamartia*, *Poetik* XIII; die im Englischen häufige Übersetzung als »error« und heute überwiegende Erklärung als »error of judgment« bringen den – vermutlich – gemeinten Sinn noch besser heraus). In der Tat erlebt Lear das Ausgeliefertsein weit elementarer. Noch entscheidender ist jedoch eine auch hier von derjenigen Hamlets verschiedene Grundsituation: *King Lear* darf als grandioseste Entwicklung des mittelalterlichen Typus der De-casibus-Tragödie gelten – Lear durchlebt einen Fall. Hamlet kann in diesem Sinn nicht ›fallen‹, er fängt schon (viel weiter) unten an. Ohne sein Zutun wird er, wie die meisten von uns, in eine bestimmte Situation gestellt. Er ist von Anfang an Reagierender; als solcher steht er der Allgemeinheit nah und ermöglicht unmittelbare Empathie.

Es ist ein Prinz, der zur Rache aufgerufen wird, zu einer Bluttat; das scheint heute mehr denn je vom Zuschauer entfernt. Die Gleichheit der äußeren Umstände, die bezeichnenderweise in dem Jahrhundert, das den Aufstieg des Romans

brachte, auch für die Tragödie gefordert wurde (vgl. George Lillo, Widmung des *London Merchant*, 1731), ist jedoch nicht Voraussetzung der Wirkung, ebensowenig wie beim Märchen, in dem so häufig Könige und Königskinder figurieren. Eine der neueren Forschung auf jenem Gebiet analog arbeitende, mythisch-archetypische *Hamlet*-Betrachtung könnte im ›Prinzen‹ das werdende Ich, im »had he been put on«, in der versagt bleibenden ›Krone‹ das Ziel der Selbstverwirklichung erblikken. Eine marxistisch orientierte *Hamlet*-Deutung könnte, stärker als dies bereits geschehen ist, im Genre der Rachetragödie überhaupt die Situation der Mittelklasse, im Untergang der rächenden Protagonisten den notwendig scheiternden, da verfrühten Versuch der Auflehnung herausbringen, die sich in England dann erst in der Mitte des 17. Jahrhunderts im Bürgerkrieg verwirklichen konnte. Die Psychoanalyse hat, zunächst in Nachfolge Sigmund Freuds (Ernest Jones, *Hamlet and Oedipus*, 1910/49) u. a. in der Konstellation Sohn – Vater – Mutter – Onkel die Projektion eines anscheinend jeden männlichen Menschen konfrontierenden Problems herausgelesen. All dies lag Shakespeare vermutlich gleich fern – was diese Interpretationsmöglichkeiten natürlich keineswegs ausschließt, sie aber in einer Hinsicht von anderen differenziert. Hier wurden sie nur skizziert, um den allgemeinen, menschlich-repräsentativen Aspekt von Hamlets Lage zu illustrieren.

Ein Erkennen der Kombination von Position als Zentralgestalt, Ausführlichkeit ihrer Darstellung und Schuldlosigkeit an den Übeln der gezeigten Welt hilft weitgehend, das ungeheure Interesse an dieser Gestalt zu erklären. Es ist unabhängig von dem in Hamlets Rolle angelegten theatralischen Potential und der inneren Weite, der Intensität, Feinheit und edlen Humanität, die vielen seiner Äußerungen innewohnen, unabhängig von der geistigen Statur und der seelischen Größe, die er offenbart. Das ist wichtig, denn diesen Zügen stehen andere, weniger sympathische gegenüber, die nur eine stark idealisierende oder gar verkitschende Zeichnung dieses Charakters

zu verwischen vermöchte. Hamlet ist unduldsam, oft unbeherrscht, ja hysterisch, er kann kalt und recht grausam sein. Diese ›weniger sympathischen‹ Züge fügen sich natürlich wiederum zu einem Gesamtbild zusammen, auf dessen Bedeutung Aristoteles eingehend hingewiesen hat und in dem er die ›Gleichheit‹ oder Ähnlichkeit zwischen Figur und Zuschauern begründete, und mit ihr die Wirkung: Hamlet ist eine reale, menschliche ›Mittelperson‹, die, ohne es verdient zu haben, »ins Unglück« gerät (*Poetik* XIII), wobei die der Tragödie angemessene, leicht idealisierende Überhöhung sich auswirkt und die *hamartia* nicht eigentlich ein mit seinem Unglück auch nur verbundener (geschweige denn es verursachender) Fehler ist, sondern, wie schon bei *Oidipous Tyrannos*, dem Drama, das Aristoteles ansonsten offenbar als Hauptmodell diente, eher mit dem ›Unglück‹ versöhnende Schwäche. In beiden Stücken hat die tragische Handlung mit der Zentralgestalt kausal unverbundene Ursachen.

Der Zuschnitt dieser Tragödie auf die Zentralfigur, einer der wesentlichen Gründe für die auf sie konzentrierte Deutung, erweist sich besonders klar am Ende. Horatio soll und will der »yet unknowing world« berichten, »How these things came about«; das entspricht Hamlets Bitte »th' occurrents, more and less, / Which have solicited« mitzuteilen. Der Auftrag hat jedoch einen weit spezifischeren Tenor: es ist sein versehrter Name, der Hamlet (wie z. B. auch Othello) vor seinem Ende besonders beschäftigt; er bedarf der erklärenden Rechtfertigung. So bittet er Horatio »report me and my cause aright / To the unsatisfied«, drängt ihn, am Leben zu bleiben, »To tell my story«.
Unser Jahrhundert vergnügt sich besonders gerne mit der Nachschöpfung berühmter Begebenheiten aus einem ungewöhnlichen Blickwinkel – Beispiele sind Claudels *La Mort de Judas*, Manns *Lotte in Weimar*, oder auch Stoppards *Rosencrantz and Guildenstern are Dead*, höchst amüsante Arabesken. Die besondere Form von Horatios Auftrag deckt sich

dagegen mit dem Titel der Quarto-Drucke: *The Tragicall Historie of Hamlet, Prince of Denmarke*. Was die noch unwissende Welt von Helsingör erfahren wird, ist natürlich das Geschehen, das das Publikum im Theater, der Leser zu Hause, soeben aufnahm. Und Direktive wie Auftragsträger garantieren, daß der Bericht von der Perspektive der Zentralgestalt her erfolgt, kaum also in der Ausgestaltung, die Marion L. Wilson ihm gab (*The Tragedy of Hamlet, as told by Horatio*, 1956). Hamlets ist auch die beherrschende Perspektive im Drama, auf Kosten anderer: Gertruds, Ophelias, Laertes', Fortinbras'. Unter den Personen auf der Bühne ist zweifellos Horatio am besten in der Lage, den Bericht zu erstatten. Der Zuschauer könnte es noch besser, denn er hat auf Schritt und Tritt die Ereignisse miterlebt, und zwar primär im Spiegel von Hamlets innerer Reaktion. Der Zuschauer ist darüber hinaus vom Dramatiker zum ›Mehrwissenden‹ gemacht, er hat Perspektiven und sieht Dimensionen, die sich nicht nur Horatio, sondern auch Hamlet selbst entziehen. Der Zuschnitt des Dramas macht es aber recht schwer, diese zu bewahren oder gar durchzusetzen.

Shakespeare ist, was man im Roman einen ›verläßlichen‹ Erzähler nennen würde; e r hat (ebenso wie alle anderen Eigenschaften des Textes) diese Grundanlage des Stücks bestimmt, kaum in der Erwartung, daß sie unterlaufen oder umgangen wird, sondern in der, daß sie als Leitlinie diene.

Hamlet ist, um diese Frage abschließend in einen größeren Rahmen zu rücken, nur ein extremer Fall einer allgemeinen Tendenz der Tragödienkritik, die Gestalt des tragischen Helden überzubetonen und vielfach zu isoliert zu betrachten. John Jones wirkte ihr in einer aufsehenerregenden Studie (*On Aristotle and Greek Tragedy*, 1962) entgegen, indem er auf die grundsätzliche Beschreibung des Dramas als die Nachahmung von »handelnden Menschen« hinwies und auf die überragende Wichtigkeit, die Aristoteles der Handlung (*mythos*) gegenüber den anderen dramatischen Bauelementen einschließlich des Charakters (*ethos*) beimaß (*Poetik* II und VI).

Zu einer ausgewogenen Betrachtung des Ganzen hilft zunächst schon die Berücksichtigung von Hamlets Gegner. In *Hamlet* kommt auch, gewichtiger als in vielen anderen Rachetragödien der Zeit, die Perspektive des Antagonisten zum Tragen – seltener, kürzer, eindeutig sekundär, aber doch mehr als z. B. die der Missetäter in Kyds *Spanish Tragedy*, des Herzogs in Cyril Tourneurs *The Revenger's Tragedy* (gedr. 1607), des Grafen in George Chapmans *The Revenge of Bussy d'Ambois* (um 1610, gedr. 1613) oder des Königs in Francis Beaumonts und John Fletchers *The Maid's Tragedy* (um 1610/11, gedr. 1619). Das Objekt der Rache, Claudius, ist nicht nur eingehender und vor allem auch aus der Innensicht dargestellt, sondern zugleich weit interessanter und sogar sympathischer als solche Vergleichsfiguren: der König mag »bloat« sein, ein Satyr, gemessen an Hyperion, usw., ist aber kaum »garbage«. Wir erleben, vor allem zu Anfang, und noch weit bis in die Mitte des Stücks reichend, einen leutseligen, kraftvollen und offenbar fähigen und geschickten Herrscher. So, wie der Protagonist aus Saxos und Belleforests gewitzter und brutaler Rächerfigur in einen zwar kräftigen, aber ebenso intelligenten, gebildeten und sensiblen Mann verwandelt wurde, hat auf der anderen Seite der Antagonist, der Giftmörder, Ehebrecher und Blutschänder, Profil gewonnen, manche lobenswerten Eigenschaften und vor allem eine Seele, ein Gewissen.

In bezug auf Hamlet führte Shakespeares Formung des Stoffs zur genugsam bekannten ›Romantisierung‹ der Gestalt, die man vereinfachend unter Goethes, oder vielmehr Wilhelm Meisters (*Lehrjahre* IV.13), Bild vom »Eichenbaum« (die Racheaufgabe) und dem »köstlichen Gefäß« (die Seele Hamlets) zusammenfassen kann. Im Hinblick auf Claudius hat das in unserem Jahrhundert einerseits z. B. bei Levin L. Schücking (*Die Charakterprobleme bei Shakespeare*, 1919) zum Vorwurf eines zu guten Bösewichts geführt, andererseits bei George Wilson Knight (*The Wheel of Fire*, 1930) zu der These, der Status quo bei der Eröffnung dieses Trauerspiels sei, wiewohl auf Unrecht gegründet, doch tragbar und in vieler

Hinsicht positiv; Hamlet zerstöre mehr, als zu verantworten sei. Knights destruktives Todesprinzip, dem Hamlet dient, wurde dann noch später zu dem des Teufels, auf den der Prinz hereinfällt, bei Eleanor Prosser (*Hamlet and Revenge*, 1967).

Hierbei handelt es sich, trotz Prossers sehr verdienstvoller, historisch vorgehender Arbeit, wohl doch um die Anwendung eines Weltbildes, das dem Shakespeareschen Drama fremd ist. Und im Gegensatz zu Märchenforschung, Marxismus und Psychoanalyse muß man solchen, Shakespeares ›Intentionen‹ auslegenden Deutungen etwas Bestimmtes entgegenhalten können, wenn man sich ihnen nicht anschließen will. Das scheint auf allgemeiner Ebene wie im besonderen für *Hamlet* möglich.

Allgemein ist zu argumentieren, daß nach einer Sicht wie der – brillant vorgetragenen – von Knight, Hamlet bestenfalls zu einer Figur wird wie Ibsens Gregers Werle (*Die Wildente*), oder, schlimmer, wie die Titelgestalt in Jean Giraudoux' *Electre*. Man mag die eine oder die andere Weltanschauung als humaner empfinden, aber man muß den Unterschied bewahren. Ein Status quo, und sei er noch so harmonisch und friedlich, der auf blutiges Unrecht gegründet ist, kann (zumindest in unmittelbarer Folgezeit) in Shakespeares dramatischer Welt nicht Bestand haben. Es ist eine Welt, die gemäß Aristoteles, durch Sir Philip Sidney (*An Apology for Poetry*, um 1580/81, gedr. 1595) gerade in diesem Punkt axiomatisch verstärkt, unter Mimesis nicht die photographische Wiedergabe der Wirklichkeit, sondern ihr idealtypisches Abbilden verstand, das die Dinge nicht schildert, ›wie sie gewesen sind‹, sondern wie sie gewesen sein könnten – und vor allem wie sie sein sollten. Eine Nemesis bzw. göttliche Vorsehung ist am Werk, die das Unrecht ahndet und ihre Zwecke ungeachtet der Willensrichtung ihrer Werkzeuge früher oder später durchsetzt.

Die Zeit ist aus den Fugen, etwas ist faul im Staate Dänemark. Es ist nicht Hamlets Gemütsverfassung oder Geisteszustand; es ist nicht das Wirken eines todbringenden oder gar

diabolischen Impulses, der, Hamlets angegriffenen Zustand nutzend, sich seiner bemächtigt und durch ihn das Land zerstört. Hamlet stellt sich diese Frage selbst (2.2.593 ff.), erforscht sie – und verneint sie (3.2.283). Und der Text gibt insgesamt keine andere Antwort her. Wie Wolfgang Clemen (*Shakespeares Bilder*, 1937) und Humphrey D. F. Kitto (*Form and Meaning in Drama*, 1956) besonders detailliert und eindringlich aufgewiesen haben, ist es vielmehr Claudius' Tat, die, wie ein Gift sich ausbreitend, Thron und Reich mit Fäulnis schlägt und schließlich zerstört. Die Omina, von denen Horatio eingangs berichtet, entsprechen im Prinzip den Plagen Thebens.

Shakespeare schrieb in einem christlich bestimmten Zeitalter. Er hätte dennoch diesen Stoff aufgreifen können, ohne diesem Umstand explizit Rechnung zu tragen. Um so bemerkenswerter ist, daß er diese, wie gerade Belleforest betont, urtümlich-grausige, vorchristliche Geschichte direkt und nachdrücklich in die herrschende Welt- und Gottessicht seiner Zeit einbaut. Diese Sicht unterscheidet sich im hier relevanten Aspekt auch von der des klassischen Altertums durch die klare Entflechtung von Menschheit und Gottheit.

Hamlet ist, wie Orestes, zunächst widerstrebender Ahnder; Hamlet lernt im Verlauf der Tragödie, wie George Roy Elliott hervorgehoben hat, sich in die Fügung zu schicken – »O cursed spite« weicht als Reaktion dem Bild von »scourge and minister«. Ein wichtiger Unterschied besteht natürlich darin, daß Hamlet ausdrücklich nicht die Tat der Mutter ahnden soll, während Orestes auch diese Last aufgebürdet wird; ein noch wichtigerer Unterschied ist, daß im *Hamlet* nicht die problematische Natur der fügenden Gottheit existiert, die Sophokles in seiner *Elektra* durch den frühen Cut-off point ausklammert (im Gegensatz zu Aischylos und Euripides), so wie er im *Oidipous Tyrannos* die horrende Problematik der Verantwortung der Gottheit nicht einmal anrührt. Außerdem ruht auf dem Hause Dänemark kein Tantaliden- oder Labdakidenverhängnis, das einen Nachgeborenen in sein Dilemma stürzen könnte. Die

Handlung des *Hamlet* ist andererseits auch keine autonome Willenserfüllung der Gottheit, wie Milton seinen alttestamentlichen Stoff ausgebildet hat, keine »unsearchable dispose / Of Highest Wisdom« (*Samson Agonistes*, Endchor).
Die untragbare Gegenwart ruht in *Hamlet* vielmehr auf der nur kurze Zeit zurückliegenden willentlichen Übertretung fester göttlicher Gebote, auf Sünde (*Exodus* XX.13 f., *Leviticus* XVIII.16) eines einzelnen, und seine Vernichtung reißt aufgrund seiner Stellung im Gemeinschaftsgefüge alles, »What's near it with it«, einschließlich »scourge and minister«. Das Geschick ist nicht vorbestimmt, nicht Ursache und Movens des Geschehens, sondern das Geschehen besteht im Vollzug des durch ein Verbrechen ausgelösten Geschicks. Und wie gewöhnlich bei Shakespeare, ist das Verbrechen bewußtes und persönlich zu verantwortendes Tun. Etwaige weitere Ursachen kommen im *Hamlet* nicht zur Sprache. Soweit wir wissen können, lenken nur das ›Gelüsten nach seines Nächsten Weib‹ und das Gelüsten nach der Macht Claudius zum Mord. Diese weitere Entflechtung von Individuum und Umwelt erweist sich auch in anderen Dramen: Die Lage des Außenseiters oder Benachteiligten, sei er Buckliger, Bastard, oder was auch immer, schreibt die Missetat nicht vor, die Gaukeleien der »weird sisters« führen nicht den Arm im Stoß.
Etwas dem Tantaliden- bzw. Atridenschicksal Ähnliches gestaltet Shakespeare dagegen, über viele Jahre hinweg und nicht in der historisch-chronologischen Reihenfolge, in den beiden Historien-Tetralogien. Dort findet sich auch eine Art von Versöhnung der Erinnyen (freilich ganz anders ausgeführt), aber erst über mehrere Generationen hinweg. Die Erfüllung von Carlisles Prophezeiung (Absetzungsszene 4.1 in *Richard II*) wird in *Henry V* zwar vorübergehend suspendiert, das Gebet vor Agincourt (4.1.288 ff., »Not today, O Lord« usw.) offenbar erhört, die endgültige Ablösung der Schuld erfolgt jedoch erst, unter den Auspizien der Tudor-Ideologie, durch die Vereinigung der Rosen am Ende von *Richard III*.
Es gibt keine Hamletiden-Serie. Es gibt nur die eine Tragödie,

und in ihr menschliche Schuld und ihre Auswirkungen. Henry kann darum bitten, daß der Schuld seines Vaters nicht gedacht werden möge, kann auf die opfernden Reuebeweise deuten, die er für seines Vaters Tat dargebracht hat und noch darbringt. Claudius hat keine Sündenlast geerbt, er hat sie sich selbst aufgebürdet und vermag es nicht, sie abzuwerfen, indem er bereut. Daß Shakespeare das Racheobjekt so weitgehend als ringende Seele darstellt, verleiht der Tragödie eine zusätzliche menschliche Dimension. Nach erfolglosem Versuch der Umkehr aber verhärtet sich Claudius erneut und wird (ähnlich wie Macbeth), unter Zugzwang weitere Verbrechen anhäufend, Gefangener des ersten Mordes. Um Knight zu folgen, müßte man vieles im Stück wegdenken, besonders auch die schneidend scharfe Scheidung der Charaktere am Ende. Des selbst sterbenden Laertes Worte bei des Königs Tod haben nicht nur unmittelbaren, sondern auch allgemeinen Bezug: »He is justly served, / It is a poison tempered by himself.« Sie bleiben unwidersprochen und stehen als umfassende, endgültige Feststellung da.

Wie aber stellen sich Charakter und Lage dessen dar, der diese ›gerechte‹ Strafe verabfolgt, insbesondere, wenn man den Bezugsrahmen christlicher Ethik berücksichtigt? Grundanlage, fortlaufende Innensicht und viele Äußerungen anderer Charaktere im Drama lenken die Sympathien auf Hamlet; obgleich er einiges sagt und tut, das immer wieder auch große Bewunderer wie Dr. Johnson befremdet, erschreckt, ja abgestoßen hat, fällt es den meisten (Tolstoj ist eine der markantesten Ausnahmen) schwer, ihm diese Sympathien vorzuenthalten. Tut man das aber, so nicht ohne Gewaltsamkeit. Ein extremes Beispiel dafür ist die *Hamlet*-Collage von Charles Marowitz (1968), die es fertigbringt, unter fast ausschließlicher Verwendung originaler Textstellen nichts vom *Hamlet* Shakespeares übrig zu lassen.

Aber Sympathie braucht nicht Verständnis oder Billigung der Handlungsweise zu bedeuten. So mutmaßt Prosser über die

Reaktion des zeitgenössischen Publikums: »They sympathized with the plight of the revenger but firmly, if regretfully, condemned his attempt to take the law into his own hands.« In die Argumentation für eine andere Mutmaßung kann und muß auch das notorische Problem von Hamlets Zögern, seines Aufschiebens der Tat, einbezogen werden. Damit ist die Komposition des ganzen Dramas angesprochen.

Von drei mehrfach vorgebrachten Erklärungsrichtungen des »delay« sei hier abgesehen: Erstens von der These, es finde gar kein »delay« statt; denn auch unabhängig von den Selbstvorwürfen und der Mahnung des Geistes in 3.4 ist der Aufschub der Tat einfach Tatsache im Stück. Zweitens von der psychoanalytischen Diagnose, der Aufschub beruhe auf einem unbewußten und daher (für den Diagnostiker gelegen) ungeäußerten Hemmnis, indem Claudius im Beischlaf mit Gertrud durchführe, was Hamlet nur in oedipaler Begierde anstrebe, und Claudius' Tötung daher der Selbsttötung Hamlets gleichkäme; eine solche Substitution eines konjizierten realen Menschen für die im Theater projizierte Person ist stets möglich, aber unverbindlich, da sie die Wirklichkeit des Stücks durch eine andere ersetzt. Drittens von der These, die Tötung des Königs sei effektiv schwierig; das trifft z. B. in Kyds *Spanish Tragedy* zu; in *Hamlet* erledigt es sich nicht nur durch 3.3, sondern auch dadurch, daß nirgends im Text von objektiven Hindernissen der Durchführung die Rede ist.

Zwei Theorien bieten sich als hauptsächliche Möglichkeiten an: Der Aufschub kann entweder auf Hamlets (wiederum sehr unterschiedlich erklärtem) Charakter beruhen, auf seiner Tatunlust oder Tatunfähigkeit; oder aber auf seinen Zweifeln an der Natur des Geistes und damit der Wahrheit seiner Anschuldigungen. Beides kommt im Stück mehrfach zur Sprache und ist ernstzunehmen. Es stößt aber auch beides auf gleichfalls im Stück gegebene Fakten: Zum einen offenbart Hamlet, z. B. schon in 1.4, sehr wohl die Fähigkeit zu raschem, entschlossenem Handeln; zum andern reichen die Zweifel am Geist nur bis zum Spiel im Spiel in 3.2.

Es bleibt, so scheint es, noch eine andere Möglichkeit der Erklärung: Der Aufschub ist eine kompositorische Notwendigkeit des Dramatikers. Dies kann man in einer frivolen Spielart vorbringen: Rache nach 1.5 ergäbe kein Stück, der Aufschub ist schlichte technische Bedingung; damit erübrigt sich natürlich jede weitere Diskussion. Eine ernsthafte Version dieser Erklärungsrichtung versucht, in gattungsmäßiger Einordnung zur Rachetragödie die Tatsache und die Umstände des Aufschubs aus den unterliegenden ethischen Problemen abzuleiten.

Nicht nur Claudius, auch Hamlet verstößt gegen eindeutige Gebote der christlichen Moral: allgemein (wie bei Claudius) *Exodus* XX.13 »Thou shalt not kill« und im besonderen *Romans* XII.19 »Dearly beloved, avenge not yourselves [...]: for it is written, Vengeance is mine; I will repay, saith the Lord« (vgl. auch besonders *Leviticus* XIX.18, *Deuteronomy* XXXII.35). Es ist historisch erwiesen, daß dies Gebot allgemein mit Nachdruck verkündet wurde und jedenfalls für den einzelnen und in Friedenszeiten als verbindliche Norm galt. Andererseits hat Helen Gardner (*The Business of Criticism*, 1959) zu Recht als hervorragendes Beispiel der gleichfalls historisch zu erweisenden Lücke zwischen Gebot und Praxis auf das 1584 ausgefertigte »Bond of Association« hingewiesen, in dem sich Tausende von braven und gottesfürchtigen Engländern durch ihre Unterschrift verpflichteten, im Falle der Ermordung der Königin nicht nur die Täter, sondern auch jeden Thronanwärter, zu dessen Gunsten das Attentat unternommen wurde, zu verfolgen und zu töten.

Die Betrachtung anderer Rachetragödien zeigt zum Teil eine akzentuierte Gestaltung des Problems: So beginnt Hieronimo in der *Spanish Tragedy* einen großen Monolog (3.13) mit den Paulusworten »Vindicta mihi« und kontert sie mit einer racheföndernden Zeile aus Senecas *Agamemnon*. So predigt der Geist von Montferrers in Tourneurs *The Atheist's Tragedy* (nach 1607, gedr. 1611) im selben Atem, in dem er seine Ermordung durch seinen Bruder dem entsetzten Sohn mitteilt,

»leave revenge unto the King of kings«, was jener befolgt, und das Stück zeigt dann auch das Mahlen der Mühlen Gottes. Mit *Hamlet* und Marstons *Antonio's Revenge* als bedeutendsten Ausnahmen, wird nicht der eigenmächtige Vollzug der Rache gefordert oder gar gutgeheißen, vielmehr zeigen sich bei den Rächern meist selbst die schlimmsten Folgen – nicht nur der eigene Tod, sondern Wahnsinn oder, wie z. B. in Tourneurs *The Revenger's Tragedy*, eine zunehmende Brutalisierung, die den Rächer am Ende noch schlimmer macht als den ursprünglichen Missetäter, so daß sein Ende verdient erscheint.

Von solchen Beispielen, auch wenn sie die erdrückende Mehrheit darstellen, auf *Hamlet* zu schließen, geht nicht an. Zum einen datieren die explizit Rache ablehnenden Stücke vorwiegend später, gehören einer anderen Welle der Gattung an als *Hamlet*, das Stück, das als großartigste Entwicklung der »School of Kyd« (Bowers) gelten kann. Zum andern, und das ist noch wesentlicher, ist die von Prosser gemutmaßte Reaktion von Shakespeares Publikum durch den Text nicht zu stützen, kann also kaum als vom Dramatiker angelegte und erwartete Aufnahmeweise gelten. Selbst der Plan des ›Seelenmordes‹ in 3.3, durch den Hamlet in nächste Nähe zu den schlimmsten Greuelcharakteren der elisabethanischen Literatur gerät, kann für Prossers Deutung nicht in Anspruch genommen werden. Dieser Plan erfolgt zu einem Zeitpunkt im Stück, wo noch genügend Raum bleibt, um die momentane Schwärzung des Charakters wieder zu tilgen. Das geschieht u. a. dadurch, daß der Plan nicht ausgeführt wird, daß Hamlets Gegner zunehmend ›schwärzer‹ gezeichnet werden, daß Hamlet ausgiebig seine edelsten Gedanken vor der Katastrophe äußern darf. Dazu kommen vor allem auch die Reaktionen auf der Bühne: Die stetig wiederkehrende Rühmung Hamlets im Stück gipfelt in dem Abschied Horatios, »Good night, sweet prince, / And flights of angels sing thee to thy rest«, wodurch der Freund und Mensch angesprochen wird, und im preisenden Nachruf des Fortinbras, der den Staatsmann und mögli-

chen Herrscher beschreibt. Diese Zeugnisse bleiben (wie die Worte des Laertes über Claudius) im Drama unwidersprochen; das entscheidet.

Mit der Konzentration auf das ethische Problem ist indessen, so scheint es, wirklich der springende Punkt angerührt, und aus seiner Gestaltung kann man nicht nur den Gang des Geschehens erklären, sondern auch die den vermutlichen Erwartungen des Publikums Rechnung tragenden Gestaltungsprinzipien Shakespeares erschließen.
Wie konnte der Dramatiker ein für die Rachetragödie so untypisches Ende seiner Rächerfigur ermöglichen? Das Gebot des Römerbriefs existierte und war allen Zuschauern gegenwärtig. Um so eklatanter ist, daß es ausgerechnet in dieser Tragödie, in den Gedanken dieses Rächers nicht zur Sprache kommt. Die Zweifel, die Hamlet hat und ausspricht, beschäftigen sich mit vielem – nur nicht damit. Die Legitimität des Rachevollzugs, zu dem ihn der Geist aufruft, wird nicht problematisiert, sondern umgangen. Andere Probleme verdrängen sie – Taedium vitae, Sein oder nicht Sein, Handeln oder Erdulden, Feigheit oder Weisheit, die Verhältnismäßigkeit der Rache, also ›Maß für Maß‹, Respice finem, usw. Die Formulierung soll nicht bedeuten, daß diese Probleme nicht wichtig seien, noch soll sie die Intensität und Tiefe, mit der sie erlebt werden, etwa schmälern. Sie soll lediglich scharf herausheben, daß eben dies e i n e, im Stoff vorgegebene ethische Grundproblem nicht als solches dargestellt wird. Und die Projektion der drei ›Folien‹ auf den Helden – der Schauspieler, Fortinbras' und Laertes' – in Hamlets Erwägungen dient vollends dazu, die Problematik vom Römerbrief wegzuschieben.
Das ist die eine Linie der erschließbaren dramatischen Strategie. Die andere besteht in der Gestaltung des Handlungsverlaufs auf solche Weise, daß dem Rächer, hier Zentralgestalt und Held, eine vorwiegend passive Rolle zufällt. Helen Gardner hat dies für die Rachetragödien der Zeit als allgemeinen Zug beobachtet, in *Hamlet* kommt dies Prinzip jedoch

ungleich stärker zur Anwendung. Dazu dient die Ausnützung der widersprüchlichen Anschauungen der Zeit über Geister, die John Dover Wilson (*What Happens in Hamlet*, 1935) herausgearbeitet hat. Das Spiel im Spiel, Hamlets einzige konkrete Initiative, wird durch diese Zweifel als notwendig hingestellt, erfüllt seinen Zweck, deckt aber zugleich dem König Hamlets Karten auf und führt zur Akzeleration der Gegeninitiative. Hamlet bekommt aber die Gelegenheit zum Handeln genau in dem Augenblick, da diese Zweifel beigelegt sind; hier (3.3) erkauft der Dramatiker den Erfolg seiner Strategie mit einem taktischen Opfer in Gestalt des bösen Seelenmord-Plans. Danach ist Hamlet zunächst die äußere Möglichkeit wirklich genommen. Bei seiner Rückkehr wird ein weiteres, kleineres taktisches Opfer in Gestalt eines Kalkulationsfehlers gebracht: Hamlet glaubt, »the interim is mine«, nicht ahnend (obgleich er es sich ausrechnen können müßte), daß es im Zuge des Abwehrkampfes seines Antagonisten nur noch um Stunden geht.

Durch diese doppelte – gedankliche und handlungsmäßige – Strategie (die im einzelnen näher ausgefaltet werden kann) wird möglich, was unter den gegebenen ideellen Bedingungen der Umwelt Shakespeares zunächst fast als Unding erscheinen mußte: einen Rachevollzug auf der Bühne vorzustellen, bei dem die Rächerfigur als Held erscheint, für den wir Furcht und mit dem wir Mitleid (oder, in Sidneys interessanter Ausformung, »admiration and commiseration«) empfinden können. Denn wenn die Endszene, im Drama der exponierteste Punkt überhaupt, etwas deutlich macht, so ist es die Aufforderung zu einer solchen Reaktion.

Die dargelegte Strategie ermöglicht die Rachetat außerdem unter Umständen, die direkt für die Welt auf der Bühne und indirekt auch für Shakespeares Publikum wesentlich und zur ›Reinhaltung‹ des Helden günstig, ja erforderlich sind in noch einer anderen Hinsicht. *Romeo and Juliet* ist eine private Tragödie; sie hat Weiterungen für Verona, aber das Staatsinteresse ist peripher. Umgekehrt hat *Julius Caesar* private,

persönliche Aspekte, das öffentliche Interesse jedoch ist zentral. Wie auch andere Tragödien Shakespeares, steht *Hamlet* auf einer durch diese Beispiele bezeichneten Skala ungefähr in der Mitte. Es ist zugleich Staats- und Familientragödie. Der Rächer rächt nicht irgendeinen Vater, sondern den Vater des Staates, und rächt ihn nicht an irgendeinem Onkel, sondern am Bruder des Herrschers, der durch seinen unentdeckt gebliebenen Mord nun selber König ist. Es geht um »cease [cess] of majesty«.

In Shakespeares Umwelt wie in seinem Werk spielt die Frage des Königsmordes, verbunden mit dem Konzept vom »Divine Right of Kings«, eine bedeutende Rolle. Es ist im Rahmen von *Hamlet* bezeichnend, daß selbst Claudius, dem im Grunde usurpierenden, königsmörderischen Bösewicht, in der kritischen Situation von 4.5 würdige und gewichtige Worte in den Mund gelegt werden, die jeder zeitgenössische Monarch geäußert haben würde und die Elisabeth I., wenn man der anekdotischen Überlieferung glauben darf, tatsächlich recht ähnlich formuliert hat. Der Dramatiker hat also nicht nur das ethische Grundproblem, einen eigenmächtigen Rachevollzug zu gestalten, bei dem die Seele des Rächers keinen Schaden nimmt; er hat das zusätzliche politische Problem, einen Königsmord so zu legitimieren, daß der ›Mörder‹ als gerechter Vollstrecker keinen Schaden an seiner Ehre nimmt.

Nehmen wir an, Hamlet sei nach 1.5 tatsächlich »with wings as swift / As meditation or the thoughts of love« zu seiner Rache gestürzt. Wie hätte er vor seiner Umwelt dagestanden? Wie hätte er sich rechtfertigen sollen? Das »ganze Ohr Dänemarks« war durch das Märchen von der »Schlange« getäuscht, Claudius hatte legitim die Nachfolge des ›Verstorbenen‹ angetreten. In den Augen von Helsingör *ist* er mit Fug und Recht König. Mit dem Gonzago-Stück hat Hamlet zwar für sich *selbst* Gewißheit erlangt, zugleich aber auch die denkbar schlechteste Grundlage für seine Tat geschaffen: »This is one Lucianus, nephew to the king. [. . .] 'A poisons him i'th' garden for's estate«. Das weitere *sieht* das Bühnenpublikum nicht,

die Fortsetzung, die Hamlet nur verbal gibt, prägt sich kaum ein. Ob nun Gift oder Stahl – ein Neffe, der dem Hof die Ermordung eines Königs vorführen läßt und gleich darauf selbst seinen Onkel und König umbringt, bedarf mehr als der Worte eines Geistes zur Exkulpierung seiner Tat.

Diese Problematik beschäftigt Hamlet zunächst nicht; trotz der Überlänge des Stücks herrscht große Ökonomie. Andere Erwägungen stehen im Vordergrund. Die Problematik wird erst in 4.5, geschickt mit der ›Folie‹ Laertes verbunden, eingeführt. Hamlet selbst greift sie dann in seiner Rechtfertigungsrede gegenüber Horatio 5.2.67–70 auf: [. . .] is't not perfect conscience [. . .] and is't not to be damned, / To let this canker of our nature come / In further evil?« Schließlich, da in der Themenökonomie nunmehr dafür Raum ist und die Handlungsentwicklung es absolut fordert, wendet sich Hamlet in seinen letzten Augenblicken nur noch diesem Problem zu: sein »Name«, das Bild, das die Nachwelt von ihm haben wird, ist es, das ihn jetzt bedrängt. Er hat Horatio bereits im privaten Gespräch überzeugt, aber das genügt nicht; Horatio muß die Welt überzeugen.

Das strategische Konzept des Dramatikers, wie es hier gemutmaßt wird, ist auch in dieser Hinsicht eine glänzende Lösung. Mit der Konstruktion: passiver Protagonist und aktiver Antagonist einer Rachetragödie hat Shakespeare in der Tat dies Krebsgeschwür des Menschenwesens und der Polis weiteres Übel anrichten lassen. Claudius' erstes Verbrechen geschah im stillen, ist kaum zu ›beweisen‹. Der endliche Vollzug der Ahndung geschieht dagegen in einem Moment, wo die Folgeverbrechen zum Teil bereits allen sichtbar geworden sind, geschieht direkt nach dem öffentlichen Geständnis des Laertes. Und Horatio verfügt über genug (sogar das Mordschreiben des Königs, die »grand commission«, hat er bei sich), um »the unsatisfied«, die noch unwissende Welt, zufriedenstellend aufzuklären.

Mit *Aristotle's Poetics: The Argument* (1957) hat Gerald Else versucht, der traditionellen Auslegung von *katharsis* als Effekt

im Zuschauer das Konzept entgegenzustellen, Aristoteles rede von der ›Reinigung‹ der in der Tragödie begangenen, furchtbaren Tat selbst in den Augen der auf der Bühne Handelnden und in den Augen des Publikums. Dem kann man sich nicht anschließen; falls daran aber etwas ist, falls es auch nur mitgemeint sein sollte, so liefert *Hamlet* aufgrund der dargelegten Gestaltungsweise der Handlung ein interessantes und gewichtiges Beispiel: Das als private Rache und Königstötung doppelt schwere *crimen* erscheint als dem Helden schließlich aufgedrungen, die Umstände drücken ihm buchstäblich die Waffe in die Hand, die Bluttat wird zur öffentlich wahrgenommenen Handlung der Selbstverteidigung und gleichzeitigen Befreiung der Welt von einem schweren, zerstörerischen Übel.

Wie die anderen Tragödien Shakespeares zeigt *Hamlet* eine tiefgreifende Störung der Gesellschafts- und Weltordnung; und auch hier wird sie am Ende wiederhergestellt. Das Unrecht bleibt nicht ungestraft, das Böse obsiegt nicht; eine neue Ära deutet sich an. Das entspricht der ›goldenen Welt‹, die der Dichter nach Sidney im Gegensatz zur Natur, zur Wirklichkeit entwirft. Aber es bleibt eine Tragödie, weit mehr geht unter als nur das Böse. Hamlet überlebt die Rache ebensowenig wie (außer Antonio) andere Parallelfiguren innerhalb der spezifischen Gattung. Der Strafende ist zugleich gestraft, wie er es selbst voraussah (3.4.173–175). Unter anderem wird damit auch, trotz der besonderen Ausformung, letztlich eine Kongruenz mit dem dominierenden Konzept der Zeit hergestellt. Und *Hamlet* entging (im Gegensatz zu *King Lear*) der idyllisierenden Bearbeitung einer späteren Epoche der englischen Literatur, die nach dem (melodramatischen) Gedanken der poetischen Gerechtigkeit das Tragische auflöste.
Die besondere Verwirklichung, die Shakespeare seinem allgemeinen Gestaltungsprinzip des Tragödienendes hier gibt, ist – etwa im Vergleich zu *Macbeth* – sehr gedämpft. Hamlet hat das Geschehen so beherrscht, daß mit seinem Tod wenig zu blei-

ben scheint. Der rühmende Nachruf ist (wie, unter anderen Vorbedingungen, auch in *Coriolanus*) der Schlußton. Fortinbras, der die herabschleifenden Zügel der Herrschaft ergreift, wurde nur ganz am Rande (und zunächst negativ) eingeführt, seine Entwicklung auf die nun ergriffene Rolle hin kaum angedeutet. Und wenn eine Tragödie, wie Sidney es beschreibt, die »uncertainty of this world« lehrt, dann *Hamlet*. So viel mehr als das Königshaus von Dänemark ist zerbrochen, die Fragwürdigkeit menschlicher Werte und menschlichen Handelns wurde so umfassend und abgründig aufgewiesen, die Vergänglichkeit so übermächtig erlebt. *Hamlet* steht am Anfang der Schaffensperiode Shakespeares, die als ›dunkle‹ oder ›tragische‹ beschrieben worden ist – eine vielfältig zu qualifizierende Verallgemeinerung, die jedoch reale Substanz und als Arbeitskonzept Wert hat.

Von »renewal consequent on destruction«, womit Eustace M. W. Tillyard (*Shakespeare's Problem Plays*, 1950) die Gruppe von Dramen beschreibt, die er (unter Ausschluß *Hamlets*) als »most centrally tragic« empfindet, erlebt man die ›Zerstörung‹; die ›Erneuerung‹ stellt sich eher dar als aus der Vollendung der Zerstörung deduzierbare Möglichkeit, deren Chancen sich unterschiedlich beurteilen lassen. In diese Richtung aber wird unsere geistige und emotionale Reaktion gar nicht gelenkt. Sie bleibt auf Hamlet konzentriert. Ob er überhaupt eine Entwicklung durchmacht, ist bezweifelt worden – so z. B. von Tillyard. Falls man es bejaht, kann sie vielleicht am besten darin gesehen werden, daß er sich in keineswegs linearer, vielmehr in verschlungener und oszillierender Bahn auf eine Verfassung und Statur zu bewegt, die (abgelöst vom Subjekt des Sprechenden, der dazu objektiv kaum in der Lage ist) die chorische Feststellung rechtfertigt, »For he was likely, had he been put on, / To have proved most royal«.

Daß es dabei bleibt, liegt in den Gegebenheiten der Rachetragödie. Daß es überhaupt dazu kommen kann, verdeutlicht Shakespeares geniale Leistung. Er hatte schon einmal, ganz früh, etwas Ähnliches unternommen: *Titus Andronicus*, ein

Stück, das voll interessanter und wichtiger Versuche und Neuerungen steckt, aber Experiment blieb. Nach *Hamlet* kommt er nicht mehr darauf zurück, vielleicht u. a. deswegen, weil dieser spezifische Zuschnitt den nun voll entwickelten schöpferischen Impuls des Dramatikers stark festlegt und umgrenzende Faktoren bedingt. Shakespeare begann im *Hamlet*, wie wir annehmen können, nicht nur mit einem vorgegebenen Stoff, sondern mit der Revision einer vorhandenen dramatischen Fassung. Wie der ›Ur-Hamlet‹ aussah, werden wir nie wissen. Wenn *The Spanish Tragedy* aber der Anhaltspunkt ist, für den wir sie halten, so war die erfolgte Transformation ungeheuer. Ob man *Hamlet* nun mit Arthur Bradley (*Shakespearean Tragedy*, 1904) als erste der »Principal« oder »Great Tragedies«, oder aber mit Nicholas Brooke als letzte, bedeutendste von *Shakespeare's Early Tragedies* (1968) einordnet, bleibt Frage der Perspektive und Deutung.

*

Hamlet ist die ›schauspielbewußteste‹ Tragödie Shakespeares. Wie besonders Anne Righter hervorgehoben hat (*Shakespeare and the Idea of the Play*, 1962), sind hier nicht nur die auch sonst in seinem Werk wie in anderen Dramen der Zeit auftretenden Theatermetaphern besonders häufig, das Schauspiel wird selbst zum ausdrücklich diskutierten Thema und erfüllt zugleich in der konkreten Verdichtung der Metaphorik als ›Spiel im Spiel‹ eine entscheidende dramatische Funktion. Mit seiner Welthaltigkeit, seiner Fülle von Themen, Gedanken, Stimmungen und Emotionen, mit seiner ungewöhnlichen Variation der Darstellungsformen – Sprachebenen, Situationen, Szenentypen, Bühneneffekte – sowie mit seinen Organisationsmethoden und Verknüpfungstechniken – Juxtaposition, Spiegelung, thematische und verbale Echos, wiederholende Intensivierung, usw. – erscheint *Hamlet* (trotz seiner abnormen Länge) selbst als »abstract and brief chronicle« der Zeit und zugleich als eine Art Organon elisabethanischer Dramaturgie.

Die Verfolgung einzelner Darstellungsmittel und Verknüpfungsverfahren wurde bereits und bleibt lohnender Gegenstand von Einzeluntersuchungen. Was die Gesamtstruktur angeht, so seien zunächst zwei wiederkehrende Eindrücke, die man aus vorgelegten Kritiken gewinnt, in Form zweier Bilder zusammengefaßt: (1) *Hamlet* wirkt, verglichen mit anderen Tragödien Shakespeares, häufig wie ein Kammermusikwerk Beethovens im Verhältnis zu seinen Symphonien (mit *King Lear* sozusagen als Neunter); das entspricht tatsächlich einigen Baumerkmalen dieses Dramas. (2) *Hamlet* wirkt – mit den verschiedensten Begründungen, wie z. B. der nicht völligen ›Umarbeitung‹ und Assimilation des ›Ur-Hamlet‹ – als unvollständig durchkonstruiert (etwa im Vergleich zu *Antony and Cleopatra* oder *Coriolanus*), also ein wenig wie eine unvollendete Sklavenfigur Michelangelos im Verhältnis zum David (wobei *Hamlet* die Magie gerade von Potential und Andeutung durchaus zugesprochen wird, die auch jenen eignet). Dies ist im wesentlichen nicht zu halten. Es ist nur insoweit gerechtfertigt, als kaum ein Stück der Zeit ein ›perfektes‹ Drama, ein ›well-made play‹ im Sinn des 19. Jahrhunderts darstellt. Una Ellis-Fermor (*The Jacobean Drama*, 1936) hat das an zeitgenössischen Dramatikern deutlich dargestellt, ohne der systematisierenden Desintegrationstendenz von Schücking oder (zum Teil auf Goethe fußend) Elmer Edgar Stolls (*Art and Artifice in Shakespeare*, 1933) ganz stattzugeben. Probleme, die durch eine Absetzung von späteren dramaturgischen Prinzipien und Vorstellungen gelöst werden müßten, bieten Shakespeares Dramen insgesamt seltener als die anderer Dramatiker seiner Zeit. Es finden sich auch in *Hamlet* (wie z. B. *Macbeth*) einige unlösbare Widersprüche (vor allem das unerklärte Akzeptieren der Inzestehe durch den Hof und die Frage von Hamlets ›Alter‹), aber die Gesamtstruktur ist außerordentlich einsichtig und stimmig.

Zunächst zum ›Kammerstück‹-Charakter, wobei *King Lear* der gegebene Orientierungspunkt ist. Dort kommen die ver-

störten Elemente, und mit ihnen eine kosmische Dimension, wirklich zum Tragen, hier wird nur davon berichtet. Das ›Ausgeliefertsein‹ ist in *King Lear* als dramatisches Geschehen gestaltet, in *Hamlet* ist es ausgesprochene Empfindung, verwirklicht sich neben der allgemeinen Grundsituation, die schon dargelegt wurde, vorwiegend im Wort. Der strukturellen Ausfaltung in volle Haupt- und Nebenhandlung dort steht hier e i n e Handlung gegenüber, in deren Hauptstrang zwei im Vergleich zum Gloucester-Sub-plot weniger Eigengewicht aufweisende Nebenstränge eingeflochten werden: Was man verkürzt als ›Polonius-Handlung‹ bezeichnen kann, mehr im Zentrum, die ›Norwegen‹- oder ›Fortinbras-Handlung‹ mehr an der Peripherie. In *Hamlet* gibt es relativ wenige Szenen unter freiem Himmel, was fast klaustrophobische Effekte hat, die zum Teil auch *Macbeth* und *Othello* eignen, obgleich dort ein häufiger Wechsel, in Othello eine Art räumlicher Diastole und Systole vorliegt. Und überhaupt fehlt *Hamlet* die sonst für Shakespeares Tragödien charakteristische Weiträumigkeit der Handlung; von dem einen Auftritt (4.4) an der dänischen Küste bzw. traditionell in der ›Ebene in Dänemark‹ abgesehen, spielt sich das gesamte Geschehen auf oder direkt bei der Königsburg ab. *Hamlet* zeigt nicht nur unter den Tragödien, auch allgemein Shakespeares größte Annäherung an die sogenannte ›Einheit des Orts‹. Strenggenommen trifft dieses der antiken Praxis fast ausnahmslos entsprechende, als Forderung zuerst von der Dramentheorie der italienischen Renaissance formulierte Konzept bei Shakespeare überhaupt nicht zu; und locker verstanden als Einheit der Stadt oder Gegend, verdeckt es den wahren Charakter der räumlichen Organisation seiner Stücke: Wohl spielen *Romeo and Juliet* (außer 5.1) und *Othello* (außer Akt 1) an einem ›Ort‹; aber dies Verona, dies Zypern – und Ephesus, Wien, Windsor, Prosperos Insel usw. – sind jeweils zwei- oder mehrpolig angelegt, und die Handlungsdynamik gründet u. a. auf diesem Merkmal. Auf Helsingör dagegen trifft dies nicht zu.

Schließlich fällt auf, daß die Zahl der wichtigen Figuren relativ

gering ist, daß ›große Szenen‹ ziemlich selten und die Momente physischer Aktion sehr sparsam eingesetzt, in der Hauptsache für die Katastrophe aufgespart sind. Ein übergreifendes Strukturmerkmal des *Hamlet* ist also Beschränkung – oder vielmehr Konzentration.

Selten ist bei Shakespeare auch die Position des dramatischen Hauptmovens in der vor dem Stück liegenden Vergangenheit. Wir treffen z. B. Timon oder Antony weit auf dem Weg einer bestimmten Entwicklung; das ist eine bestimmte Art dramatischer Raffung. In *King Lear*, *Macbeth* und anderen Stücken, wie z. B. auch im *Merchant of Venice* – oder Christopher Marlowes *The Jew of Malta* (vor 1590, 1. erh. Druck 1633), Thomas Middletons und William Rowleys *The Changeling* (um 1622, gedr. 1653) –, wird der entscheidende Anstoß in der ersten Phase des Dramas gegeben. In beiden Typen verläuft die Handlungsbewegung von einer bestimmten, bestehenden oder entstehenden Ausgangsposition nach vorn; der Stein kommt, langsamer oder rascher, sozusagen vor unseren Augen ins Rollen, und die Kräfte, die ihn anstoßen, sind gegenwärtig.
Man muß den berichteten Omina, dem Auftreten und den Enthüllungen des Geistes eine aktivierende Funktion zusprechen, aber der eigentliche Impetus kommt, spezifischer als Bernardo (1.1.108–111) es ausspricht, aus der Vorzeit des Dramas, wie – freilich im Einzelfall verschieden – in *As You Like It* und *The Tempest*; am ähnlichsten aber ist *Hamlet* in dieser Hinsicht *Richard II* (sowie, abgeschwächt und indirekter, den ›chronologisch‹ folgenden Historien bis zu *Richard III*). Der Mord an Gloucester ist (wie man bisher nicht genügend beachtet hat) der Hebel, mit dem Bolingbroke beginnt, Richards Herrschaft aus den Angeln zu heben (1.1.1 ff.). Nachdem das, durch andere Faktoren gefördert, geschehen ist, benutzt er ihn erneut, um die Stellung des aktivsten verbleibenden Gegners (Aumerle) zu untergraben (4.1.1 ff.). In *Hamlet* ist es der Mord an Hamlets Vater, der Claudius stürzt.

Die beiden Dramen sind insgesamt nicht vergleichbar, der genannte Umstand ist in jeweils andere, komplexe Gegebenheiten eingebaut. Aber sie teilen dies Merkmal der vergangenen Tat als dramatisches Movens.
Bei *Hamlet* als Rachetragödie ist dieser Umstand in sich nicht erstaunlich; bemerkenswert dagegen ist die Durchführung im Hinblick auf das Handlungsgefüge. Denn in klassischen Beispielen – den ersten beiden Teilen der *Orestie*, Sophokles' und Euripides' *Elektra*, Senecas *Agamemnon* und *Thyestes* bleibt es bei diesem Hauptmovens: Die dramatische Gegenwart entwickelt kein vergleichbares Eigengewicht, kein bedeutendes eigenes Momentum, keine neuen Handlungslinien. In Kyds *Spanish Tragedy* dagegen ist die Doppelung von Vergangenheitsebene und Gegenwartsebene als handlungsauslösendem Impetus besonders markant, aber unzureichend integriert (wie die zweifelnde Ungeduld von Andreas Geist sogar explizit macht), und auch in anderen zeitgenössischen Beispielen, sehr ausgeprägt etwa in Tourneurs *The Revenger's Tragedy*, überwuchert die Gegenwartsebene das ursprüngliche Movens. Ein zweites Strukturmerkmal des *Hamlet* ist das Gleichgewicht und die Integration der beiden Ebenen, indem die aus der Gegenwart erwachsenden Faktoren und Komplikationen – die Abwehrzüge des Königs und die Initiativen des Polonius – direkt zur Erfüllung der primären Bewegungskraft beitragen. Ökonomie, Ausgewogenheit und unlösbare Verflechtung der Motive charakterisieren das Handlungsgefüge.

»Ein Ganzes ist«, sagt Aristoteles (*Poetik* VII), »was Anfang, Mitte und Ende hat.« Die Dramentheorie kennt spätere, verfeinerte und insbesondere an einer (für *Hamlet* erst 1676 durchgeführten) Einteilung in fünf Akte orientierte Strukturschemata. Dieses erste und einfachste, großflächige ist für *Hamlet* besonders relevant und nützlich. Die Gesamtstruktur eines literarischen Ganzen bestimmt sich ja stets als Verteilung von zusammenhängenden Partien des Inhaltes auf Strecken des äußeren Umfangs. Im Drama – jedenfalls der herkömmlichen Art von

Drama, dem Shakespeares Stücke angehören – handelt es sich um die Bestimmung von Phasen in der Entwicklung des Geschehens. Wo eine Phase endet und eine neue einsetzt, richtet sich natürlich nach den Kriterien, die man als wesentlich erachtet.

Über Akt 1 in *Hamlet* herrscht allgemein Einigkeit: Er ist eine in sich geschlossene Handlungseinheit, und der Terminus ›Exposition‹ (oder ›Anfang‹) – Einführung der Situation, Vermittlung des erforderlichen Vorwissens zu ihrem Verständnis und Ankurbelung wie Vorbereitung der kommenden Ereignisse – beschreibt die Funktionen dieser Einheit, dieses Handlungsbogens. Danach vergeht geraume Zeit. Bezüglich weiterer Handlungsbögen gehen die Ansichten dann weit auseinander. Es kommt darauf an, ein Kriterium zu finden, das nicht nur an einen Faktor gebunden ist (etwa die innere Entwicklung der Zentralgestalt), sondern das für den Gesamtablauf der Handlung Gültigkeit hat.

Als solches Kriterium bietet sich in dieser Tragödie anhand der sehr zahlreichen Zeitangaben der Abstand zwischen verschiedenen Handlungsteilen an. Der 1. Akt umfaßt in dichter Abfolge ungefähr einen vollen Tag. Wie man im einzelnen aufzeigen kann, gibt es noch zwei weitere (jeweils 2–3 Tage deckende) geschlossene Abfolgen, zwischen denen gleichfalls ein beträchtlicher zeitlicher Zwischenraum liegt: 2.1–4.4 und 4.5–5.2. Diese Handlungsbögen bilden, was man, Aristoteles adaptierend, ›Mitte‹ und ›Ende‹ nennen kann. Gegen dieses Strukturschema könnte man einwenden, es beruhe auf dem (erschlossenen) ›objektiven‹ Zeitablauf, also auf einem Faktor, den der Zuschauer im Erleben kaum wahrnehme. Das ist in sich nur zum Teil richtig, er nimmt »to-night« und »to-morrow« auf wie andere Dinge. Bliebe es jedoch dabei, so wäre der Wert einer solchen Einteilung in der Tat begrenzt. Man kann indessen die zunächst zeitlich begründete Gliederung nach dem Konzept von Anfang, Mitte und Ende mit anderen Faktoren verbinden.

So ist die ›Mitte‹, was hier als größter und zentraler Bogen

begriffen ist, die Strecke der weitesten Ausfaltung des Dramas; zugleich ist sie ein Stadium der Handlung, das zunächst von der gegenseitigen Sondierung der Gegner bestimmt ist. Im Mittelpunkt der ›Mitte‹, und zugleich ziemlich genau im Mittelpunkt des ganzen Dramas, steht das Spiel im Spiel, durch das sich die beiden Gegner wechselseitig durchschauen. Das führt nach und nach zu einer Ablösung des Belauerns und Ausforschens durch (verfehltes) Handeln und endet mit einem scheinbaren Sieg des Antagonisten. Der letzte Handlungsbogen setzt damit ein, daß infolge der Ereignisse des mittleren nun der Polonius-Strang im Hauptstrang der Handlung völlig aufgeht; er bringt mit der Rückkehr des Laertes, gefolgt von Hamlets Rückkehr, die Konstellation zustande, welche die Katastrophe regiert.

Weitere Elemente entsprechen dieser hier nur als Gerüst dargestellten Großstruktur; und in sich lassen sich die Handlungsbögen weiter untergliedern. Insgesamt ergibt sich als drittes umfassendes Strukturmerkmal dieser Tragödie die außerordentlich klare und im Grunde einfache Organisation.

Eine ›Einheit der Zeit‹ – wiederum Praxis der Alten und als Forderung von der italienischen Renaissance formuliert, allerdings auf der Grundlage von Aristoteles' Bevorzugung solcher Konstruktion (*Poetik* V), – haben Shakespeares Dramen außer *The Comedy of Errors* und *The Tempest* nicht; im Gegenteil, häufig beansprucht die Handlung ›objektiv‹, und mehrfach auch dem subjektiven Erleben ausdrücklich bewußt, sehr große Zeitspannen. Mit seinen drei (jeweils durch Perioden der Zeitraffung getrennten) dichten Ereignisfolgen nimmt *Hamlet* auch auf einer solchen Skala eine ungefähre Mittelstellung ein.

Eine ›Einheit‹ gibt es, die für Aristoteles durchgehend das Wesentliche ausmacht: die organische Einheit der Handlung (*Poetik* VII spricht das Prinzip nachdrücklich aus; es unterliegt aber der ganzen Theorie.) Shakespeare verwirklicht sie sicher auf andere Weise, als Aristoteles es sich anhand der ihm bekannten Beispiele dramatischer Kunst vorstellen mochte.

Aber seitdem im 18. Jahrhundert, mit wesentlichen Beiträgen nicht zuletzt aus Deutschland (Lessing, Herder, usw.), die Verwirklichung dieses umfassenden Strukturprinzips nicht mehr buchstäblich an den Beispielen, an welchen es entwickelt wurde – also an der besonderen Form der klassischen Tragödie – gemessen, sondern als allgemeines Konzept aufgefaßt wurde, ist eine Einheit der Handlung an den meisten Shakespearedramen aufgewiesen worden. Bei aller Breite und Vielfalt ist *Hamlet* mit seinem konzentrierten, ausgewogenen und klar gegliederten Aufbau dafür ein besonders eindringliches Beispiel.
Unterhalb der Ebene der Großstruktur lassen sich viele Einheit stiftende, da der Gesamtbewegung gemäße und sie verstärkende, Einzelzüge beobachten. Als wichtiges (und zugleich relativ selten behandeltes) Beispiel sei hier noch auf den Beitrag eingegangen, den Aspekte der Konfiguration zur Gesamtentwicklung und zugleich Gesamtaussage leisten.

Angesichts des außerordentlich starken Zuschnitts der Tragödie auf die Zentralgestalt kann es nicht überraschen, daß Hamlet am häufigsten auftritt: Wenn man die – gleichfalls erst im 18. Jahrhundert durchgeführte – traditionelle Szeneneinteilung als Grundlage nimmt, in 13 von insgesamt 20 Szenen (dicht gefolgt von Claudius, dem Antagonisten, mit 11 Auftritten). Der dominierenden Perspektive und der Sympathielenkung entsprechen Hamlets zahlreiche Monologe und Asides (dagegen hat Claudius nur 2 Monologe und die Asides 3.1.49/50–54, 5.2.282). Auffällig ist jedoch die Verteilung. Im dritten, letzten Handlungsbogen findet sich nichts mehr davon, Monolog und Aside weichen vielmehr vollständig der freimütigen und vertraulichen Mitteilung an Horatio (in den gegen Osrik in 5.2 gerichteten Asides der Kommunikation mit Horatio).
Die Konfiguration Hamlet–Horatio ist in den ersten beiden Handlungsbögen sporadisch, und erst die (monologische) Unterhaltung (3.2.56–95) direkt vor dem Wendepunkt ver-

deutlicht die besondere Bindung des Prinzen an den Freund. Die absolute Konstanz der Konfiguration nach Hamlets Rückkehr bereitet einerseits auf Horatios Rolle am Ende vor, verdeutlicht andererseits den Kontrast der böse-zweckhaften Verbindung Claudius–Laertes im dritten Handlungsbogen. Allgemein trägt die Konfiguration Hamlet–Horatio in ihrer gegen Ende stetig wachsenden Bedeutsamkeit dazu bei, die lange sichtbare, isolierte Position Hamlets ebenso sichtbar abzubauen. Es wird mehrfach gesagt, daß das Volk den Prinzen liebe (daß der Totengräber davon nichts zeigt, mag mit einer Prägung durch sein Gewerbe zusammenhängen). Diese erwähnte Volksliebe ist zu abstrakt, und die Gestalten von Marcellus und Bernardo sind am Ende zu ferngerückt. Horatio verkörpert die Zuneigung und macht sie für uns konkret. Und wenn von Hamlet am Schluß gesagt wird, er würde sich königlich bewährt haben, so darf man in Horatio, gleichfalls nur in potentia, jene für den Renaissance-Fürsten wichtige Ergänzung angedeutet sehen, den Freund und Ratgeber, wie ihn Castiglione im *Cortegiano* als Ideal entworfen hat.

Interessant und bezeichnend ist auf der anderen Seite die Art der Beziehungen, in denen Claudius gezeigt wird. Sie scheinen zunächst vielfältig und reich. Sieht man genauer hin, erweisen sie sich als begrenzt, oberflächlich und ephemer. Daß die Handlung zumindest bis in den mittleren Handlungsbogen offstage Intimität des Herrscherpaares impliziert, ist hierbei nebensächlich und Frage der Spekulation. Der Dramatiker setzt mit der Entscheidung, was er auf der Bühne vorführt, die Akzente, an die sich die Interpretation halten muß. Die Konfiguration Claudius–Gertrud ist mit 9 gemeinsamen Auftritten recht häufig. Nur zweimal kurz (2.2.54–58 und 4.7.190–193) und zweimal des längeren (4.1 und 4.5.72–93) kommt es zu privater, vertraulicher Aussprache – wobei das viele, das (wie der Zuschauer weiß) verschwiegen wird, den Charakter des ›Vertraulichen‹ schärfstens einschränkt.

Claudius' Gedanken und Motive treten streckenweise völlig deutlich hervor (wobei unter dem Gesichtspunkt der Sympa-

thielenkung wichtig ist, daß diese Innensicht weit später als in Hamlets Fall gewährt wird) und sind allgemein vorstellbar. Die innere Situation der Königin bleibt dagegen vor und nach 3.4, von dem einen kurzen Aside 4.5.17–20 abgesehen, unklar (in der Standardversion von *Hamlet* Q 2 / F 1 sogar noch mehr als in Q 1). Obgleich im Gesamtgefüge unentbehrlich, ist Gertrud vorwiegend passive Begleitperson und im Grunde Nebenperson; sie hat überhaupt von Claudius unabhängig keine Bezugsfigur im Stück – außer Hamlet. Der zwischen ihnen schwelende Konflikt macht gerade diesen Bezug unmöglich. In der Closet Scene entlädt er sich, aber danach schwindet ihre Bedeutung im Bewußtsein des Protagonisten fast völlig, der Bezug ist neutralisiert, die Konfiguration von 3.4 wiederholt sich nicht.

Hauptmerkmal der Konfigurationen, in denen Claudius (außer mit Gertrud) gezeigt wird, ist die Inkonstanz. Das ist zum einen eine Folge des Handlungsverlaufs, zum andern aber auch von der merkwürdigen Konstitution des ›Hofs‹ bedingt. Woraus besteht er, soweit es sich um individualisierte Personen handelt? (Hamlet, der Prinz, gehört natürlich dazu, aber er zählt in der hier entscheidenden Hinsicht ebenso natürlich nicht.) Vornehmlich aus Polonius, einer Figur mit Eigengewicht und Eigeninitiative, ferner teilweise Laertes, obgleich er ja grundsätzlich in Frankreich weilt und seine Abwesenheit nur zweimal wegen der Ereignisse in Helsingör unterbricht; Ophelia kann man, falls überhaupt, nur ganz peripher dazurechnen. Es bleiben die als Gäste eingeführten, dubiosen Dioskuren Rosenkranz und Güldenstern – und darüber hinaus Voltemand und Cornelius, die früh (1.2) in den Vordergrund treten, aber bald (mit 2.2.85) jede Funktion verlieren, wie die Wachen, Francisco (1.1), Bernardo und Marcellus (mit 1.5) aus Gesichtskreis und Bewußtsein des Publikums verschwinden; schließlich der erst in 5.2 eingeführte Osrik. Er versieht in der letzten Szene zugleich die Funktion der in 4.7.130–132 vorgesehenen Lobredner des Laertes, die des Schiedsrichters und allgemein eines Höflings; eine solche Figur mußte (auf-

fallend spät) eingeführt werden, weil keine andere (mehr) da ist.

Polonius, Rosenkranz und Güldenstern, schließlich Laertes sind zeitweilige, mehr oder weniger Vertraute des Königs. Ihre primäre Funktion ist die von Werkzeugen, die Claudius in steigender Intensität und Kraßheit gegen Hamlet einsetzt (Polonius macht sich allerdings selbst dazu), was mittelbar durch Polonius auch auf Ophelia (und sogar bedingt auf Gertrud) zutrifft. Sie werden nacheinander in diesem konstanten Abwehrkampf des Antagonisten aufgerieben. Ihre Rolle als Höflinge versehen sie sozusagen nebenbei.

Diese Sachlage ist natürlich unter dem Aspekt der Personenökonomie zu sehen: Konstante Höflingsfiguren und Confidants würden das Stück nur noch verlängern. Es wäre dann aber auch ein anderes Stück, Perspektive und Sympathieverteilung müßten sich notwendig mitverschieben. Insofern kommt dem (verlustbedingten) Konfigurationswechsel, den Claudius durchmacht, große Bedeutung zu. Es müßte nicht so sein – man könnte leicht mit den vorhandenen Nebenfiguren hypothetisch herumspielen, um diesen Effekt zu mildern – aber es i s t so und muß in die Gesamtdeutung eingefügt werden. In der seltenen und nur begrenzt freimütigen Kommunikation und der gleichfalls stark begrenzten, zudem unsicheren Verbindung des Herrscherpaares mit anderen manifestieren sich die Isoliertheit der Schuld und eine grundlegende Schwäche.

Das Hervortreten dieser im Stück angelegten Schwäche von Claudius ist ein kumulativer Effekt. Indem die dem Zuschauer bekannten Figuren aus der Umgebung des Königs im mittleren Handlungsbogen nacheinander verschwinden, bleibt am Ende (von Osrik abgesehen) tatsächlich ein anonymer Kreis von Leuten, die nur »mutes and audience to this act« sind.

Die relative Seltenheit von ›großen‹ Auftritten wurde bereits hervorgehoben. Sie resultiert, wie jeder sparsame Einsatz eines wichtigen dramatischen Gestaltungsmittels, im exponier-

ten und bedeutenden Status der Beispiele. So führt die szenentypologische Betrachtung auf drei Situationen, jeweils eine in jedem Handlungsbogen, wo Herrscherpaar und Hof einschließlich Hamlets aus festlichem Anlaß versammelt sind: 1.2.1 ff., 3.2.96 ff. und 5.2.215 ff. Diese Auftritte sind einprägsame Indikatoren der Entwicklung und beleuchten ›Anfang, Mitte und Ende‹. 1.2 manifestiert die Ausgangssituation, 3.2 ist Wendepunkt, 5.2 leitet die Katastrophe ein. Alle drei Anlässe beruhen auf Unwahrheit und Hinterlist; sie sind sozusagen arrangierte öffentliche Vorführungen.

Die Staatsszene in 1.2 feiert die Besiegelung der durch geheimen Mord bewirkten Thronnachfolge und der auf inzestuösem Ehebruch aufbauenden Heirat; mit der Aufführung des Gonzago-Stücks durch die Schauspieler in 3.2 verbinden König und Königin nur die harmlose Ablenkung Hamlets; für ihn ist sie »the thing / Wherein I'll catch the conscience of the king«; die (vorgebliche) Versöhnung zwischen Hamlet und Laertes und das Wettfechten schließlich wurden von Claudius zur Durchführung seines mörderischen Plans der Beseitigung Hamlets arrangiert. In allen drei Situationen kommt es zum Konflikt. In 1.2 bleibt er verbal und wirkt nur als Störfaktor des Festes; der ›Regisseur‹ ist Claudius, und er behält das Heft so ziemlich in der Hand. In 3.2 setzt sich der Konflikt bereits in – wenngleich nur indirekte – Aktion um, ist schärfer, und hat einschneidende Folgen; das Fest zerstiebt, was in diesem Fall zunächst dem Konzept des ›Regisseurs‹, hier Hamlet, entspricht. In 5.2 wird der Konflikt in direkter Aktion ausgetragen, der ›Regisseur‹, wiederum Claudius, verliert jede Kontrolle, und das ›Schauspiel‹ endet mit einem »Fest« des Todes (5.2.352–355).

Insgesamt sind Hamlet und Claudius sieben Mal gleichzeitig anwesend: in 1.2, 3.1, 3.2, 3.3, 4.3, 5.1 und 5.2. In 3.1 ist der König verborgener Lauscher; ob Hamlet seine Anwesenheit wahrnimmt, bleibt ungewiß; jedenfalls spricht er mit Z. 147 »those that are married, all but one, shall live« seine Drohung aus. In 3.3, der einzigen Szene überhaupt, wo beide ohne

Zeugen auf der Bühne sind, ist umgekehrt Hamlet Beobachter, und zwar eindeutig unbemerkt; die Drohung wird fast verwirklicht, dann aber doch nicht. Diese potentiell klimaktische Konfiguration wird zur Antiklimax erster Ordnung; es war die falsche Gelegenheit. Der Mord an Hamlets Vater, das Primärmovens der Tragödie, geschah insgeheim; die Abrechnung muß, wie schon dargestellt, öffentlich erfolgen. In 4.3 ist im kleineren und symptomatisch verdüsterten Rahmen eine intensivierende Wiederholung der Konfliktsituation von 1.2 gegeben, einschließlich der unterliegenden Unwahrheit. Die letzte Episode in 5.1 ist deutliche Präfiguration von 5.2.
In den drei ›großen‹ Auftritten zeigt sich die Verschiebung des Kräfteverhältnisses am klarsten, fast graphisch. In 1.2 ist Claudius Mittelpunkt einer glänzenden Hofversammlung; Hamlet erscheint als verbohrter, isolierter Außenseiter, dessen Verhalten unangenehm auffällt und von der Höhe befestigter Macht aus gerügt wird. Er ist notwendig in der Defensive und gibt eine in jedem Sinne ›traurige‹ Figur ab. Das Publikum erhält schon hier, falls es hinhört, Hinweise auf die Unwirklichkeit dieser Relation; für die Öffentlichkeit auf der Bühne aber muß sich Hamlet so darstellen. In 3.2 ist der König wieder von seinem Hofstaat umgeben, und wieder erscheint Hamlet als Außenseiter, spielt diese Rolle nun sogar noch brüsker. Aber er ist hier schon in der Offensive, in dem subterranen, tödlichen Kampf hat sich Wichtiges geändert. Und dem 1.2.128 parallelen, hier aber abrupten Auszug von König und Hof haftet (ob der Hof nun an Unpäßlichkeit oder, was wahrscheinlicher ist, an heftigste Empörung des Königs glaubt und sie teilt) nun seinerseits für den Zuschauer etwas Jämmerliches an. Schließlich erfolgt in 5.2 fast tableauartig die Umkehrung der visuellen und faktischen Ausgangssituation von 1.2: des Königs Hofstaat ist bereits beim Einzug Z. 215 verarmt, die Desintegration sichtbar fortgeschritten. Am Ende fallen dann noch Gertrud und Laertes – und fallen zugleich von Claudius ab. Er ist nunmehr der Außenseiter, seine Isolierung ist vollständig; der verzweifelte Ruf »O yet defend me,

friends« (Z. 312) verhallt wirkungslos. Er hat in diesem Moment der Wahrheit keine Freunde mehr. Das Publikum im Theatersaal weiß schon lange, daß er keine verdient. Das Publikum betäubter »Statisten« auf der Bühne wird es bald erfahren.

Zunächst aber wird Claudius einfach vergessen, während das Pathos der echten Versöhnung zwischen Hamlet und Laertes und das noch erhöhte und eindringlichere Pathos von Hamlets Sterben die Gemüter der Zuschauer auf der Bühne wie im Saal bewegt. Auch später, in der nachspielhaften letzten Episode, wird des Königs nicht mehr gedacht außer indirekt mit »his mouth« und »He never gave command« (Z. 360, 362), während Hamlets Name rühmend erklingt. Diese unterschiedliche ›Verabschiedung‹ (die vollkommen Schillers Maxime in der »Nänie« entspricht) setzt einen letzten Akzent auf die Aussage der Handlung.

*

Jede Einleitung zu *Hamlet* ist unvollständig oder wird zum Buch. Die hier vorgetragenen Beobachtungen und Thesen wurden bewußt auf bestimmte, als grundlegend erachtete Punkte konzentriert. Nachdrücklich sei deshalb auf den Kommentar verwiesen: Die gesonderten Einführungen zu jeder Szene und die Anmerkungen verfolgen die aufgeworfenen Fragen weiter und ergänzen sie durch Kommentierung von Aspekten und Problemen, die hier unberührt blieben. Eine Liste von Gesamtdarstellungen findet sich in der Bibliographie am Ende des Kommentarbandes.

Hamlet

ENGLISCH / DEUTSCH

DRAMATIS PERSONAE

CLAUDIUS, *King of Denmark*
GERTRUDE, *Queen of Denmark, Hamlet's mother*
THE GHOST *of Hamlet's father*
HAMLET, *Prince of Denmark, son to the former and nephew to the present king*
POLONIUS, *chief councillor and Lord Chamberlain*
OPHELIA, *daughter to Polonius*
LAERTES, *son to Polonius*
REYNALDO, *servant to Polonius*

VOLTEMAND CORNELIUS OSRIC	*Courtiers*
FRANCISCO BERNARDO MARCELLUS	*Sentinels*
HORATIO ROSENCRANTZ GUILDENSTERN	*Danish gentlemen*

A company of Players
A group of Sailors
Two Clowns, gravediggers
A Priest
English Ambassadors
A Norwegian Captain
FORTINBRAS, *Prince of Norway*
Councillors, Lords and Ladies of the Court, Attendants, Soldiers, Crowd

Scene: the royal Castle at Elsinore and the Danish Coast

PERSONEN

CLAUDIUS, *König von Dänemark*
GERTRUD, *Königin von Dänemark, Hamlets Mutter*
DER GEIST *von Hamlets Vater*
HAMLET, *Prinz von Dänemark, Sohn des vorigen und Neffe des jetzigen Königs*
POLONIUS, *oberster Rat und Hofmarschall*
OPHELIA, *Tochter des Polonius*
LAERTES, *Sohn des Polonius*
RINALDO, *Diener des Polonius*
VOLTEMAND, CORNELIUS, OSRIK – *Höflinge*
FRANCISCO, BERNARDO, MARCELLUS – *Wachtposten*
HORATIO, ROSENKRANZ, GÜLDENSTERN – *dänische Edle*
Eine Schauspielertruppe
Eine Gruppe von Seeleuten
Zwei Dörfler, Totengräber
Ein Priester
Englische Gesandte
Ein norwegischer Hauptmann
FORTINBRAS, *Prinz von Norwegen*
Räte, Hofherren, Hofdamen, Bediente, Soldaten, Volksmenge

Szene: die Königsburg zu Helsingör und die dänische Küste

ACT 1

SCENE 1

[*Midnight; a platform upon the fortifications of the castle at Elsinore.*]

Francisco stands guard; enter Bernardo.

Ber. Who's there?
Fran. Nay, answer me: Stand and unfold yourself.
Ber. Long live the king!
Fran. Bernardo?
Ber. He.
Fran. You come most carefully upon your hour.
Ber. 'Tis now struck twelve, get thee to bed, Francisco.
Fran. For this relief much thanks, 'tis bitter cold,
And I am sick at heart.
Ber. Have you had quiet guard?
Fran. Not a mouse stirring.
Ber. Well, good night;
If you do meet Horatio and Marcellus,
The rivals of my watch, bid them make haste.
[*Turns away.*]

Enter Horatio and Marcellus.

Fran. I think I hear them. – Stand, ho! Who is there?
Hor. Friends to this ground.
Mar. And liegemen to the Dane.
Fran. Give you good night.
Mar. O, farewell, honest soldier;
Who hath relieved you?
Fran. Bernardo hath my place;
Give you good night.

Exit.

Mar. Holla, Bernardo!
Ber. Say –
What, is Horatio there?
Hor. [*Gives his hand.*] A piece of him.

AKT 1

SZENE 1

[*Mitternacht; eine Terrasse auf den Befestigungen der Burg zu Helsingör.*]

Francisco steht Wache; Bernardo tritt auf.

Ber. Wer da?

Fran. Nein, mir gebt Antwort: Bleibt stehen und enthüllet, wer Ihr seid.

Ber. Lang lebe der König!

Fran. Bernardo?

Ber. Er selbst.

Fran. Ihr kommt sehr sorgfältig zu Eurer Zeit.

Ber. Es hat schon zwölf geschlagen, geh zu Bett, Francisco.

Fran. Vielmals Dank für diese Ablösung, 's ist bitter kalt, und mir ist weh ums Herz.

Ber. War Eure Wache ruhig?

Fran. Keine Maus hat sich gerührt.

Ber. Alsdann, gute Nacht; wenn Ihr Horatio und Marcellus trefft, die Gefährten meiner Wacht, heißt sie sich sputen. [*Er wendet sich ab.*]

Horatio und Marcellus treten auf.

Fran. Ich glaub, ich höre sie. – Heda, stehenbleiben! Wer da?

Hor. Freunde dieses Bodens.

Mar. Und Lehnsmänner des Dänen.

Fran. Gott geb' Euch gute Nacht.

Mar. Oh, lebt wohl, aufrechter Soldat; wer hat Euch abgelöst?

Fran. Bernardo hat meinen Posten; Gott geb' Euch gute Nacht.

Er geht ab.

Mar. Holla, Bernardo!

Ber. Sagt – wie, ist Horatio da?

Hor. [*gibt ihm die Hand*]. Ein Stück von ihm.

Ber. Welcome, Horatio, welcome, good Marcellus.
Hor. What, has this thing appeared again to-night?
Ber. I have seen nothing.
Mar. Horatio says 'tis but our fantasy,
And will not let belief take hold of him
Touching this dreaded sight twice seen of us;
Therefore I have entreated him along
With us to watch the minutes of this night,
That if again this apparition come,
He may approve our eyes and speak to it.
Hor. Tush, tush, 'twill not appear.
Ber. Sit down awhile,
And let us once again assail your ears,
That are so fortified against our story,
What we have two nights seen.
Hor. Well, sit we down,
And let us hear Bernardo speak of this.
Ber. Last night of all,
When yond same star that's westward from the pole
Had made his course t'illume that part of heaven
Where now it burns, Marcellus and myself,
The bell then beating one . . .
Enter Ghost, in armour and bearing a marshal's truncheon.
Mar. Peace, break thee off, look where it comes again!
[*They start up.*]
Ber. In the same figure like the king that's dead.
Mar. Thou art a scholar, speak to it, Horatio.
Ber. Looks 'a not like the king? Mark it, Horatio.
Hor. Most like, it harrows me with fear and wonder.
Ber. It would be spoke to.
Mar. Speak to it, Horatio.
Hor. What art thou that usurp'st this time of night,
Together with that fair and warlike form
In which the majesty of buried Denmark
Did sometimes march? By heaven I charge thee, speak.
Mar. It is offended.

Ber. Willkommen, Horatio, willkommen, wackerer Marcellus.

Hor. Nun, hat dies Ding sich heute Nacht erneut gezeigt?

Ber. Ich habe nichts gesehen.

Mar. Horatio sagt, es sei nur unsre Einbildung, und will sich nicht vom Glauben überkommen lassen hinsichtlich dieses furchterweckenden Anblicks, der sich uns zweimal bot; deswegen hab ich ihn herbeigebeten, gemeinsam mit uns die Minuten dieser Nacht zu wachen, damit, falls das Gebilde wiederkommt, er unseren Augen Recht geben mag und mit ihm sprechen.

Hor. Pah, pah, es wird nicht kommen.

Ber. Setzt Euch einstweilen, und laßt uns nochmals Eure Ohren bestürmen, die so verschanzt sind gegen unseren Bericht von dem, was wir zwei Nächte sahen.

Hor. Gut, setzen wir uns hin und hören wir Bernardo davon reden.

Ber. Gerade gestern nacht, als jener Stern dort westlich von dem Pole seine Bahn gezogen war, um den Teil des Himmels zu erhellen, wo er jetzt flammt, Marcellus und ich selbst, die Glocke schlug grad' eins ...

Der Geist tritt auf, in Ritterrüstung und mit einem Marschallstab.

Mar. Still, halt ein, seht, dort kommt es wieder! [*Sie springen auf.*]

Ber. In derselben Gestalt, gleich dem Könige, der tot ist.

Mar. Du bist ein Gelehrter, sprich zu ihm, Horatio.

Ber. Sieht's nicht dem König gleich? Gib darauf acht, Horatio.

Hor. Völlig gleich, es wühlt mich auf mit Furcht und Staunen.

Ber. Es möchte angesprochen sein.

Mar. Sprich zu ihm, Horatio.

Hor. Was bist du, daß du dich dieser Zeit der Nacht bemächtigst samt jener prächtigen und kriegerischen Gestalt, in der vormals die begrabene Majestät von Dänemark einherging? Beim Himmel, ich befehl dir, sprich.

Mar. Es ist aufgebracht.

Ber. See, it stalks away.
Hor. Stay, speak, speak, I charge thee, speak!
Exit Ghost.
Mar. 'Tis gone and will not answer.
Ber. How now, Horatio, you tremble and look pale,
Is not this something more than fantasy?
What think you on't?
Hor. Before my God, I might not this believe
Without the sensible and true avouch
Of mine own eyes.
Mar. Is it not like the king?
Hor. As thou art to thyself.
Such was the very armour he had on
When he the ambitious Norway combated,
So frowned he once, when, in an angry parle,
He smote the sledded Polacks on the ice.
'Tis strange.
Mar. Thus twice before, and jump at this dead hour,
With martial stalk hath he gone by our watch.
Hor. In what particular thought to work I know not,
But in the gross and scope of mine opinion
This bodes some strange eruption to our state.
Mar. Good now, sit down, and tell me he that knows,
Why this same strict and most observant watch
So nightly toils the subject of the land,
And why such daily cast of brazen cannon
And foreign mart for implements of war,
Why such impress of shipwrights whose sore task
Does not divide the Sunday from the week –
What might be toward that this sweaty haste
Doth make the night joint-labourer with the day:
Who is't that can inform me?
Hor. That can I,
At least the whisper goes so: Our last king,
Whose image even but now appeared to us,
Was, as you know, by Fortinbras of Norway,

Ber. Seht, es schreitet weg.

Hor. Bleib stehen, sprich, sprich, ich befehl dir, sprich!

Der Geist geht ab.

Mar. 's ist fort und will nicht antworten.

Ber. Nun, Horatio, Ihr zittert und seht bleich aus, ist dies nicht etwas mehr als Einbildung? Was haltet Ihr davon?

Hor. Bei meinem Gott, ich könnte dies nicht glauben ohne das sinnenhafte und wahre Zeugnis meiner eignen Augen.

Mar. Ist's nicht dem König gleich?

Hor. Wie du's dir selber bist. Genau so war die Rüstung, die er trug, als er mit dem ehrgeizigen Norweger kämpfte, so runzelte er einst die Stirn, als er in einer zornerfüllten Unterhandlung die schlittenfahrenden Polen auf dem Eise schlug. 's ist seltsam.

Mar. So ist er schon zweimal zuvor, und stracks um diese tote Stunde, mit kriegsgewohntem Schritt an unsrer Wacht vorbeigezogen.

Hor. Nach welcher Lehre im besondren ich verfahren sollte, weiß ich nicht, jedoch im großen und ganzen meiner Meinung zeigt dies unserm Land ein unerhörtes Unheil an.

Mar. Setzt euch doch, bitte, und sag' mir einer, der es weiß, weshalb wohl eben diese strenge und aufmerksame Wacht derart den Untertan des Landes nächtlich plagt, und weshalb dies tagtägliche Gießen messingner Geschütze und Verhandeln über Ankäufe von Kriegsgerät im Ausland, weshalb solch zwangsweises Einsetzen von Schiffsbauern, deren harte Fron den Sonntag nicht von der Woche trennt – was könnte wohl bevorstehn, daß diese schweißtriefende Hast die Nacht zum Arbeitsgesellen des Tages macht: Wer ist es, der mich unterrichten kann?

Hor. Das kann ich, zumindest wird es so geflüstert: Unser letzter König, dessen Abbild uns soeben grad' erschien, wurde, wie ihr wißt, von Fortinbras von Norwegen, den

Thereto pricked on by a most emulate pride,
Dared to the combat; in which our valiant Hamlet
(For so this side of our known world esteemed him)
Did slay this Fortinbras, who by a sealed compact,
Well ratified by law and heraldy,
Did forfeit (with his life) all those his lands
Which he stood seized of, to the conqueror,
Against the which a moiety competent
Was gaged by our king, which had returned
To the inheritance of Fortinbras,
Had he been vanquisher, as by the same co-mart,
And carriage of the article designed,
His fell to Hamlet. Now, sir, young Fortinbras,
Of unimproved mettle hot and full,
Hath in the skirts of Norway here and there
Sharked up a list of lawless resolutes,
For food and diet, to some enterprise
That hath a stomach in't, which is no other –
As it doth well appear unto our state –
But to recover of us by strong hand
And terms compulsatory, those foresaid lands
So by his father lost; and this, I take it,
Is the main motive of our preparations,
The source of this our watch, and the chief head
Of this post-haste and rummage in the land.

Ber. I think it be no other but e'en so;
Well may it sort that this portentous figure
Comes armed through our watch so like the king
That was and is the question of these wars.

Hor. A mote it is to trouble the mind's eye.
In the most high and palmy state of Rome,
A little ere the mightiest Julius fell,
The graves stood tenantless, and the sheeted dead
Did squeak and gibber in the Roman streets . . .
As stars with trains of fire, and dews of blood,
Disasters in the sun; and the moist star

höchst eifersüchtige Hoffahrt dazu angestachelt hatte, zum Zweikampf aufgefordert; worin unser tapfrer Hamlet (denn dafür hielt ihn diese Seite der uns bekannten Welt) den Fortinbras erschlug, der laut eines besiegelten Vertrags, nach Recht und Ritterbrauch vollauf bekräftigt, mit seinem Leben all jene Lande, die er erworben, einbüßte an den Sieger, wogegen ein entsprechend großer Landesteil von unserem König eingesetzt war, der zum Eigentum des Fortinbras gegangen wäre, hätte der den Sieg errungen, so, wie nach derselben gemeinsamen Abmachung und dem Sinn des vorbenannten Passus sein Teil an Hamlet fiel. Nun, mein Herr, hat der junge Fortinbras, von ungezähmter Kampflust voll und hitzig, in den Saumgebieten Norwegens hier und da eine Schar von zügellosen Draufgängern gegen Essen und Verpflegung aufgeschnappt zu einem Unternehmen, das es in sich hat und nichts andres ist – wie es sich unserer Regierung deutlich darstellt –, als mit der starken Hand und Anwendung von Zwang uns vorbesagte Gegenden, von seinem Vater wie erklärt verloren, wieder abzunehmen; und dieses, nehm ich an, ist wichtigster Beweggrund unserer Zurüstungen, Ursprung unserer Wacht hier und Hauptquelle all dieser Überstürzung und des Umtriebes im Land.

Ber. Ich glaube, so verhält sich's, und nicht anders; sehr wohl mag's dazu passen, daß diese unheilkündende Gestalt gewaffnet während unsrer Wacht erscheint, dem Könige so gleich, der Anlaß dieser Kriege war und ist.

Hor. Ein Staubkorn ist es, das das geistige Auge plagt. Im höchsten, palmenbluhenden Stande Roms, ein wenig eh' der allgewaltige Julius stürzte, standen die Gräber unbewohnt, und die Toten in ihren Leichentüchern kreischten und schnatterten durch die römischen Straßen ... Da gab es Sterne mit Feuerschweifen und blutigen Taufall, Katastrophen auf der Sonne; und das wäßrige Gestirn, unter

Upon whose influence Neptune's empire stands,
Was sick almost to doomsday with eclipse.
And even the like precurse of fierce events,
As harbingers preceding still the fates
And prologue to the omen coming on,
Have heaven and earth together demonstrated
Unto our climatures and countrymen.

Re-enter Ghost.

But soft, behold, lo where it comes again!

[*They start up.*]

I'll cross it though it blast me

He spreads his arms

– Stay, illusion!
If thou hast any sound or use of voice,
Speak to me.
If there be any good thing to be done
That may to thee do ease, and grace to me,
Speak to me.
If thou art privy to thy country's fate
Which happily foreknowing may avoid,
O, speak!
Or if thou hast uphoarded in thy life
Extorted treasure in the womb of earth,
For which, they say, you spirits oft walk in death,
Speak of it –

The cock crows

stay and speak – stop it, Marcellus!

Mar. Shall I strike at it with my partisan?
Hor. Do, if it will not stand.
Ber. 'Tis here!
Hor. 'Tis here!

Exit Ghost.

Mar. 'Tis gone ...
We do it wrong, being so majestical,
To offer it the show of violence,
For it is, as the air, invulnerable,
And our vain blows malicious mockery.

dessen Einfluß Neptuns Reich steht, war vor Verfinsterung krank fast wie zum Jüngsten Tag. Und eben solches Ankünden gräßlicher Ereignisse als Wegbereiter, die den Verhängnissen stets vorangehn, und als Vorspiel des sich nahenden Unheils, haben Himmel und Erde gemeinsam unseren Regionen und Landsleuten gezeigt.

Der Geist kommt wieder.

– Doch still, schaut her, seht, dort kommt es wieder! [*Sie springen auf.*] Ich stell mich ihm entgegen, und sollt' es mich versengen. *(Er breitet die Arme aus.)* – Bleib stehen, Truggebilde! Falls du irgend Laut oder Gebrauch der Stimme hast, sprich zu mir. Falls irgendeine gute Tat zu tun ist, die dir Erleichterung und mir Heil verschaffen könnte, sprich zu mir. Falls du in deines Lands Verderben eingeweiht bist, das ein Vorauswissen vielleicht noch wenden kann, oh, sprich! Oder falls du in deinem Leben abgepreßte Schätze im Schoß der Erde aufgehortet hast, wegen welcher, wie man sagt, ihr Geister oft im Tode umgeht, sprich davon. *(Der Hahn kräht.)* Bleib stehn und sprich. – Halt es auf, Marcellus!

Mar. Soll ich mit meiner Hellebarde nach ihm schlagen?

Hor. Tu's, wenn's nicht stehenbleiben will.

Ber. 's ist hier!

Hor. 's ist hier!

Der Geist geht ab.

Mar. 's ist fort ... Wir tun ihm Unrecht, da es so voller Majestät ist, ihm Gesten der Gewalt zu bieten, denn es ist unverletzlich wie die Luft, und unsre wirkungslosen Streiche hohles Nachäffen von Schaden.

Ber. It was about to speak when the cock crew.
Hor. And then it started like a guilty thing
Upon a fearful summons. I have heard
The cock, that is the trumpet to the morn,
Doth with his lofty and shrill-sounding throat
Awake the god of day, and at his warning,
Whether in sea or fire, in earth or air,
Th' extravagant and erring spirit hies
To his confine; and of the truth herein
This present object made probation.
Mar. It faded on the crowing of the cock.
Some say that ever 'gainst that season comes
Wherein our Saviour's birth is celebrated,
This bird of dawning singeth all night long;
And then, they say, no spirit dare stir abroad,
The nights are wholesome, then no planets strike,
No fairy takes, nor witch hath power to charm,
So hallowed and so gracious is that time.
Hor. So have I heard and do in part believe it. –
But look, the morn in russet mantle clad
Walks o'er the dew of yon high eastward hill.
Break we our watch up; and by my advice
Let us impart what we have seen to-night
Unto young Hamlet, for upon my life,
This spirit, dumb to us, will speak to him.
Do you consent we shall acquaint him with it,
As needful in our loves, fitting our duty?
Mar. Let's do't, I pray, and I this morning know
Where we shall find him most convenient.
Exeunt.

Ber. Es wollte gerade reden, als der Hahn gekräht hat.

Hor. Und dann fuhr es zusammen wie ein schuldiges Geschöpf bei einem fürchterlichen Vorladungsruf. Ich habe sagen hören, daß der Hahn, welcher Trompeter der Morgenfrühe ist, mit seiner stolzen und schrilltönenden Kehle den Gott des Tages weckt, und daß, auf seinen Warnruf hin, jeglicher weggeirrte und umherschweifende Geist, ob im Meere oder Feuer, auf der Erde oder in der Luft, in seinen Bannkreis eilt; und von der Wahrheit dessen hat der Anblick hier uns den Beweis geliefert.

Mar. Es schwand beim Krähen des Hahns. Einige sagen, daß stets, bevor die Zeit kommt, zu welcher unsres Heilandes Geburt gefeiert wird, dieser Vogel der Dämmerung die ganze Nacht lang singt; und dann, so wird gesagt, traut sich kein Geist hinweg, zuträglich sind die Nächte, dann trifft kein Planetenstrahl, kein Kobold lähmt, und keine Hexe hat die Macht zu zaubern, so heilig und so gnadenvoll ist jene Zeit.

Hor. Das hab ich auch gehört und glaub's zum Teil. – Doch seht, der Morgen tritt in grauem Umhang über den Tau des hohen Hügels dort im Osten. Laßt uns unsre Wacht beenden; und mein Rat geht dahin, daß wir dem jungen Hamlet anvertrauen, was wir heut nacht gesehen haben, denn, bei meinem Leben, der Geist, uns gegenüber stumm, wird zu ihm reden. Willigt ihr ein, daß wir es ihm zu wissen geben, wie's unsre Liebe zu ihm fordert und unsrer Pflicht entspricht?

Mar. Das laßt uns tun, ich bitte euch, und ich weiß, wo wir ihn heute morgen sehr gelegen finden können.

Sie gehen ab.

SCENE 2

[*The hall of the castle.*]

Flourish; enter Claudius, King of Denmark, Gertrude the Queen, Council: as Polonius and his son Laertes, Hamlet, [*clad in black,*] *and others, among them Voltemand and Cornelius; Attendants.*

King. Though yet of Hamlet our dear brother's death
The memory be green, and that it us befitted
To bear our hearts in grief, and our whole kingdom
To be contracted in one brow of woe,
Yet so far hath discretion fought with nature
That we with wisest sorrow think on him,
Together with remembrance of ourselves:
Therefore our sometime sister, now our queen,
Th' imperial jointress to this warlike state,
Have we, as 'twere with a defeated joy,
With an auspicious, and a dropping eye,
With mirth in funeral, and with dirge in marriage,
In equal scale weighing delight and dole,
Taken to wife; nor have we herein barred
Your better wisdoms, which have freely gone
With this affair along – for all, our thanks.
Now follows that you know young Fortinbras,
Holding a weak supposal of our worth,
Or thinking by our late dear brother's death
Our state to be disjoint and out of frame,
Co-leagued with this dream of his advantage,
He hath not failed to pester us with message
Importing the surrender of those lands
Lost by his father, with all bands of law,
To our most valiant brother – so much for him.
Now for ourself, and for this time of meeting,
Thus much the business is: We have here writ
To Norway, uncle of young Fortinbras –
Who, impotent and bedrid, scarcely hears

SZENE 2

[*Der Große Saal der Burg.*]

Trompetenstoß; es treten ein Claudius, König von Dänemark, Gertrud, die Königin, Räte: so Polonius und sein Sohn Laertes, Hamlet, [*schwarzgekleidet,*] *und andere, darunter Voltemand und Cornelius; Gefolge.*

Kön. Wiewohl das Andenken an Hamlets, unsres teuren Bruders, Tod noch grün ist und es uns geziemte, unsre Herzen in Trauer zu halten, und unser ganzes Königreich zu einer einzigen Stirn des Kummers sich zusammenziehen sollte, hat doch Besonnenheit so weit mit dem natürlichen Gefühl gerungen, daß wir in weisester Betrübnis sein gedenken, verbunden mit dem Eingedenksein unsrer selbst: Drum haben wir unsre vormals Schwägerin, nun unsre Königin, die mitregierende Herrscherwitwe dieses kriegerischen Staates, sozusagen mit zerstörter Freude, mit einem heiteren und einem feuchten Auge, mit Ausgelassenheit bei der Beerdigung und mit Klagelied bei der Hochzeit, in gleichen Schalen Wonne und Wehmut wiegend, zur Frau genommen; noch sperrten wir uns hierin gegen eure Einsicht in das Bessere, die diesen Vorgang aus freiem Willen beipflichtend begleitet hat – für alles unsern Dank. Nun folgt, daß ihr wissen müßt, der junge Fortinbras, in schwacher Einschätzung unsres Wertes, oder in dem Glauben, aufgrund des Todes unsres teuren, seligen Bruders sei unser Staat verrenkt und aus den Fugen, hat, im Verein mit diesem Wahn von seinem Vorteil, nicht verfehlt, uns mit Botschaft zu belästigen, die auf die Übergabe jener Lande hingeht, die sein Vater an unseren höchst tapfren Bruder mit allen Bindungen des Rechts verloren hatte – soviel von ihm. Was uns nun selbst betrifft und unsre jetzige Zusammenkunft, geht es um dies: Wir haben hier an Norwegen geschrieben, Onkel des jungen Fortinbras – der,

Of this his nephew's purpose – to suppress
His further gait herein, in that the levies,
The lists, and full proportions, are all made
Out of his subject. And we here dispatch
You, good Cornelius, and you, Voltemand,
For bearers of this greeting to old Norway,
Giving to you no further personal power
To business with the king, more than the scope
Of these dilated articles allow.
[*Hands over papers.*]
Farewell, and let your haste commend your duty.

Cor., Vol. In that, and all things, will we show our duty.

King. We doubt it nothing, heartily farewell.
Exeunt Voltemand and Cornelius.
And now, Laertes, what's the news with you?
You told us of some suit, what is't, Laertes?
You cannot speak of reason to the Dane
And lose your voice; what wouldst thou beg, Laertes,
That shall not be my offer, not thy asking?
The head is not more native to the heart,
The hand more instrumental to the mouth,
Than is the throne of Denmark to thy father.
What wouldst thou have, Laertes?

Laer. My dread lord,
Your leave and favour to return to France,
From whence though willingly I came to Denmark
To show my duty in your coronation,
Yet now, I must confess, that duty done,
My thoughts and wishes bend again toward France,
And bow them to your gracious leave and pardon.

King. Have you your father's leave? What says Polonius?

Pol. 'A hath, my lord, wrung from me my slow leave
By laboursome petition, and at last
Upon his will I sealed my hard consent;
I do beseech you, give him leave to go.

King. Take thy fair hour, Laertes, time be thine,

kraftlos und ans Bett gefesselt, kaum von dieser Absicht seines Neffen hört –, daß er dessen weitres Vorgehn hierin unterbinden soll, da ja die Aushebungen, [31] Stellungslisten und vollen Truppenzahlen aus dem ihm untertanen Volk gezogen werden. Und wir senden nunmehr Euch, edler Cornelius, und Euch, Voltemand, als Überbringer dieser Grußbotschaft zum alten Norwegen, [35] wobei wir euch keine weitere persönliche Vollmacht geben zu Verhandlungen mit dem König, als der Umfang dieser ausführlichen Klauseln zuläßt. [*Er überreicht Schriftstücke.*] Lebt wohl, und laßt eure Eile eine Empfehlung eurer Ergebenheit sein.

Cor., Vol. Darin und in allem wollen wir unsere Ergebenheit erweisen. [40]

Kön. Wir zweifeln keineswegs daran, lebt herzlich wohl.

Voltemand und Cornelius gehen ab.

Und nun, Laertes, was gibt es mit Euch Neues? Ihr sagtet uns etwas von einem Anliegen, was ist's, Laertes? Ihr könnt zum Dänen nicht vernünftig reden und Eure Stimme umsonst erheben; was könntest du erbitten, Laertes, [45] das nicht mein Anerbieten sein soll, nicht dein Gesuch? Das Haupt ist mit dem Herzen enger nicht verwandt, die Hand nicht mehr dem Munde dienlich, als es der Thron von Dänemark deinem Vater ist. Was möchtest du, Laertes?

Laer. Mein erhabener Fürst, [50] Eure Erlaubnis und Vergünstigung, nach Frankreich zurückzukehren, von wo ich willig zwar nach Dänemark kam, um meine Ergebenheit bei Eurer Krönung zu erweisen; doch nun muß ich gestehn, da diese Pflicht erfüllt ist, wenden sich meine Wünsche und Gedanken erneut nach Frankreich hin [55] und neigen sich vor Eurer gnädigen Erlaubnis und Verstattung.

Kön. Habt Ihr die Erlaubnis Eures Vaters? Was sagt Polonius?

Pol. Mein Fürst, er hat durch mühseliges Bitten mir meine zögernde Erlaubnis abgerungen, und schließlich drückte ich seinem Willen das hartgegebene Siegel meiner Gewährung auf; [60] ich bitte Euch, erlaubt ihm, daß er geht.

Kön. Ergreife du die Gunst der Stunde, Laertes, die Zeit

And thy best graces spend it at thy will. –
But now, my cousin Hamlet, and my son . . .
Ham. [*Aside.*] A little more than kin, and less than kind.
King. How is it that the clouds still hang on you?
Ham. Not so, my lord, I am too much in the 'son'.
Queen. Good Hamlet, cast thy nighted colour off,
And let thine eye look like a friend on Denmark;
Do not for ever with thy vailed lids
Seek for thy noble father in the dust,
Thou know'st 'tis common, all that lives must die,
Passing through nature to eternity.
Ham. Ay, madam, it is common.
Queen. If it be,
Why seems it so particular with thee?
Ham. Seems, madam! Nay, it is, I know not 'seems'.
'Tis not alone my inky cloak, good mother,
Nor customary suits of solemn black,
Nor windy suspiration of forced breath,
No, nor the fruitful river in the eye,
Nor the dejected haviour of the visage,
Together with all forms, modes, shapes of grief,
That can denote me truly. These indeed seem,
For they are actions that a man might play,
But I have that within which passes show –
These but the trappings and the suits of woe.
King. 'Tis sweet and commendable in your nature, Hamlet,
To give these mourning duties to your father,
But you must know your father lost a father,
That father lost, lost his, and the survivor bound
In filial obligation for some term
To do obsequious sorrow. But to persever
In obstinate condolement is a course

sei dein, und mögen deine besten Gaben sie wie du es wünschst verbringen. – Doch nun mein Neffe Hamlet und mein Sohn ...

Ham. [*beiseite.*] Etwas mehr als verwandt und weniger als naturgegeben freundlich.

Kön. Wie kommt es, daß noch immer Wolken um Euch hängen?

Ham. Das nicht, mein Fürst, ich bin zu sehr in der ›Sohne‹.

Kgin. Lieber Hamlet, wirf deine nächtige Farbe ab und laß dein Auge auf Dänemark als einen Freund sehn; such nicht für immer mit gesenkten Lidern im Staub nach deinem Vater, du weißt, 's ist das gemeine Los, alles, was lebet, ist dem Tod geweiht und geht durch die Natur hin in die Ewigkeit.

Ham. Ja, Majestät, es ist gemein.

Kgin. Wenn es das ist, warum scheint dir's dann so besonders?

Ham. Scheint, Majestät? Nein, es ist, »scheint« kenn ich nicht. 's ist nicht allein mein tintenfarbner Umhang, gute Mutter, weder herkömmliche Kleider von feierlichem Schwarz, noch hohlpfeifende Seufzer des gezwängten Atems, nein, noch der ausgiebige Strom im Auge, noch der bedrückte Ausdruck des Gesichts, vereint mit allen Formen, Weisen, Kostümierungen der Trauer, können meinen Zustand richtig anzeigen. Diese Dinge scheinen in der Tat, denn es sind Gesten, die jemand zu schauspielern vermöchte, doch was jenseits aller Schau ist, habe ich im Herzen – diese sind Putz und Kleidung nur der Schmerzen.

Kön. 's ist schön und preisenswert an Eurem Wesen, Hamlet, die Schuld der Trauer Eurem Vater abzustatten, Ihr müßt indes bedenken, Euer Vater verlor einen Vater, und dieser Vater verlor, verlor den seinen, und der Überlebende ist durch die Dankesschuld des Kinds gehalten, eine Weile lang sich trauervollem Kummer hinzugeben. Aber in störrischer Betrübnis zu verharren, ist ein Gebaren unfrommer Hals-

Of impious stubbornness, 'tis unmanly grief,
It shows a will most incorrect to heaven,
A heart unfortified, a mind impatient,
An understanding simple and unschooled.
For what we know must be and is as common
As any the most vulgar thing to sense,
Why should we in our peevish opposition
Take it to heart? Fie, 'tis a fault to heaven,
A fault against the dead, a fault to nature,
To reason most absurd, whose common theme
Is death of fathers, and who still hath cried,
From the first corse till he that died to-day,
'This must be so' . . . We pray you, throw to earth
This unprevailing woe, and think of us
As of a father – for let the world take note,
You are the most immediate to our throne,
And with no less nobility of love
Than that which dearest father bears his son,
Do I impart toward you . . . For your intent
In going back to school in Wittenberg,
It is most retrograde to our desire,
And we beseech you, bend you to remain
Here in the cheer and comfort of our eye,
Our chiefest courtier, cousin, and our son.
Queen. Let not thy mother lose her prayers, Hamlet:
I pray thee, stay with us, go not to Wittenberg.
Ham. I shall in all my best obey you, madam.
King. Why, 'tis a loving and a fair reply,
Be as ourself in Denmark. – Madam, come,
This gentle and unforced accord of Hamlet
Sits smiling to my heart, in grace whereof,
No jocund health that Denmark drinks to-day
But the great cannon to the clouds shall tell,
And the king's rouse the heaven shall bruit again,
Re-speaking earthly thunder; come away.
Flourish, exeunt all but Hamlet.

starrigkeit, 's ist unmännliche Trübsal, es zeigt dem Himmel gegenüber unziemlichen Eigenwillen, ein ungestähltes Herz, einen unduldsamen Geist, ein einfältiges und ungeschultes Denken. Denn etwas, von dem wir wissen, daß es sein muß, und das dem Verstande so gemein ist als irgendein gewöhnlich Ding, warum sollten wir es uns in unserem verbockten Trotz zu Herzen nehmen? Pfui, ein Unrecht ist's am Himmel, ein Unrecht an den Toten, Unrecht an der Natur, der Vernunft höchst widersinnig, deren allgemeines Thema der Tod von Vätern ist und die schon immer ausrief, vom ersten Leichnam bis zu dem, der heute starb: »Dies muß so sein« . . . Wir bitten Euch, werft diesen unwirksamen Schmerz zur Erde nieder und denket von uns wie von einem Vater – denn möge es die Welt zur Kenntnis nehmen, Ihr seid unserm Thron der Allernächste, und mit nicht minderer Großmütigkeit der Liebe, als sie der teuerste Vater für seinen Sohn hegt, geb ich mich zu Euch . . . Was Eure Absicht anbelangt, nach Wittenberg zurückzugehn zur Hohen Schule, so läuft dies unserm Wunsche ganz zuwider, und wir ersuchen Euch, neigt dazu, hier in der Freude und im Troste unsres Auges zu verweilen, als unser erster Höfling, unser Neffe und unser Sohn.

Kgin. Laß deine Mutter nicht vergeblich flehen, Hamlet; ich bitte dich, bleib bei uns, geh nicht nach Wittenberg.

Ham. Ich werde Euch nach bester Kraft gehorchen, Majestät.

Kön. Nun, das ist eine liebevolle und gefällige Antwort, lebt wie wir selbst in Dänemark. – Kommt, Majestät, diese freundliche und unerzwungene Zustimmung Hamlets sitzt lächelnd mir im Herzen, und ihr zu Ehren wird Dänemark heute keinen frohen Zutrunk tun, den die große Kanone nicht den Wolken künden soll, und der Himmel soll des Königs vollen Zug dann weiterhallen, den irdischen Donner wiederholend; kommt, laßt uns gehn.

Trompetenstoß; alle außer Hamlet gehen ab.

Ham. O, that this too too sullied flesh would melt,
Thaw and resolve itself into a dew,
Or that the Everlasting had not fixed
His canon 'gainst self-slaughter! O God, God,
How weary, stale, flat, and unprofitable
Seem to me all the uses of this world!
Fie on't, ah fie, 'tis an unweeded garden
That grows to seed, things rank and gross in nature
Possess it merely. That it should come thus,
But two months dead, nay, not so much, not two,
So excellent a king, that was to this
Hyperion to a satyr, so loving to my mother,
That he might not beteem the winds of heaven
Visit her face too roughly – heaven and earth,
Must I remember? Why, she would hang on him
As if increase of appetite had grown
By what it fed on, and yet within a month,
Let me not think on't . . . frailty, thy name is woman!
A little month, or ere those shoes were old
With which she followed my poor father's body
Like Niobe, all tears, why she, even she –
O God, a beast that wants discourse of reason
Would have mourned longer – married with my uncle,
My father's brother, but no more like my father
Than I to Hercules . . . within a month,
Ere yet the salt of most unrighteous tears
Had left the flushing in her galled eyes,
She married. O most wicked speed, to post
With such dexterity to incestuous sheets!
It is not, nor it cannot come to good –
But break, my heart, for I must hold my tongue.
Enter Horatio, Marcellus, and Bernardo.
Hor. Hail to your lordship!
Ham. I am glad to see you well –
Horatio, or I do forget my self!
Hor. The same, my lord, and your poor servant ever.

Ham. Oh, könnte dies zu sehr, zu sehr befleckte Fleisch zergehn, schmelzen und sich zu Tau auflösen, oder hätte doch der Ewigwährende sein Gesetz nicht gegen Selbstvernichtung aufgerichtet! O Gott, Gott, wie lästig, schal, öde und unersprießlich erscheint mir all das Treiben dieser Welt! Pfui darüber, ah pfui, 's ist ein ungejäteter Garten, der zum Samen aufwächst, Dinge von üppigfauler und grober Art nehmen ihn gänzlich ein. Daß es so kommen konnte, zwei Monate nur tot, nein, nicht so viel, nicht zwei, ein so vortrefflicher König, der zu diesem wie Hyperion war zu einem Satyr, so liebevoll zu meiner Mutter, daß er den Winden des Himmels nicht verstatten mochte, ihr Angesicht zu unsanft heimzusuchen – Himmel und Erde, muß ich mich erinnern? Wahrlich, sie hing sich immer an ihn, als ob der Hunger sich vermehrend wüchse durch jenes, das ihn stillte ... Und dennoch, binnen eines Monats, ich will nicht daran denken – Schwachheit, dein Name ist Weib! Ein kleiner Monat, eh' noch die Schuhe alt waren, in denen sie dem Leichnam meines armen Vaters folgte, wie Niobe ganz in Tränen, wahrhaftig sie, gerade sie – o Gott, ein Tier, das der Begabung der Vernunft entbehrt, hätte länger getrauert! – heiratete meinen Onkel, meines Vaters Bruder, aber meinem Vater nicht ähnlicher als ich dem Herkules ... Binnen eines Monats, ehe noch das Salz höchst ungerechter Tränen aus der Rötung ihrer wundgewordenen Augen gewichen war, heiratete sie. O höchst verruchte Schnelle, mit solcher Behendigkeit in blutschänderische Laken zu eilen! Es ist nicht gut, noch kann es je zu Gutem führen – doch brich, mein Herz, denn ich muß meine Zunge zügeln.

Horatio, Marcellus und Bernardo treten ein.

Hor. Heil Eurer Hoheit!

Ham. Es freut mich, Euch wohlauf zu sehn – Horatio, oder ich vergeß mich selbst.

Hor. Der nämliche, mein Prinz, und stets Euer armer Diener.

Ham. Sir: my good friend, I'll change that name with you.
[*They clasp hands.*]
And what make you from Wittenberg, Horatio? –
Marcellus!
[*Gives his hand.*]
Mar. My good lord!
Ham. I am very glad to see you –
[*To Bernardo*] good even, sir.
[*To Horatio.*] But what, in faith, make you from Wittenberg?
Hor. A truant disposition, good my lord.
Ham. I would not hear your enemy say so,
Nor shall you do my ear that violence
To make it truster of your own report
Against yourself. I know you are no truant,
But what is your affair in Elsinore?
We'll teach you for to drink ere you depart.
Hor. My lord, I came to see your father's funeral.
Ham. I prithee, do not mock me, fellow-student,
I think it was to see my mother's wedding.
Hor. Indeed, my lord, it followed hard upon.
Ham. Thrift, thrift, Horatio, the funeral baked meats
Did coldly furnish forth the marriage tables.
Would I had met my dearest foe in heaven
Or ever I had seen that day, Horatio –
My father, methinks I see my father.
Hor. Where, my lord?
Ham. In my mind's eye, Horatio.
Hor. I saw him once, 'a was a goodly king ...
Ham. 'A was a man, take him for all in all,
I shall not look upon his like again.
Hor. My lord, I think I saw him yesternight.
Ham. Saw, who?
Hor. My lord, the king your father.
Ham. The king my father!
Hor. Season your admiration for a while
With an attent ear, till I may deliver,

Ham. Mein Herr: mein guter Freund, den Namen will ich mit Euch tauschen. [*Sie schütteln sich die Hände.*] Und was macht Ihr fern von Wittenberg, Horatio? – Marcellus! [*Er gibt ihm die Hand.*]

Mar. Mein edler Prinz!

Ham. Es ist mir eine rechte Freude, Euch zu sehen. – [*Zu Bernardo.*] Guten Tag, mein Herr. – [*Zu Horatio.*] Doch im Ernst, was bringt Euch von Wittenberg?

Hor. Ein Hang zum Bummeln, mein edler Prinz.

Ham. Ich würde Euren Feind nicht solches reden hören, noch sollt Ihr meinem Ohre die Gewalt antun, es Eure eigene Nachrede gegen Euch selber glauben zu machen. Ich weiß, Ihr seid kein Bummler, doch was habt Ihr in Helsingör zu tun? Wir wollen Euch noch das Trinken lehren, eh' Ihr abreist.

Hor. Mein Prinz, ich kam, um das Begräbnis Eures Vaters zu erleben.

Ham. Ich bitte dich, Studienfreund, verspotte mich nicht, ich glaub, du kamst, die Hochzeit meiner Mutter zu erleben.

Hor. In der Tat, mein Prinz, sie folgte knapp darauf.

Ham. Man spart, man spart, Horatio, die Pasteten vom Leichenschmaus haben kalt die Hochzeitstafel ausgestattet. Ich hätte lieber meinen ärgsten Feind im Himmel angetroffen, als jenen Tag erlebt, Horatio. – Mein Vater, mir deucht, ich sehe meinen Vater.

Hor. Wo, mein Prinz?

Ham. In meines Geistes Auge, Horatio.

Hor. Ich sah ihn einst, er war ein stattlicher König . . .

Ham. Er war ein Mann, nimm alles nur in allem, ich werde seinesgleichen nicht mehr sehn.

Hor. Mein Prinz, ich glaub, ich sah ihn letzte Nacht.

Ham. Sahst – wen?

Hor. Mein Prinz, den König, Euren Vater.

Ham. Den König, meinen Vater!

Hor. Mäßigt Euer Erstaunen eine Weile mit aufmerksamem

Upon the witness of these gentlemen,
This marvel to you.
Ham. For God's love let me hear!
Hor. Two nights together had these gentlemen,
Marcellus and Bernardo, on their watch
In the dead waste and middle of the night,
Been thus encountered: A figure like your father,
Armed at point exactly, cap-a-pe,
Appears before them, and with solemn march
Goes slow and stately by them; thrice he walked
By their oppressed and fear-surprised eyes
Within his truncheon's length, whilst they, distilled
Almost to jelly with the act of fear,
Stand dumb and speak not to him. This to me
In dreadful secrecy impart they did,
And I with them the third night kept the watch,
Where, as they had delivered, both in time,
Form of the thing, each word made true and good,
The apparition comes: I knew your father,
These hands are not more like.
Ham. But where was this?
Mar. My lord, upon the platform where we watch.
Ham. Did you not speak to it?
Hor. My lord, I did,
But answer made it none; yet once methought
It lifted up it head, and did address
Itself to motion like as it would speak;
But even then the morning cock crew loud,
And at the sound it shrunk in haste away
And vanished from our sight.
Ham. 'Tis very strange.
Hor. As I do live, my honoured lord, 'tis true,
And we did think it writ down in our duty
To let you know of it.
Ham. Indeed, indeed, sirs, but this troubles me.
Hold you the watch to-night?

Ohr, bis ich, bezeugt von diesen Herren hier, Euch dies Wunder berichten kann.

Ham. Um Gottes Liebe willen, laßt mich hören!

Hor. Zwei Nächte nacheinander hatten diese Herrn, Marcellus und Bernardo, während ihrer Wache in der toten Öde und Mitte der Nacht folgende Begegnung: Eine Gestalt wie Euer Vater, fertig und vollständig gerüstet, von Kopf bis Fuß, erscheint vor ihnen und geht in feierlichem Marsch langsam und gemessen an ihnen vorüber; dreimal ging er vor ihren bedrückten und furchtübermannten Augen, um die Länge seines Marschallstabs entfernt, vorbei, während sie, durch den Effekt der Furcht fast zu Gallert geronnen, stumm dastehn und ihn nicht ansprechen. Dies vertrauten sie in furchterfüllter Heimlichkeit mir an, und ich hielt mit ihnen Wache in der dritten Nacht, in der, wie sie berichtet hatten, was die Zeit angeht und die Gestalt des Dinges, ein jedes Wort bewiesen und erfüllt, sich das Gebilde naht: Ich erkannte Euren Vater, diese Hände gleichen sich nicht mehr.

Ham. Wo war das aber?

Mar. Mein Prinz, auf der Terrasse, wo wir Wache stehn.

Ham. Spracht ihr's nicht an?

Hor. Ich tat's, mein Prinz, aber es gab keine Antwort; doch einmal dünkte mir, es höbe seinen Kopf und setzte an zu einer Regung, als ob es sprechen wollte: Indessen krähte gerade dann der Hahn des Morgens, und bei dem Laut machte es sich rasch hinweg und schwand aus unserm Blickfeld.

Ham. Das ist sehr sonderbar.

Hor. So wahr ich lebe, mein geehrter Prinz, 's ist wahr, und wir erachteten's als unsre vorgeschriebene Pflicht, es Euch kundzutun.

Ham. Wahrlich, wahrlich, ihr Herren, dies macht mir zu schaffen. Habt ihr die Wache heute nacht?

All. We do, my lord.
Ham. Armed, say you?
All. Armed, my lord.
Ham. From top to toe?
All. My lord, from head to foot.
Ham. Then saw you not his face.
Hor. O yes, my lord, he wore his beaver up.
Ham. What, looked he frowningly?
Hor. A countenance more in sorrow than in anger.
Ham. Pale, or red?
Hor. Nay, very pale.
Ham. And fixed his eyes upon you?
Hor. Most constantly.
Ham. I would I had been there.
Hor. It would have much amazed you.
Ham. Very like, very like . . . stayed it long?
Hor. While one with moderate haste might tell a hundred.
Mar., Ber. Longer, longer.
Hor. Not when I saw't.
Ham. His beard was grizzled, no?
Hor. It was as I have seen it in his life,
A sable silvered.
Ham. I will watch to-night,
Perchance 'twill walk again.
Hor. I warr'nt it will.
Ham. If it assume my noble father's person,
I'll speak to it though hell itself should gape
And bid me hold my peace. I pray you all,
If you have hitherto concealed this sight,
Let it be tenable in your silence still,
And whatsomever else shall hap to-night,
Give it an understanding, but no tongue.
I will requite your loves; so fare you well:
Upon the platform 'twixt eleven and twelve
I'll visit you.
All. Our duty to your honour.

Alle. Jawohl, mein Prinz.

Ham. Gewappnet, sagt ihr?

Alle. Gewappnet, mein Prinz.

Ham. Vom Scheitel bis zur Zehe?

Alle. Mein Prinz, von Kopf bis Fuß.

Ham. So saht ihr sein Gesicht nicht.

Hor. O doch, mein Prinz, er hatte sein Visier hoch.

Ham. Wie, sah er finster drein?

Hor. Ein Ausdruck mehr von Gram als Zorn.

Ham. Bleich, oder rot?

Hor. Nein, sehr bleich.

Ham. Und heftete die Augen auf euch?

Hor. Ganz stetig.

Ham. Ich wünschte, ich wär' dagewesen.

Hor. Es hätt' Euch außerordentlich bestürzt.

Ham. Wohl möglich, wohl möglich ... Blieb es lang?

Hor. So lang, als man in mäßiger Schnelle hundert zählen kann.

Mar., Ber. Länger, länger.

Hor. Nicht, als ich es sah.

Ham. Sein Bart war grau, nicht wahr?

Hor. Er war, wie ich ihn zu seinen Lebzeiten gesehen habe, ein übersilbert Schwarz.

Ham. Ich will Wache halten heute nacht, vielleicht wird es erneut umgehn.

Hor. Es wird, dafür verbürg ich mich.

Ham. Wenn es das Äußere meines edlen Vaters annimmt, so will ich mit ihm reden, mag auch die Hölle selber ihren Rachen auftun und mir gebieten, still zu sein. Ich bitte euch alle, falls ihr diesen Anblick bisher geheimgehalten habt, laßt ihn auch weiterhin beschlossen sein in eurem Schweigen, und was immer sich heut nacht ereignen wird, leiht dem Verständnis, aber keine Zunge. Ich will eure Liebe lohnen; somit lebt wohl: Ich werde euch auf der Terrasse zwischen elf und zwölf aufsuchen.

Alle. Euer Ehren unsere Ergebenheit!

Ham. Your loves, as mine to you, farewell.
Exeunt Horatio, Marcellus, and Bernardo.
My father's spirit – in arms! – all is not well;
I doubt some foul play; would the night were come . . .
Till then sit still, my soul; foul deeds will rise,
Though all the earth o'erwhelm them, to men's eyes.
Exit.

SCENE 3

[*A room in Polonius' quarters.*]

Enter Laertes and Ophelia his sister.

Laer. My necessaries are embarked, farewell . . .
And, sister, as the winds give benefit
And convoy is assistant, do not sleep,
But let me hear from you.
Oph. Do you doubt that?
Laer. For Hamlet, and the trifling of his favour,
Hold it a fashion, and a toy in blood,
A violet in the youth of primy nature,
Forward, not permanent, sweet, not lasting,
The perfume and suppliance of a minute,
No more.
Oph. No more but so?
Laer. Think it no more.
For nature crescent does not grow alone
In thews and bulk, but as this temple waxes
The inward service of the mind and soul
Grows wide withal. Perhaps he loves you now,
And now no soil nor cautel doth besmirch
The virtue of his will, but you must fear,
His greatness weighed, his will is not his own,
For he himself is subject to his birth:
He may not, as unvalued persons do,
Carve for himself, for on his choice depends

Ham. Eure Liebe, wie euch die meine, lebt wohl.

Horatio, Marcellus und Bernardo gehen ab.

Meines Vaters Geist – in Waffen –, es steht nicht alles gut; ich befürchte böses Spiel; wär's doch schon Nacht ... Bis dahin, meine Seele, halte still; und läg' auf bösen Taten auch die ganze Erde drauf, sie steigen dennoch vor der Menschen Auge auf.

Er geht ab.

SZENE 3

[*Ein Raum in den Gemächern des Polonius.*]

Laertes und seine Schwester Ophelia treten ein.

Laer. Was ich benötige, ist eingeschifft, lebt wohl ... und, Schwester, wenn die Winde günstig sind und Beförderung sich bietet, so schlaft nicht, sondern laßt mich von Euch hören.

Oph. Daran zweifelt Ihr?

Laer. Was Hamlet angeht und das Tändeln seiner Gunst, betrachtet es als eine Laune, eine Spielerei des Bluts, ein Veilchen in der jugendlichen Frühlingszeit des Lebens, früh, nicht beständig, süß, nicht dauerhaft, eines Augenblickes Duft und Zeitvertreib, nicht mehr.

Oph. Nicht mehr als das?

Laer. Haltet es nicht für mehr. Denn unsre sich entwikkelnde Natur nimmt nicht allein an Körperkraft und Größe zu, sondern, indem dieser Tempel wächst, erweitert sich im Innern auch die Dienstbarkeit von Geist und Seele. Jetzt liebt er Euch vielleicht, und jetzt beschmutzet weder List noch Makel die Reinheit seines Wollens, doch müßt Ihr fürchten, bei Erwägung seines Ranges, daß ihm sein Wille nicht allein gehört, denn er ist selber seiner hohen Abkunft unterworfen: Er darf nicht, wie's geringe Leute tun, sich selbst sein Fleisch vorlegen, denn von seiner Auswahl hän-

The safety and health of this whole state;
And therefore must his choice be circumscribed
Unto the voice and yielding of that body
Whereof he is the head. Then if he says he loves you,
It fits your wisdom so far to believe it
As he in his particular act and place
May give his saying deed, which is no further
Than the main voice of Denmark goes withal.
Then weigh what loss your honour may sustain
If with too credent ear you list his songs,
Or lose your heart, or your chaste treasure open
To his unmastered importunity.
Fear it, Ophelia, fear it, my dear sister,
And keep you in the rear of your affection,
Out of the shot and danger of desire.
'The chariest maid is prodigal enough
If she unmask her beauty to the moon.'
'Virtue itself 'scapes not calumnious strokes.'
'The canker galls the infants of the spring
Too oft before their buttons be disclosed,
And in the morn and liquid dew of youth
Contagious blastments are most imminent.'
Be wary then; best safety lies in fear,
Youth to itself rebels, though none else near.

Oph. I shall the effect of this good lesson keep
As watchman to my heart. But, good my brother,
Do not, as some ungracious pastors do,
Show me the steep and thorny way to heaven,
Whiles like a puffed and reckless libertine
Himself the primrose path of dalliance treads,
And recks not his own rede.

Laer. O, fear me not ...
I stay too long –

Enter Polonius

but here my father comes.

gen [20] Sicherheit und Wohlergehn des ganzen Landes ab; und seine Wahl muß daher durch die Zustimmung und Billigung des Organismus eingeschränkt sein, von dem er das Haupt ist. Wenn er also sagt, er liebt Euch, so steht es Eurer Klugheit an, es insoweit zu glauben, [25] als er in seiner besonderen Rolle und Stellung die Tat zu seinem Worte fügen kann, was nicht weiter ist, als die Stimme ganz Dänemarks beipflichtet. Somit erwägt, welche Einbuße Eure Ehre leiden könnte, wenn Ihr mit zu gläubigem Ohre seinen Liedern lauscht, [30] oder Euer Herz verliert, oder Euren keuschen Schatz seinem unbeherrschten Drängen öffnet. Fürchtet es, Ophelia, fürchtet es, meine teure Schwester, und bleibet bei der Nachhut Eurer Neigung, außer Schußweite und Gefährdung der Begehrlichkeit. [35] »Die wirklich scheue Jungfrau ist schon freizügig, wenn Ihre Schönheit sie dem Mond enthüllt.« »Die Tugend selbst entgeht verleumderischen Hieben nicht.« »Der Wurm zernagt des Frühlings zarte Kinder allzu oft, eh' ihre Knospen sich eröffnet haben, und im klaren Morgentau der Jugend [41] sind schädliche Versengungen am meisten zu gewärtigen.« Somit seid wachsam; auch wenn kein andrer nah ist, gibt Furcht die größte Sicherheit, schon mit sich selbst liegt Jugend in Aufruhr und in Widerstreit.

Oph. Ich will den Sinn dieser guten Lektion [45] als Wächter bei meinem Herzen halten. Doch, lieber Bruder, zeigt mir nicht, so wie es manch heilloser Seelenhirte tut, den steilen und dornenvollen Weg zum Himmel, dieweil er selber wie ein aufgeblasener und leichtfertiger Lebemann den Primelpfad der Liebelei beschreitet [50] und seines eignen Rats nicht achtet.

Laer. Oh, sorgt Euch nicht um mich . . . Ich halte mich zu lange auf. – *(Polonius tritt ein.)* Doch hier kommt mein Vater.

A double blessing is a double grace,
[*Kneels*]
Occasion smiles upon a second leave.
Pol. Yet here, Laertes? aboard, aboard, for shame!
The wind sits in the shoulder of your sail,
And you are stayed for. There . . .
[*Laying his hand on Laertes' head*]
my blessing with thee,
And these few precepts in thy memory
Look thou character: Give thy thoughts no tongue,
Nor any unproportioned thought his act.
Be thou familiar, but by no means vulgar;
Those friends thou hast, and their adoption tried,
Grapple them unto thy soul with hoops of steel,
But do not dull thy palm with entertainment
Of each new-hatched, unfledged courage. Beware
Of entrance to a quarrel, but, being in,
Bear't that th' opposed may beware of thee.
Give every man thy ear, but few thy voice,
Take each man's censure, but reserve thy judgement.
Costly thy habit as thy purse can buy,
But not expressed in fancy; rich, not gaudy,
For the apparel oft proclaims the man,
And they in France of the best rank and station,
Are of a most select and generous chief in that.
Neither a borrower nor a lender be,
For loan oft loses both itself and friend,
And borrowing dulls the edge of husbandry.
This above all, to thine own self be true,
And it must follow as the night the day
Thou canst not then be false to any man.
Farewell – my blessing season this in thee.
Laer. [*Rises.*] Most humbly do I take my leave, my lord.
Pol. The time invests you, go, your servants tend.
Laer. Farewell, Ophelia, and remember well
What I have said to you.

[*Er kniet nieder.*] Doppelte Segnung ist doppelte Gnade, es lächelt die Gelegenheit zu einem zweiten Abschied.

Pol. Noch hier, Laertes? An Bord, an Bord, pfui doch! Der Wind sitzt in dem Rücken Eures Segels, und man wartet auf Euch. Da ... [*er legt seine Hand auf Laertes' Haupt*] mein Segen sei mit dir, und siehe zu, daß du dir diese wenigen Regeln ins Gedächtnis schreibst: Leih deinen Gedanken nicht die Zunge, und keinem unangemessenen Gedanken die Vollführung. Sei ungezwungen, aber mache dich auf keinen Fall gemein; die Freunde, die du hast und deren Auserwählung sich bewährt hat, die klammere mit Banden von Stahl an deine Seele, doch stumpfe deine Handfläche nicht durch offene Aufnahme jedes just ausgekrochenen, unflüggen Burschen ab. Hüte dich davor, in Händel zu geraten, doch bist du einmal drinnen, halt es so, daß sich vor dir der Gegner hüten muß. Leih jedermann dein Ohr, doch wenigen deine Stimme, beachte jedes Mannes Meinung, doch mit deinem Urteil halte du zurück. Deine Kleidung sei so kostbar, als dein Beutel kaufen kann, doch drück' sie nicht Phantasterei aus; reich, nicht aufgeputzt, denn das Gewand zeigt oft den Menschen an, und in Frankreich sind Leute besten Rangs und Standes gerade darin von besonders ausgesuchter und großzügiger Vortrefflichkeit. Sei weder Borger noch Verleiher, denn oft verliert ein Darlehen sich selber und den Freund, und Borgen stumpft die Schneide sparsamer Haushaltung. Vor allem dieses: Sei dir selber treu, und daraus folgt so wie die Nacht dem Tage, daß du dann keinem Menschen untreu sein kannst. Leb wohl ... möge mein Segen dies in dir reifen lassen.

Laer. [*erhebt sich*]. Gnädiger Herr, ich nehme ganz ergebenst meinen Abschied.

Pol. Die Zeit bedrängt Euch, geht, Eure Diener harren.

Laer. Lebt wohl, Ophelia, und behaltet gut, was ich Euch sagte.

Oph. 'Tis in my memory locked,
And you yourself shall keep the key of it.
Laer. Farewell.
Exit.
Pol. What is't, Ophelia, he hath said to you?
Oph. So please you, something touching the Lord Hamlet.
Pol. Marry, well bethought:
'Tis told me he hath very oft of late
Given private time to you, and you yourself
Have of your audience been most free and bounteous.
If it be so – as so 'tis put on me,
And that in way of caution – I must tell you,
You do not understand yourself so clearly
As it behoves my daughter and your honour.
What is between you? Give me up the truth.
Oph. He hath, my lord, of late made many tenders
Of his affection to me.
Pol. Affection, pooh! You speak like a green girl,
Unsifted in such perilous circumstance.
Do you believe his tenders, as you call them?
Oph. I do not know, my lord, what I should think.
Pol. Marry, I will teach you: think yourself a baby,
That you have ta'en these tenders for true pay
Which are not sterling; tender yourself more dearly,
Or (not to crack the wind of the poor phrase,
Running it thus) you'll tender me a fool.
Oph. My lord, he hath importuned me with love
In honourable fashion.
Pol. Ay, fashion you may call it, go to, go to . . .
Oph. And hath given countenance to his speech, my lord,
With almost all the holy vows of heaven.
Pol. Ay, springes to catch woodcocks. I do know
When the blood burns, how prodigal the soul

Oph. ’s ist in mein Gedächtnis eingeschlossen, und Ihr selber sollt dazu den Schlüssel aufbewahren.

Laer. Lebt wohl.

Er geht ab.

Pol. Was ist’s, Ophelia, das er Euch gesagt hat?

Oph. Wenn’s Euch genehm ist, etwas, das Prinz Hamlet anbelangt.

Pol. Ei freilich, wohl bedacht: Man sagt mir, daß er in der letzten Zeit sehr häufig Euch alleine Zeit gewidmet hat und daß Ihr selber mit dem Zugang zu Euch äußerst frei und großzügig gewesen seid. Wenn dem so ist – denn so hat man’s mir zugetragen, und zwar, um mich zu warnen –, so muß ich Euch sagen, daß Ihr Euch selber nicht so klar versteht, wie es sich meiner Tochter und Eurer Ehre ziemt. Was gibt es zwischen Euch? Rückt mir die Wahrheit heraus.

Oph. Er hat, gnädiger Herr, in letzter Zeit mir viele Anerbieten seiner Zuneigung gemacht.

Pol. Zuneigung, pah! Ihr redet wie ein grünschnäbeliges Mädchen, noch ungeprüft in solch gefährlicher Lage. Glaubt Ihr seinen Anerbieten, wie Ihr sie nennt?

Oph. Gnädiger Herr, ich weiß nicht, was ich davon halten soll.

Pol. Wahrlich, ich will’s Euch lehren: Haltet Euch für einen Säugling, daß Ihr diese Anerbieten, die keine echte Währung sind, für bare Münze nahmt; bietet Euch werter dar, oder (um dem armen Ausdruck die Luft nicht abzuquetschen, indem man ihn dermaßen hetzt) Ihr werdet mich als Narren darbieten.

Oph. Gnädiger Herr, er hat mich auf ehrbare Manier mit Liebe bedrängt.

Pol. Freilich, Manier könnt Ihr es heißen, geht mir doch, geht mir doch ...

Oph. Und hat seine Rede, gnädiger Herr, sogar mit allen heiligen Schwüren des Himmels bekräftigt.

Pol. Freilich, Schlingen zum Schnepfenfang. Ich weiß schon, wenn das Blut brennt, wie verschwenderisch die Seele

Lends the tongue vows. These blazes, daughter,
Giving more light than heat, extinct in both,
Even in their promise, as it is a-making,
You must not take for fire. From this time
Be something scanter of your maiden presence,
Set your entreatments at a higher rate
Than a command to parle; for Lord Hamlet,
Believe so much in him that he is young,
And with a larger tether may he walk
Than may be given you. In few, Ophelia,
Do not believe his vows, for they are brokers
Not of that dye which their investments show,
But mere implorators of unholy suits,
Breathing like sanctified and pious bonds
The better to beguile ... This is for all,
I would not, in plain terms, from this time forth
Have you so slander any moment leisure
As to give words or talk with the Lord Hamlet.
Look to't, I charge you, come your ways.

Oph. I shall obey, my lord.

Exeunt.

SCENE 4

[*The platform upon the fortifications.*]

Enter Hamlet, Horatio, and Marcellus.

Ham. The air bites shrewdly, it is very cold.
Hor. It is a nipping and an eager air.
Ham. What hour now?
Hor. I think it lacks of twelve.
Mar. No, it is struck.
Hor. Indeed? I heard it not ... it then draws near the season,
Wherein the spirit held his wont to walk.

A flourish of trumpets, and ordnance shot off.

What does this mean, my lord?

dann der Zunge Schwüre leiht. Diese Loderflammen, Tochter, die mehr Licht als Wärme geben und in beidem gerade dann verlöschen, wenn sie versprechen, daß daraus was wird, die dürft Ihr nicht für Feuer ansehn. Von nun an seid etwas sparsamer mit Eurer jungfräulichen Gegenwart, setzt die Bitten um Unterhaltungen mit Euch höher an als eine Anordnung zu unterhandeln; was Prinz Hamlet angeht, so glaubt von ihm nur soviel, daß er jung ist und an einer längeren Leine laufen kann, als man Euch geben darf. Kurzum, Ophelia, glaubt seinen Schwüren nicht, denn sie sind Zwischenträger, nicht von der Farbe, die ihre Kleider zeigen, sondern bloße Bittsteller unheiliger Anträge, die wie geheiligte und fromme Bande reden, um desto besser zu betrügen ... Ein für alle Mal: Ich wünsche nicht, um mich ganz deutlich auszudrücken, daß Ihr von nun an irgendeinen Augenblick der Muße so verunglimpft, um Worte oder Unterhaltung mit Prinz Hamlet zu erübrigen. Seht Euch vor, ich befehle's Euch, geht Eurer Wege.

Oph. Ich werde gehorchen, gnädiger Herr.

Sie gehen ab.

SZENE 4

[*Die Terrasse auf den Befestigungen.*]

Hamlet, Horatio und Marcellus treten auf.

Ham. Die Luft beißt arg, es ist sehr kalt.

Hor. 's ist eine schneidende und rauhe Luft.

Ham. Was ist die Stunde jetzt?

Hor. Ich glaub, es fehlt noch was auf zwölf.

Mar. Nein, es hat geschlagen.

Hor. Wirklich? Ich hab's nicht gehört ... So rückt es nahe an die Zeit, zu der der Geist gewohnt war umzugehn.

Trompetenstoß und Kanonenschüsse.

Was bedeutet dies, mein Prinz?

Ham. The king doth wake to-night and takes his rouse,
Keeps wassail and the swagg'ring up-spring reels:
And, as he drains his draughts of Rhenish down,
The kettle-drum and trumpet thus bray out
The triumph of his pledge.
Hor. Is it a custom?
Ham. Ay, marry is't,
But to my mind, though I am native here
And to the manner born, it is a custom
More honoured in the breach than the observance.
This heavy-headed revel east and west
Makes us traduced and taxed of other nations.
They clepe us drunkards, and with swinish phrase
Soil our addition, and indeed it takes
From our achievements, though performed at height,
The pith and marrow of our attribute.
So, oft it chances in particular men,
That for some vicious mole of nature in them,
As in their birth, wherein they are not guilty
(Since nature cannot choose his origin),
By the o'ergrowth of some complexion,
Oft breaking down the pales and forts of reason,
Or by some habit that too much o'er-leavens
The form of plausive manners ... that these men,
Carrying, I say, the stamp of one defect,
Being nature's livery, or fortune's star,
His virtues else be they as pure as grace,
As infinite as man may undergo,
Shall in the general censure take corruption
From that particular fault: the dram of evil
Doth all the noble substance often dout,
To his own scandal.

Enter Ghost.

Hor. Look, my lord, it comes!
Ham. Angels and ministers of grace, defend us!
Be thou a spirit of health, or goblin damned,

Ham. Der König feiert heut die Nacht hindurch und macht sich an den Humpen, hält Zechgelage und schlingert im gröhlenden Stampftanz: Und wenn er seine Züge Rheinweins bis zur Neige runterleert, schmettern Kesselpauke und Trompete so das glorreiche Vollbringen seines Zutrunkes heraus.

Hor. Ist das so Brauch?

Ham. Ja, freilich ist es das, doch meiner Meinung nach, obgleich ich von hier stamme und in die Gepflogenheit hineingeboren bin, ist es ein Brauch, der mehr an Ehre bringt, wenn er durchbrochen, als wenn er befolgt wird. Dies rauschköpfige Randalieren macht, daß wir in Ost und West von andern Völkern geschmäht und angeschuldigt werden. Sie heißen uns Trunkenbolde und beschmutzen unsern Titel mit schweinischem Beiwort, und es nimmt dies in der Tat von unsern Leistungen, wenngleich höchst vollendet ausgeführt, Kern und Mark unsres Ansehens. So ergibt sich's häufig bei bestimmten Menschen, die wegen irgendeines schädlichen Makels ihres Wesens, etwa von Geburt her, worin sie ohne Schuld sind (da unsere Natur sich ihren Ursprung nicht erwählen kann), durch das Überwuchern eines Zuges, der oft die Schranken und Befestigungen der Vernunft zerbricht, oder durch irgendeine Angewohnheit, die die Form gebilligten Betragens überstark durchsetzt ... daß diese Menschen, die, sage ich, das Gepräge eines Fehlers tragen, ob Merkmal der Natur oder Sternfügung des Schicksals, seine sonstigen Tugenden seien so rein wie die Gnade und so unzählig, wie es einem Manne überhaupt gegeben sein kann, sie werden im Gesamturteil von diesem einen besondern Fehler angesteckt: Das Gran des Übels macht oft die ganze edele Substanz zunichte, zu ihrer eigenen Schande.

Der Geist tritt auf.

Hor. Seht, mein Prinz, es kommt!

Ham. Engel und Gnadenhelfer, schützt uns! Du magst ein Geist des Heils sein oder ein verdammter Kobold, Lüfte

Bring with thee airs from heaven, or blasts from hell,
Be thy intents wicked, or charitable,
Thou com'st in such a questionable shape
That I will speak to thee. I'll call thee Hamlet,
King, father, royal Dane – O, answer me!
Let me not burst in ignorance, but tell
Why thy canonized bones, hearsed in death,
Have burst their cerements? Why the sepulchre
Wherein we saw thee quietly interred,
Hath oped his ponderous and marble jaws
To cast thee up again? What may this mean
That thou, dead corse, again in complete steel
Revisits thus the glimpses of the moon,
Making night hideous, and we fools of nature
So horridly to shake our disposition
With thoughts beyond the reaches of our souls?
Say, why is this? wherefore? what should we do?

Ghost beckons Hamlet.

Hor. It beckons you to go away with it,
As if it some impartment did desire
To you alone.

Mar. Look with what courteous action
It waves you to a more removed ground,
But do not go with it.

Hor. No, by no means.

Ham. It will not speak, then I will follow it.

Hor. Do not, my lord.

Ham. Why, what should be the fear?
I do not set my life at a pin's fee,
And for my soul, what can it do to that,
Being a thing immortal as itself;
It waves me forth again, I'll follow it.

Hor. What if it tempt you toward the flood, my lord,
Or to the dreadful summit of the cliff
That beetles o'er his base into the sea,
And there assume some other horrible form

des Himmels mit dir führen oder Gebläse aus der Hölle, deine Absichten seien böse oder wohltätig, du kommst in solch befragbarer Gestalt, daß ich zu dir sprechen will. Ich nenn dich Hamlet, König, Vater, königlicher Däne – oh, antworte mir! Laß mich vor Unwissen nicht bersten, sondern sage, warum deine geheiligten Gebeine, im Tode eingeschlossen, ihre Leichentücher sprengten? Warum das Grabmal, in welchem wir dich friedvoll beigesetzt sahen, seine schweren Marmorkiefer aufgetan hat, um dich wieder auszuspeien? Was mag es bedeuten, daß du, toter Leib, aufs neue vollständig in Stahl, des Mondes Flimmern heimsuchst, bewirkend, daß die Nacht zum Graus wird und wir vom Anschein der Natur Genarrten unser Wesen derart furchtbewegt erschüttern mit Gedanken, die außerhalb der Fassungskräfte unsrer Seele liegen? Sag, warum geschieht dies? Wozu? Was sollen wir tun?

Der Geist winkt Hamlet.

Hor. Es winkt Euch, mit ihm fortzugehn, als ob es wünschte, Euch ganz alleine etwas mitzuteilen.

Mar. Seht, mit welch höflicher Gebärde es Euch zu weiter abgelegenem Boden hinwinkt, geht aber nicht mit ihm.

Hor. Nein, auf keinen Fall.

Ham. Es will nicht reden, so will ich ihm folgen.

Hor. Tut's nicht, mein Prinz.

Ham. Warum, was stünde zu befürchten? Mein Leben acht ich keine Nadel wert, und meine Seele, was kann es der anhaben, wo sie doch so unsterblich wie es selber ist; es winkt mich wieder fort, ich will ihm folgen.

Hor. Wie, wenn's Euch auf die Flut zu lockte, mein Prinz, oder zu der Klippe schrecklicher Spitze, die brauengleich über ihren Fuß ins Meer hinausragt, und wenn es dort dann eine andre, grauenvolle Form annähme, die Euch der Herrschaft

Which might deprive your sovereignty of reason,
And draw you into madness? Think of it –
The very place puts toys of desperation,
Without more motive, into every brain
That looks so many fathoms to the sea
And hears it roar beneath.

Ham. It waves me still. –
Go on, I'll follow thee.

Mar. [*Grips him.*] You shall not go, my lord.

Ham. Hold off your hands.

Hor. [*Helps Marcellus.*] Be ruled, you shall not go.

Ham. My fate cries out,
And makes each petty artery in this body
As hardy as the Nemean lion's nerve;
Still am I called, unhand me, gentlemen,
[*He breaks from them, drawing his sword*]
By heaven, I'll make a ghost of him that lets me!
I say, away! – Go on, I'll follow thee.

Exeunt Ghost and Hamlet.

Hor. He waxes desperate with imagination.

Mar. Let's follow, 'tis not fit thus to obey him.

Hor. Have after . . . to what issue will this come?

Mar. Something is rotten in the state of Denmark.

Hor. Heaven will direct it.

Mar. Nay, let's follow him!

Exit Marcellus, Horatio after him.

SCENE 5

[*A remote part of the fortifications.*]

Enter Ghost, and Hamlet.

Ham. Whither wilt thou lead me? Speak, I'll go no further.

Ghost. [*Turns.*] Mark me.

Ham. I will.

der Vernunft beraubte und in den Irrsinn zöge? Bedenkt es – schon die Stelle selber, ohne weiteren Beweggrund, bringt Spielereien der Verzweiflung in ein jedes Hirn, das so viele Faden hinab zum Meere sieht und es drunten brüllen hört.

Ham. Noch immer winkt mir's zu. – Geh vor, ich will dir folgen.

Mar. [*hält ihn fest*]. Ihr dürft nicht gehn, mein Prinz.

Ham. Haltet Eure Hände weg.

Hor. [*hilft Marcellus*]. Fügt Euch, Ihr dürft nicht gehn.

Ham. Laut ruft mein Schicksal und macht jede kleinste Sehne in diesem Leib so kraftvoll wie den Muskel des nemäischen Löwen; man ruft mich immer noch, laßt mich los, ihr Herrn [*er reißt sich los und zieht blank*], beim Himmel, ich mache den zum Geiste, der mich hemmt! Ich sage, weg! – Geh vor, ich will dir folgen.

Der Geist und Hamlet gehen ab.

Hor. Er kommt außer sich vor Wahngespinsten.

Mar. Laßt uns folgen, es geht nicht an, ihm hierin zu gehorchen.

Hor. Ihm nach ... Zu welchem Ende wird dies kommen?

Mar. Etwas ist faul im Staate Dänemark.

Hor. Der Himmel wird es lenken.

Mar. Nicht doch, laßt uns ihm folgen!

Marcellus geht ab, Horatio hinterher.

SZENE 5

[*Ein entlegener Teil der Befestigungen.*]

Der Geist und Hamlet treten auf.

Ham. Wohin willst du mich führen? Sprich, ich geh nicht weiter.

Geist [*kehrt sich um*]. Hör mich an.

Ham. Das will ich.

Ghost. My hour is almost come,
When I to sulph'rous and tormenting flames
Must render up myself.
Ham. Alas, poor ghost!
Ghost. Pity me not, but lend thy serious hearing
To what I shall unfold.
Ham. Speak, I am bound to hear.
Ghost. So art thou to revenge, when thou shalt hear.
Ham. What?
Ghost. I am thy father's spirit,
Doomed for a certain term to walk the night,
And for the day confined to fast in fires,
Till the foul crimes done in my days of nature
Are burnt and purged away; but that I am forbid
To tell the secrets of my prison-house,
I could a tale unfold whose lightest word
Would harrow up thy soul, freeze thy young blood,
Make thy two eyes like stars start from their spheres,
Thy knotted and combined locks to part,
And each particular hair to stand an end,
Like quills upon the fearful porpentine.
But this eternal blazon must not be
To ears of flesh and blood. List, list, O, list!
If thou didst ever thy dear father love . . .
Ham. O God!
Ghost. Revenge his foul and most unnatural murder.
Ham. Murder?
Ghost. Murder most foul, as in the best it is,
But this most foul, strange and unnatural.
Ham. Haste me to know't, that I with wings as swift
As meditation or the thoughts of love,
May sweep to my revenge.
Ghost. I find thee apt,
And duller shouldst thou be than the fat weed
That roots itself in ease on Lethe wharf,
Wouldst thou not stir in this. Now, Hamlet, hear:

Geist. Die Stunde ist schon fast gekommen, da ich mich schwefligen und peinigenden Flammen übergeben muß.

Ham. Ach, armer Geist!

Geist. Bemitleide mich nicht, sondern schenk dem aufmerksam Gehör, [5] was ich enthüllen werde.

Ham. Sprich, ich bin gehalten anzuhören.

Geist. Das bist du auch zu rächen, sobald du hörst.

Ham. Was?

Geist. Ich bin deines Vaters Geist, für eine ganz bestimmte Frist dazu verurteilt, umzugehn bei Nacht, [10] und über Tag in Feuern festgebannt zu fasten, bis die bösen Frevel, die ich zu Lebzeiten verübte, hinweggebrannt und weggeläutert sind; und wär' es mir nicht untersagt, meines Kerkerbaus Geheimnisse zu offenbaren, ich könnte eine Schilderung ausbreiten, deren schwächstes Wort [15] schon deine Seele aufwühlen, dein junges Blut gefrieren, deine beiden Augen wie Sterne aus ihrem Umkreis schießen lassen, deine geknüpften und verbundnen Locken auseinandertrennen und jedes einzelne Haar dir aufrecht stellen würde, wie die Borsten beim furchterregten Stachelschwein. [20] Aber solches Verkünden ewiger Dinge vor Ohren aus Fleisch und Blut darf nicht geschehn. Höre, höre, o höre! Wenn du deinen teuren Vater je geliebt hast . . .

Ham. O Gott!

Geist. Räch seinen ruchlosen und ganz widernatürlichen Mord.

Ham. Mord? [26]

Geist. Mord, ganz ruchlos, wie er es im besten Falle ist, doch dieser äußerst ruchlos, ungeheuerlich und wider die Natur.

Ham. Laß es mich eilends wissen, damit ich mit Flügeln schnell wie Denken oder wie die Regungen der Liebe [30] mich auf meine Rache stürzen kann.

Geist. Ich sehe, du bist willfährig, und wärst auch stumpfer als das träge Kraut, das am Lethestrande sorglos Wurzel schlägt, würdest du nicht hierin handeln. Nun, Hamlet,

'Tis given out that, sleeping in my orchard,
A serpent stung me; so the whole ear of Denmark
Is by a forged process of my death
Rankly abused. But know, thou noble youth,
The serpent that did sting thy father's life
Now wears his crown.

Ham. O my prophetic soul!
My uncle?

Ghost. Ay, that incestuous, that adulterate beast,
With witchcraft of his wit, with traitorous gifts –
O wicked wit and gifts, that have the power
So to seduce – won to his shameful lust
The will of my most seeming-virtuous queen.
O Hamlet, what a falling-off was there
From me, whose love was of that dignity
That it went hand in hand even with the vow
I made to her in marriage; and to decline
Upon a wretch whose natural gifts were poor
To those of mine.
But virtue, as it never will be moved,
Though lewdness court it in a shape of heaven,
So lust, though to a radiant angel linked,
Will sate itself in a celestial bed
And prey on garbage.
But soft, methinks I scent the morning air,
Brief let me be: sleeping within my orchard,
My custom always of the afternoon,
Upon my secure hour thy uncle stole
With juice of cursed hebona in a vial,
And in the porches of my ears did pour
The leprous distilment, whose effect
Holds such an enmity with blood of man,
That swift as quicksilver it courses through
The natural gates and alleys of the body,
And with a sudden vigour it doth posset
And curd, like eager droppings into milk,

höre: Man hat ausgestreut, daß, während ich in meinem Garten schlief, mich eine Schlange biß; so wird das Ohr ganz Dänemarks durch eine falsche Darstellung von meinem Tode kraß getäuscht. Doch wisse, du edler Jüngling, die Schlange, die deines Vaters Leben abbiß, trägt jetzt seine Krone.

Ham. O meine ahnungsvolle Seele! Mein Onkel?

Geist. Ja, jenes blutschänderische, jenes ehebrecherische Tier gewann durch Hexerei seines Verstandes, durch Verrätergaben – o schnöder Verstand und Gaben, die die Macht besitzen, so zu verführen – zu seiner schändlichen Wollust den Willen meiner scheinbar völlig tugendhaften Königin. O Hamlet, welch ein Abfallen war das von mir, dessen Liebe von derartiger Erhabenheit gewesen ist, daß sie mit genau dem Schwure Hand in Hand ging, den ich ihr bei der Hochzeit gab; und sich herabzulassen zu einem Wurme, dessen natürliche Gaben arm waren gegen meine. Aber wie die Tugend niemals wankt, auch wenn das Laster sie in göttlicher Gestalt umwirbt, so wird die Wollust, obschon vereint mit einem strahlenden Engel, sich in einem himmelgleichen Bette übersättigen und an Unrat zehren ... Doch halt, mich dünkt, ich wittere die Morgenluft, laß mich bündig sein: Als ich in meinem Garten schlief, wie es am Nachmittage stets mein Brauch, stahl sich dein Onkel in meine sorglose Stunde mit Saft von der verfluchten Eibe in einem Fläschchen, und in den Vorraum meiner Ohren goß er die aussatzträchtige Essenz, deren Wirkungskraft in solcher Feindschaft mit dem Blut des Menschen steht, daß sie, wie Quecksilber so rasch, durch die natürlichen Tore und Gassen des Körpers läuft und mit jäher Kraft, wie saure Tropfen in der Milch, das dünne und gesunde Blut zersetzt

The thin and wholesome blood; so did it mine,
And a most instant tetter barked about,
Most lazar-like, with vile and loathsome crust
All my smooth body . . .
Thus was I, sleeping, by a brother's hand
Of life, of crown, of queen at once dispatched,
Cut off even in the blossoms of my sin,
Unhouseled, disappointed, unaneled,
No reck'ning made, but sent to my account
With all my imperfections on my head.

Ham. O, horrible! O, horrible! most horrible!

Ghost. If thou hast nature in thee, bear it not,
Let not the royal bed of Denmark be
A couch for luxury and damned incest.
But howsomever thou pursues this act,
Taint not thy mind, nor let thy soul contrive
Against thy mother aught, leave her to heaven,
And to those thorns that in her bosom lodge
To prick and sting her. Fare thee well at once,
The glow-worm shows the matin to be near,
And 'gins to pale his uneffectual fire.
Adieu, adieu, adieu, remember me.

Exit.

Ham. O all you host of heaven! O earth! What else?
And shall I couple hell? O fie! Hold, hold, my heart,
And you, my sinews, grow not instant old,
But bear me stiffly up . . . Remember thee?
Ay, thou poor ghost, whiles memory holds a seat
In this distracted globe. Remember thee?
Yea, from the table of my memory
I'll wipe away all trivial fond records,
All saws of books, all forms, all pressures past
That youth and observation copied there,
And thy commandment all alone shall live
Within the book and volume of my brain,
Unmixed with baser matter – yes, by heaven!

und zum Gerinnen bringt; das tat sie mit meinem, und sofort umrindete eine Flechte, ganz lepragleich mit üblem und ekelhaftem Schorfe, meinen ganzen glatten Leib ... So wurde ich im Schlaf von Bruderhand zugleich um Leben, Krone, Königin gebracht, hinweggerafft gerade in den Blüten meiner Sünde, hostienlos, unvorbereitet, ohne Ölung, kein Abschluß hergestellt, sondern zur Rechenschaft geschickt mit allen meinen Schwächen auf meinem Haupt.

Ham. O furchtbar, o furchtbar, o unsäglich furchtbar!

Geist. Hast du natürliches Gefühl in dir, so duld es nicht, laß das königliche Bett von Dänemark kein Lager sein von Unzucht und fluchbeladner Blutschande. Doch wie du auch die Tat betreibst, beflecke deinen Geist nicht und laß deine Seele nichts ersinnen gegen deine Mutter, überlasse sie dem Himmel und jenen Dornen, die ihr im Busen haften, sie zu ritzen und zu stechen. Nun schleunigst Lebewohl, der Glühwurm zeigt an, daß der Morgen nah ist, und beginnt, sein unwirksames Feuer bleich zu machen. Ade, ade, ade, gedenke mein.

Der Geist geht ab.

Ham. O all ihr Heerscharen des Himmels! O Erde! Was noch? Und soll ich wohl die Hölle dranfügen? O pfui! Halt aus, halt aus, mein Herz, und ihr, meine Sehnen, altert nicht ganz plötzlich, sondern stützt mich fest ... Dein gedenken? Ja, du armer Geist, solange das Gedächtnis einen Sitz behält in diesem qualverstörten Rund. Dein gedenken? Ja, von der Tafel meines Gedächtnisses will ich alle belanglosen, törichten Einträge wegwischen, alle Maximen aus Büchern, alle Bilder, alle früheren Eindrücke, die Beobachtung und Jugend dorthin übertrugen, und dein Gebot allein soll leben im Buch und Band meines Gehirns, unvermengt mit niedrigeren Dingen – ja, beim Himmel! O über-

O most pernicious woman!
O villain, villain, smiling, damned villain!
My tables, meet it is I set it down
That one may smile, and smile, and be a villain,
[*Writes*]
At least I am sure it may be so in Denmark . . .
So, uncle, there you are. Now, to my Word,
It is 'Adieu, adieu, remember me' . . .
[*Lays his hand upon the hilt of his sword.*]
I have sworn't.
[*Kneels and prays.*]
Hor. [*From afar.*] My lord, my lord!
Mar. [*From afar.*] Lord Hamlet!
Hor. [*From afar.*] Heavens secure him!
Ham. So be it.
[*Rises.*]
Mar. [*Nearer.*] Illo, ho, ho, my lord!
Ham. Hillo, ho, ho, boy! Come, bird, come.
Enter Horatio and Marcellus.
Mar. How is't, my noble lord?
Hor. What news, my lord?
Ham. O, wonderful!
Hor. Good my lord, tell it.
Ham. No, you will reveal it.
Hor. Not I, my lord, by heaven.
Mar. Nor I, my lord.
Ham. How say you then, would heart of man once think it?
But you'll be secret?
Both. Ay, by heaven, my lord.
Ham. There's never a villain dwelling in all Denmark
But he's an arrant knave.
Hor. There needs no ghost, my lord, come from the grave,
To tell us this.
Ham. Why, right, you are in the right,
And so, without more circumstance at all,
I hold it fit that we shake hands and part:

aus schändliches Weib! O Schurke, Schurke, lächelnder, verfluchter Schurke! ... Meine Täfelchen, 's ist angebracht, daß ich es niederschreibe, daß jemand lächeln kann und lächeln, und ein Schurke sein [*er schreibt*], zumindest bin ich sicher, es kann in Dänemark so sein ... So, Onkel, da haben wir dich. Nun zu meinem Leitspruch, er ist »Ade, ade, gedenke mein«. [*Er legt die Hand auf seinen Schwertgriff.*] Ich hab's geschworen. [*Er kniet nieder und betet.*]

Hor. [*von ferne*]. Mein Prinz, mein Prinz!

Mar. [*von ferne*]. Prinz Hamlet!

Hor. [*von ferne*]. Der Himmel schütze ihn!

Ham. So sei es. [*Er erhebt sich.*]

Mar. [*näher*]. Heissa, ho, ho, mein Prinz!

Ham. Hussa, ho, ho, Junge! Komm, Vogel, komm!

Horatio und Marcellus treten auf.

Mar. Wie steht's, mein edler Prinz?

Hor. Was gibt es Neues, mein Prinz?

Ham. Oh, wundersam!

Hor. Mein lieber Prinz, erzählt es.

Ham. Nein, ihr werdet es verraten.

Hor. Ich nicht, mein Prinz, beim Himmel.

Mar. Ich auch nicht, mein Prinz.

Ham. Was sagt ihr also, würde es ein Menschenherz je glauben? Ihr werdet doch verschwiegen sein?

Beide. Ja, beim Himmel, mein Prinz.

Ham. Es lebt im ganzen Dänemark kein Schurke, der nicht ein ausgemachter Spitzbub ist.

Hor. Da braucht es keinen Geist, mein Prinz, der aus dem Grab kommt, um uns das zu sagen.

Ham. Ganz recht, Ihr habt recht, und somit, ohne jeden weitren Umstand, halte ich's für angemessen, daß wir uns die Hände schütteln und auseinandergehn: ihr, wohin euch eure Pflicht

You, as your business and desire shall point you,
For every man hath business and desire,
Such as it is, and for my own poor part,
I will go pray.
Hor. These are but wild and whirling words, my lord.
Ham. I am sorry they offend you, heartily,
Yes, faith, heartily.
Hor. There's no offence, my lord.
Ham. Yes, by Saint Patrick, but there is, Horatio,
And much offence too. Touching this vision here,
It is an honest ghost, that let me tell you;
For your desire to know what is between us,
O'ermaster't as you may. And now, good friends,
As you are friends, scholars, and soldiers,
Give me one poor request.
Hor. What is't, my lord? We will.
Ham. Never make known what you have seen to-night.
Both. My lord, we will not.
Ham. Nay, but swear't.
Hor. In faith,
My lord, not I.
Mar. Nor I, my lord, in faith.
Ham. [*Draws.*] Upon my sword.
Mar. We have sworn, my lord, already.
Ham. Indeed, upon my sword, indeed.
Ghost. [*Beneath.*] Swear!
Ham. Ha, ha, boy! say'st thou so? Art thou there, truepenny? –
Come on, you hear this fellow in the cellarage, 151
Consent to swear.
Hor. Propose the oath, my lord.
Ham. Never to speak of this that you have seen,
Swear by my sword.
[*They lay their hands upon the hilt.*]
Ghost. [*Beneath.*] Swear!
Ham. Hic et ubique? Then we'll shift our ground:
Come hither gentlemen,

und Neigung weisen mögen, denn jedermann hat Pflicht und Neigung, was es auch sei, und ich, für meinen armen Teil, will beten gehn.

Hor. Dies sind nur wilde und wirbelnde Worte, mein Prinz.

Ham. Es tut mir leid, daß sie Euch verletzen, von Herzen, ja wirklich, von Herzen.

Hor. Von Verletzung ist keine Rede, mein Prinz.

Ham. Doch, bei Sankt Patrick, das ist es wohl, und zwar von schwerer Verletzung. Was die Erscheinung hier betrifft, es ist ein echter Geist, das laßt euch von mir sagen; was euren Wunsch angeht zu wissen, was zwischen uns ist, bemeistert ihn, so gut ihr eben könnt. Und nun, liebe Freunde, so ihr Freunde, Gelehrte und Soldaten seid, gewährt mir eine armselige Bitte.

Hor. Was ist's, mein Prinz? Wir wollen's gern.

Ham. Niemals kundzutun, was ihr heut nacht gesehen habt.

Beide. Mein Prinz, das werden wir nicht.

Ham. Nicht doch, schwört es.

Hor. Bei meinem Glauben, mein Prinz, ich nicht.

Mar. Noch ich, mein Prinz, bei meinem Glauben.

Ham. [*zieht blank*]. Auf mein Schwert.

Mar. Mein Prinz, wir haben schon geschworen.

Ham. In der Tat, auf mein Schwert, in der Tat.

Geist [*unten*]. Schwört!

Ham. Ha, ha, Junge, sagst du es? Bist du dort drunten, Treugroschen? – Macht voran, ihr hört den Burschen in dem Kellerraum, willigt ein zu schwören.

Hor. Sprecht den Eid, mein Prinz.

Ham. Niemals über das zu reden, was ihr gesehen habt, schwört bei meinem Schwert.

[*Sie legen ihre Hände auf den Schwertgriff.*]

Geist [*unten*]. Schwört!

Ham. Hic et ubique? So wollen wir unsern Platz verändern: Kommt hierher, ihr Herren, und legt die Hände nochmals

And lay your hands again upon my sword.
Swear by my sword,
Never to speak of this that you have heard.
[*They lay their hands upon the hilt.*]

Ghost. [*Beneath.*] Swear by his sword!

Ham. Well said, old mole! Canst work i'th' earth so fast?
A worthy pioner! Once more remove, good friends.

Hor. O day and night, but this is wondrous strange!

Ham. And therefore as a stranger give it welcome.
There are more things in heaven and earth, Horatio,
Than are dreamt of in your philosophy.
But come:
Here, as before, never, so help you mercy,
How strange or odd some'er I bear myself
(As I perchance hereafter shall think meet
To put an antic disposition on),
That you, at such times seeing me, never shall,
With arms encumbered thus, or this head-shake,
Or by pronouncing of some doubtful phrase,
As 'Well, well, we know', or 'We could an if we would',
Or 'If we list to speak', or 'There be an if they might',
Or such ambiguous giving out, to note
That you know aught of me – this do swear,
So grace and mercy at your most need help you.
[*They lay their hands upon the hilt.*]

Ghost. [*Beneath.*] Swear!

Ham. Rest, rest, perturbed spirit! – So, gentlemen,
With all my love I do commend me to you,
And what so poor a man as Hamlet is
May do t'express his love and friending to you,
God willing, shall not lack. Let us go in together;
And still your fingers on your lips, I pray.
[*Moves off; Horatio and Marcellus fall respectfully behind.*]
The time is out of joint, O cursed spite,
That ever I was born to set it right! –
Nay, come, let's go together.
Exeunt.

auf mein Schwert. Schwört bei meinem Schwert, niemals über das zu reden, was ihr gehört habt.

[*Sie legen ihre Hände auf den Schwertgriff.*]

Geist [*unten*]. Schwört bei seinem Schwert!

Ham. Gut gesprochen, alter Maulwurf! Kannst du dich so behende durch die Erde wühlen? Ein wackerer Schanzer! Wechselt noch einmal die Stelle, liebe Freunde.

Hor. O Tag und Nacht, dies ist fürwahr befremdlich!

Ham. Und darum heißt als Fremdling es willkommen. Es gibt mehr Dinge zwischen Himmel und Erde, Horatio, als es die Philosophie sich träumen läßt. Doch kommt: Hier wie zuvor, niemals, so helf' Euch die Barmherzigkeit, wie immer befremdlich und sonderbar ich mich auch geben mag (da ich's hiernach vielleicht für notwendig erachten könnte, ein groteskes Wesen anzulegen), daß, wenn ihr mich bei derartigen Anlässen gewahrt, ihr niemals mit einem solchen Armverschränken oder solchem Kopfschütteln, oder dadurch, daß Ihr irgendeinen verdächtigen Ausspruch tut, wie etwa »Ja, ja, wir wissen schon«, oder »Wir könnten, wenn wir wollten«, oder »Wenn es uns zu reden beliebte«, oder »Es gibt welche, die, wenn sie nur dürften«, oder ähnlichen zweideutigen Äußerungen anzuzeigen, daß ihr über mich was wißt – dies schwört, so euch in eurer höchsten Not Gottes Barmherzigkeit und Gnade helfen mögen.

[*Sie legen ihre Hände auf den Schwertgriff.*]

Geist [*unten*]. Schwört!

Ham. Ruh du nur, ruhe, aufgestörter Geist! – Nun, ihr Herren, empfehle ich mich euch mit aller meiner Liebe, und was solch armer Mann, wie Hamlet ist, vermag, um seine Liebe und Freundschaft zu euch auszudrücken, daran, so Gott will, soll's nicht fehlen. Laßt uns zusammen hineingehn; und stets den Finger auf die Lippen, darum bitte ich. [*Er geht, Horatio und Marcellus bleiben ehrerbietig zurück.*] Die Zeit ist aus den Fugen, o verfluchte Schicksalstücken, daß jemals ich geboren ward, um sie zurechtzurücken! – Nein, kommt, laßt uns zusammen gehn.

Sie gehen ab.

ACT 2

SCENE 1

[*A room in Polonius' quarters.*]

Polonius and Reynaldo.

Pol. Give him this money, and these notes, Reynaldo.
Rey. I will, my lord.
Pol. You shall do marvellous wisely, good Reynaldo,
Before you visit him, to make inquire
Of his behaviour.
Rey. My lord, I did intend it.
Pol. Marry, well said, very well said; look you, sir,
Inquire me first what Danskers are in Paris,
And how, and who, what means, and where they keep,
What company, at what expense; and finding
By this encompassment and drift of question
That they do know my son, come you more nearer
Than your particular demands will touch it,
Take you as 'twere some distant knowledge of him,
As thus: 'I know his father, and his friends,
And in part him' – do you mark this, Reynaldo?
Rey. Ay, very well, my lord.
Pol. 'And in part him, but', you may say, 'not well,
But if't be he I mean, he's very wild,
Addicted so and so.' And there put on him
What forgeries you please; marry, none so rank
As may dishonour him, take heed of that,
But, sir, such wanton, wild, and usual slips,
As are companions noted and most known
To youth and liberty.
Rey. As gaming, my lord.
Pol. Ay, or drinking, fencing, swearing, quarrelling,
Drabbing – you may go so far.
Rey. My lord, that would dishonour him.

AKT 2

SZENE 1

[*Ein Raum in den Gemächern des Polonius.*]

Polonius und Rinaldo.

Pol. Gebt ihm dies Geld und diese Mitteilungen, Rinaldo.

Rin. Gewiß, gnädiger Herr.

Pol. Ihr werdet wunderbar klug daran tun, braver Rinaldo, ehe Ihr ihn aufsucht, Erkundigungen über sein Betragen einzuziehen.

Rin. Gnädiger Herr, das hatte ich vor.

Pol. Freilich, gut gesagt, sehr gut gesagt. Also, paßt einmal auf, Mann: Erkundigt Euch als erstes, was für Dänen in Paris sind, und weshalb, und wer, wie bemittelt, und wo sie wohnen, welchen Umgangs, zu welchen Kosten; und wenn Ihr durch diese Einkreisung und Tendenz des Forschens feststellt, daß sie meinen Sohn tatsächlich kennen, so macht Euch näher heran, als spezielle Fragen es erreichen können, gebt sozusagen eine entfernte Kenntnis seiner Person vor, zum Beispiel so: »Ich kenne seinen Vater und seine Freunde, und ihn selbst zum Teil« – nehmt Ihr dies auf, Rinaldo?

Rin. Jawohl, sehr gut, gnädiger Herr.

Pol. »Und ihn selbst zum Teil«, könnt Ihr sagen, »nicht genau, aber falls es der ist, den ich meine, so ist er weidlich ungezügelt und dem und dem verfallen.« Und dann hängt ihm an, was für erfundnes Zeug Ihr wollt; freilich, keine wirklich üblen Sachen, die ihn entehren könnten, davor hütet Euch, aber, Mann, solche losen, ungezügelten und gewöhnlichen Verirrungen, wie sie die bekannten und geläufigsten Gefährten der Jugend und der Freiheit sind.

Rin. Etwa wie Spielen, gnädiger Herr.

Pol. Ja, oder Trinken, Fechten, Fluchen, Streiten, Huren – so weit dürft Ihr schon gehn.

Rin. Gnädiger Herr, das würde ihn entehren.

Pol. Faith, no, as you may season it in the charge.
You must not put another scandal on him,
That he is open to incontinency,
That's not my meaning; but breathe his faults so quaintly
That they may seem the taints of liberty,
The flash and outbreak of a fiery mind,
A savageness in unreclaimed blood,
Of general assault.
Rey. But, my good lord . . .
Pol. Wherefore should you do this?
Rey. Ay my lord,
I would know that.
Pol. Marry, sir, here's my drift,
And I believe it is a fetch of warr'nt:
You laying these slight sullies on my son,
As 'twere a thing a little soiled wi'th' working,
Mark you, your party in converse, him you would sound,
Having ever seen in the prenominate crimes
The youth you breathe of guilty, be assured
He closes with you in this consequence,
'Good sir' (or so), or 'friend', or 'gentleman',
According to the phrase or the addition
Of man and country.
Rey. Very good, my lord.
Pol. And then, sir, does 'a this, 'a does . . . | what was I about to say? | By the mass, I was about to say something. Where did I leave?
Rey. At 'closes in the consequence', at 'friend, or so', and 'gentleman'.
Pol. At 'closes in the consequence' – ay, marry,
He closes thus, 'I know the gentleman,
I saw him yesterday, or th' other day,
Or then, or then, with such or such, and, as you say,
There was 'a gaming, there o'ertook in's rouse,
There falling out at tennis'; or perchance,
'I saw him enter such a house of sale',

Pol. Nein, beileibe nicht, je nachdem, wie Ihr es im Beschuldigen zurechtwürzt. Ihr sollt ihm keine völlig andersartige Schande anhängen, daß er etwa der absoluten Hemmungslosigkeit zuneige, das mein ich nicht; sondern redet über seine Fehler so geschickt, daß sie als Makel der Freiheit dastehn, als Aufflammen und Ausbruch eines feurigen Gemüts, als Wildheit in ungezähmtem Blute, wie sie jeden anfällt.

Rin. Aber, mein edler Herr ...

Pol. Wozu Ihr dies denn tun sollt?

Rin. Ja, gnädiger Herr, das wüßte ich schon gern.

Pol. Nun, Mann, folgendes ist meine Absicht, und ich glaube, es ist eine effektive Finte: Wenn Ihr meinem Sohne diese kleinen Flecken beilegt, als wäre er ein Ding, das sich im Gebrauch sozusagen etwas angeschmutzt hat, hört Ihr, so wird Euer Gegenüber im Gespräche, derjenige, den Ihr aushorchen wollt, falls er den Jüngling, über den Ihr redet, sich der vorgenannten Laster jemals schuldig machen sah, Euch in diesem Sinne beipflichten, verlaßt Euch drauf: »Guter Mann« (oder so), oder »Freund«, oder »Mein Herr«, je nach der ihm und seinem Lande eignen Ausdrucksweise und Form der Titulierung.

Rin. Sehr wohl, gnädiger Herr.

Pol. Und dann, Mann, tut er das ... er tut ... was wollte ich gerade sagen? Sakrament, ich wollte doch gerade etwas sagen. Wo brach ich ab?

Rin. Bei »Pflichtet bei im Sinne«, bei »Freund, oder so, und Mein Herr«.

Pol. Bei »Pflichtet bei im Sinne« – ja, natürlich, er pflichtet also so bei: »Ich kenn den Herrn, ich sah ihn gestern, oder anderntags, oder dann oder dann, mit dem oder dem, und, wie Ihr sagt, dort spielte er, dort wurde er vom Trunke übermannt, dort stritt er sich beim Tennis«; oder vielleicht »Ich sah ihn gehn in jenes Haus der Feilbietung«, will sagen,

Videlicet, a brothel, or so forth. See you now,
Your bait of falsehood takes this carp of truth,
And thus do we of wisdom and of reach,
With windlasses and with assays of bias,
By indirections find directions out;
So by my former lecture and advice
Shall you my son. You have me, have you not?
Rey. My lord, I have.
Pol. God bye ye, fare ye well.
Rey. Good, my lord.
[*Makes to go.*]
Pol. Observe his inclination in yourself.
Rey. I shall, my lord.
[*Again makes to go.*]
Pol. And let him ply his music.
Rey. Well, my lord.
Exit.
Pol. Farewell.
Enter Ophelia.
How now, Ophelia, what's the matter?
Oph. O my lord, my lord, I have been so affrighted!
Pol. With what, i'th' name of God?
Oph. My lord, as I was sewing in my closet,
Lord Hamlet, with his doublet all unbraced,
No hat upon his head, his stockings fouled,
Ungartered and down-gyved to his ankle,
Pale as his shirt, his knees knocking each other,
And with a look so piteous in purport
As if he had been loosed out of hell
To speak of horrors ... he comes before me.
Pol. Mad for thy love?
Oph. My lord, I do not know,
But truly I do fear it.
Pol. What said he?
Oph. He took me by the wrist, and held me hard,
Then goes he to the length of all his arm,

ein Bordell, oder ähnlich weiter. Seht Ihr nun, Euer Lügenköder fängt diesen Wahrheitskarpfen, und auf diese Weise finden wir Leute von Verstand und Weitblick mit Hakenlaufen und mit schräger Wurfrichtung auf Umwegen die rechten Wege; so sollt Ihr's nach meiner vorigen Unterweisung und Beratung bei meinem Sohn. Ihr versteht mich doch, nicht wahr?

Rin. Gnädiger Herr, ich verstehe.

Pol. Gott mit Euch, lebt wohl.

Rin. Mein edler Herr. [*Er will gehen.*]

Pol. Beobachtet auch selber seine Neigungen.

Rin. Das werde ich, gnädiger Herr. [*Er will wieder gehen.*]

Pol. Und laßt ihn fleißig die Musik betreiben.

Rin. Sehr wohl, gnädiger Herr.

Er geht ab.

Pol. Lebt wohl.

Ophelia kommt herein.

Nun, was gibt's, Ophelia, was ist geschehn?

Oph. O gnädiger Herr, gnädiger Herr, ich bin derart erschreckt worden!

Pol. Wovon, in Gottes Namen?

Oph. Gnädiger Herr, als ich in meiner Kammer nähte, Prinz Hamlet, mit ganz aufgeknöpftem Wams, keinen Hut auf seinem Kopf, die Strümpfe verschmutzt, ohne Knieband, herabgerutscht und wie Fesseln um die Knöchel, bleich wie sein Hemd, die Knie aneinander schlackernd, und mit einem Blick von solch erbarmungswürdigem Ausdruck, als sei er aus der Hölle losgelassen worden, um Schrecken zu verkünden ... so tritt er vor mich hin.

Pol. Irrsinnig aus Liebe zu dir?

Oph. Gnädiger Herr, ich weiß es nicht, doch wahrlich, ich befürchte es.

Pol. Was sagte er?

Oph. Er faßte mich am Handgelenk und hielt mich schmerzhaft fest, dann geht er auf den vollen Abstand seines

And with his other hand thus o'er his brow,
He falls to such perusal of my face
As 'a would draw it. Long stayed he so;
At last, a little shaking of mine arm,
And thrice his head thus waving up and down,
He raised a sigh so piteous and profound
As it did seem to shatter all his bulk
And end his being; that done, he lets me go,
And with his head over his shoulder turned,
He seemed to find his way without his eyes,
For out a' doors he went without their help,
And to the last bended their light on me.
Pol. Come, go with me, I will go seek the king.
This is the very ecstasy of love,
Whose violent property fordoes itself,
And leads the will to desperate undertakings
As oft as any passion under heaven
That does afflict our natures. I am sorry –
What, have you given him any hard words of late?
Oph. No, my good lord, but as you did command,
I did repel his letters, and denied
His access to me.
Pol. That hath made him mad.
I am sorry that with better heed and judgement
I had not quoted him. I feared he did but trifle
And meant to wreck thee, but beshrew my jealousy.
By heaven, it is as proper to our age
To cast beyond ourselves in our opinions,
As it is common for the younger sort
To lack discretion. Come, go we to the king.
This must be known, which, being kept close, might move
More grief to hide, than hate to utter love.
Come.

Exeunt.

Arms, und, mit der andern Hand so über seiner Stirn, macht er sich an ein solches Studium meines Angesichts, als ob er's zeichnen wollte. Lang blieb er so; endlich, meinen Arm leicht schüttelnd und dreimal so den Kopf hinauf- und niederschwenkend, stieß er einen dergestalt erbarmungswürdigen und tiefen Seufzer aus, daß es seinen ganzen Leib zu sprengen und sein Leben zu beenden schien. Daraufhin läßt er mich los und, den Kopf über seine Schulter drehend, schien er ohne Augen seinen Weg zu finden, denn ohne ihre Hilfe ging er zur Tür hinaus und wandte bis zuletzt ihr Licht auf mich.

Pol. Kommt, geht mit mir, ich will zum König. Dies ist die wahre Raserei der Liebe, deren gewalttätiges Wesen sich selbst zerstört und den Willen auf verzweifelte Beginnen hinlenkt, so oft als irgendeine andre Leidenschaft unter dem Himmel, die unsere Natur angreift. Es tut mir leid – wie, gabt Ihr ihm etwa harte Worte in der letzten Zeit?

Oph. Nein, mein edler Herr, doch wies ich, wie Ihr es befohlen, seine Briefe ab und ließ ihn nicht zu mir.

Pol. Das hat ihn irrsinnig gemacht. Es tut mir leid, daß ich ihn nicht mit größrer Aufmerksamkeit und Urteilskraft betrachtet hatte. Ich fürchtete, er tändle nur und wollte dich ins Unglück stürzen, verwünscht sei doch mein Argwohn. Beim Himmel, es ist unserm Lebensalter grad' so sehr gegeben, daß wir uns in unsern Ansichten versteigen, wie es bei jungen Leuten häufig ist, daß ihnen Umsicht abgeht. Komm, gehn wir zum König. Dies muß man kundtun, denn hält man es geheim, kann das Verbergen dieser Liebe größren Kummer wecken, als Haß droht, wagt man es, sie aufzudecken. Komm.

Sie gehen ab.

SCENE 2

[*The audience chamber, giving on to the lobby.*]

Flourish; enter King, Queen, Rosencrantz, Guildenstern, and Attendants.

King. Welcome, dear Rosencrantz and Guildenstern!
Moreover that we much did long to see you,
The need we have to use you did provoke
Our hasty sending. Something have you heard
Of Hamlet's transformation – so I call it,
Sith nor th' exterior nor the inward man
Resembles that it was. What it should be,
More than his father's death, that thus hath put him
So much from th' understanding of himself,
I cannot dream of. I entreat you both,
That, being of so young days brought up with him,
And sith so neighboured to his youth and haviour,
That you vouchsafe your rest here in our court
Some little time, so by your companies
To draw him on to pleasures, and to gather,
So much as from occasion you may glean,
Whether aught to us unknown afflicts him thus,
That, opened, lies within our remedy.

Queen. Good gentlemen, he hath much talked of you,
And sure I am two men there is not living
To whom he more adheres. If it will please you
To show us so much gentry and good will
As to expend your time with us awhile
For the supply and profit of our hope,
Your visitation shall receive such thanks
As fits a king's remembrance.

Ros. Both your majesties
Might, by the sovereign power you have of us,
Put your dread pleasures more into command
Than to entreaty.

Guil. But we both obey,

SZENE 2

[*Der Audienzraum, an den Vorsaal angrenzend.*]

Trompetenstoß; es treten ein der König, die Königin, Rosenkranz, Güldenstern und Gefolge.

Kön. Willkommen, lieber Rosenkranz und Güldenstern! Auch abgesehen davon, daß wir sehr danach verlangten, euch zu sehen, trieb uns die Notwendigkeit, von euch Gebrauch zu machen, dazu, in Hast nach euch zu schicken. Etwas habt ihr sicher schon gehört von der Verwandlung Hamlets – so nenn ich es, [5] da nicht der äußre noch der innre Mensch dem ähnelt, was er war. Was es wohl sein mag, außer seines Vaters Tod, das ihn dermaßen vom Verständnis seiner selbst entfernt hat, kann ich mir nicht im Traum vorstellen. Ich bitt euch beide dringend, [10] daß ihr, da von so frühen Tagen an mit ihm zusammen aufgezogen und deshalb so nahestehend seiner Lebensart und Jugend, euch herbeilaßt, für eine kleine Frist an unserm Hofe zu verweilen, ihn durch eure Gesellschaft in Vergnügungen hineinzuziehen und, soviel ihr bei Gelegenheit auflesen könnt, [16] herauszufinden, ob irgend etwas uns Unbekanntes ihn so bedrückt, dem wir, wenn es eröffnet würde, abzuhelfen in der Lage sind.

Kgin. Liebe Herren, er hat viel von euch gesprochen, und ich bin sicher, keine zwei Männer sind am Leben, [20] an denen er mehr hängt. Wenn's euch gefällt, uns so viel Freundlichkeit und guten Willen zu erweisen, eure Zeit einstweilen bei uns zuzubringen zur Unterstützung und zum Nutzen unsrer Hoffnung, so soll euer Besuch solchen Dank erhalten, [25] wie's der Erinnerung eines Königs angemessen ist.

Ros. Eure Majestäten könnten beide, aufgrund der unbeschränkten Herrschaft, die Ihr über uns besitzt, Euren erhabenen Willen eher als Befehl ausdrücken denn als Bitte.

Gül. Doch wir gehorchen beide und geben uns hier mit vollster

And here give up ourselves in the full bent
To lay our service freely at your feet
To be commanded.

King. Thanks Rosencrantz, and gentle Guildenstern.

Queen. Thanks Guildenstern, and gentle Rosencrantz,
And I beseech you instantly to visit
My too much changed son. – Go, some of you,
And bring these gentlemen where Hamlet is.

Guil. Heavens make our presence and our practices
Pleasant and helpful to him.

Queen. Ay, amen!

Exeunt Rosencrantz and Guildenstern with some Attendants.

Enter Polonius.

Pol. [*Draws the King aside.*]
Th' ambassadors from Norway, my good lord,
Are joyfully returned.

King. Thou still hast been the father of good news.

Pol. Have I, my lord? I assure you, my good liege,
I hold my duty as I hold my soul,
Both to my God and to my gracious king;
And I do think, or else this brain of mine
Hunts not the trail of policy so sure
As it hath used to do, that I have found
The very cause of Hamlet's lunacy.

King. O, speak of that, that do I long to hear.

Pol. Give first admittance to th' ambassadors,
My news shall be the fruit to that great feast.

King. Thyself do grace to them, and bring them in.

Exit Polonius.

He tells me, my dear Gertrude, he hath found
The head and source of all your son's distemper.

Queen. I doubt it is no other but the main,
His father's death and our o'erhasty marriage.

King. Well, we shall sift him.

Re-enter Polonius with Voltemand and Cornelius.

Spannkraft hin, [30] Euch willig unsern Dienst zu Füßen legend, Euch zur Verfügung.

Kön. Dank, Rosenkranz und edler Güldenstern.

Kgin. Dank, Güldenstern und edler Rosenkranz, und ich bitte euch, meinen allzu veränderten Sohn unverzüglich aufzusuchen. – Geht, einige von euch, [36] und bringt die Herrn dorthin, wo Hamlet ist.

Gül. Die Himmel mögen unsre Gegenwart und Handlungsweisen ihm angenehm und nützlich machen.

Kgin. Ja, Amen!

Rosenkranz und Güldenstern, mit einigem Gefolge, gehen ab.

Polonius kommt herein.

Pol. [*zieht den König beiseite*]. Die Gesandten, mein edler Fürst, sind froh aus Norwegen zurückgekehrt. [41]

Kön. Du warst noch stets der Vater guter Neuigkeiten.

Pol. War ich das, mein Fürst? Seid versichert, mein edler Lehnsherr, ich halt auf meine Pflicht so wie auf meine Seele, zu meinem Gotte wie zu meinem gnädigen König. [45] Und ich glaube wirklich, wenn nicht dies Hirn weniger sicher der Staatskunst Fährte nachspürt, als es zu tun gewohnt war, daß ich den wahren Grund von Hamlets Irrsinn herausgefunden habe.

Kön. O sprich darüber, das sehn ich mich zu hören. [50]

Pol. Zuerst gebt den Gesandten Zutritt, meine Neuigkeit soll der Nachtisch jenes großen Festmahls sein.

Kön. Ehre sie persönlich, indem du sie hereinführst.

Polonius geht ab.

Er sagt mir, meine liebe Gertrud, daß er Ursprung und Quelle der ganzen Verstörung Eures Sohns herausgefunden hat. [55]

Kgin. Ich fürchte, es ist nichts anderes als der Hauptgrund, seines Vaters Tod und unsre übereilte Heirat.

Kön. Nun, wir werden ihn ausforschen.

Polonius kommt mit Voltemand und Cornelius wieder herein.

Welcome, my good friends!
Say, Voltemand, what from our brother Norway?
Vol. Most fair return of greetings and desires.
Upon our first, he sent out to suppress
His nephew's levies, which to him appeared
To be a preparation 'gainst the Polack,
But, better looked into, he truly found
It was against your highness; whereat, grieved
That so his sickness, age and impotence
Was falsely borne in hand, sends out arrests
On Fortinbras, which he, in brief, obeys,
Receives rebuke from Norway, and, in fine,
Makes vow before his uncle never more
To give th' assay of arms against your majesty:
Whereon old Norway, overcome with joy,
Gives him threescore thousand crowns in annual fee,
And his commission to employ those soldiers,
So levied (as before) against the Polack,
With an entreaty, herein further shown,
That it might please you to give quiet pass
Through your dominions for this enterprise,
On such regards of safety and allowance
As therein are set down.
[*Hands over a paper.*]
King. It likes us well,
And at our more considered time we'll read,
Answer, and think upon this business;
Meantime, we thank you for your well-took labour.
Go to your rest, at night we'll feast together.
Most welcome home!
Exeunt Voltemand and Cornelius, and the other Attendants.
Pol. This business is well ended ...
My liege and madam, to expostulate
What majesty should be, what duty is,
Why day is day, night night, and time is time,
Were nothing but to waste night, day, and time.

Willkommen, meine edlen Freunde! Sagt, Voltemand, was bringt ihr uns von unserm Bruderkönig Norwegen?

Vol. Freundlichste Erwiderung der Grüße und Wünsche. Gleich nach unsrer ersten Vorsprache entsandte er Befehl zur Unterbindung der Aushebungen seines Neffen, die ihm erschienen waren als Rüstung gegen den Polen, bei näherm Zusehen fand er jedoch wirklich, daß es gegen Eure Hoheit ging; worauf, ergrimmt, daß seine Krankheit, sein Alter und seine Schwäche derart treulos hintergangen wurden, er Vorladungen gegen Fortinbras erläßt, denen jener, kurzgesprochen, nachkommt, von Norwegen gerügt wird und am Ende vor seinem Onkel das Gelöbnis ablegt, nie wieder Eure Majestät mit der Gewalt der Waffen anzugehen: Woraufhin der alte Norwegen, von Freude überwältigt, ihm als Jahreseinkunft dreimal zwanzigtausend Kronen gibt und seinen Auftrag, jene Soldaten, wie zuvor schon ausgehoben, gegen den Polen einzusetzen, mit dem Gesuch, hierin des Nähern dargelegt, daß es Euch gefallen möge, für dieses Unternehmen ungestörten Durchmarsch durch Eure Lande zu gewähren unter solch sicheren und annehmbaren Bedingungen, als darin aufgesetzt sind. [*Er übergibt ein Schreiben.*]

Kön. Das hört sich gut an, und zu einem der Erwägung günstigeren Zeitpunkt wollen wir lesen, antworten und die Sache überdenken; inzwischen danken wir euch für eure wohlgelungene Mühe. Geht und ruht aus, am Abend wollen wir gemeinsam feiern. Mehr als willkommen in der Heimat!

Voltemand, Cornelius und alles übrige Gefolge gehen ab.

Pol. Die Sache hat gut geendet ... Mein Lehnsherr und Frau Königin, zu erörtern, was Majestät sein mag, was Untertanenpflicht ist, warum der Tag der Tag ist, die Nacht die Nacht und die Zeit die Zeit, wär' nichts als Nacht und

Therefore, since brevity is the soul of wit,
And tediousness the limbs and outward flourishes,
I will be brief: your noble son is mad –
Mad call I it, for to define true madness,
What is't but to be nothing else but mad?
But let that go.

Queen. More matter, with less art.

Pol. Madam, I swear I use no art at all . . .
That he is mad, 'tis true, 'tis true, 'tis pity,
And pity 'tis 'tis true – a foolish figure,
But farewell it, for I will use no art.
Mad let us grant him then, and now remains
That we find out the cause of this effect,
Or rather say, the cause of this defect,
For this effect defective comes by cause:
Thus it remains, and the remainder thus . . .
Perpend:
[*Producing a paper.*]
I have a daughter, have while she is mine,
Who in her duty and obedience, mark,
Hath given me this; now gather and surmise:
Reads.
'To the celestial, and my soul's idol, | the most beautified Ophelia' – That's an ill phrase, a vile phrase, 'beautified' is a vile phrase, | but you shall hear. Thus:
Reads.
'In her excellent white bosom, these, etc.' . . .

Queen. Came this from Hamlet to her?

Pol. Good madam, stay awhile, I will be faithful –
Reads.
'Doubt thou the stars are fire,
Doubt that the sun doth move,
Doubt truth to be a liar,
But never doubt I love.
O dear Ophelia, I am ill at these numbers, I have not art

Tag und Zeit vergeuden. Deshalb, da Kürze der Weisheit Seele ist und Weitschweifigkeit ihre Gliedmaßen und äußeren Verzierungen, mach ich es kurz: Euer edler Sohn ist irr – ich nenn es irr, denn, um echten Irrsinn zu definieren, was ist er andres als nichts anderes zu sein als irr? Doch lassen wir das.

Kgin. Mehr Inhalt, mit weniger Redekunst.

Pol. Majestät, ich schwöre, ich gebrauch gar keine Kunst ... Daß er irr ist, ist wahr, 's ist wahr, 's ist schade, und schade, daß es wahr ist – eine törichte Figur, doch leb' sie wohl, denn ich will keine Kunst gebrauchen. So wollen wir denn zugestehen, daß er irr ist, und somit verbleibt, den Grund dieses Effekts zu finden, oder sagen wir besser, den Grund dieses Defekts, denn dieser Defektiv-Effekt kommt aus einem Grund: So verbleibt es, und das Verbleibende so ... Erwägt: [*Er zieht ein Blatt hervor.*] Ich habe eine Tochter, hab sie, derweil sie mein ist, die in ihrem Pflichtbewußtsein und Gehorsam, seht, mir dieses gab; nun schließet und vermutet: *(Er liest.)* »An die himmlische, und meiner Seele Idol, die höchst verschönte Ophelia« – das ist ein schlechter Ausdruck, ein miserabler Ausdruck, »verschönte« ist ein miserabler Ausdruck. Doch sollt Ihr weiterhören. Also: *(Er liest.)* »In ihren vortrefflichen weißen Busen, diese, usw.« ...

Kgin. Kam dies zu ihr von Hamlet?

Pol. Liebe Majestät, geduldet Euch einstweilen, ich werde wortgetreu sein:

(Er liest.) »Bezweifle, daß in Sternen Feuer sei,
Bezweifle, daß die Sonne sich bewege,
Befürchte in der Wahrheit Lügerei,
Doch niemals zweifle, daß ich Liebe hege.
O teure Ophelia, ich bin schlecht im Verseschmieden,

to reckon my groans; | but that I love thee best, O most best, believe it. Adieu.

Thine evermore, most dear lady, whilst
this machine is to him, *Hamlet.*'

This in obedience hath my daughter shown me,
And more above hath his solicitings,
As they fell out by time, by means, and place,
All given to mine ear.

King. But how hath she
Received his love?

Pol. What do you think of me?

King. As of a man faithful and honourable.

Pol. I would fain prove so. But what might you think,
When I had seen this hot love on the wing,
As I perceived it (I must tell you that)
Before my daughter told me, what might you
Or my dear majesty your queen here think,
If I had played the desk or table-book,
Or given my heart a working mute and dumb,
Or looked upon this love with idle sight,
What might you think? No, I went round to work,
And my young mistress thus I did bespeak:
'Lord Hamlet is a prince out of thy star,
This must not be.' And then I prescripts gave her
That she should lock herself from his resort,
Admit no messengers, receive no tokens.
Which done, she took the fruits of my advice,
And he, repelled, a short tale to make,
Fell into a sadness, then into a fast,
Thence to a watch, thence into a weakness,
Thence to a lightness, and, by this declension,
Into the madness wherein now he raves,
And all we mourn for.

King. Do you think 'tis this?

Queen. It may be, very like.

Pol. Hath there been such a time, I would fain know that,

ich habe die Kunst nicht, meine Seufzer abzuzählen; doch daß ich dich über alles liebe, oh, weit über alles, das glaube. Ade.

Dein immerdar, teuerste Dame, solange
diese Maschine ihm angehört. *Hamlet*«

Dies hat meine Tochter in ihrem Gehorsam mir gezeigt, und hat überdies seine Anträge, wie sie sich begaben, nach Zeitpunkt, Mitteln und Ort, sämtlich meinem Ohre anvertraut.

Kön. Wie aber nahm sie seine Liebe auf?

Pol. Wie denkt Ihr von mir?

Kön. Als von einem treuen und ehrenwerten Mann.

Pol. Als solcher möchte ich mich gern erweisen. Was würdet Ihr jedoch wohl denken, als ich diese heiße Liebe in vollem Flug gesehen hatte, da ich sie wahrnahm (das muß ich Euch sagen), noch ehe meine Tochter's mir erzählte, was würdet Ihr und meine teure Majestät, die Königin hier, wohl denken, hätte ich das Schreibpult oder Merkbüchlein gespielt, oder meine Herzensregung still und stumm gehalten, oder diese Liebe mit müßiger Betrachtung angesehen? Was würdet Ihr wohl denken? Nein, ich machte mich rundweg ans Werk und wandte mich wie folgt zu meinem jungen Fräulein: »Prinz Hamlet ist ein Fürst, der deinem Schicksalsterne weit entrückt ist, dies darf nicht sein.« Und dann gab ich ihr Vorschriften, daß sie sich von seiner Gesellschaft ausschließen, keine Boten einlassen und keine Unterpfänder annehmen sollte. Als das geschehen, nahm sie die Früchte meines Ratschlags an, und er, zurückgestoßen, um es kurz zu sagen, verfiel in Trauer, dann in Fasten, von da in Schlaflosigkeit, von da in Schwäche, von da in Schwindel, und durch diesen schrittweisen Verfall in jenen Irrsinn, in dem er nunmehr tobt und ob des wir alle trauern.

Kön. Meint Ihr, das ist es?

Kgin. Es mag sein, schon möglich.

Pol. Gab es, das möchte ich gern wissen, je einen Anlaß, da

That I have positively said ''Tis so',
When it proved otherwise?

King. Not that I know.

Pol. Take this from this, if this be otherwise;
[*Points to his chamberlain's staff and hand*]
If circumstances lead me, I will find
Where truth is hid, though it were hid indeed
Within the Centre.

King. How may we try it further?

Pol. You know sometimes he walks four hours together
Here in the lobby.

Queen. So he does, indeed.

Pol. At such a time I'll loose my daughter to him.
Be you and I behind an arras then,
Mark the encounter: if he love her not,
And be not from his reason fall'n thereon,
Let me be no assistant for a state,
But keep a farm and carters.

King. We will try it.

Enter Hamlet into the lobby, reading on a book.

Queen. But look where sadly the poor wretch comes reading.

Pol. Away, I do beseech you, both away,
I'll board him presently, O, give me leave.
Exeunt King and Queen.
How does my good Lord Hamlet?

Ham. Well, God-a-mercy.

Pol. Do you know me, my lord?

Ham. Excellent well, you are a fishmonger.

Pol. Not I, my lord.

Ham. Then I would you were so honest a man.

Pol. Honest, my lord?

Ham. Ay, sir, to be honest, as this world goes, | is to be one man picked out of ten thousand.

Pol. That's very true, my lord.

ich mit Bestimmtheit sagte »So ist es«, wenn es sich dann anders zeigte?

Kön. Nicht daß ich wüßte.

Pol. Trennt dies von jener, falls dies anders ist [*er deutet auf seinen Amtsstab und seine Hand*]; wenn mich Anhaltspunkte leiten, find ich allzeit heraus, wo die Wahrheit versteckt ist, und sollte sie gar im Erdmittelpunkt versteckt sein.

Kön. Wie können wir es weiter nachprüfen?

Pol. Ihr wißt doch, manchmal geht er hier im Vorsaal stundenlang umher.

Kgin. Das tut er wirklich.

Pol. Zu einer solchen Zeit will ich meine Tochter zu ihm lassen. Dann sollen Ihr und ich hinter dem Wandbehang sein, die Begegnung mitverfolgen, und, liebt er sie nicht und ist nicht darob von Verstand gekommen, so laßt mich fürder nicht in Staatsgeschäften helfend wirken, sondern einen Bauernhof mit Fuhrleuten unterhalten.

Kön. Wir wollen den Versuch machen.

Hamlet kommt, in einem Buch lesend, in den Vorsaal.

Kgin. Seht nur, dort kommt der arme Unglückselige trauervoll heran und liest.

Pol. Fort, ich bitt Euch, beide fort, ich will ihn unverzüglich angehn, oh, entschuldigt mich.

Der König und die Königin gehen ab.

Wie geht es meinem edlen Prinzen Hamlet?

Ham. Gut, Gott lohn's Euch.

Pol. Erkennt Ihr mich, mein Prinz?

Ham. Vortrefflich wohl, Ihr seid ein Fischhändler.

Pol. Nicht ich, mein Prinz.

Ham. Dann wünschte ich, Ihr wäret ein so ehrlicher Mann.

Pol. Ehrlich, mein Prinz?

Ham. Jawohl, mein Herr, ehrlich sein heißt, so wie's in dieser Welt zugeht, ein Mann sein, der unter zehntausend auserlesen ist.

Pol. Das ist sehr wahr, mein Prinz.

Ham. For if the sun breed maggots in a dead dog, | being a god kissing carrion . . . have you a daughter?

Pol. I have, my lord.

Ham. Let her not walk i'th' sun. | Conception is a blessing, but as your daughter may conceive . . . friend, look to't.

[*Reads again.*]

Pol. [*Aside.*] How say you by that? Still harping on my daughter, | yet he knew me not at first, 'a said I was a fishmonger. | 'A is far gone, and, truly, in my youth | I suffered much extremity for love, very near this . . . I'll speak to him again. – What do you read, my lord?

Ham. Words, words, words.

Pol. What is the matter, my lord?

Ham. Between who?

Pol. I mean the matter that you read, my lord.

Ham. Slanders, sir; for the satirical rogue says here | that old men have grey beards, | that their faces are wrinkled, | their eyes purging thick amber and plumtree gum, | and that they have a plentiful lack of wit, together with most weak hams; | all which, sir, though I most powerfully and potently believe, | yet I hold it not honesty to have it thus set down, | for yourself, sir, shall grow old as I am . . . | if, like a crab, you could go backward.

[*Reads again.*]

Pol. [*Aside.*] Though this be madness, yet there is method in't. | – Will you walk out of the air, my lord?

Ham. Into my grave. [*Reads again.*]

Pol. [*Aside.*] Indeed, that's out of the air; | how pregnant sometimes his replies are – a happiness that often

Ham. Denn wenn die Sonne Maden hervorbrütet in einem toten Hunde, also ein Gott, der Aas küßt ... Habt Ihr eine Tochter?

Pol. Das habe ich, mein Prinz.

Ham. Laßt sie nicht in der Sonne herumlaufen. Konzeption ist ein Segen, aber so wie Eure Tochter konzipieren könnte ... Freund, seht Euch vor. [*Er liest weiter.*]

Pol. [*beiseite*]. Was sagt Ihr dazu? Stets spielt er auf meine Tochter an, und doch erkannte er mich anfangs nicht, er sagte, ich wäre ein Fischhändler. Er ist schlimm dran, und wahrlich, in meiner Jugend litt ich gleichfalls große Not aus Liebe, sehr nah an dieser. Ich will ihn nochmals ansprechen. – Was lest Ihr, mein Prinz?

Ham. Worte, Worte, Worte.

Pol. Worum geht es, mein Prinz?

Ham. Zwischen wem?

Pol. Ich meine, worum es bei dem geht, das Ihr lest, mein Prinz.

Ham. Lästerungen, mein Herr; denn dieser satirische Schelm hier sagt, daß alte Männer graue Bärte haben, daß ihre Gesichter runzlig sind, ihre Augen dickflüssigen Bernstein und Pflaumenbaumsaft absondern und daß sie einen reichlichen Mangel an Geist haben, verbunden mit äußerst schwachen Schenkeln; und obgleich ich, mein Herr, dies alles ganz stark und machtvoll glaube, halte ich's doch nicht für schicklich, daß man es so niederschreibt, denn Ihr selbst, mein Herr, sollt so alt werden, wie ich es bin ... falls Ihr wie ein Taschenkrebs rückwärts gehen könntet. [*Er liest weiter.*]

Pol. [*beiseite*]. Dies mag zwar Irrsinn sein, hat aber doch Methode. – Möchtet Ihr vielleicht aus der frischen Luft treten, mein Prinz?

Ham. In mein Grab. [*Er liest weiter.*]

Pol. [*beiseite*]. Das ist tatsächlich aus der frischen Luft heraus; wie bedeutungsträchtig seine Antworten manchmal sind – eine glückliche Ausdrucksweise, die der Irrsinn häufig trifft,

madness hits on, | which reason and sanity could not so prosperously be delivered of. | I will leave him, and suddenly contrive | the means of meeting between him and my daughter. | – My lord, I will take my leave of you.

Ham. You cannot, sir, take from me any thing | that I will not more willingly part withal: | except my life, except my life, except my life.

Pol. Fare you well, my lord.

Ham. These tedious old fools!

[*Reads again.*]

Enter Guildenstern and Rosencrantz.

Pol. You go to seek the Lord Hamlet, there he is.

Ros. [*To Polonius.*] God save you, sir!

Exit Polonius.

Guil. My honoured lord!

Ros. My most dear lord!

Ham. [*Looks up.*] My excellent good friends! How dost thou, Guildenstern? [*Putting up his book.*] Ah, Rosencrantz! Good lads, how do you both?

Ros. As the indifferent children of the earth.

Guil. Happy, in that we are not over-happy: | on Fortune's cap we are not the very button.

Ham. Nor the soles of her shoe?

Ros. Neither, my lord.

Ham. Then you live about her waist, or in the middle of her favours?

Guil. Faith, her privates we.

Ham. In the secret parts of Fortune? | O, most true, she is a strumpet ... What news?

Ros. None, my lord, but that the world's grown honest.

Ham. Then is doomsday near; | but your news is not true. | Let me question more in particular: what have you, my good friends, deserved at the hands of Fortune, | that she sends you to prison hither?

Guil. Prison, my lord?

die Vernunft und gesunder Verstand so gelungen nicht gebären könnten. [212] Ich will ihn verlassen und unverzüglich die Mittel ersinnen zu einem Treffen zwischen ihm und meiner Tochter. – Mein Prinz, ich will meinen Abschied von Euch nehmen. [215]

Ham. Ihr könntet, mein Herr, mir nichts nehmen, von dem ich mich williger trennte: außer mein Leben, außer mein Leben, außer mein Leben.

Pol. Lebt wohl, mein Prinz.

Ham. Diese lästigen alten Toren. [*Er liest weiter.*]

Güldenstern und Rosenkranz treten ein.

Pol. Ihr seid auf dem Weg, Prinz Hamlet aufzusuchen, dort ist er. [221]

Ros. [*zu Polonius*]. Gott mach Euch selig, mein Herr.

Polonius geht ab.

Gül. Mein geehrter Prinz!

Ros. Mein teuerster Prinz!

Ham. [*sieht auf*]. Meine vortrefflichen guten Freunde! Wie geht's dir, Güldenstern? [*Er steckt sein Buch weg.*] – Ah, Rosenkranz! Liebe Gesellen, wie geht's euch beiden? [226]

Ros. Wie den gewöhnlichen Kindern dieser Welt.

Gül. Glücklich, indem wir nicht überglücklich sind: An Fortunas Mütze sind wir nicht gerad' der Knopf.

Ham. Aber auch nicht die Sohlen ihres Schuhs? [230]

Ros. Keins von beiden, mein Prinz.

Ham. Dann lebt ihr also in ihrer Taillengegend, oder in der Mitte ihrer Gunst?

Gül. Fürwahr, wir sind mit ihr intim.

Ham. In den geheimen Partien Fortunas? Oh, sehr wahr, sie ist eine Metze ... [235] Was gibt's Neues?

Ros. Nichts, mein Prinz, als daß die Welt ehrlich geworden ist.

Ham. Dann naht der Jüngste Tag; aber eure Neuigkeit ist nicht wahr. Laßt mich euch des näheren befragen: [240] Was habt ihr, meine guten Freunde, der Fortuna angetan, daß sie euch hierher ins Gefängnis schickt?

Gül. Gefängnis, mein Prinz?

Ham. Denmark's a prison.

Ros. Then is the world one.

Ham. A goodly one, in which there are many confines, wards, and dungeons; | Denmark being one o'th' worst.

Ros. We think not so, my lord.

Ham. Why, then 'tis none to you; | for there is nothing either good or bad, but thinking makes it so. To me it is a prison.

Ros. Why, then your ambition makes it one: | 'tis too narrow for your mind.

Ham. O God! I could be bounded in a nut-shell, | and count myself a king of infinite space, were it not that I have bad dreams.

Guil. Which dreams, indeed, are ambition: | for the very substance of the ambitious | is merely the shadow of a dream.

Ham. A dream itself is but a shadow.

Ros. Truly, and I hold ambition of so airy and light a quality, | that it is but a shadow's shadow.

Ham. Then are our beggars bodies, | and our monarchs and outstretched heroes the beggars' shadows ... | Shall we to th' court? For, by my fay, I cannot reason.

Both. We'll wait upon you.

Ham. No such matter, I will not sort you with the rest of my servants; | for, to speak to you like an honest man, I am most dreadfully attended ... | But, in the beaten way of friendship, what make you at Elsinore?

Ros. To visit you, my lord, no other occasion.

Ham. Beggar that I am, I am even poor in thanks, | but I thank you – and sure, dear friends, | my thanks are too dear a halfpenny. | Were you not sent for? Is it your own inclining? Is it a free visitation? | Come, come, deal justly with me, come, come, nay, speak.

Ham. Dänemark ist ein Gefängnis.

Ros. Dann ist die Welt eins. [245]

Ham. Ein stattliches, in dem es viele Bereiche, Zellen und Kerker gibt; und Dänemark ist einer der schlimmsten.

Ros. Der Ansicht sind wir nicht, mein Prinz.

Ham. Nun, dann ist es keins für euch; denn es gibt nichts in sich Gutes oder Schlechtes, nur unser Denken macht's dazu. Für mich ist es ein Gefängnis. [251]

Ros. Nun, so macht es Euer Ehrgeiz dazu: 's ist zu eng für Euren Geist.

Ham. O Gott, ich könnte in einer Nußschale eingeschlossen sein und mich als König unbegrenzten Raums betrachten, wenn ich nur nicht schlimme Träume hätte. [256]

Gül. Diese Träume sind in Wahrheit Ehrgeiz: Denn die Kernsubstanz des Ehrgeizigen ist lediglich der Schatten eines Traums.

Ham. Ein Traum ist selber nur ein Schatten. [260]

Ros. Richtig, und mich dünkt der Ehrgeiz von so luftiger und schwereloser Beschaffenheit, daß er nur eines Schattens Schatten ist.

Ham. Dann sind die Bettler also Körper, und die Herrscher und überzogenen Heroen nur der Bettler Schatten . . . Wollen wir zu Hofe gehen? Denn, meiner Treu, ich kann nicht vernünftig diskutieren. [265]

Ros. Wir wollen Euch aufwarten.

Ham. Nichts dergleichen, ich will euch nicht mit meinen übrigen Dienern einstufen; denn, um zu euch als ehrlicher Mann zu reden, ich bin furchtbar schlecht mit Aufwartung versehn . . . Doch, auf dem abgetretnen Pfad der Freundschaft, was macht ihr in Helsingör?

Ros. Euch besuchen, mein Prinz, kein andrer Anlaß. [270]

Ham. Bettler, der ich bin, ich bin sogar arm an Dank, doch ich danke euch – und gewißlich, teure Freunde, mein Dank ist einen halben Groschen zu teuer. Hat man nicht nach euch geschickt? Ist es eure eigne Neigung? Ist es ein unerzwungener Besuch? Kommt, kommt, seid ehrlich mit mir, [275] kommt, kommt, so redet doch.

Guil. What should we say, my lord?

Ham. Any thing but to th' purpose ... | You were sent for, and there is a kind of confession in your looks, | which your modesties have not craft enough to colour – I know the good king and queen have sent for you.

Ros. To what end, my lord?

Ham. That you must teach me; but let me conjure you, | by the rights of our fellowship, by the consonancy of our youth, | by the obligation of our ever-preserved love, and by what more dear a better proposer can charge you withal, | be even and direct with me whether you were sent for or no.

Ros. [*Aside to Guildenstern.*] What say you?

Ham. [*Aside.*] Nay then, I have an eye of you! | [*Aloud.*] If you love me, hold not off.

Guil. My lord, we were sent for.

Ham. I will tell you why, so shall my anticipation prevent your discovery, | and your secrecy to the king and queen moult no feather. | I have of late, but wherefore I know not, | lost all my mirth, forgone all custom of exercises; and indeed it goes so heavily with my disposition, | that this goodly frame, the earth, seems to me a sterile promontory, | this most excellent canopy, the air, | look you, this brave o'erhanging firmament, | this majestical roof fretted with golden fire, why, it appeareth nothing to me | but a foul and pestilent congregation of vapours ... | What a piece of work is a man, | how noble in reason, how infinite in faculties, | in form and moving, how express and admirable, in action how like an angel, | in apprehension, how like a god: | the beauty of the world, the paragon of animals; | and yet to me, what is this quintessence of dust? | Man delights not

Gül. Was sollten wir sagen, mein Prinz?

Ham. Irgend etwas, nur zur Sache ... Man hat nach euch geschickt, und in euren Blicken liegt eine Art von Eingeständnis, das zu übertünchen euer Schamgefühl nicht Geschick genug besitzt. Ich weiß, der gute König und die Königin haben nach euch geschickt.

Ros. Zu welchem Zweck, mein Prinz?

Ham. Das müßt ihr mich lehren; doch laßt mich euch beschwören bei den Rechten unsrer Kameradschaft, bei der Eintracht unserer Jugend, bei der Bindung unsrer stets bewahrten Liebe und bei allem noch Teureren, das ein bessrer Redner euch vorhalten könnte, seid offen und gerade mit mir, ob man nach euch geschickt hat oder nicht.

Ros. [*beiseite zu Güldenstern*]. Was sagt Ihr?

Ham. [*beiseite*]. Nun denn, so weiß ich, wie ich euch ansehn muß. [*Laut.*] Wenn ihr mich liebhabt, haltet nicht zurück.

Gül. Mein Prinz, man hat nach uns geschickt.

Ham. Ich will euch sagen warum, so wird meine Vorwegnahme einer Enthüllung eurerseits zuvorkommen und eure Verschwiegenheit zugunsten von König und Königin keine Feder lassen. Ich hab in letzter Zeit, doch weshalb weiß ich nicht, allen Frohsinn verloren, alle gewohnten Übungen vernachlässigt; und mein Gemüt ist in der Tat so schwer bedrückt, daß dieser stattliche Bau, die Erde, mir als unfruchtbares Vorgebirg' erscheint, dieser vortreffliche Baldachin, die Luft, seht ihr, dies prächtige, überwölbende Firmament, dies majestätische Dach mit goldnem Feuer ausgelegt, fürwahr, es kommt mir als nichts andres vor denn eine übelriechende und giftige Ansammlung von Dünsten ... Welch ein Meisterstück ist ein Mann, wie edel von Verstand, wie unerschöpflich in seinen Fähigkeiten, in Gestalt und Bewegung wie angemessen und bewundernswert, im Handeln wie engelgleich, im Wahrnehmen wie gleich einem Gott: die Zier der Welt, die Vollendung der beseelten Kreatur; und dennoch, für mich, was ist diese Quintessenz des Staubs? Ich hab am Manne keine Freude – nein,

me – no, nor woman neither, though by your smiling you seem to say so.

Ros. My lord, there was no such stuff in my thoughts.

Ham. Why did ye laugh then, when I said 'man delights not me'?

Ros. To think, my lord, if you delight not in man, | what lenten entertainment the players shall receive from you. We coted them on the way, | and hither are they coming to offer you service.

Ham. He that plays the King shall be welcome, | his majesty shall have tribute on me, | the adventurous Knight shall use his foil and target, the Lover shall not sigh gratis, | the Humorous Man shall end his part in peace, | the Clown shall make those laugh whose lungs are tickle a' th' sear, | and the Lady shall say her mind freely ... | or the blank verse shall halt for't. – What players are they?

Ros. Even those you were wont to take such delight in, | the tragedians of the city.

Ham. How chances it they travel? | Their residence, both in reputation and profit, was better both ways.

Ros. I think their inhibition comes | by the means of the late innovation.

Ham. Do they hold the same estimation they did when I was in the city? | are they so followed?

Ros. No, indeed are they not.

Ham. How comes it? do they grow rusty?

Ros. Nay, their endeavour keeps in the wonted pace; | but there is, sir, an aerie of children, little eyases, | that cry out on the top of question, | and are most tyrannically clapped for't: these are now the fashion, and so berattle the common stages (so they call them) | that many wearing

auch am Weibe nicht, obwohl ihr das mit eurem Lächeln auszudrücken scheint.

Ros. Mein Prinz, nichts dergleichen hatte ich im Sinn.

Ham. Warum lachtet ihr dann, als ich sagte, »ich hab am Manne keine Freude«?

Ros. Weil ich mir vorstellte, mein Prinz, wenn Ihr keine Freude am Manne habt, was für eine Fastenzeitbewirtung die Schauspieler von Euch erhalten werden. Wir überholten sie auf dem Wege, und sie kommen hierher, um Euch ihre Dienste anzubieten.

Ham. Derjenige, der den König spielt, soll willkommen sein, seine Majestät soll von mir Tribut erhalten; der Fahrende Ritter soll sein Schwert und Schild gebrauchen, der Liebhaber soll nicht umsonst seufzen, der Launenhafte Typ soll seine Rolle in Ruhe zu Ende spielen, der Narr soll diejenigen zum Lachen bringen, deren Lungen einen hochempfindlichen Drücker haben, und das Fräulein soll nur frei sagen, was es im Sinn hat ... sonst wird der Blankvers hinken. – Welche Schauspieler sind es?

Ros. Dieselben, an denen Ihr immer solche Freude hattet, die Tragöden der Hauptstadt.

Ham. Wie kommt es, daß sie reisen? Ihr fester Sitz war sowohl für ihren guten Ruf als für die Einnahmen besser.

Ros. Ich glaube, sie werden durch die jüngste Neuerung behindert.

Ham. Stehn sie noch im gleichen Ansehn, das sie genossen, als ich in der Hauptstadt war? Haben sie noch so viele Anhänger?

Ros. Nein, das haben sie wahrlich nicht.

Ham. Wie kommt das? Werden sie rostig?

Ros. Nein, ihre Anstrengungen halten sich in dem gewohnten Gang; doch gibt es, Prinz, eine Brut von Knaben, kleine Raubfalken, die alle Rede im höchsten Register herausschreien und dafür ungeheuer wild beklatscht werden: Die sind jetzt die Mode und machen die gemeinen Bühnen (wie sie sie nennen) dermaßen lautstark herunter, daß viele,

rapiers are afraid of goose-quills | and dare scarce come thither.

Ham. What, are they children? | who maintains 'em? how are they escoted? Will they pursue the quality no longer than they can sing? | Will they not say afterwards, | if they should grow themselves to common players | (as it is most like if their means are no better), | their writers do them wrong, to make them exclaim against their own succession?

Ros. Faith, there has been much to-do on both sides, | and the nation holds it no sin to tar them to controversy. | There was, for a while, no money bid for argument, | unless the poet and the player went to cuffs in the question.

Ham. Is't possible?

Guil. O, there has been much throwing about of brains.

Ham. Do the boys carry it away?

Ros. Ay, that they do, my lord, Hercules and his load too.

Ham. It is not very strange, for my uncle is king of Denmark, and those that would make mouths at him while my father lived | give twenty, forty, fifty, a hundred ducats apiece for his picture in little. | 'Sblood, there is something in this more than natural, | if philosophy could find it out.

Flourish without.

Guil. There are the players.

Ham. Gentlemen, you are welcome to Elsinore – | your hands ... come then [*Takes them by the hand*], th' appurtenance of welcome is fashion and ceremony; | let me comply with you in this garb. | lest my extent to the players, | which, I tell you, must show fairly outwards, should more appear like entertainment than yours ... | You are welcome: but my uncle-father and aunt-mother are deceived.

Guil. In what, my dear lord?

die Rapiere tragen, sich vor Gänsekielen fürchten und kaum wagen, zu jenen hinzugehn.

Ham. Wie, Knaben sind es? Wer unterhält sie? Wie werden sie bezahlt? Werden sie den Beruf nicht länger beibehalten, als sie singen können? Werden sie nicht, wenn sie selbst zu gemeinen Schauspielern heranwachsen (wie's höchst wahrscheinlich ist, wenn sie nicht besser bemittelt sind) später sagen, ihre Dichter taten ihnen ein Unrecht an, indem sie sie gegen ihre eigene Zukunft wettern machten?

Ros. Fürwahr, es hat beiderseits viel Lärm gegeben, und das Volk hält's nicht für Sünde, sie zum Streite aufzuhetzen. Eine Zeitlang brachte niemand Geld auf für eine Spielhandlung, wenn Dichter und Schauspieler nicht über diesen Streit ins Raufen kamen.

Ham. Ist's möglich?

Gül. Oh, man hat viel Hirn verspritzt.

Ham. Tragen die Knaben den Sieg davon?

Ros. Allerdings, mein Prinz, samt Herkules und seiner Bürde.

Ham. Es ist gar nicht so seltsam, denn mein Onkel ist König von Dänemark, und jene, die ihm Grimassen schnitten, solange mein Vater lebte, geben nun zwanzig, vierzig, fünfzig, einhundert Dukaten für eine Miniatur seines Abbilds. Kruzifix, hierin steckt etwas, das über die Natur geht, wenn die Philosophie es nur entdecken könnte.

Trompetenstoß draußen.

Gül. Da sind die Schauspieler.

Ham. Ihr Herren, ihr seid willkommen in Helsingör, eure Hand ... kommt schon [*er ergreift ihre Hände*], die Begleiterscheinungen des Willkommens sind sichtbarer Aufwand und Förmlichkeit; laßt mich mit euch in dieser Manier der Höflichkeit nachkommen, sonst könnte mein Gebaren den Schauspielern gegenüber, das, sag ich Euch, emphatisch herzlich sein muß, mehr nach freundlicher Aufnahme aussehen als die eure ... Ihr seid willkommen: aber mein Onkel-Vater und meine Tante-Mutter täuschen sich.

Gül. Worin, mein Prinz?

Ham. I am but mad north-north-west; | when the wind is southerly I know a hawk from a handsaw.

Enter Polonius.

Pol. Well be with you, gentlemen!

Ham. [*Softly.*] Hark you, Guildenstern, and you too, at each ear a hearer – | that great baby you see there is not yet out of his swaddling-clouts.

Ros. [*Softly.*] Happily he is the second time come to them, | for they say an old man is twice a child.

Ham. [*Softly.*] I will prophesy he comes to tell me of the players, mark it. | [*Aloud.*] You say right, sir, a' Monday morning, 'twas then indeed.

Pol. My lord, I have news to tell you.

Ham. My lord, I have news to tell you. | When Roscius was an actor in Rome ...

Pol. The actors are come hither, my lord.

Ham. Buzz, buzz ...

Pol. Upon my honour ...

Ham. 'Then came each actor on his ass' ...

Pol. The best actors in the world, either for tragedy, comedy, history, pastoral, | pastoral-comical, historical-pastoral, tragical-historical, tragical-comical-historical-pastoral, | scene individable, or poem unlimited. | Seneca cannot be too heavy nor Plautus too light, | for the law of writ, and the liberty, these are the only men.

Ham. O Jephthah, judge of Israel, what a treasure hadst thou!

Pol. What a treasure had he, my lord?

Ham. Why,

'One fair daughter, and no more,
The which he loved passing well.'

Pol. [*Aside.*] Still on my daughter.

Ham. Am I not i'th' right, old Jephthah?

Ham. Ich bin nur irr bei Nord-Nord-West; steht der Wind südlich, kann ich einen Falken von einem Reiher unterscheiden.

Polonius kommt herein.

Pol. Alles Gute sei mit euch, meine Herren!

Ham. [*leise*]. Horcht, Güldenstern, und Ihr auch, an jedem Ohr ein Horcher: Jener große Säugling, den ihr dort seht, ist noch nicht aus den Windeln heraus.

Ros. [*leise*]. Vielleicht ist er zum zweiten Mal hineingekommen, denn man sagt, ein alter Mann wird wiederum zum Kind.

Ham. [*leise*]. Ich will prophezeien, er kommt, um mir von den Schauspielern zu berichten, paßt auf ... [*Laut.*] Ihr sagt ganz richtig, Herr, am Montag morgen, da war es in der Tat.

Pol. Mein Herr, ich habe Euch Neuigkeiten zu berichten ...

Ham. Mein Herr, ich habe Euch Neuigkeiten zu berichten. Als Roscius Schauspieler zu Rom war ...

Pol. Die Schauspieler sind hier angelangt, mein Prinz.

Ham. Bss ... bss ...

Pol. Auf meine Ehre ...

Ham. »Alsdann kam jeder Schauspieler auf seinem Esel ...«

Pol. Die besten Schauspieler der Welt, gleichermaßen für Tragödie, Komödie, Historie, Pastorale, Pastoral-Komisches, Historisch-Pastorales, Tragisch-Historisches, Tragisch-Komisch-Historisch-Pastorales, Einheit des Ortes oder freie Handlung. Seneca kann nicht zu bedrückend sein, noch Plautus zu leichtfertig, für Texttreue wie fürs Stegreifspiel sind diese Leute einzigartig.

Ham. O Jephta, Richter in Israel, welchen Schatz du hattest!

Pol. Welchen Schatz hatte er, mein Prinz?

Ham. Je nun,

»Ein' schöne Tochter und nicht mehr,
Die hatte er überaus lieb.«

Pol. [*beiseite*]. Stets auf meine Tochter!

Ham. Hab ich nicht recht, alter Jephta?

Pol. If you call me Jephthah, my lord, | I have a daughter that I love passing well.

Ham. Nay, that follows not.

Pol. What follows then, my lord?

Ham. Why,

'As by lot, God wot',

and then, you know,

'It came to pass, as most like it was . . .'

The first row of the pious chanson will show you more, | for look where my abridgement comes.

Enter the Players.

You are welcome, masters, welcome all – | I am glad to see thee well – Welcome, good friends – | O, old friend! Why, thy face is valanced since I saw thee last, | com'st thou to beard me in Denmark? – | What, my young lady and mistress! | By'r Lady, your ladyship is nearer to heaven than when I saw you last, | by the altitude of a chopine; pray God your voice, like a piece of uncurrent gold, | be not cracked within the ring . . . | Masters, you are all welcome. | We'll e'en to't like French falconers, | fly at any thing we see – we'll have a speech straight. [*To the First Player.*] Come, give us a taste of your quality, come, a passionate speech.

1 Player. What speech, my good lord?

Ham. I heard thee speak me a speech once, | but it was never acted, or if it was, not above once; | for the play, I remember, pleased not the million, 'twas caviary to the general, | but it was – as I received it, and others, | whose judgements in such matters cried in the top of mine – | an excellent play, well digested in the scenes, | set down with as much modesty as cunning. I remember one said | there were no sallets in the lines to make the matter savoury, | nor no

Pol. Wenn Ihr mich Jephta nennen wollt, mein Prinz, ich habe eine Tochter, die ich überaus liebe.

Ham. Nein, das folgt nicht.

Pol. Was folgt denn dann, mein Prinz?

Ham. Nun,
»Wie durch's Los, weiß Gott bloß«,
und dann, wißt Ihr,
»Ist es geschehn, wie es vorauszusehn ...«
Die erste Spalte des frommen Liedchens wird Euch weiteres zeigen, denn seht, hier kommt meine Zeitverkürzung.

Die Schauspieler kommen herein.

Ihr seid willkommen, Herrschaften, willkommen allesamt! – Ich freu mich, dich wohlauf zu sehen. – Willkommen, liebe Freunde! – Oh, alter Freund! Sieh an, dein Gesicht hat eine Borte bekommen, seit ich dich zuletzt sah, kommst du, um mich in Dänemark am Bart zu raufen? – Oho, meine junge Dame und Herrin ... Bei unser Lieben Frauen, die gnädige Frau ist dem Himmel um die Höhe eines Korkschuhs näher gerückt als damals, da ich Euch zuletzt sah; Gott gebe, daß Eure Stimme nicht wie ein ungültiges Goldstück im Inneren des Rings gebrochen ist ... Herrschaften, ihr seid allesamt willkommen. Wir wollen uns gerade so daranmachen wie französische Falkner, auf alles losgehn, was wir sehen – wir wollen gleich eine Rede haben. [*Zum 1. Schauspieler.*] Kommt, gebt uns eine Kostprobe eurer Kunst, kommt, eine leidenschaftliche Rede.

1. Schausp. Welche Rede, mein edler Prinz?

Ham. Ich hörte dich einst mir eine Rede vortragen, doch kam es nie zur Aufführung, oder falls doch, nicht mehr als einmal, denn das Stück, erinnere ich mich, gefiel der großen Menge nicht, 's war Kaviar für das Volk; doch war's – wie ich's verstand und andre, deren Urteil in solchen Dingen das meine übertönte – ein vortreffliches Stück, gut in Szenen gegliedert, mit ebensoviel Maß wie Kunstfertigkeit geschrieben. Ich erinnere mich, daß jemand sagte, es seien keine scharfen Kräuter in den Zeilen, um die Sache aufzu-

matter in the phrase that might indict the author of affection, | but called it an honest method, as wholesome as sweet, | and by very much more handsome than fine. One speech in't I chiefly loved, 'twas Aeneas' tale to Dido, | and thereabout of it especially where he speaks of Priam's slaughter. | If it live in your memory, begin at this line ... | let me see, let me see ...

'The rugged Pyrrhus, like th' Hyrcanian beast' –
'tis not so, it begins with Pyrrhus ...
'The rugged Pyrrhus, he whose sable arms,
Black as his purpose, did the night resemble
When he lay couched in th' ominous horse,
Hath now this dread and black complexion smeared
With heraldy more dismal: head to foot
Now is he total gules, horridly tricked
With blood of fathers, mothers, daughters, sons,
Baked and impasted with the parching streets,
That lend a tyrannous and a damned light
To their lord's murder. Roasted in wrath and fire,
And thus o'er-sized with coagulate gore,
With eyes like carbuncles, the hellish Pyrrhus
Old grandsire Priam seeks ...'
So proceed you.

Pol. 'Fore God, my lord, well spoken, | with good accent and good discretion.

1 Player. 'Anon he finds him
Striking too short at Greeks, his antique sword,
Rebellious to his arm, lies where it falls,
Repugnant to command. Unequal matched,
Pyrrhus at Priam drives, in rage strikes wide,
But with the whiff and wind of his fell sword
Th' unnerved father falls. Then senseless Ilium,
Seeming to feel this blow, with flaming top
Stoops to his base, and with a hideous crash
Takes prisoner Pyrrhus' ear. For lo! his sword,

würzen, noch Dinge im Ausdruck, die den Autor der Geziertheit überführen könnten; er nannte es vielmehr ein lobenswertes Verfahren, so gesund wie angenehm, und um vieles schöner als aufgeputzt. Eine Rede liebte ich darin hauptsächlich, der Bericht Aeneas' war's vor Dido, und insbesondere etwa da, wo er von der Hinmetzelung des Priamus spricht. Wenn's dir noch im Gedächtnis lebt, beginn bei dieser Zeile ... mal sehen, mal sehen ...

»Der wilde Pyrrhus, wie das hyrkanische Untier« –
So heißt es nicht, aber es beginnt mit Pyrrhus ...

»Der wilde Pyrrhus, er, dessen dunkle Rüstung, schwarz wie sein Vorsatz, jener Nacht glich, wo er im unheilschwangren Pferd verborgen lag, hat nun diese schreckliche und schwarze Farbe mit noch furchtbarerer Heraldik überschmiert: Von Kopf bis Fuß ist er jetzt gänzlich rot, grausig bemalt mit Blut von Vätern, Müttern, Töchtern, Söhnen, gedörrt und halb gehärtet durch der Straßen Sengen, die zum Mord an ihrem Oberherrn ein grausam und abscheulich Licht hergeben. Von Zorn und Feuer durchgeglüht und dergestalt mit Blutgerinnsel überklebt, mit Augen wie Karfunkel, sucht der höllische Pyrrhus Urvater Priam ...«

Fahrt Ihr nun fort.

Pol. Bei Gott, mein Prinz, trefflich vorgetragen, mit guter Betonung und gutem Bedacht.

1. Schausp. »Bald findet er ihn, wie er, ohne sie zu treffen, auf Griechen einschlägt, sein altertümlich Schwert, dem Arme ungehorsam, bleibt liegen, wo es hinfällt, sich dem Befehle widersetzend. Ungleich gepaart, dringt Pyrrhus auf den Priamus ein, verfehlt ihn in der Wut, doch fällt der kraftberaubte Vatergreis schon durch das Sausen und den Wind des grimmen Schwerts. Da beugt sich das empfindungslose Ilium, scheinbar diesen Schlag verspürend, mit der Flammenspitze hin zu seinem Fundament und nimmt mit einem furchtbarlichen Krachen des Pyrrhus Ohr gefangen. Denn seht, sein

Which was declining on the milky head
Of reverend Priam, seemed i'th' air to stick;
So as a painted tyrant Pyrrhus stood,
And like a neutral to his will and matter,
Did nothing.
But as we often see, against some storm,
A silence in the heavens, the rack stand still,
The bold winds speechless, and the orb below
As hush as death, anon the dreadful thunder
Doth rend the region – so after Pyrrhus' pause,
A roused vengeance sets him new a-work,
And never did the Cyclops' hammers fall
On Mars's armour, forged for proof eterne,
With less remorse than Pyrrhus' bleeding sword
Now falls on Priam.
Out, out, thou strumpet, Fortune! All you gods,
In general synod take away her power,
Break all the spokes and fellies from her wheel,
And bowl the round nave down the hill of heaven
As low as to the fiends.'

Pol. This is too long.

Ham. It shall to the barber's with your beard. – | Prithee, say on; he's for a jig, or a tale of bawdry, or he sleeps – | say on, come to Hecuba.

1 Player. 'But who, ah woe! had seen the mobled queen . . .'

Ham. 'The mobled queen'?

Pol. That's good, 'mobled queen' is good.

1 Player. 'Run barefoot up and down, threat'ning the flames
With bisson rheum, a clout upon that head
Where late the diadem stood, and for a robe,
About her lank and all o'er-teemed loins
A blanket, in the alarm of fear caught up –
Who this had seen, with tongue in venom steeped,
'Gainst Fortune's state would treason have pronounced;
But if the gods themselves did see her then,
When she saw Pyrrhus make malicious sport

Schwert, das sich soeben aufs milchweiße Haupt des ehrwürdigen Priam senken wollte, schien in der Luft gehemmt zu sein; so stand wie ein gemalter Wüterich Pyrrhus da und, gleichsam unentschieden zwischen Willen und Vollführung, tat er nichts. Doch wie wir oft vor einem Sturm am Himmel Stille sehn, die Wolkenmasse unbewegt, die kühnen Winde sprachlos und der Erdkreis unten so stumm als wie der Tod, und wie darauf furchtbarer Donner die Lüfte spaltet – so treibt nach dieser Pause auferweckte Rache Pyrrhus neu ans Werk, und niemals fiel der Hammer der Zyklopen auf Marsens Rüstung, für ewiges Bestehn geschmiedet, mit weniger Barmherzigkeit, als nun des Pyrrhus blutend Schwert auf Priam fällt. Pfui, pfui, Fortuna, Metze du! All ihr Götter in großer Ratsversammlung, beraubt sie ihrer Macht, brecht alle Speichen und Felgenstücke aus ihrem Rad heraus und rollt die runde Nabe den Himmelsberg herab bis unten zu den Teufeln.«

Pol. Dies ist zu lang.

Ham. Es soll mit Eurem Bart zusammen zum Barbier. – Sprich weiter bitte; für ihn braucht's einen Bänkelsang oder eine schlüpfrige Geschichte, sonst schläft er ein. – Sprich weiter, komm zu Hekuba.

1. Schausp. »Doch wer – o Jammer – die vermummte Königin gesehen hätte . . .«

Ham. »Die vermummte Königin«?

Pol. Das ist gut, »vermummte Königin« ist gut.

1. Schausp. »Barfuß auf- und niederlaufen, mit blindem Tränensaft den Flammen drohend, einen Lumpen auf dem Haupt, wo sich vor kurzem noch das Diadem befand, und als Gewand um ihre mageren und von zu vielen Wehn erschöpften Lenden eine Decke, im Tumult der Furcht ergriffen – wer das gesehen hätte, würde mit in Gift getauchter Zunge gegen Fortunas Macht Hochverrat gerufen haben; doch wenn die Götter selbst sie da erblickten, als sie den Pyrrhus sich ein böses Spiel draus

In mincing with his sword her husband's limbs,
The instant burst of clamour that she made,
Unless things mortal move them not at all,
Would have made milch the burning eyes of heaven,
And passion in the gods.'

Pol. Look whe'er he has not turned his colour, and has tears in's eyes – prithee, no more.

Ham. 'Tis well, I'll have thee speak out the rest of this soon. | Good my lord, will you see the players well bestowed. | Do you hear, let them be well used, | for they are the abstracts and brief chronicles of the time; after your death you were better have a bad epitaph | than their ill report while you live.

Pol. My lord, I will use them according to their desert.

Ham. God's bodkin, man, much better! | Use every man after his desert, and who shall 'scape whipping? Use them after your own honour and dignity – | the less they deserve the more merit is in your bounty. | Take them in.

Pol. Come, sirs.

[*Goes to the door.*]

Ham. Follow him, friends, we'll hear a play to-morrow.

[*As they start to follow Polonius, Hamlet takes the First Player aside.*]

Dost thou hear me, old friend, | can you play *The Murder of Gonzago*?

1 Player. Ay, my lord.

Ham. We'll ha't to-morrow night. | You could for a need study a speech of some dozen or sixteen lines, which I would set down and insert in't, could you not?

1 Player. Ay, my lord.

Ham. Very well. | Follow that lord, and look you mock him not.

Exeunt Polonius and Players.

machen sah, die Glieder ihres Gatten mit dem Schwerte zu zerhacken, der Ausbruch ihres Wehgeschreis, das augenblicklich sie erhob, der hätte, es sei denn, sterbliches Geschehen rührt sie überhaupt nicht, die heißen Himmelsaugen feucht gemacht und mitleidsvoll die Götter.«

Pol. Seht hin, hat er nicht die Farbe verloren und Tränen in den Augen – bitte, nicht weiter.

Ham. Schon gut, ich will dich bald den Rest vortragen lassen. – Mein werter Herr, sorgt Ihr dafür, daß man die Schauspieler gut unterbringt. Hört Ihr, man soll sie gut behandeln, denn sie sind der Abriß und die kurze Chronik des Zeitalters; es wäre für Euch besser, nach Eurem Tode eine schlimme Grabschrift zu haben, als ihre böse Nachrede zu Euren Lebzeiten.

Pol. Mein Prinz, ich werde sie nach ihrem Verdienst behandeln.

Ham. Beim Sakrament, Mann, weit besser! Behandelt jedermann, wie er's verdient, und wer entrinnt der Peitsche? Behandelt sie Eurer eignen Ehre und Würde entsprechend – je weniger sie es verdienen, desto mehr Wert liegt in Eurer Großzügigkeit. Geleitet sie hinein.

Pol. Kommt, ihr Herren. [*Er geht auf den Ausgang zu.*]

Ham. Folgt ihm, Freunde, morgen wollen wir eine Aufführung anhören. [*Indem sie sich aufmachen, Polonius nachzugehen, nimmt Hamlet den 1. Schauspieler beiseite.*] Hörst du mich, alter Freund, könnt ihr *Die Ermordung des Gonzago* spielen?

1. Schausp. Ja, mein Prinz.

Ham. Das wollen wir morgen abend haben. Ihr könntet doch zur Not eine Rede von etwa einem Dutzend oder sechzehn Versen lernen, die ich niederschreiben und einschieben würde, nicht wahr?

1. Schausp. Ja, mein Prinz.

Ham. Sehr gut. Folgt jenem Herrn und seht zu, daß ihr ihn nicht verspottet.

Polonius und die Schauspieler gehen ab.

[*To Ros. and Guil.*] My good friends, I'll leave you till night. You are welcome to Elsinore.

Ros. Good my lord . . .

Ham. Ay, so, God bye to you.

Exeunt Rosencrantz and Guildenstern.

Now I am alone.
O, what a rogue and peasant slave am I!
Is it not monstrous that this player here,
But in a fiction, in a dream of passion,
Could force his soul so to his own conceit
That from her working all his visage wanned,
Tears in his eyes, distraction in his aspect,
A broken voice, and his whole function suiting
With forms to his conceit; and all for nothing!
For Hecuba!
What's Hecuba to him, or he to Hecuba,
That he should weep for her? What would he do,
Had he the motive and the cue for passion
That I have? He would drown the stage with tears
And cleave the general ear with horrid speech,
Make mad the guilty and appal the free,
Confound the ignorant, and amaze indeed
The very faculties of eyes and ears.
Yet I,
A dull and muddy-mettled rascal, peak
Like John-a-dreams, unpregnant of my cause,
And can say nothing – no, not for a king,
Upon whose property and most dear life
A damned defeat was made. Am I a coward?
Who calls me villain, breaks my pate across,
Plucks off my beard and blows it in my face,
Tweaks me by the nose, gives me the lie i'th' throat
As deep as to the lungs? who does me this?
Ha, 'swounds, I should take it: for it cannot be
But I am pigeon-livered, and lack gall
To make oppression bitter, or ere this

[*Zu Rosenkranz und Güldenstern.*] Meine werten Freunde, ich verlasse euch bis zum Abend. Ihr seid in Helsingör willkommen.

Ros. Mein edler Prinz ...

Ham. Schon recht, Gott sei mit euch.

Rosenkranz und Güldenstern gehen ab.

Nun bin ich allein. Oh, was bin ich für ein Schelm und bäuerischer Sklave! Ist es nicht ungeheuerlich, daß dieser Schauspieler hier, in einer bloßen Dichtung, einem Traum von Leidenschaft, seiner Seele der eigenen Vorstellung gemäß derart Gewalt zu tun vermochte, daß durch ihr Wirken sein ganzes Angesicht erbleichte, Tränen in seinen Augen, Zerrüttung in seinem Ausdruck, die Stimme gebrochen, und sein gesamtes Äußeres in der Erscheinung seiner Vorstellung angepaßt; und all dies für nichts! Für Hekuba! Was ist ihm Hekuba, oder er der Hekuba, daß er um sie weinen sollte? Was würde er tun, hätte er den Antrieb und das Stichwort zur Leidenschaft wie ich? Er würde die Bühne in Tränen ertränken und aller Ohren mit fürchterlicher Rede spalten, die Schuldigen zum Irrsinn treiben und die Schuldfreien entsetzen, die Unwissenden bestürzen und in der Tat die ganze Sinneskraft von Aug' und Ohr betäuben. Ich dagegen, ein stumpfer und trübgesinnter Lump, schleich träg herum wie Hans der Träumer, unerfüllt von meiner Sache, und weiß nichts zu sagen – nein, nicht für einen König, an dessen ganzem Gut und teurem Leben man ruchlose Vernichtung übte? Bin ich ein Feigling? Wer heißt mich Schurke, haut mir den Schädel blutig, reißt mir den Bart aus und bläst ihn mir ins Antlitz, zwickt mich an der Nase, zeiht mich Lügen in meine Kehle, so tief wie in die Lungen? Wer tut mir das? Ha, Kruzifix, ich sollte es hinnehmen: Denn es kann nicht anders sein, als daß ich eine Taubenleber habe und mir Galle fehlt, die solches Unrecht

I should ha' fatted all the region kites
With this slave's offal. Bloody, bawdy villain!
Remorseless, treacherous, lecherous, kindless villain!
Why, what an ass am I. This is most brave,
That I, the son of a dear father murdered,
Prompted to my revenge by heaven and hell,
Must like a whore unpack my heart with words
And fall a-cursing like a very drab,
A stallion. Fie upon't! foh!
About, my brains: hum . . . I have heard
That guilty creatures, sitting at a play,
Have by the very cunning of the scene
Been struck so to the soul that presently
They have proclaimed their malefactions:
For murder, though it have no tongue, will speak
With most miraculous organ. I'll have these players
Play something like the murder of my father
Before mine uncle, I'll observe his looks,
I'll tent him to the quick, if 'a do blench
I know my course . . . The spirit that I have seen
May be a devil, and the devil hath power
T'assume a pleasing shape, yea, and perhaps
Out of my weakness and my melancholy –
As he is very potent with such spirits –
Abuses me to damn me. I'll have grounds
More relative than this: the play's the thing
Wherein I'll catch the conscience of the king.

Exit.

bitter macht, sonst hätte ich schon längst all die Geier der Lüfte mit den Gedärmen dieses Sklaven fett gemacht. Blutiger, unzüchtiger Schurke! Unbarmherziger, verräterischer, lüsterner, widernatürlicher Schurke! – Herrje, was bin ich für ein Esel. Das ist wirklich heldenhaft, daß ich, Sohn eines teuren, ermordeten Vaters, von Himmel und Hölle zu meiner Rache angetrieben, wie eine Hure meinem Herzen Luft verschaffen muß und anfangen zu fluchen wie ein regelrechtes Flittchen, eine Dirne. Pfui darüber, puh! Ans Werk, mein Hirn: Hm ... ich hab gehört, daß schuldbeladene Geschöpfe, die in einem Schauspiel saßen, durch die geschickte Anlage der Handlung so ins Herz getroffen wurden, daß sie ihre Missetaten alsbald laut verkündet haben: Denn Mord spricht, selbst wenn er keine Zunge hat, mit höchst wundersamer Stimme. Ich will diese Schauspieler etwas, das der Ermordung meines Vaters ähnelt, vor meinem Onkel spielen lassen, ich will auf seine Miene achten, ihn mit der Sonde bis ans wunde Fleisch ausloten, zuckt er auch nur, so weiß ich, was ich tun muß ... Der Geist, den ich gesehen habe, kann ein Teufel sein, und der Teufel ist imstande, in eine erfreuliche Gestalt zu schlüpfen, ja, und vermöge meiner Schwäche und Melancholie – da er über so beschaffene Gemüter große Macht hat – täuscht er mich womöglich, um mich zu verderben. Ich will triftigere Gründe als dies haben: Dem König wird das Spiel zur Schlinge, in die ich sein Gewissen zwinge.

Er geht ab.

ACT 3

SCENE 1

[*The audience chamber; later the lobby.*]

Enter King, Queen, Polonius, Ophelia, Rosencrantz, Guildenstern, and Courtiers.

King. And can you by no drift of conference
Get from him why he puts on this confusion,
Grating so harshly all his days of quiet
With turbulent and dangerous lunacy?
Ros. He does confess he feels himself distracted,
But from what cause 'a will by no means speak.
Guil. Nor do we find him forward to be sounded,
But with a crafty madness keeps aloof
When we would bring him on to some confession
Of his true state.
Queen. Did he receive you well?
Ros. Most like a gentleman.
Guil. But with much forcing of his disposition.
Ros. Niggard of question, but of our demands
Most free in his reply.
Queen. Did you assay him to any pastime?
Ros. Madam, it so fell out that certain players
We o'er-raught on the way. Of these we told him,
And there did seem in him a kind of joy
To hear of it. They are here about the court,
And, as I think, they have already order
This night to play before him.
Pol. 'Tis most true,
And he beseeched me to entreat your majesties
To hear and see the matter.
King. With all my heart – and it doth much content me
To hear him so inclined.
Good gentlemen, give him a further edge,
And drive his purpose into these delights.

AKT 3

SZENE 1

[*Der Audienzraum; später der Vorsaal.*]

Der König, die Königin, Polonius, Ophelia, Rosenkranz, Güldenstern und Höflinge kommen herein.

Kön. Ihr könnt also durch kein geschicktes Lenken des Gesprächs aus ihm herausbekommen, warum er dies verwirrte Wesen anlegt, das so rauh all seine ruhigen Tage mit stürmischer und gefahrbringender Tollheit quält?

Ros. Er gibt zwar zu, er fühle sich verstört, doch aus welchem Grund, will er durchaus nicht sagen.

Gül. Noch zeigt er sich gewillt, sich aushorchen zu lassen, er hält vielmehr Distanz vermittelst eines schlauen Irrsinns, wann immer wir ihn zu einem Eingeständnis seines wahren Zustands bringen wollen.

Kgin. Nahm er euch gut auf?

Ros. Ganz wie ein Mann von Welt.

Gül. Doch tat er seiner Stimmung dabei viel Gewalt an.

Ros. Knausernd mit Gesprächsstoff, hingegen freigebig im Antworten auf unsre Fragen.

Kgin. Habt ihr versucht, ihn zu irgendeinem Zeitvertreibe zu gewinnen?

Ros. Majestät, es gab sich so, daß wir auf dem Weg hierher gewisse Schauspieler überholten. Von denen haben wir ihm erzählt, und es erschien in ihm tatsächlich eine Art von Freude, davon zu hören; sie sind hier bei Hof und haben, wie ich glaube, schon Befehl, vor ihm zu spielen heute abend.

Pol. Das ist völlig richtig, und er bat mich, Eure Majestäten zu ersuchen, die Sache anzuhören und anzusehen.

Kön. Mit ganzem Herzen – und sehr befriedigt mich's zu hören, daß er dazu aufgelegt ist. Werte Herren, schärft diese Begierde weiter in ihm und lenkt seinen Sinn auf diese Freuden.

Ros. We shall, my lord.

Exeunt Rosencrantz, Guildenstern, and Courtiers.

King. Sweet Gertrude, leave us too,
For we have closely sent for Hamlet hither,
That he, as 'twere by accident, may here
Affront Ophelia;
Her father and myself (lawful espials),
We'll so bestow ourselves, that seeing unseen,
We may of their encounter frankly judge,
And gather by him, as he is behaved,
If't be th' affliction of his love or no
That thus he suffers for.

Queen. I shall obey you. –
And for your part, Ophelia, I do wish
That your good beauties be the happy cause
Of Hamlet's wildness; so shall I hope your virtues
Will bring him to his wonted way again,
To both your honours.

Oph. Madam, I wish it may.

Exit Queen.

Pol. [*Advancing into the lobby.*]
Ophelia, walk you here – Gracious, so please you,
We will bestow ourselves . . .
[*Handing Ophelia a prayer book.*]
Read on this book,
That show of such an exercise may colour
Your loneliness. We are oft to blame in this,
'Tis too much proved, that with devotion's visage
And pious action we do sugar o'er
The devil himself.

King. O, 'tis too true! –
[*Aside.*] How smart a lash that speech doth give my conscience.
The harlot's cheek, beautied with plast'ring art,
Is not more ugly to the thing that helps it
Than is my deed to my most painted word:
O heavy burden!

Ros. Das werden wir, mein Fürst.

Rosenkranz, Güldenstern und die Höflinge gehen ab.

Kön. Geliebte Gertrud, verlaßt auch Ihr uns, denn wir haben insgeheim Hamlet hierher bestellt, damit er, wie durch Zufall, hier Ophelia begegnen kann; ihr Vater und ich selbst (rechtmäßige Spione), wir wollen uns so aufstellen, daß wir uns, ungesehen sehend, über ihr Zusammentreffen ein freies Urteil bilden können und von ihm selbst entnehmen, so wie er sich aufführt, ob das, worunter er so leidet, sein Liebeskummer sein mag oder nicht.

Kgin. Ich werde Euch gehorchen. – Und für Euren Teil, Ophelia, so wünsch ich wahrlich, daß Eure edlen Schönheiten die glückliche Ursache von Hamlets Rasen seien; so werd ich hoffen, daß Eure Tugenden ihn wieder in gewohnte Bahnen bringen werden, Euch beiden zur Ehre.

Oph. Majestät, ich wünsch, so mög' es sein.

Die Königin geht ab.

Pol. [*geht in den Vorsaal hinaus*]. Ophelia, geht Ihr hier auf und ab. – Euer Gnaden, laßt uns, wenn es Euch beliebt, unseren Platz einnehmen. [*Er reicht Ophelia ein Gebetbuch.*] Lest in diesem Buche, damit der Schein solch religiöser Übung Eurem Alleinsein einen guten Anstrich gibt. Wir sind oft darin zu tadeln, 's ist allzu oft erwiesen, daß wir mit der Andacht Miene und frommem Gebaren den Teufel selber überzuckern.

Kön. Oh, 's ist nur zu wahr! [*Beiseite.*] Welch scharfen Hieb gibt dieser Ausspruch meinem Gewissen. Die Wange einer Dirne, von übertünchender Kunst verschönt, ist, verglichen mit dem Mittel, das ihr hilft, nicht haßlicher, als meine Tat, verglichen mit meinem schönfärberischsten Wort: O schwere Last!

Pol. I hear him coming, let's withdraw, my lord.

[*They withdraw behind the arras; Ophelia moves away some distance.*]

Enter Hamlet.

Ham. To be, or not to be, that is the question –
Whether 'tis nobler in the mind to suffer
The slings and arrows of outrageous fortune,
Or to take arms against a sea of troubles,
And, by opposing, end them. To die, to sleep –
No more; and by a sleep to say we end
The heart-ache, and the thousand natural shocks
That flesh is heir to; 'tis a consummation
Devoutly to be wished. To die, to sleep –
To sleep, perchance to dream ... ay, there's the rub,
For in that sleep of death what dreams may come,
When we have shuffled off this mortal coil,
Must give us pause – there's the respect
That makes calamity of so long life:
For who would bear the whips and scorns of time,
Th' oppressor's wrong, the proud man's contumely,
The pangs of disprized love, the law's delay,
The insolence of office, and the spurns
That patient merit of th' unworthy takes,
When he himself might his quietus make
With a bare bodkin? Who would fardels bear,
To grunt and sweat under a weary life,
But that the dread of something after death –
The undiscovered country, from whose bourn
No traveller returns – puzzles the will,
And makes us rather bear those ills we have
Than fly to others that we know not of.
Thus conscience does make cowards of us all,
And thus the native hue of resolution
Is sicklied o'er with the pale cast of thought,
And enterprises of great pitch and moment
With this regard their currents turn awry,

Pol. Ich hör ihn kommen, ziehn wir uns zurück, mein Fürst.

[*Sie ziehen sich hinter den Wandbehang zurück; Ophelia entfernt sich etwas.*]

Hamlet kommt herein.

Ham. Sein oder nicht sein, das ist die Frage – ob's im Geiste edler ist, die Geschosse und Pfeile des wütenden Geschickes zu erdulden, oder die Waffen gegen ein Meer von Plagen zu erheben und sie durch Widerstand zu enden. Sterben, schlafen – nichts weiter; und zu sagen, daß wir durch einen Schlaf das Herzeleid und die tausend naturgegebenen Erschütterungen enden, die Erbteil unsres Fleisches sind, 's ist eine Vollendung, inbrünstig zu erhoffen. Sterben, schlafen – schlafen, vielleicht träumen ... ja, da hakt es: Denn was in jenem Todesschlaf für Träume kommen mögen, wenn wir dies sterbliche Geschlinge losgeworden sind, das muß uns zögern machen – die Erwägung ist es, die dem Elend zu so langem Leben hilft: Denn wer ertrüge wohl die Peitschenhiebe und Schmähungen der Mitwelt, des Unterdrückers Unrecht, des Überheblichen Hohn, die Schmerzen geringgeschätzter Liebe, die Zögerlichkeit der Justiz, die Unverschämtheit der Behörden und die Fußtritte, die geduldiges Verdienst vom Unwürdigen hinnimmt, wenn man sich selber seine Quittung geben könnte mit einem bloßen Dolch? Wer trüge Lasten, um unter einem mühevollen Leben zu ächzen und zu schwitzen, wenn nicht die Furcht vor etwas nach dem Tod – das unentdeckte Land, über dessen Grenze kein Reisender zurückkehrt – die Willenskraft verwirrte und uns dazu bringt, lieber jene Übel zu ertragen, die wir haben, als zu anderen zu fliehn, von denen wir nichts wissen. So macht das Überlegen Feige aus uns allen, und so wird die angeborne Farbe des Entschlusses von der bleichen Tönung trüben Gedankens überkränkelt, und Unternehmungen von großer Höhe und Gewichtigkeit krümmen aus dieser Rücksicht ihre Strömung seitwärts und

And lose the name of action ... Soft you now,
The fair Ophelia. Nymph, in thy orisons
Be all my sins remembered.
Oph. Good my lord,
How does your honour for this many a day?
Ham. I humbly thank you, well.
Oph. My lord, I have remembrances of yours,
That I have longed long to re-deliver.
I pray you now receive them.
Ham. No, not I,
I never gave you aught.
Oph. My honoured lord, you know right well you did,
And with them words of so sweet breath composed
As made the things more rich. Their perfume lost,
Take these again, for to the noble mind
Rich gifts wax poor when givers prove unkind.
There, my lord.
[*Proffers some jewels.*]
Ham. Ha, ha! are you honest?
Oph. My lord?
Ham. Are you fair?
Oph. What means your lordship?

Ham. That if you be honest and fair, | your honesty should admit no discourse to your beauty.

Oph. Could beauty, my lord, have better commerce than with honesty?

Ham. Ay, truly, for the power of beauty | will sooner transform honesty from what it is to a bawd than the force of honesty can translate beauty into his likeness. | This was sometime a paradox, but now the time gives it proof. | I did love you once.

Oph. Indeed, my lord, you made me believe so.

Ham. You should not have believed me, for virtue cannot so inoculate our old stock | but we shall relish of it – I loved you not.

Oph. I was the more deceived.

verlieren die Bezeichnung Tat ... Doch halt, die schöne Ophelia. Nymphe, in deinen Gebeten sei all meiner Sünden gedacht.

Oph. Mein edler Prinz, wie geht es Euer Ehren seit so vielen Tagen?

Ham. Ich danke untertänigst, gut.

Oph. Mein Prinz, ich habe Andenken von Euch, die es mich seit langem verlangte zurückzugeben. Ich bitt Euch, nehmt sie jetzt entgegen.

Ham. Nein, nicht ich, ich gab Euch niemals etwas.

Oph. Mein geehrter Prinz, Ihr wißt sehr wohl, Ihr tatet's, und mit ihnen Worte von so süßem Hauch, daß er die Dinge reicher machte. Nun ihr Duft verloren ist, nehmt jene wieder hin, denn dem edlen Geist verarmen reiche Gaben, wenn die Geber sich als lieblos ausgewiesen haben. Da, mein Prinz. [*Sie hält ihm Edelsteine hin.*]

Ham. Ha, ha, seid Ihr tugendhaft?

Oph. Mein Prinz?

Ham. Seid Ihr schön?

Oph. Was meinen Euer Hoheit?

Ham. Daß, falls Ihr tugendhaft und schön seid, Eure Tugend keine Unterredung mit Eurer Schönheit zulassen sollte.

Oph. Könnte Schönheit, mein Prinz, denn besseren Verkehr haben als mit der Tugend?

Ham. Ja allerdings, denn die Macht der Schönheit wird eher die Tugend aus dem, was sie ist, in eine Kupplerin umbilden, als die Kraft der Tugend die Schönheit in ihresgleichen verwandeln kann. Das war früher mal ein Paradox, doch die Gegenwart erbringt dafür jetzt den Beweis. Ich hab Euch einst geliebt.

Oph. Wahrlich, mein Prinz, Ihr machtet es mich glauben.

Ham. Ihr hättet mir nicht glauben sollen, denn die Tugend kann unsern alten Stamm nicht so veredeln, daß wir nicht doch noch nach ihm schmecken – ich liebte Euch nicht.

Oph. So ward ich desto mehr getäuscht.

Ham. Get thee to a nunnery; why, wouldst thou be a breeder of sinners? | I am myself indifferent honest, but yet I could accuse me of such things | that it were better my mother had not borne me: | I am very proud, revengeful, ambitious, | with more offences at my beck than I have thoughts to put them in, | imagination to give them shape, or time to act them in. What should such fellows as I do crawling between earth and heaven? | We are arrant knaves all, believe none of us – go thy ways to a nunnery . . . | Where's your father?

Oph. At home, my lord.

Ham. Let the doors be shut upon him, that he may play the fool no where but in's own house, farewell.

[*Turns to go.*]

Oph. O, help him, you sweet heavens!

Ham. If thou dost marry, I'll give thee this plague for thy dowry: | be thou as chaste as ice, as pure as snow, | thou shalt not escape calumny; get thee to a nunnery, farewell. | [*Turns to go.*] Or if thou wilt needs marry, marry a fool, | for wise men know well enough what monsters you make of them – | to a nunnery, go, and quickly too, farewell.

[*Turns to go.*]

Oph. Heavenly powers, restore him!

Ham. I have heard of your paintings too, well enough. | God hath given you one face, and you make yourselves another, | you jig, you amble, and you lisp, you nickname God's creatures, | and make your wantonness your ignorance; | go to, I'll no more on't, it hath made me mad. I say we will have no mo marriage – | those that are married already, all but one, shall live, | the rest shall keep as they are: to a nunnery, go.

Exit.

Ham. Fort mit dir in ein Nonnenhaus, was, wolltest du eine Gebärerin von Sündern sein? Ich selbst bin leidlich tugendhaft, und dennoch könnte ich mich solcher Dinge anklagen, daß es besser wäre, meine Mutter hätt' mich nicht geboren: Ich bin sehr hochmütig, rachsüchtig, ehrgeizig, mit mehr Vergehen zur Hand, als ich Gedanken habe, sie hineinzugeben, Vorstellungskraft, um sie zu formen, oder Zeit, sie auszuführen. Wozu sollten solche Gesellen wie ich zwischen Erde und Himmel herumkrauchen? Wir sind sämtlich ausgemachte Spitzbuben, glaub keinem von uns – geh deiner Wege in ein Nonnenhaus ... Wo ist Euer Vater?

Oph. Zu Hause, mein Prinz.

Ham. Man soll ihm die Türen versperren, damit er nirgendwo den Narren spielen kann als in seinem eignen Haus, leb wohl. [*Er wendet sich zum Gehen.*]

Oph. O helft ihm, ihr gütigen Himmel!

Ham. Falls du heiratest, gebe ich dir diesen Fluch als Mitgift: Seist du auch so keusch wie Eis, so rein wie Schnee, du sollst der Verleumdung nicht entgehn; fort mit dir in ein Nonnenhaus, leb wohl ... [*Er wendet sich zum Gehen.*] Oder, wenn du unbedingt heiraten willst, so heirate einen Narren, denn verständige Männer wissen nur zu gut, was für Untiere ihr aus ihnen macht – in ein Nonnenhaus geh, und das rasch, leb wohl. [*Er wendet sich zum Gehen.*]

Oph. Ihr himmlischen Mächte, stellt ihn wieder her!

Ham. Auch über eure Anmalerei bin ich unterrichtet, mehr als genug. Gott gab euch ein Gesicht, und ihr macht euch ein andres, ihr tänzelt, ihr wippt und ihr lispelt, ihr mißbenennt Gottes Schöpfungen und gebt eure Lüsternheit für Unwissenheit aus; geht mir doch, ich will nichts mehr davon wissen, es hat mich irrsinnig gemacht. Ich sage, es soll kein Heiraten mehr geben – die, die schon verheiratet sind, sollen, alle außer einem, leben, die übrigen sollen so bleiben, wie sie sind: in ein Nonnenhaus geh!

Er geht ab.

Oph. O, what a noble mind is here o'erthrown!
The courtier's, soldier's, scholar's, eye, tongue, sword,
Th' expectancy and rose of the fair state,
The glass of fashion, and the mould of form,
Th' observed of all observers, quite quite down –
And I of ladies most deject and wretched,
That sucked the honey of his music vows,
Now see that noble and most sovereign reason
Like sweet bells jangled, out of time and harsh,
That unmatched form and feature of blown youth
Blasted with ecstasy! O, woe is me,
T'have seen what I have seen, see what I see!
[*Sinks down.*]

The King and Polonius come forth from behind the arras.

King. Love? His affections do not that way tend,
Nor what he spake, though it lacked form a little,
Was not like madness ... There's something in his soul,
O'er which his melancholy sits on brood,
And I do doubt the hatch and the disclose
Will be some danger; which for to prevent,
I have in quick determination
Thus set it down: he shall with speed to England
For the demand of our neglected tribute.
Haply the seas, and countries different,
With variable objects, shall expel
This something settled matter in his heart,
Whereon his brains still beating puts him thus
From fashion of himself. What think you on't?

Pol. It shall do well. But yet do I believe
The origin and commencement of his grief
Sprung from neglected love. – How now, Ophelia?
You need not tell us what Lord Hamlet said,
We heard it all. – My lord, do as you please,
But if you hold it fit, after the play
Let his queen-mother all alone entreat him
To show his grief, let her be round with him,

Oph. Oh, welch ein edler Geist ist hier zerrüttet! Des Hofmannes, des Kriegers, des Gelehrten Auge, Zunge, Schwert, die Hoffnung und Rose des schönen Landes, [151] der Spiegel guter Sitten und das Muster höfischen Betragens, der, auf den alle Aufmerksamen aufmerkten, ganz, ganz darnieder – und ich, aller Frauen betrübteste und unglückseligste, die den Honig seiner süßklingenden Schwüre einsog, [155] seh nun jene edle und allbeherrschende Vernunft wie liebliche Glocken mißtönend, aus dem Takt und schrill, jene unvergleichliche Gestalt und Anmut erblühter Jugend von Raserei versengt! Oh, mir ist weh, gesehn zu haben, was ich sah, zu sehen, was ich seh! [*Sie sinkt nieder.*]

Der König und Polonius kommen hinter dem Wandbehang hervor.

Kön. Liebe? Seine Gefühle gehen nicht in diese Richtung, [161] noch war, was er sprach, wenn es ein wenig auch der Form entbehrte, dem Irrsinn ähnlich ... Es ist etwas in seiner Seele, auf dem seine Schwermut brütend sitzt, und ich befürchte, daß das Ausschlüpfen und Zutage-Treten [165] einige Gefahr bedeuten wird; um dem zuvorzukommen, hab ich in schleunigem Entschluß wie folgt bestimmt: Er soll rasch nach England zur Einforderung des verabsäumten Tributs an uns; vielleicht werden die Meere und andre Länder [170] mit abwechslungsreichen Eindrücken jenes Etwas, was es auch sei, vertreiben, das ihm im Herzen festsitzt und, da sein Hirn sich stets damit herumschlägt, ihn so sehr von seinem eigentlichen Selbst entfernt. Was haltet Ihr davon?

Pol. Das wird nützlich sein. Und dennoch bin ich überzeugt, Quelle und Anbeginn seines Kummers [176] entsprangen aus mißachteter Liebe. – Wie steht's, Ophelia? Ihr braucht uns nicht zu erzählen, was Prinz Hamlet sagte, wir hörten alles. – Mein Fürst, verfahrt, wie's Euch beliebt, doch wenn's Euch angebracht erscheint, so laßt nach dem Schauspiel [180] seine Königin-Mutter ihn ganz alleine bitten, seinen Kummer zu enthüllen, laßt sie mit ihm streng sein, und ich will

And I'll be placed (so please you) in the ear
Of all their conference. If she find him not,
To England send him; or confine him where
Your wisdom best shall think.

King. It shall be so;
Madness in great ones must not unwatched go.

Exeunt.

SCENE 2

[*The hall of the castle, prepared for the play.*]

Enter Hamlet and three of the Players.

Ham. Speak the speech, I pray you, | as I pronounced it to you, trippingly on the tongue; | but if you mouth it as many of our players do, | I had as lief the town-crier spoke my lines. | Nor do not saw the air too much with your hand, thus, but use all gently, for in the very torrent, tempest, | and, as I may say, whirlwind of your passion, | you must acquire and beget | a temperance that may give it smoothness. | O, it offends me to the soul to hear a robustious periwig-pated fellow tear a passion to tatters, | to very rags, to split the ears of the groundlings, | who for the most part are capable of nothing | but inexplicable dumb-shows and noise. | I would have such a fellow whipped for o'erdoing Termagant, it out-herods Herod – pray you avoid it.

1 Player. I warrant your honour.

Ham. Be not too tame neither, | but let your own discretion be your tutor: | suit the action to the word, the word to the action, with this special observance, | that you o'erstep not the modesty of nature; | for any thing so o'erdone is

mich (wenn's Euch genehm ist) in Hörweite ihrer ganzen Unterredung stellen. Falls sie nichts aus ihm herausfindet, schickt ihn nach England; oder nehmt ihn in Gewahrsam, wo immer es Eurer Weisheit am besten dünkt.

Kön. So soll's geschehn; irrsinniges Treiben darf bei Mächtigen nicht unbewacht verbleiben.

Sie gehen ab.

SZENE 2

[*Der Große Saal der Burg, für das Schauspiel hergerichtet.*]

Hamlet und drei der Schauspieler treten ein.

Ham. Sprecht die Rede, ich bitt euch, wie ich sie euch vorgetragen habe, leichtfüßig auf der Zunge; doch wenn ihr sie aus vollem Mund herdeklamiert, wie's viele unsrer Schauspieler tun, wär's mir ebenso lieb, der Stadtausrufer spräche meine Verse. Und sägt auch nicht zu sehr die Luft – so, mit eurer Hand, sondern setzt alles unaufdringlich ein, denn gerade im Sturzbach, Ungewitter und, wie ich sagen möchte, Wirbelwind eurer Leidenschaft müßt ihr eine Mäßigung erwerben und erschaffen, die der Rede Glätte gibt. Oh, es ärgert mich in tiefster Seele, einen polternden, perückenbekopften Burschen eine leidenschaftliche Passage in Fetzen reißen zu hören, in richtiggehende Lumpen, um die Ohren des Stehplatzvolks zu spalten, das größtenteils nichts andres aufnehmen kann, als unverständliche Pantomimen und Lärm: Ich möchte so einen Kerl auspeitschen lassen, weil er Bramarbas übersteigert; das heißt herodischer sein als Herodes – ich bitte euch, vermeidet es.

1. Schausp. Dafür steh ich Euch ein, Euer Ehren.

Ham. Seid aber auch nicht zu zahm, sondern laßt euer eignes Ermessen euern Lehrmeister sein: Paßt die Bewegung eurem Wort an, euer Wort der Bewegung, mit dieser besonderen Auflage, daß ihr nie das Maßhalten der Natur überschreitet; denn alles derart Übertriebene steht dem Zweck

from the purpose of playing, | whose end both at the first, and now, was and is, | to hold as 'twere the mirror up to nature, to show virtue her feature, scorn her own image, | and the very age and body of the time his form and pressure. | Now, this overdone, or come tardy off, | though it makes the unskilful laugh, | cannot but make the judicious grieve, the censure of which one | must in your allowance o'erweigh a whole theatre of others. | O, there be players that I have seen play – | and heard others praise, and that highly – | not to speak it profanely, that neither having th' accent of Christians, | nor the gait of Christian, pagan, nor man, | have so strutted and bellowed that I have thought | some of nature's journeymen had made men, and not made them well, | they imitated humanity so abhominably.

1 Player. I hope we have reformed that indifferently with us.

Ham. O, reform it altogether, | and let those that play your clowns | speak no more than is set down for them; | for there be of them that will themselves laugh, to set on some quantity of barren spectators to laugh too, | though in the mean time some necessary question of the play | be then to be considered. | That's villainous, and shows a most pitiful ambition in the fool that uses it ... | Go, make you ready.

Exeunt Players.

Enter Polonius, Guildenstern, and Rosencrantz.

How now, my lord? Will the king hear this piece of work?

Pol. And the queen too, and that presently.

Ham. Bid the players make haste.

Exit Polonius.

Will you two help to hasten them?

des Schauspiels fern, dessen Sinn von Anfang an und noch heute war und ist, der Natur gleichsam den Spiegel vorzuhalten, der Tugend ihre Züge zu zeigen, dem Verächtlichen sein eignes Abbild, und dem ganzen Zeitalter und Leib der Gegenwart seine Gestalt und Prägung. Wenn dies nun übertrieben wird oder lahm herauskommt, mag es zwar die Unverständigen zum Lachen bringen, muß die Einsichtigen jedoch notwendig betrüben, und das Urteil eines einzigen solchen sollte in eurer Einschätzung schwerer wiegen als ein ganzes Theater voll andrer. Oh, es gibt Schauspieler, die ich habe spielen sehn – und von andern rühmen hören, und zwar höchlich –, die, um nicht lästerlich zu reden, weder mit dem Tonfall von Christen noch dem Gang von Christen, Heiden, oder Menschen überhaupt, dermaßen herumgestakst sind und gebelfert haben, daß ich meinte, einige Handlanger der Natur hätten Männer erschaffen, und sie nicht gut erschaffen, so unmenschlich schlecht ahmten die das Menschenwesen nach.

1. Schausp. Ich hoffe, wir haben das bei uns so ziemlich abgestellt.

Ham. Oh, stellt es ganz und gar ab und laßt die, die eure Narren spielen, nicht mehr sagen, als für sie im Text steht; denn es gibt unter ihnen solche, die selber oft lachen, um eine Anzahl von öden Zuschauern gleichfalls zum Lachen zu reizen, obgleich mittlerweile ein für das Stück wesentlicher Punkt Aufmerksamkeit erheischt. Das ist schändlich und verrät einen überaus armseligen Ehrgeiz in dem Narren, der das tut ... Geht, macht euch fertig.

Die Schauspieler gehen ab.

Polonius, Güldenstern und Rosenkranz treten ein.

Wie steht's, mein werter Herr, wird der König dies Meisterstück anhören?

Pol. Jawohl, und die Königin auch, und zwar sogleich.

Ham. Heißt die Schauspieler sich beeilen.

Polonius geht ab.

– Wollt ihr beide helfen, sie zur Eile anzutreiben?

Ros. Ay, my lord.

Exeunt Rosencrantz and Guildenstern.

Ham. What ho, Horatio!

Enter Horatio.

Hor. Here, sweet lord, at your service.

Ham. Horatio, thou art e'en as just a man
As e'er my conversation coped withal.

Hor. O, my dear lord . . .

Ham. Nay, do not think I flatter,
For what advancement may I hope from thee,
That no revenue hast but thy good spirits
To feed and clothe thee? Why should the poor be flattered?
No, let the candied tongue lick absurd pomp,
And crook the pregnant hinges of the knee
Where thrift may follow fawning . . . Dost thou hear?
Since my dear soul was mistress of her choice,
And could of men distinguish her election,
Sh' hath sealed thee for herself; for thou hast been
As one in suff'ring all that suffers nothing,
A man that Fortune's buffets and rewards
Hast ta'en with equal thanks; and blest are those
Whose blood and judgement are so well commeddled
That they are not a pipe for Fortune's finger
To sound what stop she please. Give me that man
That is not passion's slave, and I will wear him
In my heart's core, ay, in my heart of heart,
As I do thee . . . Something too much of this.
There is a play to-night before the king;
One scene of it comes near the circumstance
Which I have told thee of my father's death.
I prithee, when thou seest that act afoot,
Even with the very comment of thy soul
Observe my uncle; if his occulted guilt
Do not itself unkennel in one speech,
It is a damned ghost that we have seen,

Ros. Sehr wohl, mein Prinz. [55]

Rosenkranz und Güldenstern gehen ab.

Ham. Heda, Horatio!

Horatio tritt ein.

Hor. Hier, lieber Prinz, zu Euren Diensten.

Ham. Horatio, du bist fürwahr ein so geradsinniger Mensch, als mir in meinem Umgang je begegnet ist.

Hor. Oh, mein teurer Prinz ...

Ham. Nein, glaube nicht, ich schmeichle, [60] denn welchen Aufstiegsvorteil kann ich mir von dir erhoffen, der du keine Einnahme hast als dein heiteres Gemüt, um dich zu nähren und zu kleiden? Wozu sollte man den Armen schmeicheln? Nein, mag die verzuckerte Zunge lächerlichem Prunke speichellecken und die willfährigen Angeln des Knies krümmen, wo dem Schweifwedeln möglicher Gewinst nachfolgt ... Hörst du, [66] seit meine innerste Seele Herrin ihrer Wahl war und, zwischen Männern unterscheidend, auswählen konnte, hat sie dir als für sie selbst bestimmt ihr Siegel aufgedrückt; denn du warst stets wie jemand, der, alles duldend, nichts erduldet, [70] ein Mann, der du des Schicksals Schläge und Belohnungen mit gleichem Dank empfingst; und die sind gesegnet, deren Blutswallung und Urteilskraft so gut vermengt sind, daß sie keine Pfeife abgeben, auf der Fortuna jede Note spielen kann, die ihr beliebt. Gebt mir den Mann, der nicht Sklave seiner Leidenschaft ist, und ich will ihn [76] in meiner Herzensmitte tragen, ja im Herzen meines Herzens, so wie dich ... Etwas zuviel schon davon. Heut abend gibt's ein Schauspiel vor dem König; eine Szene darin kommt dem Umstand nah, [80] den ich dir von meines Vaters Tod erzählte. Ich bitte dich, wenn du diese Handlung im Gange siehst, beobachte mit all deiner Sinneskraft der Seele meinen Onkel; wenn seine verborgne Schuld bei einer Rede sich nicht selbst herausjagt, [85] so ist's ein Höllengeist, den wir gese-

And my imaginations are as foul
As Vulcan's stithy. Give him heedful note,
For I mine eyes will rivet to his face,
And after we will both our judgements join
In censure of his seeming.

Hor. Well, my lord,
If 'a steal aught the whilst this play is playing,
And 'scape detecting, I will pay the theft.

[*A Danish march is heard.*]

Ham. They are coming to the play. | I must be idle; get you a place.

Enter Trumpets and Kettle-Drums; King, Queen, Polonius, Ophelia, Rosencrantz, Guildenstern, and Courtiers, with the Guard carrying torches; flourish.

King. How fares our cousin Hamlet?

Ham. Excellent, i' faith, of the chameleon's dish; | I eat the air, promise-crammed – you cannot feed capons so.

King. I have nothing with this answer, Hamlet; | these words are not mine.

Ham. No – nor mine now. | [*To Polonius.*] My lord, you played once i'th' university, you say?

Pol. That did I, my lord, and was accounted a good actor.

Ham. What did you enact?

Pol. I did enact Julius Caesar. I was killed i'th' Capitol, Brutus killed me.

Ham. It was a brute part of him to kill so capital a calf there. | Be the players ready?

Ros. Ay, my lord, they stay upon your patience.

Queen. Come hither, my dear Hamlet, sit by me.

Ham. No, good mother, here's metal more attractive.

[*Lies down at Ophelia's feet.*]

Pol. [*Aside to the King.*] O ho, do you mark that?

Ham. Lady, shall I lie in your lap?

Oph. No, my lord.

hen haben, und meine Einbildungen sind so schmutzig wie die Schmiede des Vulkan. Hab sorgfältig acht auf ihn, denn ich will meine Augen auf sein Antlitz heften, und später wollen wir unser beider Ansichten zusammenfügen zu einem Urteil über seinen Ausdruck.

Hor. Nun, mein Prinz, falls er, während sich dies Spiel abspielt, irgend etwas stiehlt und unentdeckt bleibt, will ich für das Gestohlene zahlen.

[*Man hört einen dänischen Marsch.*]

Ham. Da kommen sie zum Schauspiel. Ich muß leichtköpfig tun; such dir einen Platz.

Es treten ein: Trompeter und Kesselpauker, der König, die Königin, Polonius, Ophelia, Rosenkranz, Güldenstern, der Hofstaat und Fackeln tragende Wachen; Trompetenstoß.

Kön. Wie lebt unser Neffe Hamlet?

Ham. Ausgezeichnet fürwahr, von des Chamäleons Speise; ich esse die Luft, mit Versprechen vollgestopft – Kapaunen kann man nicht so mästen.

Kön. Mit dieser Antwort kann ich nichts tun, Hamlet; diese Worte sind meine nicht.

Ham. Nein – meine jetzt auch nicht mehr. [*Zu Polonius.*] Mein Herr, Ihr spieltet einst auf der Universität, sagt Ihr?

Pol. Das tat ich, mein Prinz, und wurde als guter Akteur erachtet.

Ham. Was habt Ihr aktiert?

Pol. Ich aktierte den Julius Caesar; ich wurde im Kapitol ermordet, Brutus mordete mich.

Ham. Es war ein brutaler Akt von ihm, da ein so kapitales Kalb zu morden. Sind die Schauspieler bereit?

Ros. Ja, mein Prinz, sie harren Eurer gnädigen Erlaubnis.

Kgin. Komm hierher, mein lieber Hamlet, setz dich zu mir.

Ham. Nein, gute Mutter, hier ist Metall, das stärker anzieht.

[*Er läßt sich zu Ophelias Füßen nieder.*]

Pol. [*beiseite, zum König*]. Oho, hört Ihr das wohl?

Ham. Fräulein, soll ich in Eurem Schoß liegen?

Oph. Nein, mein Prinz.

Ham. I mean, my head upon your lap?
Oph. Ay, my lord.
Ham. Do you think I meant country matters?
Oph. I think nothing, my lord.
Ham. That's a fair thought to lie between maids' legs.
Oph. What is, my lord?
Ham. Nothing.
Oph. You are merry, my lord.
Ham. Who, I?
Oph. Ay, my lord.
Ham. O God, your only jig-maker! What should a man do but be merry, | for look you how cheerfully my mother looks, | and my father died within's two hours.
Oph. Nay, 'tis twice two months, my lord.
Ham. So long? Nay then, let the devil wear black, for I'll have a suit of sables. O heavens, die two months ago, and not forgotten yet? | Then there's hope a great man's memory may outlive his life half a year, | but, by'r Lady, 'a must build churches then, | or else shall 'a suffer not thinking on, | with the hobby-horse, whose epitaph is 'For O! for O! the hobby-horse is forgot'.

The trumpets sounds; the Dumb-Show follows:

Enter a King and a Queen, very lovingly, the Queen embracing him and he her. She kneels and makes show of protestation unto him, he takes her up and declines his head upon her neck. He lies him down upon a bank of flowers; she, seeing him asleep, leaves him. Anon comes in another man, takes off his crown, kisses it, and pours poison in the sleeper's ears, and leaves him. The Queen returns, finds the King dead, and makes passionate

Ham. Ich meine, meinen Kopf auf Eurem Schoß?

Oph. Ja, mein Prinz.

Ham. Denkt Ihr, ich meinte Ländliches?

Oph. Ich denke nichts, mein Prinz.

Ham. Das ist ein hübscher Gedanke, zwischen Mädchenbeinen zu liegen.

Oph. Was ist hübsch, mein Prinz?

Ham. Nichts.

Oph. Ihr seid heiter, mein Prinz.

Ham. Wer, ich?

Oph. Ja, mein Prinz.

Ham. O Gott, ein einzigartiger Bänkelsänger! Was sollte ein Mann denn andres tun als heiter sein, denn seht, wie fröhlich meine Mutter dreinschaut, und mein Vater starb in den letzten zwei Stunden.

Oph. Aber nein, 's ist zweimal zwei Monate, mein Prinz.

Ham. So lang? Wohlan, so soll der Teufel schwarz tragen, denn ich will ein Gewand mit Zobeln haben. O Himmel, vor zwei Monaten sterben und noch nicht vergessen sein? Dann besteht Hoffnung, daß das Andenken eines großen Mannes sein Leben ein halbes Jahr überleben kann, doch, bei Unsrer Lieben Frau, da muß er schon Kirchen bauen, andernfalls muß er's erleiden, daß man nicht mehr an ihn denkt, zusammen mit dem Steckenpferd, dessen Grabschrift ist »Doch oh! Doch oh! Vergessen ist das Steckenpferd.«

Die Trompeten ertönen; es folgt die Pantomime:

Ein König und eine Königin treten voller Liebesbezeugungen ein, die Königin umarmt ihn und er sie. Sie kniet sich hin und richtet an ihn Gesten heftiger Beteuerung, er hebt sie auf und lehnt seinen Kopf auf ihren Nacken. Er legt sich nieder auf einen Blumenhügel; sie sieht, daß er schläft, und verläßt ihn. Bald kommt ein anderer Mann, nimmt ihm die Krone ab, küßt sie, gießt Gift in die Ohren des Schlafenden und verläßt ihn. Die Königin kehrt zurück, findet den König tot vor und gibt Anzei-

action; the Poisoner with some three or four mutes comes in again, seeming to condole with her; the dead body is carried away. The Poisoner wooes the Queen with gifts; she seems harsh awhile, but in the end accepts his love.

Exeunt.

Oph. What means this, my lord?

Ham. Marry, this is miching mallecho, it means mischief.

Oph. Belike this show imports the argument of the play.

Enter a Player as Prologue.

Ham. We shall know by this fellow. The players cannot keep counsel, they'll tell all.

Oph. Will 'a tell us what this show meant?

Ham. Ay – or any show that you will show him; | be not you ashamed to show, | he'll not shame to tell you what it means.

Oph. You are naught, you are naught, I'll mark the play.

Prologue. For us and for our tragedy,
Here stooping to your clemency,
We beg your hearing patiently.

[*Exit.*]

Ham. Is this a prologue, or the posy of a ring?

Oph. 'Tis brief, my lord.

Ham. As woman's love.

Enter two Players, a King and a Queen.

Pl. King. Full thirty times hath Phoebus' cart gone round
Neptune's salt wash, and Tellus' orbed ground,
And thirty dozen moons with borrowed sheen
About the world have times twelve thirties been,
Since love our hearts and Hymen did our hands
Unite commutual in most sacred bands.

chen leidenschaftlicher Trauer; der Giftmörder kommt mit drei oder vier Statisten wieder herein und scheint ihren Schmerz zu teilen; der Leichnam wird weggetragen. Der Giftmörder wirbt um die Königin mit Geschenken; für eine Weile scheint sie abweisend, nimmt aber am Ende seine Liebe an.

Beide gehen ab.

Oph. Was bedeutet dies, mein Prinz?

Ham. Je nun, dies ist schleichende Schurkerei, es bedeutet Böses.

Oph. Womöglich drückt die Darbietung die Handlung des Spiels aus.

Ein Schauspieler tritt als Prolog auf.

Ham. Wir werden es von diesem Burschen erfahren. [140] Die Schauspieler können kein Geheimnis wahren, sie sagen immer alles.

Oph. Wird er uns sagen, was die Darbietung bedeutete?

Ham. Ja – oder irgendeine Darbietung, die Ihr ihm darbieten wollt; schämt Euch nur nicht, darzubieten, er wird sich nicht schämen, Euch zu sagen, was es bedeutet. [145]

Oph. Ihr seid schlimm, Ihr seid schlimm, ich will auf das Spiel achtgeben.

Prolog. Für uns und die Tragödie, die wir zeigen,
Wir Eurer Nachsicht uns ergebenst neigen
Und bitten: hört uns mit geduld'gem Schweigen.

[*Er geht ab.*]

Ham. Ist dies ein Prolog oder ein Sinnspruch für einen Ring?

Oph. 's ist kurz, mein Prinz. [151]

Ham. Wie Frauenliebe.

Zwei Schauspieler treten auf, ein König und eine Königin.

Sp.-Kön. Voll dreißig Mal ist Phoebus' Wagen nun gezogen
Um der Tellus Erdenrund und Neptuns salz'ge Wogen,
Und dreißig Dutzend Monde mit geborgtem Glanz
Umrundeten die Welt zwölf dreißig Male ganz,
Seit Liebe unser Herz und Hymen unsre Hand
Einander wechselseitig einte mit hochheil'gem Band.

Pl. Queen. So many journeys may the sun and moon
Make us again count o'er ere love be done!
But woe is me, you are so sick of late,
So far from cheer, and from your former state,
That I distrust you; yet though I distrust,
Discomfort you, my lord, it nothing must.
For women fear too much, even as they love,
And women's fear and love hold quantity,
In neither aught, or in extremity.
Now, what my love is, proof hath made you know,
And as my love is sized, my fear is so:
Where love is great, the littlest doubts are fear,
Where little fears grow great, great love grows there.
Pl. King. Faith, I must leave thee, love, and shortly too;
My operant powers their functions leave to do,
And thou shalt live in this fair world behind,
Honoured, beloved, and haply one as kind
For husband shalt thou . . .
Pl. Queen. O, confound the rest,
Such love must needs be treason in my breast,
In second husband let me be accurst,
None wed the second, but who killed the first!
Ham. That's wormwood.
Pl. Queen. The instances that second marriage move
Are base respects of thrift, but none of love;
A second time I kill my husband dead,
When second husband kisses me in bed.
Pl. King. I do believe you think what now you speak,
But what we do determine, oft we break.
Purpose is but the slave to memory,
Of violent birth, but poor validity,
Which now like fruit unripe sticks on the tree,

Sp.-Kgin. So viele Reisen mögen Sonn' und Mond, gesendet,
Uns nochmals zählen lassen, eh' die Liebe endet!
Doch weh, Ihr seid in letzter Zeit so krank gewesen,
So fern der Munterkeit und Eurem frühren Wesen,
Daß ich mich sorg um Euch; mag ich auch Sorge üben,
Soll das doch Euch, o mein Gebieter, nicht betrüben.
Denn grad' so, wie sie lieben, fürchten Frauen auch zuviel,
Und der Frauen Fürchten und der Frauen Lieben
Sind jeweils gleich: Nichts beide, oder beide übertrieben.
Was meine Liebe ist, konnt' Euch Erfahrung zeigen,
Der Liebe Umfang ist nun auch der Furcht zu eigen:
Wo Liebe groß, sind kleinste Zweifel schon des Fürchtens Triebe,
Wo kleine Furcht zur großen wächst, wächst große Liebe.
Sp.-Kön. Fürwahr, verlassen muß ich dich, und bald, o Liebste mein;
Meine Lebenskräfte stellen ihre Dienste ein,
Und du wirst hier auf dieser schönen Erde weiterleben,
Geehrt, geliebt, und wirst vielleicht dich einem geben,
Der als Gemahl so gütig . . .
Sp.-Kgin. Verwünscht sei, was noch kommen mußt',
Verrat könnt' solche Lieb' nur sein in meiner Brust;
Ein zweiter Gatte mög' Verdammnis auf mich leiten,
Nur die den ersten mordet, heirate den zweiten!
Ham. Das ist Wermut.
Sp.-Kgin. Die Gründe, aus denen man an zweite Heirat denkt,
Von niedrigem Gewinn sind sie, von Liebe nicht gelenkt;
Zum zweiten Mal brächt' meinen ersten ich ums Leben,
Sollt' je ein zweiter Gatte mir im Bette Küsse geben.
Sp.-Kön. Ich glaube, daß du wirklich denkst, was du gesprochen,
Doch wird, was wir beschließen, oft von uns gebrochen.
Ein Sklave der Erinnrung ist der Vorsatz nur,
Von heftiger Geburt, jedoch von schwächlicher Natur,
Der jetzt wie grüne Frucht am Baume fest sich hält,

But fall unshaken when they mellow be.
Most necessary 'tis that we forget
To pay ourselves what to ourselves is debt;
What to ourselves in passion we propose,
The passion ending, doth the purpose lose.
The violence of either grief or joy
Their own enactures with themselves destroy,
Where joy most revels, grief doth most lament,
Grief joys, joy grieves, on slender accident.
This world is not for aye, nor 'tis not strange
That even our loves should with our fortunes change;
For 'tis a question left us yet to prove,
Whether love lead fortune, or else fortune love.
The great man down, you mark his favourite flies,
The poor advanced makes friends of enemies,
And hitherto doth love on fortune tend,
For who not needs shall never lack a friend,
And who in want a hollow friend doth try,
Directly seasons him his enemy.
But orderly to end where I begun:
Our wills and fates do so contrary run,
That our devices still are overthrown,
Our thoughts are ours, their ends none of our own;
So think thou wilt no second husband wed,
But die thy thoughts when thy first lord is dead.

Pl. Queen. Nor earth to me give food, nor heaven light,
Sport and repose lock from me day and night,
To desperation turn my trust and hope,
An anchor's cheer in prison be my scope,
Each opposite that blanks the face of joy
Meet what I would have well and it destroy,

Dann aber, reif geworden, ungeschüttelt fällt.
Ganz unvermeidlich ist, daß wir zu zahl'n vergessen
An uns, was wir als Schuld uns zugemessen;
Was wir uns selbst in Leidenschaft geloben zu vollführen,
Muß, sobald jene endet, seinen Sinn verlieren.
Die Heftigkeit der Freude und Heftigkeit im Klagen
Zerstören mit sich selber auch ihr Weitertragen,
Wo Freud' am meisten jubelt, tönt laut der Klage Ton,
Die Klage freut sich, Freude klagt, aus schwachem Anlaß schon.
Die Welt ist ewig nicht, noch sollten wir erstaunen,
Daß selbst die Lieb' sich wandelt mit des Glückes Launen;
Denn noch ist's eine Frage, die für uns zu lösen bliebe,
Ob Lieb' das Glück lenkt, oder ob das Glück die Liebe.
Wenn hier ein Großer fällt, seht, wie sein Günstling flieht,
Des Armen Aufstieg ihm aus Feinden Freunde zieht,
Und zu dem Grad die Lieb' dem Glücke dienstbar ist,
Daß, wer gar keinen braucht, nie einen Freund vermißt,
Und wer in Not erprobet einen hohlen Freund,
Macht ihn sich dadurch gradewegs zum Feind.
Jedoch um ordentlich, wo ich begann, zu enden:
So gegenläufig unser Wille sich und Schicksal wenden,
Daß, was wir planen, immerdar zerbricht,
Uns eignen unsre Absichten, ihr Ausgang nicht;
So denk jetzt, du wirst keinen zweiten Mann erwerben,
Doch sterbe der Gedanke, wenn dein erster Herr wird sterben.

Sp.-Kgin. Die Erd' mir Nahrung, und der Himmel Licht versag',
Kurzweil und Ruh wegschließen solln mir Nacht und Tag,
In die Verzweiflung wende sich mein Traun und Hoffen,
Nur Klausners Wohl im Kerker steh' mir offen,
Die Gegenkraft, die aller Freud' Gesicht zum Bleichen bringt,
Treff' und zerstöre das, von dem ich hoffe, es gelingt,

Both here and hence pursue me lasting strife,
If, once a widow, ever I be wife!

Ham. If she should break it now.

Pl. King. 'Tis deeply sworn. Sweet, leave me here awhile,
My spirits grow dull, and fain I would beguile
The tedious day with sleep.

Sleeps.

Pl. Queen. Sleep rock thy brain,
And never come mischance between us twain.

Exit.

Ham. Madam, how like you this play?

Queen. The lady doth protest too much, methinks.

Ham. O, but she'll keep her word.

King. Have you heard the argument? Is there no offence in't?

Ham. No, no, they do but jest, poison in jest, no offence i'th' world.

King. What do you call the play?

Ham. The Mouse-trap. | Marry, how? – tropically. This play is the image of a murder done in Vienna. | Gonzago is the duke's name, his wife Baptista; | you shall see anon, 'tis a knavish piece of work, | but what of that? | Your majesty, and we that have free souls, it touches us not – let the galled jade wince, our withers are unwrung . . .

Enter a Player as Lucianus.

This is one Lucianus, nephew to the king.

Oph. You are as good as a chorus, my lord.

Ham. I could interpret between you and your love, | if I could see the puppets dallying.

Oph. You are keen, my lord, you are keen.

Ewige Plag' verfolge mich im Jenseits wie auf Erden,
Sollt', einmal Witwe, Eheweib ich wieder werden!

Ham. Wenn sie's nun brechen sollte ...

Sp.-Kön. 's ist tief geschworen. Liebste, laß mich hier für eine Weile, 224
Mein Lebensgeist wird träge, daß der lange Tag enteile,
Möcht ich durch Schlaf ihn täuschen.

Er schläft.

Sp.-Kgin. Schlaf wieg' dein Hirn benommen,
Und möge nie ein Unglück zwischen uns zwei kommen.

Sie geht ab.

Ham. Majestät, wie gefällt Euch dies Spiel?

Kgin. Die Dame beteuert zu viel, scheint mir.

Ham. Oh, sie wird aber Wort halten.

Kön. Habt Ihr die Inhaltsangabe gehört? Enthält das Stück nichts Verletzendes?

Ham. Nein, nein, sie scherzen nur, vergiften im Scherz, nichts Verletzendes auf der Welt.

Kön. Wie nennt sich das Spiel?

Ham. Die Mausefalle. Und inwiefern? – Bildlich gesprochen. Dies Spiel ist Abbild eines Mordes, der in Wien geschah. Gonzago ist des Fürsten Name, der seiner Frau Baptista; ihr werdet bald sehen, 's ist ein bübisches Stückchen Arbeit, doch was soll's? Eure Majestät, und wir, die wir schuldfreie Seelen haben, uns berührt es nicht – mag die wundgeriebne Schindmähre zusammenzucken, unsre Nacken sind unversehrt ...

Ein Schauspieler tritt auf als Lucianus.

Dies ist ein gewisser Lucianus, Neffe des Königs.

Oph. Ihr ersetzt einem gradezu den kommentierenden Chor, mein Prinz.

Ham. Ich wär fähig zu kommentieren, was sich zwischen Euch und Eurem Liebhaber tut, könnte ich die Puppen herumspielen sehn.

Oph. Ihr seid spitz, mein Prinz, Ihr seid spitz.

Ham. It would cost you a groaning to take off mine edge.

Oph. Still better, and worse.

Ham. So you mis-take your husbands. – | Begin, murderer. Leave thy damnable faces and begin! Come, 'The croaking raven doth bellow for revenge.'

Lucianus. Thoughts black, hands apt, drugs fit, and time agreeing,
Confederate season, else no creature seeing,
Thou mixture rank, of midnight weeds collected,
With Hecate's ban thrice blasted, thrice infected,
Thy natural magic and dire property
On wholesome life usurps immediately.

Pours the poison in his ears.

Exit.

Ham. 'A poisons him i'th' garden for's estate, | his name's Gonzago, the story is extant, | and written in very choice Italian; you shall see anon how the murderer gets the love of Gonzago's wife.

Oph. The king rises.

Ham. What, frighted with false fire!

Queen. How fares my lord?

Pol. Give o'er the play!

King. Give me some light – away!

Pol. Lights, lights, lights!

Exeunt all but Hamlet and Horatio.

Ham. Why, let the strucken deer go weep,
The hart ungalled play,
For some must watch, while some must sleep,
Thus runs the world away.

Would not this, sir, and a forest of feathers, | if the rest of my fortunes turn Turk with me, | with two Provincial roses on my razed shoes, | get me a fellowship in a cry of players?

Ham. Es würde Euch ein Stöhnen kosten, mir die Spitze abzustumpfen.

Oph. Immer besser und schlimmer.

Ham. So falsch nehmt ihr Frauen eure Ehemänner. – Fang an, Mörder. Laß deine abscheulichen Grimassen und fang an! Los, »Der Rabe krächzend schreit nach Rache.«

Lucianus. Gedanken schwarz, Hände geschickt, und gute Stunde,
Gifte passend, niemand sieht's, Gelegenheit im Bunde,
Du übler Saft aus Kraut der Mitternacht gemengt,
Von Hekat's Fluch dreimal verseucht, dreimal versengt,
Deine Magie und Schreckenskraft, naturgegeben,
Sofort verdrängt sie alles heile Leben.

Er gießt ihm das Gift in die Ohren.

Er geht ab.

Ham. Er vergiftet ihn im Garten um seiner Stellung willen, sein Name ist Gonzago, die Geschichte ist erhalten und in ausgesuchtem Italienisch abgefaßt; gleich werdet Ihr sehen, wie der Mörder die Liebe von Gonzagos Frau erlangt.

Oph. Der König erhebt sich.

Ham. Wie, erschreckt durch leere Schüsse!

Kgin. Was ist meinem Gebieter?

Pol. Brecht das Spiel ab!

Kön. Gebt mir ein Licht! – Fort!

Pol. Lichter, Lichter, Lichter!

Alle gehen ab, außer Hamlet und Horatio.

Ham. Das wunde Wild mag weinen gehn voll Kummer,
Der heile Hirsch geh' spiel'n, wie's ihm gefällt,
Denn manche wachen, während andre schlummern,
Das ist nun mal der Lauf der Welt.

Würde dies nicht, mein Herr, mit einem Wald von Hutfedern – falls mir mein Glück ansonsten völlig abtrünnig wird –, mit zwei provenzalischen Rosetten auf meinen geschlitzten Schuhn, mir eine Teilhaberschaft in einer Schauspielermeute einbringen?

Hor. Half a share.

Ham. A whole one – I.

For thou dost know, O Damon dear,
  This realm dismantled was
Of Jove himself, and now reigns here
  A very, very . . . peacock.

Hor. You might have rhymed.

Ham. O, good Horatio, I'll take the ghost's word for a thousand pound . . . | Didst perceive?

Hor. Very well, my lord.

Ham. Upon the talk of the poisoning?

Hor. I did very well note him.

Ham. Ah, ha! Come, some music! come, the recorders!

For if the king like not the comedy,
Why then, belike . . . he likes it not, perdy.

Come, some music!

Enter Rosencrantz and Guildenstern.

Guil. Good my lord, vouchsafe me a word with you.

Ham. Sir, a whole history.

Guil. The king, sir . . .

Ham. Ay, sir, what of him?

Guil. . . . is in his retirement marvellous distempered.

Ham. With drink, sir?

Guil. No, my lord, with choler.

Ham. Your wisdom should show itself more richer | to signify this to the doctor; for, for me to put him to his purgation | would perhaps plunge him into more choler.

Guil. Good my lord, put your discourse into some frame, | and start not so wildly from my affair.

Ham. I am tame, sir – pronounce.

Guil. The queen your mother, | in most great affliction of spirit, hath sent me to you.

Ham. You are welcome.

Guil. Nay, good my lord, this courtesy is not of the right breed. |

Hor. Einen halben Anteil.

Ham. Ich – einen ganzen.

Denn diesem Reich hat man genommen,
Jupiter selbst, wie's dir, mein Damon, kund,
Und nun ist hier zum Thron gekommen
Ein rechter, rechter ... Pfau.

Hor. Ihr hättet reimen können.

Ham. Oh, guter Horatio, ich will tausend Pfund auf das Wort des Geistes geben ... Hast du's bemerkt?

Hor. Ganz klar, mein Prinz. [285]

Ham. Als die Rede aufs Vergiften kam?

Hor. Ich nahm ihn deutlich wahr.

Ham. Ah, ha! Kommt, etwas Musik, kommt, die Flöten!

Denn mag der König nicht dies lust'ge Spiel,
Nun, vielleicht ... mag er's wirklich nicht, gleichviel.

Kommt, etwas Musik! [291]

Rosenkranz und Güldenstern kommen herein.

Gül. Mein edler Prinz, gewährt mir ein Wort mit Euch.

Ham. Mein Herr, eine ganze Geschichte.

Gül. Der König, Herr ...

Ham. Ja, Herr, was ist mit ihm? [295]

Gül. ... hat sich zurückgezogen und ist ungeheuer durcheinander.

Ham. Durch's Trinken, mein Herr?

Gül. Nein, mein Prinz, durch Galle.

Ham. Eure Weisheit würde sich reichlicher äußern, wenn Ihr das dem Arzt anzeigt; [300] denn wenn ich ihn seiner Reinigung unterzöge, würde ihn das vielleicht in noch mehr Galle stürzen.

Gül. Mein edler Prinz, bringt Eure Rede in einige Ordnung und springt nicht so wild von meiner Sache ab.

Ham. Ich bin zahm, mein Herr – verkündet. [305]

Gül. Die Königin, Eure Mutter, hat mich in größter Bedrängnis des Gemüts zu Euch geschickt.

Ham. Ihr seid willkommen.

Gül. Nicht doch, mein edler Prinz, diese Höflichkeit ist nicht

If it shall please you to make me a wholesome answer, I will do your mother's commandment; | if not, your pardon and my return | shall be the end of my business.

[*Bows and turns away.*]

Ham. Sir, I cannot.

Ros. What, my lord?

Ham. Make you a wholesome answer – my wit's diseased. | But, sir, such answer as I can make, you shall command, | or rather, as you say, my mother. | Therefore no more, but to the matter – | my mother, you say ...

Ros. Then thus she says, | your behaviour hath struck her into amazement and admiration.

Ham. O wonderful son that can so stonish a mother! | But is there no sequel at the heels of this mother's admiration? | Impart.

Ros. She desires to speak with you in her closet ere you go to bed.

Ham. We shall obey, were she ten times our mother; | have you any further trade with us?

Ros. My lord, you once did love me.

Ham. And do still, by these pickers and stealers.

[*Lifts his hands.*]

Ros. Good my lord, what is your cause of distemper? | You do surely bar the door upon your own liberty, | if you deny your griefs to your friend.

Ham. Sir, I lack advancement.

Ros. How can that be, when you have the voice of the king himself for your succession in Denmark?

Enter the Players with recorders.

Ham. Ay, sir, but 'While the grass grows' ... | the proverb is something musty. – O, the recorders, let me see one. | [*Takes a recorder and turns to Guildenstern.*] To withdraw

vom rechten Stamm. Falls es Euch beliebt, mir eine gesunde Antwort zu geben, will ich Eurer Mutter Gebot erfüllen; wo nicht, werden Eure Erlaubnis und mein Abgang der Sache ein Ende machen. [*Er verbeugt sich und dreht ab.*]

Ham. Mein Herr, ich kann nicht.

Ros. Was, mein Prinz?

Ham. Euch eine gesunde Antwort geben – mein Verstand ist erkrankt. Doch, mein Herr, eine Antwort der Art, wie ich sie geben kann, steht Euch zu Gebote, oder vielmehr, wie Ihr sagt, meiner Mutter. Somit nichts weiter hiervon, sondern zur Sache – meine Mutter, sagt Ihr …

Ros. Sie sagt also dies, Euer Betragen hat sie in Betäubung und Verwunderung versetzt.

Ham. O wunderbarer Sohn, der eine Mutter so erstaunen kann! Doch folgt dieser mütterlichen Verwunderung kein Nachsatz auf den Fersen? Laßt hören.

Ros. Sie wünscht, mit Euch in ihrem Gemach zu reden, bevor Ihr zu Bett geht.

Ham. Wir woll'n gehorchen, und wär' sie zehnmal unsre Mutter; habt Ihr sonst noch was mit uns zu schaffen?

Ros. Mein Prinz, Ihr liebtet mich einst.

Ham. Und tu's immer noch, bei diesen Greifern und Stehlern. [*Er hebt die Hände.*]

Ros. Mein edler Prinz, was ist der Grund Eurer Verstörung? Ihr versperrt Euch gewißlich die Tür der eigenen Freiheit, wenn Ihr Eurem Freunde vorenthaltet, was Euch bedrückt.

Ham. Mein Herr, mir fehlt's an Aufstieg.

Ros. Wie kann das sein, wo Ihr doch die Stimme des Königs selbst habt für die Thronfolge in Dänemark?

Einige Schauspieler mit kleinen Flöten treten ein.

Ham. Das wohl, mein Herr, doch »Dieweil das Gras wächst« … das Sprichwort ist ein wenig altbacken. – Oh, die Flöten, laßt mich eine sehen. [*Er nimmt eine und wendet sich Güldenstern zu.*]

Um mit Euch etwas abseits zu gehen … Warum legt Ihr

with you … [340] Why do you go about to recover the wind of me, | as if you would drive me into a toil?

Guil. O, my lord, if my duty be too bold, | my love is too unmannerly.

Ham. I do not well understand that – [345] will you play upon this pipe?

Guil. My lord, I cannot.

Ham. I pray you.

Guil. Believe me, I cannot.

Ham. I do beseech you. [350]

Guil. I know no touch of it, my lord.

Ham. It is as easy as lying: | govern these ventages with your fingers and thumb, | give it breath with your mouth, | and it will discourse most eloquent music – [355] look you, these are the stops.

Guil. But these cannot I command to any utterance of harmony, | I have not the skill.

Ham. Why, look you now, how unworthy a thing you make of me! | You would play upon me, [360] you would seem to know my stops, | you would pluck out the heart of my mystery, | you would sound me from my lowest note to the top of my compass – | and there is much music, excellent voice, in this little organ, [364] yet cannot you make it speak. | 'Sblood, do you think I am easier to be played on than a pipe? | Call me what instrument you will, | though you can fret me, yet you cannot play upon me.

Enter Polonius.

God bless you, sir!

Pol. My lord, the queen would speak with you, and presently.

Ham. Do you see yonder cloud that's almost in shape of a camel? [371]

Pol. By th' mass and 'tis, like a camel indeed.

es drauf an, mich vor den Wind zu bringen, als ob Ihr mich in ein Fangnetz treiben wolltet?

Gül. Oh, mein Prinz, falls meine Pflichterweisung zu kühn ist, so ist meine Liebe zu ungebärdig.

Ham. Das verstehe ich nicht recht. – Wollt Ihr auf diesem Pfeifchen spielen?

Gül. Mein Prinz, das kann ich nicht.

Ham. Ich bitte Euch.

Gül. Glaubt mir, ich kann nicht.

Ham. Ich ersuche Euch darum.

Gül. Ich weiß keinen Griff darauf, mein Prinz.

Ham. Es geht so leicht wie Lügen: Regelt diese Öffnungen mit Euren Fingern und dem Daumen, haucht mit Eurem Mund hinein, und es wird höchst beredsame Musik verlauten lassen – seht her, dies sind die Löcher.

Gül. Ich kann sie aber zu keiner harmonischen Äußerung bringen, es fehlt mir die Fertigkeit.

Ham. Nun seht doch nur, was für ein unwürdig Ding Ihr aus mir macht! Ihr möchtet gerne auf mir spielen, Ihr gäbt Euch gern den Anschein, als wüßtet Ihr meine Tonlöcher, Ihr möchtet das Herz meines Geheimnisses herausreißen, Ihr möchtet mich von der tiefsten Note bis zum höchsten Punkt meiner Skala erklingen lassen – und dabei ist viel Musik, eine treffliche Stimme, in diesem kleinen Klangkörper, und doch könnt Ihr ihn nicht zum Sprechen bringen. Kruzifix, glaubt Ihr, ich sei leichter zu spielen als ein Pfeifchen? Nennt mich was für ein Instrument Ihr wollt, Ihr könnt mich zwar anrupfen, aber Ihr könnt nicht auf mir spielen.

Polonius kommt herein.

– Gott segne Euch, mein Herr!

Pol. Mein Prinz, die Königin wünscht mit Euch zu reden, und zwar sofort.

Ham. Seht Ihr jene Wolke dort, die fast die Gestalt eines Kamels hat?

Pol. Sakrament, so ist es, in der Tat, wie ein Kamel.

Ham. Methinks it is like a weasel.
Pol. It is backed like a weasel.
Ham. Or like a whale.
Pol. Very like a whale.
Ham. Then I will come to my mother by and by. | [*Aside.*] They fool me to the top of my bent. – | I will come by and by.
Pol. I will say so.

Exit.

Ham. 'By and by' is easily said. – | Leave me, friends.

Exeunt all but Hamlet.

'Tis now the very witching time of night,
When churchyards yawn, and hell itself breathes out
Contagion to this world: now could I drink hot blood,
And do such bitter business as the day
Would quake to look on . . . Soft, now to my mother –
O heart, lose not thy nature, let not ever
The soul of Nero enter this firm bosom,
Let me be cruel, not unnatural;
I will speak daggers to her, but use none.
My tongue and soul in this be hypocrites:
How in my words somever she be shent,
To give them seals never, my soul, consent!

Exit.

SCENE 3

[*The King's closet.*]

King, Rosencrantz and Guildenstern.

King. I like him not, nor stands it safe with us
To let his madness range. Therefore prepare you,
I your commission will forthwith dispatch,
And he to England shall along with you.
The terms of our estate may not endure
Hazard so near's as doth hourly grow
Out of his brows.

Ham. Mich dünkt, sie gleicht einem Wiesel.

Pol. Sie hat einen Rücken wie ein Wiesel.

Ham. Oder wie ein Walfisch.

Pol. Ganz wie ein Walfisch.

Ham. So will ich gleich zu meiner Mutter kommen. [*Beiseite.*] Sie machen mich den Narren spielen bis zu meinem höchsten Spannpunkt. – Ich komme gleich.

Pol. Ich werde's sagen.

Er geht ab.

Ham. »Gleich« ist leicht gesagt. – Verlaßt mich, Freunde.

Alle außer Hamlet gehen ab.

's ist jetzt die wahre Hexenzeit der Nacht, wo Friedhöfe sich gähnend öffnen und die Hölle selbst Verpestung auf die Erde haucht: Jetzt könnt' ich heißes Blut trinken und solch bittre Dinge tun, daß der Tag erzittern würde, sie anzusehn . . . Halt, nun zu meiner Mutter. – O Herz, verlier nicht dein natürlich Wesen, laß nie die Seele Neros in diese feste Brust einziehn, laß mich grausam sein, nicht wider die Natur; ich will Dolche zu ihr reden, doch nicht gebrauchen. Heuchler seien hierin meine Zunge und meine Seele: Wie immer hart sie meine Worte auch kasteien, nie laß, o Seele, die Tat der Worte Siegel sein!

Er geht ab.

SZENE 3

[*Das Privatgemach des Königs.*]

Der König, Rosenkranz und Güldenstern.

Kön. Er gefällt mir nicht, noch ist es für uns sicher, seinem Irrsinn freien Lauf zu lassen. Macht euch deshalb bereit, ich werde unverzüglich eure Order fertigstellen, und er soll mit euch nach England. Die Gegebenheiten unsrer Stellung können solche Gefahr so nah um uns nicht dulden, wie sie stündlich uns aus seiner Stirn erwächst.

Guil. We will ourselves provide.
Most holy and religious fear it is
To keep those many many bodies safe
That live and feed upon your majesty.
Ros. The single and peculiar life is bound
With all the strength and armour of the mind
To keep itself from noyance, but much more
That spirit upon whose weal depends and rests
The lives of many. The cease of majesty
Dies not alone; but like a gulf doth draw
What's near it with it, or it is a massy wheel
Fixed on the summit of the highest mount,
To whose huge spokes ten thousand lesser things
Are mortised and adjoined, which when it falls,
Each small annexment, petty consequence,
Attends the boist'rous ruin. Never alone
Did the king sigh, but with a general groan.
King. Arm you, I pray you, to this speedy voyage,
For we will fetters put about this fear,
Which now goes too free-footed.
Ros. We will haste us.

Exeunt Rosencrantz and Guildenstern.
Enter Polonius.

Pol. My lord, he's going to his mother's closet;
Behind the arras I'll convey myself
To hear the process. I'll warrant she'll tax him home,
And as you said – and wisely was it said –
'Tis meet that some more audience than a mother,
Since nature makes them partial, should o'erhear
The speech of vantage. Fare you well, my liege,
I'll call upon you ere you go to bed,
And tell you what I know.
King. Thanks, dear my lord.

Exit Polonius.

O, my offence is rank, it smells to heaven,
It hath the primal eldest curse upon't . . .

Gül. Wir werden uns drauf einrichten. Höchst heilige und fromme Besorgnis stellt es dar, die vielen, vielen Einzelwesen abzusichern, die von Eurer Herrschaft leben und sich nähren.

Ros. Das einzelne und nur für sich bestehende Leben ist gehalten, mit aller Kraft und Rüstung des Verstandes sich vor Schaden zu bewahren, aber noch viel mehr der Geist, an dessen Wohl die Leben vieler hängen und in ihm ruhn. Eines Monarchen Ende ist nicht ein einzelner Tod, sondern wie ein Strudel zieht es mit sich nieder, was ihm nah ist, oder 's ist ein massiges Rad, auf der höchsten Bergesspitze angebracht, an dessen ungeheuren Speichen zehntausend mindre Dinge eingezapft und angefügt sind, und wenn es fällt, nimmt jedes kleine Zubehör, jedes nichtige Begleitding an dem rasenden Absturz teil. Ein König seufzte nie für sich allein, stets war das Stöhnen dabei allgemein.

Kön. Rüstet euch, ich bitt euch, zu dieser schleunigen Reise, denn wir wollen Fesseln legen um diesen Gegenstand der Furcht, der jetzt noch mit zu freiem Fuß einhergeht.

Ros. Wir werden uns beeilen.

Rosenkranz und Güldenstern gehen ab.
Polonius kommt herein.

Pol. Mein Fürst, er geht gerade zum Gemache seiner Mutter; ich will mich hinter den Behang begeben, um der Auseinandersetzung zuzuhören. Ich garantiere Euch, sie wird ihn eindringlichst zur Rede stellen, und, wie Ihr sagtet – und weise war's gesagt –, 's ist angebracht, daß außer einer Mutter, da die Natur die Mütter ja voreingenommen macht, noch zusätzlich ein andres Publikum die Unterredung mithort. Lebt wohl, mein Lehnsherr, ich werd Euch aufsuchen, ehe Ihr zu Bett geht, und Euch sagen, was ich weiß.

Kön. Dank Euch, mein werter Herr.

Polonius geht ab.

Oh, mein Vergehn ist ekelhaft, es stinkt zum Himmel, es ruht auf ihm der allererste, älteste Fluch ... Mord an dem

A brother's murder! Pray can I not,
Though inclination be as sharp as will.
My stronger guilt defeats my strong intent,
And like a man to double business bound,
I stand in pause where I shall first begin,
And both neglect ... What if this cursed hand
Were thicker than itself with brother's blood,
Is there not rain enough in the sweet heavens
To wash it white as snow? Whereto serves mercy
But to confront the visage of offence?
And what's in prayer but this twofold force,
To be forestalled ere we come to fall,
Or pardoned, being down? Then I'll look up ...
My fault is past, but O, what form of prayer
Can serve my turn? 'Forgive me my foul murder' –
That cannot be, since I am still possessed
Of those effects for which I did the murder:
My crown, mine own ambition, and my queen;
May one be pardoned and retain th' offence?
In the corrupted currents of this world
Offence's gilded hand may shove by justice,
And oft 'tis seen the wicked prize itself
Buys out the law. But 'tis not so above,
There is no shuffling, there the action lies
In his true nature, and we ourselves compelled,
Even to the teeth and forehead of our faults,
To give in evidence. What then? What rests?
Try what repentance can – what can it not?
Yet what can it, when one can not repent?
O wretched state! O bosom black as death!
O limed soul, that struggling to be free,
Art more engaged. Help, angels, make assay,
Bow, stubborn knees, and, heart with strings of steel,
Be soft as sinews of the new-born babe –
All may be well.

Kneels.

Enter Hamlet.

Bruder! Beten kann ich nicht, obschon der Wunsch danach so heiß ist wie der Wille. Das stärkere Schuldgefühl besiegt den starken Vorsatz, und wie ein Mann zu zweierlei verpflichtet, steh ich unentschlossen, wo ich zuerst beginnen soll, und unterlasse beides ... Und wäre diese fluchbeladne Hand durch Bruderblut auch dicker als sie selbst, gibt's in den milden Himmeln nicht genügend Regen, sie so weiß wie Schnee zu waschen? Wozu dient das Erbarmen, als dem Vergehen mutig ins Gesicht zu sehn? Und was wohnt andres im Gebet als diese zwiefältige Kraft, bewahrt zu werden, ehe wir zu Falle kommen, oder Vergebung zu erlangen, wenn wir schon darnieder sind? So will ich denn hinaufschaun ... Meine Untat ist vergangen, doch wehe, welche Form des Betens kann mir nützen? »Vergib mir meinen ruchlosen Mord« – das kann nicht sein, denn ich besitze noch die Dinge, um derentwillen ich den Mord beging: meine Krone, die Erfüllung meines Machttriebes und meine Königin; kann man Vergebung haben und die Früchte des Vergehns behalten? In den verderbten Strömen dieser Welt mag des Vergehens goldversehne Hand die Gerechtigkeit beiseite stoßen, und häufig sieht man, daß der schlimm erlangte Preis gerade selbst das Recht auskauft. Aber droben ist es nicht so, dort gibt es kein Geschiebe, dort liegt das Verfahren in seinem wahren Wesen offen vor, und wir selbst gezwungen, in Stirn und Zähne unserer Verfehlungen Zeugnis abzulegen. Was dann? Was bleibt? Versuchen, was die Reue kann – was kann sie nicht? Was kann sie aber, wenn man nicht bereuen kann? O unglückseliger Zustand, o Brust, schwarz wie der Tod, o Seele, im Vogelleim gefangen, die du, im Bemühen freizukommen, dich nur mehr verfängst! Helft, Engel, den Versuch zu machen! Beugt euch, störrische Knie, und, stahlsehniges Herz, sei weich wie die Muskeln des neugeborenen Kindes ... Vielleicht wird alles gut.

Er kniet nieder.

Hamlet kommt herein.

Ham. Now might I do it pat, now 'a is a-praying –
And now I'll do't,
[*Draws his sword*]
and so 'a goes to heaven,
And so am I revenged ... That would be scanned:
A villain kills my father, and for that
I, his sole son, do this same villain send
To heaven ...
Why, this is hire and salary, not revenge.
'A took my father grossly, full of bread,
With all his crimes broad blown, as flush as May,
And how his audit stands who knows save heaven?
But in our circumstance and course of thought,
'Tis heavy with him; and am I then revenged
To take him in the purging of his soul,
When he is fit and seasoned for his passage? –
No.
[*Sheathes his sword.*]
Up, sword, and know thou a more horrid hent:
When he is drunk asleep, or in his rage,
Or in th' incestuous pleasure of his bed,
At game a-swearing, or about some act
That has no relish of salvation in't,
Then trip him that his heels may kick at heaven,
And that his soul may be as damned and black
As hell whereto it goes ... My mother stays;
This physic but prolongs thy sickly days.
Exit.

King. [*Rises.*] My words fly up, my thoughts remain below.
Words without thoughts never to heaven go.
Exit.

Ham. Jetzt könnt' ich's passend tun, jetzt ist er im Gebet – und jetzt will ich es tun [*er zieht sein Schwert*], und so fährt er gen Himmel, und so hab ich meine Rache ... Das will genau durchdacht sein: Ein Schurke mordet meinen Vater, und ich, sein einziger Sohn, schick diesen selben Schurken dafür in den Himmel ... Nicht doch, das ist Heuer und Lohn, nicht Rache. Er traf meinen Vater ungereinigt, voll von Brot, mit allen seinen Sünden in voller Blüte strotzend wie der Mai, und wie sich seine Rechnung stellt, wer weiß es, außer dem Himmel? Doch im Stande unsrer Einsicht und nach unsrer Denkart steht es schlecht um ihn; und bin ich dann gerächt, wenn ich ihn treffe, während er die Seele läutert, wenn er bereit ist und reif gemacht für seinen Hingang? – Nein! [*Er steckt das Schwert in die Scheide.*] Weg, Schwert, du sollst einen grausigeren Griff erleben: Wenn er betrunken schläft, oder in seinem Zorneswüten, oder in der blutschänderischen Freude seines Betts, beim Glücksspiel fluchend, oder sonst bei einer Handlung, der keine Spur des Heils anhaftet, dann bring ihn zu Fall, daß seine Sohlen an den Himmel schlagen und seine Seele so verdammt und schwarz sei wie die Hölle, wo sie hinfährt ... Meine Mutter wartet; diese Kur verlängert deine siechen Tage nur.

Er geht ab.

Kön. [*steht auf*]. Die Worte fliegen hoch, doch unten bleibt mein Sinn. Worte alleine dringen nie zum Himmel hin.

Er geht ab.

SCENE 4

[*The Queen's closet.*]

Queen and Polonius.

Pol. 'A will come straight; look you lay home to him,
Tell him his pranks have been too broad to bear with,
And that your grace hath screened and stood between
Much heat and him. I'll silence me even here –
Pray you, be round with him.
Queen. I'll warr'nt you,
Fear me not . . . Withdraw, I hear him coming.
[*Polonius hides behind the arras.*]
Enter Hamlet.
Ham. Now, mother, what's the matter?
Queen. Hamlet, thou hast thy father much offended.
Ham. Mother, you have my father much offended.
Queen. Come, come, you answer with an idle tongue.
Ham. Go, go, you question with a wicked tongue.
Queen. Why, how now, Hamlet?
Ham. What's the matter now?
Queen. Have you forgot me?
Ham. No, by the rood, not so:
You are the queen, your husband's brother's wife,
And – would it were not so – you are my mother.
Queen. Nay then, I'll set those to you that can speak.
[*Turns to go.*]
Ham. [*Seizes her arm.*]
Come, come, and sit you down, you shall not budge,
You go not till I set you up a glass
Where you may see the inmost part of you.
Queen. What wilt thou do? Thou wilt not murder me?
Help, ho!
Pol. [*Behind the arras.*] What, ho! help!
Ham. [*Draws.*] How now, a rat!
[*Makes a pass through the arras.*]
Dead, for a ducat, dead.

SZENE 4

[*Das Privatgemach der Königin.*]

Die Königin und Polonius.

Pol. Er kommt sofort; seht zu, daß Ihr ihm gründlich ins Gewissen redet, sagt ihm, daß seine Streiche zu ungezügelt waren, um sie hinzunehmen, und daß Euer Gnaden abschirmten und zwischen ihm und großer Hitze standen. Ich werde mich genau hier stumm machen – ich bitte Euch, seid streng mit ihm.

Kgin. Ich versprech es Euch, [5] seid unbesorgt . . . Zieht Euch zurück, ich hör ihn kommen.

[*Polonius versteckt sich hinter dem Wandbehang.*]

Hamlet kommt herein.

Ham. Nun, Mutter, was gibt's?

Kgin. Hamlet, du hast deinen Vater sehr verletzt.

Ham. Mutter, Ihr habt meinen Vater sehr verletzt.

Kgin. Komm, komm, du antwortest mit einer dummen Zunge.

Ham. Geht, geht, Ihr fragt mit einer bösen Zunge. [11]

Kgin. Wie, was soll das, Hamlet?

Ham. Was gibt's denn jetzt?

Kgin. Habt Ihr vergessen, wer ich bin?

Ham. Nein, beim Kreuz, das nicht: Ihr seid die Königin, die Frau des Bruders Eures Mannes, und – wär' dem doch nicht so – Ihr seid meine Mutter. [15]

Kgin. [*will gehen*]. Nun denn, so werde ich jene auf Euch ansetzen, die wirklich reden können.

Ham. [*packt sie am Arm*]. Kommt, kommt, und setzt Euch hin, Ihr sollt Euch nicht wegrühren, Ihr geht nicht, bis ich Euch einen Spiegel aufgestellt habe, in dem Ihr Euer Innerstes erblicken könnt.

Kgin. Was willst du tun? Du willst mich doch nicht umbringen? [20] Hilfe, heda!

Pol. [*hinterm Wandbehang*]. Was, heda! Hilfe!

Ham. [*zieht blank*]. Nanu, eine Ratte! [*Er stößt durch den Wandbehang.*] Tot, für 'nen Dukaten, tot.

Pol. [*Behind the arras.*] O, I am slain!
[*Falls and dies.*]
Queen. O me, what hast thou done?
Ham. Nay, I know not,
Is it the king?
[*Lifts up the arras and discovers Polonius.*]
Queen. O, what a rash and bloody deed is this!
Ham. A bloody deed – almost as bad, good mother,
As kill a king, and marry with his brother.
Queen. As kill a king!
Ham. Ay, lady, it was my word.
– Thou wretched, rash, intruding fool, farewell.
I took thee for thy better, take thy fortune,
Thou find'st to be too busy is some danger.
[*Drops the arras.*]
Leave wringing of yours hands, peace, sit you down,
And let me wring your heart, for so I shall
If it be made of penetrable stuff,
If damned custom have not brazed it so,
That it be proof and bulwark against sense.
Queen. What have I done, that thou dar'st wag thy tongue
In noise so rude against me?
Ham. Such an act
That blurs the grace and blush of modesty,
Calls virtue hypocrite, takes off the rose
From the fair forehead of an innocent love
And sets a blister there, makes marriage vows
As false as dicers' oaths, O, such a deed
As from the body of contraction plucks
The very soul, and sweet religion makes
A rhapsody of words; heaven's face does glow,
And this solidity and compound mass
With heated visage, as against the doom,
Is thought-sick at the act.
Queen. Ay me, what act,
That roars so loud, and thunders in the index?

Pol. [*hinterm Wandbehang*]. Oh, man hat mich umgebracht! [*Er fällt nieder und stirbt.*]

Kgin. Oh, wehe, was hast du getan?

Ham. Je nun, ich weiß es nicht – ist es der König? [*Er hebt den Wandbehang hoch und entdeckt Polonius.*]

Kgin. Oh, was ist das für eine hastige und blutige Tat! [26]

Ham. Eine blutige Tat – beinah, gute Mutter, solch böses Walten, als einen König morden und mit seinem Bruder Hochzeit halten.

Kgin. Als einen König morden!

Ham. Jawohl, meine Dame, das war, was ich sagte. – Du armseliger, hastiger, hereindrängelnder Tor, leb wohl. [30] Ich hielt dich für deinen Oberen, nimm dein Los hin, du merkst jetzt, zu geschäftig sein, bringt einige Gefahr mit sich. [*Er läßt den Wandbehang fallen.*] – Hört auf mit Eurem Händeringen, still, setzt Euch hin, und laßt mich Euer Herz auswringen, denn das will ich, falls es aus einem durchdringbaren Stoff gemacht ist, [35] falls verfluchte Gewohnheit es nicht derart zu Metall verhärtet hat, daß es befestigt und gefeit ist gegen alles innere Empfinden.

Kgin. Was habe ich getan, daß du es wagst, die Zunge in solch grobem Lärmen gegen mich zu regen?

Ham. Solch eine Tat, die Anmut und Erröten der Sittsamkeit beschmutzt, [40] die Tugend Heuchler schimpft, die Rose von der schönen Stirne einer unschuldigen Liebe nimmt und ihr eine Brandmalblase aufdrückt, die Ehegelübde so falsch macht wie Würfelspielerschwüre, oh, solch eine Tat, die dem Körper der Treuebindung [45] die wahre Seele ausreißt und die süße religiöse Handlung zu einem leeren Wortschwall macht; des Himmels Antlitz glüht, und diese zusammengefügte und feste Erdenmasse ist mit erhitzter Miene wie beim Weltenuntergange krank im Gedanken an die Tat.

Kgin. Weh mir, welche Tat, [50] die so laut brüllt und schon im Vorspann donnert?

Ham. [*Leads her to two portraits on the wall.*]
Look here, upon this picture, and on this,
The counterfeit presentment of two brothers.
See what a grace was seated on this brow –
Hyperion's curls, the front of Jove himself,
An eye like Mars to threaten and command,
A station like the herald Mercury,
New-lighted on a heaven-kissing hill:
A combination and a form indeed,
Where every god did seem to set his seal
To give the world assurance of a man.
This was your husband – look you now what follows.
Here is your husband, like a mildewed ear,
Blasting his wholesome brother. Have you eyes?
Could you on this fair mountain leave to feed,
And batten on this moor? Ha! have you eyes?
You cannot call it love, for at your age
The heyday in the blood is tame, it's humble,
And waits upon the judgement, and what judgement
Would step from this to this? Sense sure you have,
Else could you not have motion, but sure that sense
Is apoplexed, for madness would not err,
Nor sense to ecstasy was ne'er so thralled,
But it reserved some quantity of choice
To serve in such a difference. What devil was't
That thus hath cozened you at hoodman-blind?
Eyes without feeling, feeling without sight,
Ears without hands or eyes, smelling sans all,
Or but a sickly part of one true sense
Could not so mope. O shame, where is thy blush?
Rebellious hell,
If thou canst mutine in a matron's bones,
To flaming youth let virtue be as wax
And melt in her own fire, proclaim no shame
When the compulsive ardour gives the charge,

Ham. [*führt sie vor zwei Portraits an der Wand*]. Schaut hierher, auf dies Bildnis, und auf jenes, die lebensechte Darstellung von zwei Brüdern. Seht, welche Anmut lag auf dieser Miene – Hyperions Locken, die Stirn Jupiters selbst, ein Auge wie Mars, das drohen kann und befehlen, [56] eine Haltung wie der Götterbote Merkur, soeben aufgesetzt auf einem Hügel, der den Himmel küßt; wahrlich, ein Zusammenspiel und eine Form, wo jeder Gott sein Siegel aufzudrücken schien, [60] um der Erde die Gewißheit eines echten Manns zu geben. Dies war Euer Gatte. – Schaut nun, was folgt: Hier ist Euer Gatte, wie ein verschimmelt Korn, das seinen gesunden Bruder ansteckt. Habt Ihr Augen? Konntet Ihr es lassen, auf diesem schönen Berg zu weiden, [65] und Euch an diesem Moore mästen? Ha! Habt Ihr Augen? Liebe könnt Ihr es nicht nennen, denn in Eurem Alter ist die Siedeglut im Blute zahm, 's ist demütig und folgt dem Urteil des Verstands, und welches Urteil würde wohl von dem zu diesem übergehn? Sinneskraft habt Ihr gewiß, [70] sonst wäre in Euch keine Regung, aber diese Kraft ist sicherlich gelähmt, denn sogar Wahnwitz würde sich nicht so verirren, noch waren die Sinne jemals von Raserei so unterjocht, daß sie sich nicht ein Quäntchen Wahlvermögen vorbehielten, um bei einem solchen Unterschied zu dienen. Welcher Teufel war's, [75] der Euch beim Blindekuhspiel so betrog? Augen ohne Fühlen, Fühlen ohne Sehkraft, Ohren ohne Hände oder Augen, Geruchssinn ohne alles andre, oder auch nur ein krankheitsschwacher Teil von einem echten Sinne könnten nicht so dumpf danebentappen. O Scham, wo ist dein Erröten? [80] Aufrührerische Hölle, wenn du in der Matrone Gliedern meutern kannst, so laß entflammter Jugend die Keuschheit sein wie Wachs und in ihrem eignen Feuer schmelzen, schrei nicht Schande darüber, wenn die allbezwingende Glut zum An-

Since frost itself as actively doth burn,
And reason panders will.
Queen. O Hamlet, speak no more.
Thou turn'st my eyes into my very soul,
And there I see such black and grained spots
As will not leave their tinct.
Ham. Nay, but to live
In the rank sweat of an enseamed bed
Stewed in corruption, honeying and making love
Over the nasty sty ...
Queen. O, speak to me no more,
These words like daggers enter in my ears,
No more, sweet Hamlet.
Ham. A murderer and a villain,
A slave that is not twentieth part the tithe
Of your precedent lord, a vice of kings,
A cutpurse of the empire and the rule,
That from a shelf the precious diadem stole
And put it in his pocket ...
Queen. No more.

Enter the Ghost in his night-gown.

Ham. A king of shreds and patches ...
Save me and hover o'er me with your wings,
You heavenly guards! – What would your gracious figure?
Queen. Alas, he's mad.
Ham. Do you not come your tardy son to chide,
That, lapsed in time and passion, lets go by
Th' important acting of your dread command?
O, say!
Ghost. Do not forget! This visitation
Is but to whet thy almost blunted purpose –
But look, amazement on thy mother sits,
O, step between her and her fighting soul,
Conceit in weakest bodies strongest works,
Speak to her, Hamlet.
Ham. How is it with you, lady?

griff stürmt, da selbst der Frost genau so kräftig brennt und der Verstand dem Willen Kupplerdienste leistet.

Kgin. O Hamlet, sprich nicht weiter. Du wendest meine Augen in mein Seeleninnerstes, und dort seh ich so schwarze und tief eingefärbte Flecken, die ihren Farbstich nicht mehr fahren lassen.

Ham. Nein, aber im ranzigen Schweiße eines fettverklebten Betts zu leben, in Entartung schmorend honigsüß zu schmusen und sich zu paaren über dem garstigen Saustall ...

Kgin. Oh, sprich zu mir nicht weiter, diese Worte dringen wie Dolche in meine Ohren, nicht weiter, lieber Hamlet!

Ham. Ein Mörder und ein Schurke, ein Sklave, der nicht ein Zwanzigstel des Zehntteils Eures frühern Herrn ist, ein Clown von einem König, ein Beutelschneider des Reiches und der Herrschaft, der das kostbare Diadem vom Bord stahl und es in seine Tasche steckte ...

Kgin. Nicht weiter.

Der Geist tritt ein, in seinen Hausmantel gekleidet.

Ham. Ein König aus Lumpen und Flicken ... Schützt mich und schwebt über mir mit euern Flügeln, ihr himmlischen Wächter! – Was wünscht Eure ehrwürdige Erscheinung?

Kgin. O Jammer, er ist irrsinnig.

Ham. Kommt Ihr nicht, Euren trägen Sohn zu schelten, der, unrechter Gelegenheit und seiner Leidenschaftlichkeit verfallen, die drängende Vollführung Eures erhabenen Gebots versäumt? Oh, sagt's!

Geist. Vergiß nicht! Dies Aufsuchen dient nur dazu, deinen fast abgestumpften Vorsatz scharfzuwetzen. Doch sieh, Verwirrung liegt auf deiner Mutter, oh, stell dich zwischen sie und ihre ringende Seele, in den schwächsten Naturen waltet die Einbildung am stärksten. Sprich zu ihr, Hamlet.

Ham. Wie steht's um Euch, meine Dame?

Queen. Alas, how is't with you,
That you do bend your eye on vacancy,
And with th' incorporal air do hold discourse?
Forth at your eyes your spirits wildly peep,
And, as the sleeping soldiers in th' alarm,
Your bedded hair, like life in excrements,
Start up and stand an end. O gentle son,
Upon the heat and flame of thy distemper
Sprinkle cool patience ... Whereon do you look?
Ham. On him! on him! Look you, how pale he glares!
His form and cause conjoined, preaching to stones,
Would make them capable.
[*To the Ghost.*] Do not look upon me,
Lest with this piteous action you convert
My stern effects, then what I have to do
Will want true colour, tears perchance for blood.
Queen. To whom do you speak this?
Ham. Do you see nothing there?
Queen. Nothing at all, yet all that is I see.
Ham. Nor did you nothing hear?
Queen. No, nothing but ourselves.
Ham. Why, look you there! look how it steals away!
My father in his habit as he lived,
Look where he goes, even now, out at the portal.
Exit Ghost.
Queen. This is the very coinage of your brain;
This bodiless creation ecstasy
Is very cunning in.
Ham. Ecstasy!
My pulse as yours doth temperately keep time,
And makes as healthful music – it is not madness
That I have uttered; bring me to the test
And I the matter will re-word, which madness
Would gambol from. Mother, for love of grace,
Lay not that flattering unction to your soul,
That not your trespass but my madness speaks,

Kgin. Weh, wie steht's um Euch, [115] daß Ihr das Auge auf die Leere wendet und mit der körperlosen Luft Zwiesprache pflegt? Eure Lebensgeister schauen wild hervor aus Euren Augen, und als ob den Absonderungen unsres Körpers Leben innewohnte, springen Eure flachgebetteten Haare hoch wie schlafende Soldaten beim Alarm und stehen aufrecht. O guter Sohn, [121] über die Hitze und Flamme deiner Verstörung sprüh du kühle Langmut ... Worauf schaut Ihr?

Ham. Auf ihn! Auf ihn! Seht doch, wie bleich er herstarrt! Seine Erscheinung, mit seinem Anliegen verbunden, würde, selbst wenn er Steinen predigte, sie erweichen. – [*Zum Geist.*] Seht mich nicht an, [126] damit Ihr durch dies herzzerreißende Verhalten nicht meine grausamen Absichten verwandelt, sonst wird, was ich zu tun habe, der rechten Farbe mangeln, Tränen vielleicht statt Blut.

Kgin. Zu wem sagt Ihr das?

Ham. Seht Ihr dort nichts? [130]

Kgin. Gar nichts, und dennoch seh ich alles, was da ist.

Ham. Habt Ihr auch nichts gehört?

Kgin. Nein, nichts außer uns beiden.

Ham. Aber schaut doch dorthin! Schaut, wie es sich wegstiehlt! Mein Vater in seinem Gewand, so wie er lebte, seht, da geht er fort, gerade jetzt, zur Tür hinaus! [135]

Der Geist geht ab.

Kgin. Dies ist nichts andres als die Prägung Eures Hirns; die Raserei ist äußerst schlau im Schöpfen solcher Luftgebilde.

Ham. Raserei! Mein Puls schlägt so gemäßigt wie der Eure [140] und gibt genau solchen gesunden Klang – was ich gesprochen habe, ist nicht Irrsinn; stellt mich auf die Probe, und ich will's Euch wörtlich wiederholen, wovon der Irrsinn wegspringen würde. Mutter, um der himmlischen Gnade willen, legt Eurer Seele nicht den schmeichlerischen Balsam auf, [145] nicht Eure Schuld spricht, sondern nur mein Irr-

It will but skin and film the ulcerous place,
Whiles rank corruption, mining all within,
Infects unseen. Confess yourself to heaven,
Repent what's past, avoid what is to come,
And do not spread the compost on the weeds
To make them ranker. – Forgive me this my virtue,
For in the fatness of these pursy times
Virtue itself of vice must pardon beg,
Yea, curb and woo for leave to do him good.

Queen. O Hamlet, thou hast cleft my heart in twain.

Ham. O, throw away the worser part of it,
And live the purer with the other half.
Good night, but go not to my uncle's bed,
Assume a virtue if you have it not.
That monster custom, who all sense doth eat
Of habits evil, is angel yet in this,
That to the use of actions fair and good
He likewise gives a frock or livery
That aptly is put on. Refrain to-night,
And that shall lend a kind of easiness
To the next abstinence, the next more easy;
For use almost can change the stamp of nature,
And either [tame] the devil, or throw him out,
With wondrous potency. Once more, good night,
And when you are desirous to be blessed,
I'll blessing beg of you. – For this same lord,
[*Pointing to Polonius*]
I do repent; but heaven hath pleased it so,
To punish me with this, and this with me,
That I must be their scourge and minister.
I will bestow him and will answer well
The death I gave him; so, again, good night.
I must be cruel only to be kind;
Thus bad begins, and worse remains behind.
[*Makes to go, but returns.*]
One word more, good lady.

sinn, das wird die schwärende Stelle nur überhäuten und bedecken, während die ekelhafte Fäulnis drinnen, alles unterwühlend, ungesehen verseucht. Legt dem Himmel Eure Beichte ab, bereut, was geschehen, vermeidet, was noch kommen mag, und streut nicht Dünger auf das Unkraut, es noch üppiger zu machen. – Vergebt mir diese meine Tugendhaftigkeit, denn in der Feistheit unsrer kurzatmigen Zeit muß sogar die Tugend das Laster um Verzeihung bitten, ja wahrlich sich krümmen und darum dienern, ihm Gutes anzutun.

Kgin. O Hamlet, du hast mir das Herz entzweigespalten.

Ham. Oh, werft den schlechteren Teil weg von Euch und lebt um so reiner mit der andern Hälfte. Gute Nacht, geht jedoch nicht zu meines Onkels Bett, nehmt eine Tugend an, wofern Ihr sie nicht habt. Jenes Ungeheuer, die Gewohnheit, die jegliches Bewußtsein schlimmer Gepflogenheiten aufzehrt, ist doch darin ein Engel, daß sie auch zur Übung schöner und guter Handlungen eine Kutte oder Dienstracht bietet, die sich leicht anzieht. Seid heute nacht enthaltsam, und das wird dann die folgende Enthaltung in gewisser Weise leichter machen, die darauffolgende noch leichter; denn die Gewöhnung kann fast das Gepräge unserer Natur verändern und mit wunderbarer Kraft den Teufel zähmen oder gar vertreiben. Nochmals gute Nacht, und sobald Ihr selbst nach Gottes Segen strebt, will ich Euch um Euren Segen bitten. – Um diesen Herren hier [*er zeigt auf Polonius*] empfind ich Reue; doch hat's den Himmeln so gefallen, mich durch dies zu strafen, und dies durch mich, so daß ich ihre Geißel sein muß und ihr Büttel. Ich werde ihn verstauen und vollauf Antwort stehen für den Tod, den ich ihm gab; somit noch einmal gute Nacht. Grausam muß ich sein, nur um liebevoll zu sein; so fängt das Schlimme an, mit Schlimmerem hintendrein ... [*Er wendet sich zum Gehen, kehrt aber wieder um.*] Ein Wort noch, gute Dame.

Kgin. Was soll ich tun?

Queen. What shall I do?
Ham. Not this by no means that I bid you do –
Let the bloat king tempt you again to bed,
Pinch wanton on your cheek, call you his mouse,
And let him for a pair of reechy kisses,
Or paddling in your neck with his damned fingers,
Make you to ravel all this matter out,
That I essentially am not in madness,
But mad in craft. 'Twere good you let him know,
For who that's but a queen, fair, sober, wise,
Would from a paddock, from a bat, a gib,
Such dear concernings hide? Who would do so?
No, in despite of sense and secrecy,
Unpeg the basket on the house's top,
Let the birds fly, and like the famous ape,
To try conclusions in the basket creep,
And break your own neck down.
Queen. Be thou assured, if words be made of breath,
And breath of life, I have no life to breathe
What thou hast said to me.
Ham. I must to England, you know that?
Queen. Alack,
I had forgot, 'tis so concluded on.
Ham. There's letters sealed, and my two school-fellows,
Whom I will trust as I will adders fanged,
They bear the mandate – they must sweep my way
And marshal me to knavery. Let it work,
For 'tis the sport to have the enginer
Hoist with his own petar, and't shall go hard
But I will delve one yard below their mines,
And blow them at the moon: O, 'tis most sweet
When in one line two crafts directly meet.
This man shall set me packing,
I'll lug the guts into the neighbour room;
Mother, good night indeed. This counsellor

Ham. Auf keinen Fall, was ich Euch heiße tun. – Laßt den aufgedunsenen König Euch wiederum ins Bett verleiten, Euch wollüstig in die Backe kneifen, Euch sein Mäuschen nennen, und laßt ihn für ein paar übelriechende Küsse oder dafür, daß er Euch mit seinen verfluchten Fingern am Halse krault, Euch dazu bringen, ihm diese ganze Sache zu entwirren, daß ich nicht wirklich unter Irrsinn leide, sondern nur aus List irrsinnig bin. Es wäre gut, Ihr ließet es ihn wissen, denn wer, der nichts als eine Königin ist, schön, keusch und weise, würde vor einer Kröte, einer Fledermaus, einem Kater solche tief berührenden Dinge wohl verbergen? Wer würde das wohl tun? Nein, der Vernunft und tunlichen Verschwiegenheit zum Trotz, macht auf des Hauses Dach den Korb auf, laßt die Vögel fliegen und, wie der bekannte Affe, kriecht, um die Probe anzustellen, in den Korb und brecht Euch drunten selbst den Hals.

Kgin. Sei du gewiß, wenn Worte aus Hauch bestehen und Hauch aus Leben, so habe ich kein Leben, das zu hauchen, was du mir gesagt hast.

Ham. Ich muß nach England, das wißt Ihr wohl?

Kgin. O weh, ich hatt's vergessen, so wurde es bestimmt.

Ham. Da gibt's versiegelte Briefe, und meine zwei Schulfreunde, denen ich so trauen will wie giftbezahnten Nattern, sie tragen das Mandat – sie müssen mir den Weg freikehren und mich zu Schurkereien geleiten. Nur zu! Denn 's ist ein Spaß, den Konstrukteur durch seine eigene Mine hochgehen zu lassen, und es müßte schlecht ablaufen, wenn ich nicht eine Elle unter ihren Stollen graben sollte und sie hinauf zum Monde sprengen. Oh, es ist allerliebst zu sehn, wenn in einer Linie zwei Listen geradwegs aufeinandergehn. Dieser Mann wird mich schleunigst wegschaffen, ich will den Wanst ins Nachbarzimmer schleppen; Mutter, nun wirklich gute Nacht. Dieser Rat ist nun ganz still, geheim

Is now most still, most secret, and most grave,
Who was in life a foolish prating knave. –
Come, sir, to draw toward an end with you –
Good night, mother.

Exit, tugging out Polonius.

und ernst; zuvor, im Leben, war er ein Schwätzer, Schelm und Tor. – [215] Kommt, mein Herr, um es mit Euch zu einem Ende zu bringen. – Gute Nacht, Mutter.

Er geht ab, Polonius hinausschleifend.

ACT 4

SCENE 1

[*The same.*]

Enter King with Rosencrantz and Guildenstern.

King. There's matter in these sighs; these profound heaves
You must translate, 'tis fit we understand them.
Where is your son?

Queen. [*To Ros. and Guil.*] Bestow this place on us a little while.

Exeunt Rosencrantz and Guildenstern.

Ah, mine own lord, what have I seen to-night!

King. What, Gertrude? how does Hamlet?

Queen. Mad as the sea and wind when both contend
Which is the mightier – in his lawless fit,
Behind the arras hearing something stir,
Whips out his rapier, cries 'A rat, a rat!'
And in this brainish apprehension kills
The unseen good old man.

King. O heavy deed!
It had been so with us had we been there.
His liberty is full of threats to all,
To you yourself, to us, to every one.
Alas, how shall this bloody deed be answered?
It will be laid to us, whose providence
Should have kept short, restrained, and out of haunt
This mad young man; but so much was our love,
We would not understand what was most fit,
But, like the owner of a foul disease,
To keep it from divulging, let it feed
Even on the pith of life . . . Where is he gone?

Queen. To draw apart the body he hath killed,
O'er whom his very madness, like some ore
Among a mineral of metals base,
Shows itself pure – 'a weeps for what is done.

AKT 4

SZENE 1

[*Wie vorher.*]

Der König tritt mit Rosenkranz und Güldenstern herein.

Kön. Bedeutung liegt in diesen Seufzern; dies tiefe Stöhnen müßt Ihr uns erklären, 's ist notwendig, daß wir's verstehn. Wo ist Euer Sohn?

Kgin. [*zu Ros. und Gül.*]. Überlaßt uns diesen Raum für eine kleine Weile.

Rosenkranz und Güldenstern gehen ab.

Ach, mein liebster Gebieter, was hab ich diese Nacht gesehn!

Kön. Was, Gertrud? Wie steht's mit Hamlet?

Kgin. Irr wie die See und wie der Wind, wenn beide darum kämpfen, wer der Mächtigere ist. – Als er in seinem regellosen Anfall etwas hinterm Wandbehang sich rühren hört, reißt er sein Rapier heraus, schreit »Eine Ratte, eine Ratte!« und tötet unter diesem wirren Eindruck den unsichtbaren guten alten Mann.

Kön. O schlimme Tat! So wär' es uns geschehn, wenn wir dort gewesen wären. Seine Freiheit ist voll von Gefahren für alle, für Euch selbst, für uns, für jedermann. O weh, wie soll man Rede stehn für diese blutige Tat? Sie wird uns angelastet werden, deren Vorsorge diesen irrsinnigen jungen Mann an kurzer Leine hätte halten sollen, in Gewahrsam und fern von der Gesellschaft; doch unsre Liebe war so groß, daß wir nicht einsehn wollten, was höchst angebracht war, sondern ließen so wie jemand, der eine üble Krankheit hat, um's nicht offenbar zu machen, es bis ans Mark des Lebens selber zehren . . . Wo ging er hin?

Kgin. Den Körper wegzuschleifen, den er umgebracht hat, an dem sogar sein Irrsinn, wie edles Erz in einer Mine niedriger Metalle, sich als rein erweist – er weint darüber, was geschehen ist.

King. O, Gertrude, come away!
The sun no sooner shall the mountains touch,
But we will ship him hence; and this vile deed
We must with all our majesty and skill
Both countenance and excuse. Ho! Guildenstern!
Re-enter Rosencrantz and Guildenstern.
Friends both, go join you with some further aid:
Hamlet in madness hath Polonius slain,
And from his mother's closet hath he dragged him.
Go, seek him out, speak fair, and bring the body
Into the chapel; I pray you, haste in this.
Exeunt Rosencrantz and Guildenstern.
Come, Gertrude, we'll call up our wisest friends,
And let them know both what we mean to do
And what's untimely done; [so, haply, slander,]
Whose whisper o'er the world's diameter,
As level as the cannon to his blank
Transports his poisoned shot, may miss our name,
And hit the woundless air. O, come away!
My soul is full of discord and dismay.
Exeunt.

SCENE 2

[*Another room in the castle.*]

Enter Hamlet.

Ham. Safely stowed.

Voices without. Hamlet! Lord Hamlet!

Ham. But soft, what noise, who calls on Hamlet? | O, here they come.

Enter Rosencrantz, Guildenstern, and others.

Ros. What have you done, my lord, with the dead body?

Ham. Compounded it with dust, whereto 'tis kin.

Ros. Tell us where 'tis, that we may take it thence,
And bear it to the chapel.

Kön. O Gertrud, kommt hinweg! Die Sonne soll die Berge nicht eher streifen, als wir ihn zu Schiffe fortschaffen; und diese üble Tat müssen wir mit aller Herrscherkraft und Fertigkeit sowohl vertreten als entschuldigen. – Heda! Güldenstern!

Rosenkranz und Güldenstern treten wieder ein.

Ihr Freunde beide, gesellt euch weitre Hilfe zu: Hamlet hat im Irrsinn den Polonius umgebracht und ihn aus dem Gemache seiner Mutter weggezerrt. Geht, sucht nach ihm, sprecht ihm gut zu und bringt den Leichnam zur Kapelle; ich bitt euch, sputet euch dabei.

Rosenkranz und Güldenstern gehen ab.

Kommt, Gertrud, wir wollen unsre klügsten Freunde wekken und sie wissen lassen, sowohl, was wir zu tun gedenken, als auch, was zum Unglück ward getan; so wird die Verleumdung, deren Flüstern über die ganze Erde hin so gerade wie die Kanone ihr vergiftetes Geschoß zu seinem Ziel trägt, unseren Namen vielleicht doch verfehlen und die unverwundbare Luft treffen. Oh, kommt hinweg von hier, Zwiespalt und Trauer füllen ganz die Seele mir.

Sie gehen ab.

SZENE 2

[*Ein anderer Raum in der Burg.*]

Hamlet kommt herein.

Ham. Sicher verstaut.

Stimmen draußen. Hamlet! Prinz Hamlet!

Ham. Doch halt, was für ein Lärm, wer ruft nach Hamlet? Ah, da kommen sie.

Rosenkranz und Güldenstern treten mit anderen ein.

Ros. Mein Prinz, was habt Ihr mit dem Leichnam angefangen?

Ham. Ihn mit dem Staub vereint, dem er verwandt ist.

Ros. Sagt uns, wo er ist, damit wir ihn von dort wegnehmen und zur Kapelle tragen können.

Ham. Do not believe it.

Ros. Believe what?

Ham. That I can keep your counsel and not mine own. | Besides, to be demanded of a sponge, | what replication should be made by the son of a king?

Ros. Take you me for a sponge, my lord?

Ham. Ay, sir, that soaks up the king's countenance, his rewards, his authorities. | But such officers do the king best service in the end, he keeps them like an ape an apple in the corner of his jaw, | first mouthed to be last swallowed – | when he needs what you have gleaned, | it is but squeezing you, and, sponge, you shall be dry again.

Ros. I understand you not, my lord.

Ham. I am glad of it – | a knavish speech sleeps in a foolish ear.

Ros. My lord, you must tell us where the body is, | and go with us to the king.

Ham. The body is with the king, but the king is not with the body. | The king is a thing ...

Guil. A thing, my lord!

Ham. Of nothing, bring me to him. | Hide fox, and all after.

Exit, the others after him.

SCENE 3

[*The hall of the castle.*]

Enter King and some Councillors.

King. I have sent to seek him, and to find the body.
How dangerous is it that this man goes loose!
Yet must not we put the strong law on him,
He's loved of the distracted multitude,
Who like not in their judgement but their eyes,

Ham. Glaubt's nicht.

Ros. Glaubt was nicht?

Ham. Daß ich Euer Geheimnis wahren kann, aber nicht mein eignes; außerdem, von einem Schwamm befragt, welche Replik sollte wohl der Sohn eines Königs geben?

Ros. Haltet Ihr mich für einen Schwamm, mein Prinz?

Ham. Allerdings, Herr, der die Gunst des Königs aufsaugt, seine Belohnungen, seine Amtswürden. Doch leisten solche Beamten dem König am Ende den besten Dienst, er hält sie wie der Affe einen Apfel im Winkel seines Kinnbackens, zuerst in den Mund gesteckt, um zuletzt verschlungen zu werden – wenn er braucht, was Ihr aufgenommen habt, muß er Euch nur drücken, und, Schwamm, Ihr werdet wieder trocken sein.

Ros. Ich versteh Euch nicht, mein Prinz.

Ham. Das freut mich – eine böse Rede schläft in einem tumben Ohr.

Ros. Mein Prinz, Ihr müßt uns sagen, wo der Leichnam ist, und mit uns zum König gehn.

Ham. Der Leichnam ist beim König, aber der König ist nicht beim Leichnam. Der König ist ein Etwas ...

Gül. Ein Etwas, mein Prinz?

Ham. Aus nichts, bringt mich zu ihm. Versteck dich, Fuchs, und alle hinterdrein.

Er geht ab, die anderen ihm nach.

SZENE 3

[*Der Große Saal der Burg.*]

Der König kommt mit einigen Räten herein.

Kön. Ich habe ausgeschickt, um ihn zu suchen und den Leichnam aufzufinden. Wie gefährlich ist es, daß dieser Mensch auf freiem Fuß geht! Doch dürfen wir ihn nicht der Strenge des Gesetzes unterwerfen, er wird geliebt von der verworrenen Menge, die nicht mit dem Verstande gern hat, sondern

And where 'tis so, th' offender's scourge is weighed,
But never the offence. To bear all smooth and even,
This sudden sending him away must seem
Deliberate pause – diseases desperate grown
By desperate appliance are relieved,
Or not at all.

Enter Rosencrantz, Guildenstern, and others.

How now, what hath befall'n?

Ros. Where the dead body is bestowed, my lord,
We cannot get from him.

King. But where is he?

Ros. Without, my lord, guarded, to know your pleasure.

King. Bring him before us.

Ros. Ho! bring in the lord.

Enter Hamlet under guard.

King. Now, Hamlet, where's Polonius?

Ham. At supper.

King. At supper? Where?

Ham. Not where he eats, but where 'a is eaten; | a certain convocation of politic worms are e'en at him. Your worm is your only emperor for diet: | we fat all creatures else to fat us, | and we fat ourselves for maggots. | Your fat king and your lean beggar is but variable service, | two dishes, but to one table – that's the end.

King. Alas, alas!

Ham. A man may fish with the worm that hath eat of a king, | and eat of the fish that hath fed of that worm.

King. What dost thou mean by this?

Ham. Nothing, but to show you how a king may go a progress through the guts of a beggar.

King. Where is Polonius?

mit den Augen, und wo dem so ist, wird nur die Geißel schwergenommen, die den Missetäter trifft, doch nie die Missetat. Um alles glatt und ausgeglichen durchzubringen, muß seine jähe Fortsendung sorgsam bedachter Aufschub scheinen – Krankheiten im Stande der Verzweiflung hilft man mit Mitteln der Verzweiflung, oder überhaupt nicht.

Rosenkranz, Güldenstern und andere treten ein.

Was gibt es? Was ist vorgefallen?

Ros. Wo der Leichnam hingepackt ist, mein Fürst, können wir nicht aus ihm herausbekommen.

Kön. Doch wo ist er selbst?

Ros. Draußen, mein Fürst, unter Bewachung, um Euren Willen zu erfahren.

Kön. Bringt ihn vor uns.

Ros. Heda! Bringt den Prinzen herein!

Hamlet kommt unter Bewachung herein.

Kön. Nun, Hamlet, wo ist Polonius?

Ham. Beim Nachtmahl.

Kön. Beim Nachtmahl? Wo?

Ham. Nicht wo er ißt, sondern wo er gegessen wird; eine gewisse Versammlung staatskluger Würmer macht sich soeben über ihn her. Der Wurm ist Euch der einzige Kaiser hinsichtlich der Nahrung: Wir mästen alle anderen Geschöpfe, um uns zu mästen, und uns selber mästen wir für die Maden. Der feiste König und der dürre Bettler sind nur verschiedene Gänge, zwei Speisen, aber an einer Tafel – damit hat's ein Ende.

Kön. O Jammer, Jammer!

Ham. Ein Mann kann mit dem Wurm fischen, der von einem König gegessen hat, und kann den Fisch essen, der von dem Wurm aß.

Kön. Was willst du damit sagen?

Ham. Nichts, nur aufzeigen, wie ein König eine Staatsreise durch die Gedärme eines Bettlers machen kann.

Kön. Wo ist Polonius?

Ham. In heaven – send thither to see, | if your messenger find him not there, | seek him i'th' other place yourself. But if indeed you find him not within this month, | you shall nose him as you go up the stairs into the lobby.

King. [*To some Attendants.*] Go seek him there.

[*Exeunt Attendants.*]

Ham. 'A will stay till you come!

King. Hamlet, this deed, for thine especial safety,
Which we do tender, as we dearly grieve
For that which thou hast done, must send thee hence
With fiery quickness. Therefore prepare thyself,
The bark is ready, and the wind at help,
Th' associates tend, and every thing is bent
For England.

Ham. For England?

King. Ay, Hamlet.

Ham. Good.

King. So is it, if thou knew'st our purposes.

Ham. I see a cherub that sees them. | But come, for England! – Farewell, dear mother.

King. Thy loving father, Hamlet.

Ham. My mother – father and mother is man and wife, | man and wife is one flesh: so, my mother. | [*Turns to his guards.*] Come, for England!

Exit with guards.

King. [*To Ros. and Guil.*] Follow him at foot, tempt him with speed aboard,
Delay it not, I'll have him hence to-night.
Away! For every thing is sealed and done
That else leans on th' affair –

[*Hands over a packet of papers*]

pray you, make haste.

Exeunt Rosencrantz and Guildenstern, followed by all others but the King.

And, England, if my love thou hold'st at aught –
As my great power thereof may give thee sense,

Ham. Im Himmel – schickt hin, um nachzusehen; falls Euer Bote ihn dort nicht findet, sucht ihn nur selber an dem andern Ort. Wenn Ihr ihn aber wirklich nicht binnen eines Monats finden solltet, werdet Ihr ihn ernasen, während Ihr die Treppe in den Vorsaal hochgeht.

Kön. [*zu einigen Gefolgsleuten*]. Geht, sucht ihn dort.

[*Die Gefolgsleute gehen ab.*]

Ham. Er wird warten, bis ihr kommt!

Kön. Hamlet, diese Tat muß, zu deiner besondren Sicherheit, die uns so sehr am Herzen liegt, wie wir innig trauern über das, was du getan hast, mit Feuerseile dich von hinnen senden. Bereite dich daher, das Schiff ist segelfertig, der Wind steht günstig, die Gefährten harren, und alles spannt sich hin nach England.

Ham. Nach England?

Kön. Ja, Hamlet.

Ham. Gut.

Kön. Das ist es, wenn du unsre Absichten nur kenntest.

Ham. Ich sehe einen Cherub, der sie sieht. Aber kommt, nach England! – Lebt wohl, teure Mutter.

Kön. Dein liebevoller Vater, Hamlet.

Ham. Meine Mutter – Vater und Mutter sind Mann und Weib, Mann und Weib sind ein Fleisch: somit meine Mutter. – [*Zu seinen Wachen gewendet.*] Kommt, nach England!

Hamlet, mit den Wachen, geht ab.

Kön. [*zu Ros. und Gül.*]. Folgt ihm auf dem Fuße, überredet ihn, rasch an Bord zu gehn, verzögert's nicht, ich will ihn noch heut nacht von hinnen haben. Hinweg! Denn alles ist gesiegelt und getan, was mit der Sache weiter noch zusammenhängt. [*Er übergibt ein Bündel Briefe.*] Ich bitte, sputet euch . . .

Rosenkranz und Güldenstern gehen ab, gefolgt von allen übrigen, außer dem König.

Und, England, falls du meine Gunst als irgendwie von Wert erachtest – wie meine große Macht es dich ja spüren lassen

Since yet thy cicatrice looks raw and red
After the Danish sword, and thy free awe
Pays homage to us – thou mayst not coldly set
Our sovereign process, which imports at full,
By letters congruing to that effect,
The present death of Hamlet. Do it, England,
For like the hectic in my blood he rages,
And thou must cure me. Till I know 'tis done,
Howe'er my haps, my joys were ne'er begun.
Exit.

SCENE 4

[*The Danish coast near the castle.*]

Drums; enter Fortinbras with his army.

Fort. [*To an officer.*] Go, captain, from me greet the Danish king,
Tell him that by his license Fortinbras
Craves the conveyance of a promised march
Over his kingdom. You know the rendezvous.
If that his majesty would aught with us,
We shall express our duty in his eye,
And let him know so.

Capt. I will do't, my lord.
[*Turns and sets out.*]

Fort. [*To the troops.*] Go softly on.
Exeunt Fortinbras and the army.

Enter Hamlet, Rosencrantz, Guildenstern, and others.

Ham. [*To the Captain.*] Good sir, whose powers are these?

Capt. They are of Norway, sir.

Ham. How purposed, sir, I pray you?

Capt. Against some part of Poland.

Ham. Who commands them, sir?

Capt. The nephew to old Norway, Fortinbras.

Ham. Goes it against the main of Poland, sir,
Or for some frontier?

kann, denn noch sieht deine Narbe vom dänischen Schwerte unverheilt und rot aus, und deine selbsttätige Furcht zollt uns noch Huldigung –, so kannst du unser allerhöchstes Gebot nicht gleichgültig bewerten, das ausführlich durch Schreiben, die übereinstimmend darauf hinausgehn, Hamlets unmittelbaren Tod besagt. Tu's, England, denn wie das Schwindsuchtsfieber rast er mir im Blute, und du mußt mich heilen. Was mir auch sonst geschehn mag, bis ich weiß, es ist getan, fangen meine Freuden niemals an.

Er geht ab.

SZENE 4

[*Die dänische Küste unweit der Burg.*]

Trommelschlag; Fortinbras kommt heran mit seinem Heer.

Fort. [*zu einem Offizier*]. Geht, Hauptmann, überbringt dem Dänenkönig meinen Gruß, sagt ihm, daß mit seiner Erlaubnis Fortinbras Geleit erbittet für einen angesagten Durchmarsch durch sein Reich. Ihr wißt den Treffpunkt. Falls seine Majestät von uns persönlich etwas wünscht, wollen wir unsere Ergebenheit vor seinem Auge erweisen, auch das laßt ihn wissen.

Hauptm. Ich werde 's tun, mein Prinz. [*Er wendet und macht sich auf.*]

Fort. [*zum Heereszug*]. Marschiert langsam weiter.

Fortinbras und sein Heer gehen ab.

Hamlet, Rosenkranz, Güldenstern und andere treten auf.

Ham. [*zum Hauptmann*]. Werter Herr, wessen Truppen sind dies?

Hauptm. Es sind norwegische, mein Herr.

Ham. Was ist ihre Bestimmung, mein Herr, ich bitte Euch?

Hauptm. Gegen einen Teil von Polen.

Ham. Wer befehligt sie, mein Herr?

Hauptm. Des alten Norwegen Neffe, Fortinbras.

Ham. Geht es gegen 's Hauptgebiet von Polen, mein Herr, oder auf eine Grenzmark?

Capt. Truly to speak, and with no addition,
We go to gain a little patch of ground
That hath in it no profit but the name.
To pay five ducats, five, I would not farm it;
Nor will it yield to Norway or the Pole
A ranker rate, should it be sold in fee.
Ham. Why, then the Polack never will defend it.
Capt. Yes, it is already garrisoned.
Ham. Two thousand souls and twenty thousand ducats
Will not debate the question of this straw!
This is th' impostume of much wealth and peace,
That inward breaks, and shows no cause without
Why the man dies. – I humbly thank you, sir.
Capt. God bye you, sir.
Exit.
Ros. Will't please you go, my lord?
Ham. I'll be with you straight, go a little before ...
Exeunt all but Hamlet.
How all occasions do inform against me,
And spur my dull revenge! What is a man,
If his chief good and market of his time
Be but to sleep and feed? A beast, no more;
Sure he that made us with such large discourse,
Looking before and after, gave us not
That capability and god-like reason
To fust in us unused. Now, whether it be
Bestial oblivion, or some craven scruple
Of thinking too precisely on th' event –
A thought which, quartered, hath but one part wisdom,
And ever three parts coward – I do not know
Why yet I live to say 'This thing's to do',
Sith I have cause, and will, and strength, and means
To do't. Examples gross as earth exhort me:
Witness this army of such mass and charge,
Led by a delicate and tender prince,
Whose spirit, with divine ambition puffed,

Hauptm. Um wahr und ohne Zusätze zu reden, wir ziehen, um ein kleines Fleckchen Boden zu erlangen, das außer seinem Namen keinerlei Gewinn birgt. Ich würde es für fünf Dukaten, fünf, nicht pachten; noch wird's dem Norweger oder dem Polen einen üppigeren Preis erbringen, würde es als freies Eigentum verkauft.

Ham. Nun, so wird der Pole es niemals verteidigen.

Hauptm. Doch, es ist bereits mit einer Garnison belegt.

Ham. Zweitausend Seelen und zwanzigtausend Dukaten werden doch nicht die Frage dieses Strohhalms ausfechten! Dies ist das Geschwür von viel Reichtum und Frieden, das innen aufbricht und nach außen keinen Grund anzeigt, warum der Mann wohl stirbt. – Ich danke Euch ergebenst, mein Herr.

Hauptm. Gott sei mit Euch, mein Herr.

Er geht ab.

Ros. Beliebt es Euch zu gehn, mein Prinz?

Ham. Ich bin gleich wieder bei euch, geht etwas vor.

Alle außer Hamlet gehen ab.

Wie alle Vorfälle mich verklagen und meine träge Rache anspornen! Was ist der Mensch, wenn sein höchstes Gut und der Erlös seiner Zeit nichts als zu schlafen und zu essen ist? Ein Tier, nichts weiter; gewiß, jener, der uns mit so weitreichendem Verstand erschuf, der vor- und rückwärts blicken kann, gab uns diese Fähigkeit und gottgleiche Vernunft nicht dazu, daß sie ungenützt in uns vermodere. Ob es nun tierisches Vergessen ist oder irgendein zagender Zweifel aus zu genauem Überdenken des Ausgangs – ein Gedanke, der, geviertelt, nur ein Teil Weisheit hat und stets drei Teile Feigling –, ich weiß nicht, weshalb ich noch immer lebe, um zu sagen »Dies ist zu tun«, wo ich doch Grund und Willen und Kraft und Mittel habe, es zu tun. Beispiele, handgreiflich wie die Erde, treiben mich an: Man sehe nur dies Heer von solchem Umfange und Kosten, geführt von einem edelmütigen und jugendlichen Prinzen, dessen Geist, durch göttlichen Ehrgeiz angeschwellt, dem

Makes mouths at the invisible event,
Exposing what is mortal and unsure
To all that fortune, death and danger dare,
Even for an egg-shell . . . Rightly to be great
Is not to stir without great argument,
But greatly to find quarrel in a straw
When honour's at the stake. How stand I then,
That have a father killed, a mother stained,
Excitements of my reason and my blood,
And let all sleep, while to my shame I see
The imminent death of twenty thousand men
That for a fantasy and trick of fame
Go to their graves like beds, fight for a plot
Whereon the numbers cannot try the cause,
Which is not tomb enough and continent
To hide the slain . . . O, from this time forth,
My thoughts, be bloody, or be nothing worth!
Exit.

SCENE 5

[*The Queen's closet.*]

Queen, Horatio, and a Gentleman.

Queen. I will not speak with her.
Gent. She is importunate, indeed distract,
Her mood will needs be pitied.
Queen. What would she have?
Gent. She speaks much of her father, says she hears
There's tricks i'th' world, and hems, and beats her heart,
Spurns enviously at straws, speaks things in doubt
That carry but half sense. Her speech is nothing,
Yet the unshaped use of it doth move
The hearers to collection – they aim at it,
And botch the words up fit to their own thoughts,
Which, as her winks and nods and gestures yield them,

unvorhersehbaren Ausgang Fratzen schneidet und das, was ungewiß und sterblich ist, all dem aussetzt, was Schicksal und Gefahr und Tod nur wagen mögen, bloß für eine Eierschale ... Im wahren Sinne groß sein, heißt nicht, ohne großen Anlaß loszuschlagen, doch großen Grund zum Streit in einem Strohhalme zu finden, wenn die Ehre auf dem Spiel steht. Wie stehe ich dann da, der ich einen gemordeten Vater und eine befleckte Mutter habe, Anfeuerung für den Verstand wie für mein Blut, und lasse alles schlafen, während ich zu meiner Scham den drohenden Tod von zwanzigtausend Männern sehe, die für eine Laune und eine Spielerei von Ruhm zu ihren Gräbern gehen wie zu Bett, die um ein Stückchen Bodens kämpfen, auf dem die große Zahl den Streitfall nicht einmal entscheiden kann, das nicht genügend Gruft und Hülle bietet, die Erschlagnen zu bedecken ... Oh, ab jetzt, Gedanken, seid mir voll von Blut, sonst seid ihr zu gar nichts gut!

Er geht ab.

SZENE 5

[*Das Privatgemach der Königin.*]

Die Königin, Horatio und ein Edelmann.

Kgin. Ich will nicht mit ihr sprechen.

Edelm. Sie ist hartnäckig, ja ganz von Sinnen, man kann nicht anders, als ihren Zustand bedauern.

Kgin. Was will sie denn?

Edelm. Sie redet viel von ihrem Vater, sagt, sie höre, es gäbe Schliche auf der Welt, und räuspert sich, und schlägt sich ans Herz, tritt wütend nach Strohhalmen, redet zweifelhafte Dinge, die nur halben Sinn abgeben. Was sie sagt, ist in sich nichts, doch treibt ihr ungeformtes Reden die Hörer zum Zusammentragen – sie suchen zu erraten und flicken, um sie ihren eigenen Gedanken anzupassen, die Worte sich zurecht, die, so wie des Mädchens Zwinkern, Kopfnicken

Indeed would make one think there might be thought,
Though nothing sure, yet much unhappily.

Hor. 'Twere good she were spoken with, for she may strew
Dangerous conjectures in ill-breeding minds;
Let her come in.

Queen. [*Aside.*] To my sick soul, as sin's true nature is,
Each toy seems prologue to some great amiss,
'So full of artless jealousy is guilt,
It spills itself, in fearing to be spilt.'

Enter Ophelia, distracted.

Oph. Where is the beauteous majesty of Denmark?

Queen. How now, Ophelia?

Oph. *(Sings.)* How should I your true-love know
From another one?
By his cockle hat and staff,
And his sandal shoon.

Queen. Alas, sweet lady, what imports this song?

Oph. Say you? Nay, pray you, mark:

Sings.

He is dead and gone, lady,
He is dead and gone,
At his head a grass-green turf,
At his heels a stone.

O, ho!

Queen. Nay, but Ophelia . . .

Oph. Pray you, mark:

Sings.

White his shroud as the mountain snow . . .

Enter King.

Queen. Alas, look here, my lord.

Oph. *(Sings.)* Larded all with sweet flowers,
Which bewept to the grave did not go,
With true-love showers.

King. How do you, pretty lady?

Oph. Well, God 'ield you. They say the owl was a baker's

und Armbewegungen sie darbieten, wahrlich geeignet sind, einen auf den Gedanken zu bringen, daß man sich etwas denken könnte, nichts Gewisses zwar, doch viel Ungutes.

Hor. Es wäre ratsam, mit ihr zu sprechen, denn sie könnte in Böses ausbrütende Gemüter gefährliche Vermutungen streun; laßt sie hereinkommen.

Kgin. [*beiseite*]. Meiner kranken Seele, nach der wahren Art der Sünden, scheint jede Kleinigkeit ein großes Unheil anzukünden. »Die Schuld derart erfüllt von blindem Argwohn steht, daß, den Verrat befürchtend, sie sich selbst verrät.«

Ophelia tritt ein, verstört.

Oph. Wo ist die schöne Majestät von Dänemark?

Kgin. Was gibt es, Ophelia?

Oph. (singt). Wie erkenn ich wohl dein Lieb
Unter andern nun?
An seinem Muschelhut und Stab
Und den Sandalenschuhn.

Kgin. Ach, liebes Fräulein, was bedeutet dieses Lied?

Oph. Was sagt Ihr? Nein, ich bitt Euch, hört:
(Sie singt.) Er ist tot und fort, Fräulein,
Er ist tot und fort,
Zu Häupten Rasen ihm grasgrün,
Am Fuß ein Grabstein dort.
Oh, ho!

Kgin. Nein, aber Ophelia ...

Oph. Ich bitte Euch, hört:
(Sie singt.) Sein Leichentuch weiß wie der Berge Schnee ...

Der König tritt ein.

Kgin. O Jammer, seht nur, mein Gebieter!

Oph. (singt). Ganz bedeckt mit Blumen süß,
Der beweint zum Grabe nicht ging
Vom Regen der Liebesgrüß.

Kön. Wie steht's mit Euch, holdes Fräulein?

Oph. Gut, Gott lohn's Euch. Man sagt, die Eule war eine Bäckerstochter. Herrgott, wir wissen, was wir sind, doch

daughter. Lord, we know what we are, but know not what we may be. | God be at your table.

King. Conceit upon her father.

Oph. Pray, let's have no words of this, | but when they ask you what it means, say you this:

Sings.

To-morrow is Saint Valentine's day,
  All in the morning betime,
And I a maid at your window
  To be your Valentine.

Then up he rose, and donned his clo'es,
  And dupped the chamber door,
Let in the maid, that out a maid
  Never departed more.

King. Pretty Ophelia!

Oph. Indeed, without an oath, I'll make an end on't:

Sings.

By Gis and by Saint Charity,
  Alack and fie for shame!
Young men will do't, if they come to't,
  By Cock, they are to blame.

Quoth she, Before you tumbled me,
  You promised me to wed.
(He answers.) So would I 'a' done, by yonder sun,
  An thou hadst not come to my bed.

King. How long hath she been thus?

Oph. I hope all will be well. We must be patient, but I cannot choose but weep to think | they would lay him i'th' cold ground. | My brother shall know of it, and so I thank you for your good counsel. | Come, my coach! | Good night, ladies, good night. Sweet ladies, good night, good night.

Exit.

King. Follow her close, give her good watch, I pray you.

[*Exeunt Horatio and the Gentleman*.]

wissen nicht, was aus uns werden kann. Gott sei an Eurem Tisch.

Kön. Phantasterei, von wegen ihres Vaters.

Oph. Bitte, laßt uns nicht darüber reden, aber wenn man Euch fragt, was es bedeutet, so sagt dies:

(Sie singt.) Morgen ist Sankt-Valentinstag,
Ganz früh die Zeit gar fein,
Und ich, 'ne Maid an deinem Fenster,
Will Valentinsliebchen dir sein.

Er stand auf bereit, tat an sein Kleid,
Tat auf die Kammertür,
Ließ ein die Maid, die als 'ne Maid
Nimmermehr ging herfür.

Kön. Holde Ophelia!

Oph. Wirklich, ohne Schwörwort, ich will ein Ende damit machen:

(Sie singt.) Bei Jees und bei Sankt Caritas,
Weh, pfui der Schande hie!
Jungmännersleut tun's jederzeit,
Bei Kott, gemein sind die!

Sagt sie: Eh du mich umgelegt,
Versprachst du, mich zu frein.
(Er antwortet.) Das hätt' ich ja, bei der Sonne da,
Wärst nicht kommen ins Bette mein.

Kön. Wie lang ist sie schon so?

Oph. Ich hoffe, alles geht gut aus. Wir müssen geduldig sein, aber ich kann nicht anders als weinen, wenn ich daran denke, sie würden ihn in die kalte Erde legen. Mein Bruder soll's erfahren, und somit danke ich Euch für Euren guten Rat. Kommt, meine Kutsche! Gute Nacht, meine Damen, gute Nacht. Liebliche Damen, gute Nacht, gute Nacht.

Sie geht ab.

Kön. Folgt ihr dicht, habt gut auf sie acht, ich bitte euch.

[*Horatio und der Edelmann gehen ab.*]

O, this is the poison of deep grief, it springs
All from her father's death . . . and now behold,
O Gertrude, Gertrude,
When sorrows come, they come not single spies,
But in battalions: First, her father slain,
Next, your son gone, and he most violent author
Of his own just remove; the people muddied,
Thick and unwholesome in their thoughts and whispers
For good Polonius' death – and we have done but greenly,
In hugger-mugger to inter him; poor Ophelia
Divided from herself and her fair judgement,
Without the which we are pictures or mere beasts;
Last, and as much containing as all these,
Her brother is in secret come from France,
Feeds on his wonder, keeps himself in clouds,
And wants not buzzers to infect his ear
With pestilent speeches of his father's death,
Wherein necessity, of matter beggared,
Will nothing stick our person to arraign
In ear and ear: O my dear Gertrude, this,
Like to a murd'ring-piece in many places,
Gives me superfluous death!

A noise without.

Queen. Alack! what noise is this?

King. [*Calls.*] Attend!

Enter another Gentleman.

Where is my Switzers? Let them guard the door.
What is the matter?

Gent. Save yourself, my lord!
The ocean, overpeering of his list,
Eats not the flats with more impituous haste
Than young Laertes in a riotous head
O'erbears your officers; the rabble call him lord,
And, as the world were now but to begin,
Antiquity forgot, custom not known,
The ratifiers and props of every word,

Oh, dies ist des tiefen Kummers Gift, es entspringt ganz dem Tode ihres Vaters ... Und seht nun, o Gertrud, Gertrud, wenn Leiden kommen, kommen sie nicht als einzelne Späher, sondern in ganzen Heerhaufen: Zuerst ihr Vater erschlagen, dann Euer Sohn fort, und er selber der höchst gewaltsame Urheber seiner berechtigten Entfernung; das Volk trüb aufgerührt, geschwollen und ungesund in seinen Vorstellungen und Flüstereien über des guten Polonius Tod – und wir haben sehr unausgereift gehandelt, ihn klammheimlich zu begraben; die arme Ophelia von sich selbst und ihrer klaren Urteilskraft getrennt, ohne die wir nichts als Abbildungen unsrer selbst sind oder bloße Tiere; schließlich, und genauso viel enthaltend wie all dies zusammen: Ihr Bruder ist insgeheim aus Frankreich angekommen, nährt sich von seinem jähen Gram, hält sich umwölkt und mangelt nicht der Einflüsterer, die sein Ohr mit pesttragenden Reden über seines Vaters Tod verseuchen, wobei die Notwendigkeit der Erklärung, an Stoff rasch bettelarm, sich mitnichten scheut, uns höchstpersönlich anzuklagen, in ein Ohr wie ins andre: O meine teure Gertrud, dies gibt mir wie ein Streugeschütz an vielen Stellen überzähligen Tod!

Lärmen draußen.

Kgin. O weh, was ist dies für ein Lärm?

Kön. [*ruft*]. Heda!

Ein anderer Edelmann tritt ein.

Wo sind meine Schweizer? Sie sollen den Eingang sichern. Was geht vor?

Edelm. Rettet Euch, mein Fürst! Das Meer, das dräuend über seine Grenze bricht, frißt nicht mit rasenderer Hast das flache Land, als der junge Laertes mit einem tobenden Rebellenhaufen Eure Diener überwältigt; der Pöbel heißt ihn Herr, und so, als ob die Welt erst jetzt beginnen sollte, als sei die alte Zeit vergessen, Brauchtum unbekannt, die Bekräftiger und Stützen jedes Treueworts, schreien sie

They cry 'Choose we, Laertes shall be king!'
Caps, hands, and tongues applaud it to the clouds,
'Laertes shall be king, Laertes king!'
[*Exit.*]
The noise grows.

Queen. How cheerfully on the false trail they cry!
O, this is counter, you false Danish dogs.

King. The doors are broke.

Enter Laertes, followed by a Crowd.

Laer. Where is this king?
[*To the Crowd.*] Sirs, stand you all without.

Crowd. No, let's come in.

Laer. I pray you, give me leave.

Crowd. We will, we will.
[*Crowd retire.*]

Laer. I thank you, keep the door.
[*Exeunt Crowd.*]
O thou vile king,
Give me my father!
[*Advances upon the King.*]

Queen. [*Tries to hold him back.*] Calmly, good Laertes.

Laer. That drop of blood that's calm proclaims me bastard,
Cries cuckold to my father, brands the harlot,
Even here, between the chaste unsmirched brows
Of my true mother.

King. What is the cause, Laertes,
That thy rebellion looks so giant-like?
– Let him go, Gertrude, do not fear our person,
There's such divinity doth hedge a king,
That treason can but peep to what it would,
Acts little of his will. – Tell me, Laertes,
Why thou art thus incensed – let him go, Gertrude –
Speak, man.

Laer. Where is my father?

King. Dead.

Queen. But not by him.

»Laßt uns wählen! Laertes sei König!« Mützen, Hände und Zungen tragen den Beifall zu den Wolken hoch, »Laertes sei König, Laertes König!«

[*Er geht ab.*]

Das Lärmen draußen wird stärker.

Kgin. Wie froh sie auf der falschen Fährte bellen! Oh, das heißt rückwärts jagen, ihr falschen Dänenhunde.

Kön. Die Türen sind erbrochen.

Laertes tritt ein, gefolgt von einer Volksmenge.

Laer. Wo ist dieser König? [*Zur Menge.*] Ihr Herren, bleibt alle draußen.

Menge. Nein, laßt uns hereinkommen!

Laer. Ich bitte euch, entschuldigt mich.

Menge. Wir tun's, wir tun's.

[*Die Menge zieht sich zurück.*]

Laer. Ich danke euch, besetzt die Tür.

[*Die Menge geht ab.*]

O du schändlicher König, gib mir meinen Vater! [*Er dringt auf den König ein.*]

Kgin. [*versucht, Laertes zurückzuhalten*]. Ruhig, guter Laertes.

Laer. Der Tropfen Bluts, der ruhig ist, ruft mich zum Bastard aus, schreit meinem Vater Hahnrei zu, brennt das Hurenmal genau hier, zwischen die unbeschmutzten Brauen meiner treuen Mutter.

Kön. Was ist der Grund, Laertes, daß deine Rebellion dermaßen wie ein Riese aussieht? – Laßt ihn los, Gertrud, habt keine Angst um unsere Person, eine solche Göttlichkeit umheget einen König, daß der Verrat verstohlen nur das ansehn kann, was er gern täte, doch Weniges von seiner Absicht ausführt. – Sag mir, Laertes, warum bist du so ergrimmt – laßt ihn los, Gertrud –, sprich, Mann.

Laer. Wo ist mein Vater?

Kön. Tot.

Kgin. Doch nicht durch ihn.

King. Let him demand his fill.
Laer. How came he dead? I'll not be juggled with,
To hell allegiance, vows to the blackest devil,
Conscience and grace to the profoundest pit!
I dare damnation. To this point I stand,
That both the worlds I give to negligence,
Let come what comes, only I'll be revenged
Most throughly for my father.
King. Who shall stay you?
Laer. My will, not all the world's;
And for my means, I'll husband them so well,
They shall go far with little.
King. Good Laertes,
If you desire to know the certainty
Of your dear father, is't writ in your revenge,
That, swoopstake, you will draw both friend and foe,
Winner and loser?
Laer. None but his enemies.
King. Will you know them then?
Laer. To his good friends thus wide I'll ope my arms,
And, like the kind life-rend'ring pelican,
Repast them with my blood.
King. Why, now you speak
Like a good child and a true gentleman.
That I am guiltless of your father's death,
And am most sensibly in grief for it,
It shall as level to your judgement 'pear,
As day does to your eye.
Crowd without. Let her come in!
Laer. How now! What noise is that?
Re-enter Ophelia, carrying flowers.
O heat, dry up my brains, tears seven times salt,
Burn out the sense and virtue of mine eye!
By heaven, thy madness shall be paid with weight
Till our scale turn the beam. O rose of May,
Dear maid, kind sister, sweet Ophelia!

Kön. Laßt ihn sich nur sattfragen.

Laer. Wie kam's zu seinem Tod? Ich lasse mir nichts vorgaukeln, zur Hölle Untertanentreue, Gelöbnisse zum schwärzesten der Teufel, Gewissen und Gnadenstand zum tiefsten Schlund! Ich geh das Wagnis der Verdammnis ein. Ich stehe an einem solchen Punkte, daß mir beide Welten nichts bedeuten, mag kommen, was da kommt, solange ich nur gründlich Rache üben kann für meinen Vater!

Kön. Wer wird Euch hindern?

Laer. Allein mein Wille, nicht der der ganzen Welt; und was meine Mittel angeht, ich will so sorgsam damit umgehn, daß sie mit wenig viel erreichen.

Kön. Guter Laertes, falls Ihr Gewißheit über Euren Vater haben möchtet, steht es in Eurer Rache so geschrieben, daß Ihr in Bausch und Bogen sowohl Freund als Feind kassieren wollt, Gewinner und Verlierer?

Laer. Niemand als seine Feinde.

Kön. Also wollt Ihr sie erkennen?

Laer. Seinen guten Freunden will ich meine Arme so weit öffnen und wie der liebevolle, lebenhingebende Pelikan sie mit meinem eignen Blute speisen.

Kön. Seht, nun sprecht Ihr wie ein guter Sohn und wahrer Edelmann. Daß ich an Eures Vaters Tode schuldlos bin und auf das tiefste darob traure, das soll so offenbar vor Eurem Urteile erscheinen wie der Tag dem Auge.

Menge draußen. Laßt sie hinein!

Laer. Holla, was ist das für ein Lärm?

Ophelia kommt wieder herein, Blumen in der Hand.

O Glut, vertrockne mein Gehirn, Tränen, siebenfach gesalzen, brennt die Wahrnehmung und Kraft aus meinem Auge! Beim Himmel, dein Irrsinn soll mit Last bezahlt werden, bis unsre Schale den Waagebalken neigt. O Maienrose, teures Mädchen, gute Schwester, liebliche Ophelia! O ihr

O heavens, is't possible a young maid's wits
Should be as mortal as an old man's life?
Nature is fine in love, and where 'tis fine,
It sends some precious instance of itself
After the thing it loves.

Oph. *(Sings.)* They bore him barefaced on the bier,
Hey non nonny, nonny, hey nonny,
And in his grave rained many a tear –
Fare you well, my dove!

Laer. Hadst thou thy wits, and didst persuade revenge,
It could not move thus.

Oph. You must sing: 'A-down a-down', | and you: 'Call him adown-a.' | O, how the wheel becomes it! It is the false steward that stole his master's daughter.

Laer. This nothing's more than matter.

Oph. [*To Laertes.*] There's rosemary, that's for remembrance – | pray you, love, remember – | and there is pansies, that's for thoughts.

Laer. A document in madness: thoughts and remembrance fitted.

Oph. [*To the King.*] There's fennel for you, and columbines. | [*To the Queen.*] There's rue for you, and here's some for me, | we may call it herb of grace a' Sundays – | O, you must wear your rue with a difference. [*To Laertes.*] There's a daisy – | I would give you some violets, but they withered all when my father died; | they say 'a made a good end –

[*Sings.*]

For bonny sweet Robin is all my joy ...

Laer. Thought and affliction, passion, hell itself,
She turns to favour and to prettiness.

Oph. *(Sings.)* And will 'a not come again?
And will 'a not come again?
No, no, he is dead,
Go to thy death-bed,
He never will come again.

Himmel, ist's möglich, daß eines jungen Mädchens Verstand so sterblich sein kann wie eines alten Mannes Leben? Edel ist die Natur im Lieben, und wo sie edel ist, schickt sie ein kostbares Wahrzeichen ihrer selbst hinter dem her, das sie liebt.

Oph. (singt). Barhaupts in der Bahre trug man ihn,
Hei dideldum, heidi, heido,
Ins Grab strömte manch eine Träne hin –
Leb wohl, meine Taube!

Laer. Wärst du bei Sinnen und riefst zur Rache auf, könnte es nicht so zur Tat bewegen.

Oph. Ihr müßt singen: »Hinunter, hinunter«, und Ihr: »Ruft ihn hinunter.« Oh, wie gut das Rad dazu stimmt! Es ist der treulose Verwalter, der seines Herren Tochter stahl.

Laer. Dies Nichts ist mehr als irgendwelcher Inhalt.

Oph. [*zu Laertes*]. Hier ist Rosmarin, das ist zum Gedenken – ich bitt Euch, Liebster, gedenket –, und hier sind Stiefmütterchen, die sind für Trübsal.

Laer. Eine Lehre im Irrsinn: Gedenken und Trübsal zusammengefügt.

Oph. [*zum König*]. Hier ist Fenchel für Euch, und Akelei. [*Zur Königin.*] Hier ist Raute für Euch, und hier etwas für mich, wir dürfen sie Gnadenkraut des Sonntags heißen ... Oh, Ihr müßt Eure Raute mit einer Unterscheidung tragen. [*Zu Laertes.*] Hier ist ein Maßliebchen – ich würd' Euch gerne ein paar Veilchen schenken, aber sie verwelkten alle, als mein Vater starb; die Leute sagen, er nahm ein gutes Ende ...
(Sie singt.) Denn Robert, der schmucke, ist all meine Lust ...

Laer. Trübsal und Bedrängnis, Leid, die Hölle selbst verwandelt sie in Lieblichkeit und Anmut.

Oph. (singt). Und kehrt er nie mehr zurück?
Und kehrt er nie mehr zurück?
Nein, er ist tot, nein,
Geh in dein Totenbett ein,
Nimmermehr kehrt er zurück.

His beard was as white as snow,
All flaxen was his poll,
He is gone, he is gone,
And we cast away moan,
God 'a' mercy on his soul! –
And of all Christians' souls, I pray God. | God bye you.
Exit.

Laer. Do you see this, O God!

King. Laertes, I must commune with your grief,
Or you deny me right. Go but apart,
Make choice of whom your wisest friends you will,
And they shall hear and judge 'twixt you and me.
If by direct or by collateral hand
They find us touched, we will our kingdom give,
Our crown, our life, and all that we call ours,
To you in satisfaction; but if not,
Be you content to lend your patience to us,
And we shall jointly labour with your soul
To give it due content.

Laer. Let this be so.
His means of death, his obscure funeral –
No trophy, sword, nor hatchment o'er his bones,
No noble rite, nor formal ostentation –
Cry to be heard as 'twere from heaven to earth,
That I must call't in question.

King. So you shall,
And where th' offence is, let the great axe fall.
I pray you, go with me.
Exeunt.

Sein Bart, er war so weiß wie Schnee,
Wie Flachs sein Haupthaar fein,
Er ist fort, er ist fort,
Laßt abtun uns das Klagewort,
Mög' Gott seiner Seele gnädig sein . . .

Und aller Christen Seelen, darum bitt ich Gott. Gott sei mit Euch.

Sie geht ab.

Laer. Seht Ihr dies, o Gott!

Kön. Laertes, ich muß an Eurem Schmerze teilhaben, sonst verwehrt Ihr mir mein Recht. Geht nur hin, aus Euren weisesten Freunden wählt Euch, wen Ihr wollt, und diese sollen hören und zwischen Euch und mir das Urteil fällen. Falls sie uns direkt oder mit mittelbarer Hand betroffen finden, so wollen wir unser Königreich, unsere Krone, unser Leben und alles, was wir unser nennen, Euch als Entschädigung geben; falls aber nicht, so seid's zufrieden, Eure Langmut uns zu leihen, und wir werden uns vereint mit Eurer Seele mühen, ihr die gebührende Befriedigung zu schaffen.

Laer. So soll es sein. Die Art, wie er zu Tode kam, sein unauffälliges Begräbnis – keine Insignien, kein Schwert, keine Gedenktafel über den Gebeinen, kein hehres Brauchtum, kein der Form entsprechendes Gepränge –, all dies schreit um Gehör gleichsam vom Himmel bis zur Erde, so daß ich es in Zweifel ziehen muß.

Kön. Das wird Euch zuteil, und wo die Schuld ist, fall' das große Beil. Ich bitte Euch, kommt mit mir.

Sie gehen ab.

SCENE 6

[Another room in the castle.]

Enter Horatio and others.

Hor. [*To an Attendant.*] What are they that would speak with me?

Attend. Seafaring men, sir; they say they have letters for you.

Hor. Let them come in.

Exit Attendant; [exeunt others by another door].

I do not know from what part of the world
I should be greeted, if not from Lord Hamlet.

Enter Sailors.

1 Sailor. God bless you, sir.

Hor. Let him bless thee too.

1 Sailor. 'A shall, sir, an't please him. | There's a letter for you, sir, | it came from th' ambassador that was bound for England – if your name be Horatio, as I am let to know it is.

Hor. [*Turns aside and reads.*] 'Horatio, when thou shalt have overlooked this, | give these fellows some means to the king, they have letters for him. | Ere we were two days old at sea, | a pirate of very warlike appointment gave us chase. | Finding ourselves too slow of sail, we put on a compelled valour, and in the grapple I boarded them; | on the instant they got clear of our ship, | so I alone became their prisoner. | They have dealt with me like thieves of mercy, but they knew what they did – | I am to do a good turn for them. | Let the king have the letters I have sent, | and repair thou to me with as much speed as thou wouldest fly death. | I have words to speak in thine ear will make thee dumb, yet are they much too light for the bore of the matter. | These good fellows will bring thee where I am. |

SZENE 6

[*Ein anderer Raum in der Burg.*]

Horatio und andere treten ein.

Hor. [*zu einem Bedienten*]. Wer sind diejenigen, die mit mir sprechen wollen?

Bed. Seefahrendes Volk, mein Herr; sie sagen, sie haben Briefe für Euch.

Hor. Laßt sie hereinkommen.

Der Bediente geht ab; [*die anderen gehen durch eine andere Tür ab*].

Ich weiß nicht, aus welchem Teil der Welt mir Grüße kommen sollten, es sei denn, von Prinz Hamlet.

Die Seeleute treten ein.

1. Seem. Gott segne Euch, mein Herr.

Hor. Mög' er dich gleichfalls segnen.

1. Seem. Das wird er, mein Herr, wenn's ihm gefällt. Hier ist ein Brief für Euch, mein Herr, er kam von dem Gesandten, der nach England abging – falls Euer Name Horatio ist, wie man's mir zu wissen gibt.

Hor. [*wendet sich ab und liest*]. »Horatio, wenn du dies durchgesehen hast, verschaffe diesen Gesellen irgendwie Zutritt zum König, sie haben Briefe für ihn. Eh' wir zwei Tage alt waren auf See, machte ein Pirat von sehr kriegstüchtiger Ausrüstung Jagd auf uns. Da wir merkten, daß unsre Segel zu langsam waren, legten wir eine erzwungene Tapferkeit an, und im Handgemenge enterte ich sie; in dem Moment kamen sie von unserm Schiffe los, so daß ich alleine ihr Gefangener wurde. Sie haben mich wie mitleidige Diebe behandelt, doch wußten sie, was sie taten – ich soll ihnen einen guten Dienst tun. Laß den König die Briefe haben, die ich schickte, und komm du zu mir so rasch, als wolltest du den Tod fliehn. Ich habe Worte in dein Ohr zu sprechen, die dich sprachlos machen werden, die aber noch viel zu leicht sind für das Kaliber der Sache. Diese braven Gesellen werden dich dorthin bringen, wo ich bin. Rosenkranz und

Rosencrantz and Guildenstern hold their course for England; | of them I have much to tell thee, farewell.
He that thou knowest thine, *Hamlet.*'
– Come, I will give you way for these your letters,
And do't the speedier that you may direct me
To him from whom you brought them.
Exeunt.

SCENE 7

[*The King's closet.*]

Enter King and Laertes.

King. Now must your conscience my acquittance seal,
And you must put me in your heart for friend,
Sith you have heard – and with a knowing ear –
That he which hath your noble father slain
Pursued my life.
Laer. It well appears; but tell me,
Why you proceeded not against these feats,
So criminal and so capital in nature,
As by your safety, greatness, wisdom, all things else,
You mainly were stirred up?
King. O, for two special reasons,
Which may to you perhaps seem much unsinewed,
But yet to me they're strong. The queen his mother
Lives almost by his looks, and for myself –
My virtue or my plague, be it either which –
She is so conjunctive to my life and soul
That, as the star moves not but in his sphere,
I could not but by her. The other motive,
Why to a public count I might not go,
Is the great love the general gender bear him,
Who, dipping all his faults in their affection,
Would, like the spring that turneth wood to stone,

Güldenstern halten ihren Kurs nach England; über sie habe ich dir viel zu sagen, leb wohl.

Er, den du Dein weißt. *Hamlet*«

– Kommt, ich will euch den Weg bahnen für diese eure Briefe, und tu es um so rascher, damit ihr mich zu dem hinführt, von dem ihr sie gebracht habt.

Sie gehen ab.

SZENE 7

[*Das Privatgemach des Königs.*]

Der König und Laertes kommen herein.

Kön. Nunmehr muß Euer Gewissen meinen Freispruch siegeln, und Ihr müßt mich in Euer Herz als Freund einsetzen, da Ihr gehört habt – und mit verständnisvollem Ohr –, daß jener, der Euren edlen Vater umgebracht hat, nach meinem Leben trachtete.

Laer. Das zeigt sich wohl; sagt mir jedoch, warum Ihr gegen diese Übeltaten solch verbrecherischer und todeswürdiger Natur nicht vorgegangen seid, wie Ihr dazu von Eurer Sicherheit, Stellung, Weisheit, allen andern Dingen, stärkstens angetrieben wurdet?

Kön. Oh, aus zwei besondren Gründen, die Euch vielleicht sehr schlaff vorkommen mögen, für mich hingegen sind sie stark. Die Königin, seine Mutter, lebt fast von seinem Anblick, und was mich selbst angeht – sei's meine Tugend oder meine Plage, welches von beiden es auch sein mag –, so ist sie derart stetig mit meinem Leben und meiner Seelenbahn verbunden, daß, wie ein Planet sich in seiner Sphäre nur bewegt, ich es nicht könnte, außer im Verein mit ihr. Der andre Grund, warum ich zu einer öffentlichen Abrechnung nicht schreiten konnte, ist die große Liebe, die die gemeinen Leute für ihn hegen, die, seine Fehler in ihre Zuneigung eintauchend, wie der Quell, der Holz in Stein verwandelt, seine Fußketten in Ehrenzeichen verkehren

Convert his gyves to graces, so that my arrows,
Too slightly timbered for so loud a wind,
Would have reverted to my bow again,
And not where I had aimed them.

Laer. And so have I a noble father lost,
A sister driven into desperate terms,
Whose worth – if praises may go back again –
Stood challenger on mount of all the age
For her perfections. But my revenge will come.

King. Break not your sleeps for that, you must not think
That we are made of stuff so flat and dull
That we can let our beard be shook with danger
And think it pastime. You shortly shall hear more.
I loved your father, and we love ourself,
And that, I hope, will teach you to imagine ...

Enter a Gentleman with letters.

How now! What news?

Gent. Letters, my lord, from Hamlet.
These to your majesty, this to the queen.

King. From Hamlet! Who brought them?

Gent. Sailors, my lord, they say, I saw them not;
They were given me by Claudio, he received them
Of him that brought them.

King. Laertes, you shall hear them. –
[*To the Gentleman.*] Leave us.

Exit Gentleman.

[*Reads.*] 'High and mighty, you shall know | I am set naked on your kingdom. | To-morrow shall I beg leave to see your kingly eyes, when I shall (first asking your pardon thereunto) | recount the occasion of my sudden and more strange return. *Hamlet.*'

What should this mean? Are all the rest come back?
Or is it some abuse, and no such thing?

würden, so daß meine Pfeile, aus zu leichtem Holz gefertigt für solch tosenden Wind, zu meinem Bogen sich zurückgewendet hätten und nicht dorthin, wohin ich sie zielte.

Laer. Und so verlor ich einen edlen Vater, in verzweifelte Verfassung getrieben wurde mir die Schwester, deren Wert – falls Lobesworte sich nach rückwärts wenden können – durch ihre Vollkommenheiten als Herausforderer auf dem Gipfel unsrer ganzen Zeit stand. Doch meine Rache kommt.

Kön. Macht Euren Schlaf darob nicht unruhig, Ihr dürft nicht glauben, wir seien aus so stumpfem, trägem Stoff gemacht, daß wir's ertragen könnten, von Gefahr am Bart gezerrt zu werden, und es als Zeitvertreib erachten. Bald sollt Ihr mehr erfahren. Ich liebte Euren Vater, und auch uns selber lieben wir, und das wird Euch lehren, hoffe ich, Euch vorzustellen . . .

Ein Edelmann kommt mit Briefen herein.

Was gibt es! Was für Neuigkeiten?

Edelm. Briefe, mein Fürst, von Hamlet. Diese an Eure Majestät, dieser an die Königin.

Kön. Von Hamlet! Wer hat sie gebracht?

Edelm. Seeleute, mein Fürst, so sagt man, ich sah sie nicht; sie wurden mir von Claudio übergeben, er erhielt sie von denen, die sie brachten.

Kön. Laertes, Ihr sollt sie hören. – [*Zum Edelmann.*] Verlaßt uns.

Der Edelmann geht ab.

[*Er liest.*] »Hoher und Großmächtiger, Ihr sollt wissen, daß ich entblößt in Eurem Königreiche angelandet wurde. Morgen werde ich um die Erlaubnis nachsuchen, Euer königliches Auge zu erblicken, wo ich dann (zuvörderst Eure Einwilligung dazu erbittend) den Anlaß meiner plötzlichen und noch seltsameren Zurückkunft schildern werde.

Hamlet«

Was kann das nur bedeuten? Sind auch alle übrigen zurück? Oder ist es irgendeine List, und nichts dergleichen?

Laer. Know you the hand?
King. 'Tis Hamlet's character . . . 'Naked' –
And in a postscript here he says 'alone'.
Can you devise me?
Laer. I am lost in it, my lord, but let him come,
It warms the very sickness in my heart
That I shall live and tell him to his teeth
'Thus diest thou'.
King. If it be so, Laertes –
As how should it be so? how otherwise? –
Will you be ruled by me?
Laer. Ay, my lord,
So you will not o'errule me to a peace.
King. To thine own peace. If he be now returned,
As checking at his voyage, and that he means
No more to undertake it, I will work him
To an exploit, now ripe in my device,
Under the which he shall not choose but fall;
And for his death no wind of blame shall breathe,
But even his mother shall uncharge the practice,
And call it accident.
Laer. My lord, I will be ruled,
The rather if you could devise it so
That I might be the organ.
King. It falls right.
You have been talked of since your travel much,
And that in Hamlet's hearing, for a quality
Wherein, they say, you shine. Your sum of parts
Did not together pluck such envy from him
As did that one, and that in my regard
Of the unworthiest siege.
Laer. What part is that, my lord?
King. A very riband in the cap of youth,
Yet needful too, for youth no less becomes
The light and careless livery that it wears,
Than settled age his sables and his weeds,

Laer. Kennt Ihr die Hand?

Kön. 's ist Hamlets Schriftzug ... »Entblößt« ... und in einem Nachsatz sagt er hier »allein«. Könnt Ihr mir's enträtseln?

Laer. Ich find mich nicht darin zurecht, mein Fürst, doch komm' er nur, es wärmt mir ordentlich die Krankheit meiner Seele, daß ich leben werde und ihm in die Zähne sagen: »So stirbst du!«

Kön. Wenn es so ist, Laertes – und wie kann es nur so sein? wie anders? –, wollt Ihr Euch von mir bestimmen lassen?

Laer. Ja, mein Fürst, wenn Ihr mich nicht zu einem Frieden überstimmt.

Kön. Zu deinem eignen Frieden. Wenn er jetzt zurückgekehrt ist, von der Seereise wegscheuend, und nicht mehr willens sie zu unternehmen, werde ich ihn zu einem Unterfangen bringen, das jetzt in meinem Denken reif ist, wonach er gar nicht anders kann als fallen; und ob seines Todes soll kein Hauch des Vorwurfs wehn, sondern sogar seine Mutter soll an diesem Winkelzuge nichts Verdächtiges finden und es Unfall nennen.

Laer. Mein Fürst, ich will mich bestimmen lassen, desto lieber, wenn Ihr's so anlegen könntet, daß ich das Werkzeug sein darf.

Kön. So fällt es richtig aus. Seit Eurer Reise hat man viel von Euch gesprochen, und zwar vor Hamlets Ohren, wegen einer Fähigkeit, worin Ihr, sagt man, glänzt. Die Summe Eurer Gaben insgesamt entriß ihm nicht derartigen Neid wie jene eine, und jene ist nach meiner Ansicht von geringstem Rang.

Laer. Welche Gabe ist das, mein Fürst?

Kön. Ein bloßes Bändchen an der Jugend Mütze, doch auch vonnöten, denn der Jugend steht die leichte, sorgenfreie Tracht, welche sie trägt, nicht weniger als dem gesetzten Alter seine Zobelpelze und Gewänder, die Bedacht auf Wohlbefinden und auf Würde zeigen. Vor zwei Monaten

Importing health and graveness. Two months since,
Here was a gentleman of Normandy –
I have seen myself, and served against, the French,
And they can well on horseback; but this gallant
Had witchcraft in't, he grew unto his seat,
And to such wondrous doing brought his horse,
As had he been incorpsed and demi-natured
With the brave beast. So far he topped my thought,
That I in forgery of shapes and tricks
Come short of what he did.

Laer. A Norman, was't?

King. A Norman.

Laer. Upon my life, Lamord.

King. The very same.

Laer. I know him well, he is the brooch indeed
And gem of all the nation.

King. He made confession of you,
And gave you such a masterly report
For art and exercise in your defence,
And for your rapier most especial,
That he cried out 'twould be a sight indeed
If one could match you; the scrimers of their nation
He swore had neither motion, guard, nor eye,
If you opposed them. Sir, this report of his
Did Hamlet so envenom with his envy,
That he could nothing do but wish and beg
Your sudden coming o'er, to play with you.
Now, out of this ...

Laer. What out of this, my lord?

King. Laertes, was your father dear to you?
Or are you like the painting of a sorrow,
A face without a heart?

Laer. Why ask you this?

King. Not that I think you did not love your father,
But that I know love is begun by time,
And that I see in passages of proof,

war hier ein Edelmann der Normandie – ich habe die Franzosen selbst erlebt und gegen sie gekämpft, und sie vermögen viel zu Pferde; doch bei diesem Kavalier war Hexerei dabei, er verwuchs mit seinem Sattel und brachte sein Pferd zu solchem staunenswerten Tun, als ob er in den Leib des prächtigen Tieres eingegangen wäre und halb sein Wesen teilte. So weit übertraf er meine Vorstellung, daß ich im Erfinden von Figurierungen und Kunststücken nicht heranreiche an das, was er tat.

Laer. Ein Normanne war es?

Kön. Ein Normanne.

Laer. Lamord, bei meinem Leben.

Kön. Eben der.

Laer. Ich kenn ihn gut, er ist in der Tat das Zierstück und Juwel des ganzen Volkes.

Kön. Er sprach von Euch voll Anerkennung und stellte Euch das Zeugnis eines solchen Meisters aus an Kenntnis und Geübtheit in der Fechtkunst, und insbesondere mit dem Rapier, daß er ausrief, es wäre in der Tat ein sehenswerter Anblick, wenn man Euch einen ebenbürtigen Gegner fände; die Fechter seines Volks, schwur er, besäßen weder Stoßbewegungen, Paraden noch Augenmaß, wenn Ihr ihnen gegenüberträtet; mein Herr, dieser sein Bericht vergiftete Hamlet dergestalt mit Neid, daß er nichts anderes zu tun vermochte, als sich zu wünschen und erflehn, daß Ihr sofort herüberkämet, damit er mit Euch fechten könnte. Nun, hieraus ...

Laer. Was hieraus, mein Fürst?

Kön. Laertes, war Euch Euer Vater teuer, oder seid Ihr wie ein bloßes Bild der Trauer, ein Antlitz ohne Herz?

Laer. Warum fragt Ihr das?

Kön. Nicht weil ich denke, Ihr liebtet Euren Vater nicht, sondern weil ich weiß, daß die Liebe durch die Zeit beginnt, und weil ich aus erwiesenen Vorgängen ersehe,

Time qualifies the spark and fire of it.
There lives within the very flame of love
A kind of wick or snuff that will abate it;
And nothing is at a like goodness still,
For goodness, growing to a plurisy,
Dies in his own too-much. That we would do,
We should do when we would: for this 'would' changes,
And hath abatements and delays as many
As there are tongues, are hands, are accidents,
And then this 'should' is like a spendthrift sigh,
That hurts by easing . . . But to the quick of th' ulcer:
Hamlet comes back, what would you undertake
To show yourself in deed your father's son
More than in words?

Laer. To cut his throat i'th' church.

King. No place indeed should murder sanctuarize,
Revenge should have no bounds; but, good Laertes,
Will you do this, keep close within your chamber.
Hamlet returned shall know you are come home.
We'll put on those shall praise your excellence,
And set a double varnish on the fame
The Frenchman gave you, bring you, in fine, together,
And wager on your heads. He, being remiss,
Most generous, and free from all contriving,
Will not peruse the foils, so that with ease,
Or with a little shuffling, you may choose
A sword unbated, and in a pass of practice
Requite him for your father.

Laer. I will do't,
And, for that purpose, I'll anoint my sword.
I bought an unction of a mountebank,
So mortal that but dip a knife in it,
Where it draws blood, no cataplasm so rare,
Collected from all simples that have virtue
Under the moon, can save the thing from death
That is but scratched withal. I'll touch my point

daß die Zeit auch Funken und Feuer der Liebe mindert. Inmitten der Liebesflamme selbst lebt eine Art von Docht oder verkohltem Werg, das sie verringert, und nichts verharrt stets in der gleichen Güte; denn Güte, die sich zu entzündender Überfülle auswächst, stirbt an dem eigenen Zuviel. Was wir tun wollen, sollten wir tun, sobald wir's wollen: Denn dies »wollen« ändert sich und erfährt Abstriche und Verzögerungen so viel, als da Zungen, Hände, Zwischenfälle sind, und dann gleicht jenes »sollten« einem verschwenderischen Seufzer, der im Erleichtern schadet ... Doch zum Lebensnerv dieses Geschwürs: Hamlet kommt wieder, was würdet Ihr wohl unternehmen, um Euch als Eures Vaters Sohn zu zeigen in der Tat mehr als in Worten?

Laer. Ihm die Kehle durchschneiden in der Kirche.

Kön. Kein Ort fürwahr sollte dem Morde eine Zuflucht bieten, die Rache sollte keine Grenzen haben; doch, guter Laertes, wollt Ihr dies tun, so haltet Euch völlig abgeschlossen in Eurem Gemach. Hamlet soll, wenn er zurückkehrt, erfahren, daß Ihr heimgekommen seid. Wir werden Leute anstellen, Eure Vortrefflichkeit zu preisen und einen doppelten Firnis auf dem Glanze anzubringen, den Euch der Franzose gab, werden Euch schließlich zusammenbringen und auf Eure Köpfe wetten. Er wird, da er achtlos, höchst edelmütig und frei von allem Ränkeschmieden ist, die Rapiere nicht scharf ansehn, so daß Ihr mit Leichtigkeit, oder mit ein wenig Schieben, ein unentschärftes Schwert auswählen könnt und ihm mit einem bös geübten Stoß für Euren Vater heimzahlen.

Laer. Ich werde's tun, und zu diesem Zweck will ich mein Schwert einsalben. Von einem Quacksalber kaufte ich ein Öl so tödlich, daß schon, wenn man ein Messer kurz hineintaucht, wo dies Blut zieht, kein noch so außerordentlicher Umschlag, gemischt aus allen Kräutern, die unterm Monde Heilkraft haben, dasjenige vom Tod erretten kann, was damit bloß geritzt wird. Ich will meine Spitze mit

With this contagion, that if I gall him slightly,
It may be death.
King. Let's further think of this,
Weigh what convenience both of time and means
May fit us to our shape. If this should fail,
And that our drift look through our bad performance,
'Twere better not assayed. Therefore this project
Should have a back or second that might hold,
If this did blast in proof; soft, let me see ...
We'll make a solemn wager on your cunnings ...
I ha't:
When in your motion you are hot and dry –
As make your bouts more violent to that end –
And that he calls for drink, I'll have preferred him
A chalice for the nonce, whereon but sipping,
If he by chance escape your venomed stuck,
Our purpose may hold there.
[*Crying without.*]
But stay, what noise?
Enter Queen.
Queen. One woe doth tread upon another's heel,
So fast they follow: your sister's drowned, Laertes.
Laer. Drowned! O, where?
Queen. There is a willow grows askant the brook,
That shows his hoar leaves in the glassy stream;
Therewith fantastic garlands did she make
Of crow-flowers, nettles, daisies, and long purples
That liberal shepherds give a grosser name,
But our cold maids do dead men's fingers call them.
There, on the pendent boughs her coronet weeds
Clamb'ring to hang, an envious sliver broke,
When down her weedy trophies and herself
Fell in the weeping brook. Her clothes spread wide,
And mermaid-like awhile they bore her up,
Which time she chanted snatches of old lauds,

der verseuchenden Substanz bestreichen, so daß, auch wenn ich ihm nur einen Kratzer gebe, es der Tod sein soll.

Kön. Laßt es uns weiterhin bedenken, abwägen, welch günstiger Umstand sowohl des Zeitpunkts wie der Mittel uns am besten zur Gestaltung paßt. Falls es fehlschlägt und unsre Absicht durch die schlechte Ausführung hervorschaut, blieb's besser unversucht. Deshalb sollte dieser Plan eine Rückenstärkung haben oder einen Beistand, der halten würde, falls jener im Erproben platzt. Wartet, laßt mich sehen ... Wir werden eine feierliche Wette eingehn auf Euer beiderseitiges Können ... Ich hab's: Wenn Ihr durch Eure Anstrengungen heiß und ausgetrocknet seid – gestaltet insofern zu diesem Zweck die Runden heftiger –, und wenn er dann nach was zu trinken ruft, so werde ich gerad' für die Gelegenheit ihm einen Kelch darbieten lassen, nippt er an dem auch nur, falls er durch Zufall Eurem giftgetränkten Stoß entgeht, so bleibt unser Vorsatz gleichwohl wirksam. – [*Lautes Weinen draußen.*] Doch halt, was für ein Lärm ist dies?

Die Königin tritt ein.

Kgin. Ein Unglück tritt dem andern auf die Fersen, so rasch folgen sie einander: Eure Schwester ist ertrunken, Laertes.

Laer. Ertrunken? Ach, wo nur?

Kgin. Schräg an dem Bach wächst eine Weide, die ihre hellen Blätter in der glänzendklaren Strömung zeigt; aus jener flocht sie wunderliche Kränze mit Butterblumen, Nesseln, Maßliebchen und langen Knabenkräutern, denen freizüngige Hirten einen derbern Namen geben, doch heißen unsre kalten Jungfrauen sie Totenmannesfinger. Dort, wie sie hochklomm, um an die niedergehenden Äste ihre Rankenkränze hinzuhängen, brach ein heimtückisches Zweigchen, und ihre rankenden Trophäen fielen wie sie selber in den weinenden Bach. Weit breiteten sich ihre Kleider aus und trugen sie zunächst wie eine Wassernymphe, dieweil sie Stücke alter Hymnen intonierte, wie jemand, der die eigne Not nicht zu verstehn imstande ist,

As one incapable of her own distress,
Or like a creature native and endued
Unto that element. But long it could not be
Till that her garments, heavy with their drink,
Pulled the poor wretch from her melodious lay
To muddy death.

Laer. Alas then, she is drowned?

Queen. Drowned, drowned.

Laer. Too much of water hast thou, poor Ophelia,
And therefore I forbid my tears . . . but yet
It is our trick, nature her custom holds,
Let shame say what it will . . . when these are gone,
The woman will be out. Adieu, my lord,
I have a speech a'fire that fain would blaze,
But that this folly drowns it.

Exit.

King. Let's follow, Gertrude.
How much I had to do to calm his rage!
Now fear I this will give it start again,
Therefore let's follow.

Exeunt.

oder wie ein Geschöpf, das heimisch dort und für dies Element geschaffen. Doch lange konnte es nicht währen, bis ihre Gewänder, schwer durch was sie tranken, die arme Unglückselige aus ihrem lieblichen Gesang hinunterzogen in den schlammigen Tod.

Laer. O weh, sie ist also ertrunken?

Kgin. Ertrunken, ertrunken.

Laer. Zu viel des Wassers hast du schon, arme Ophelia, und deshalb hemm ich meine Tränen ... und doch, ’s ist unsre Eigenart, bei ihrem Brauch bleibt die Natur, die Scham mag sagen, was sie will ... wenn diese fort sind, ist das Weibische aus mir heraus ... Lebt wohl, mein Fürst, ich habe eine Feuerrede, die gern lodern würde, wenn diese törichte Schwäche sie nicht ertränkte.

Er geht ab.

Kön. Laßt uns ihm nachgehn, Gertrud. Wie viel hatt’ ich zu tun, um seine Wut zu stillen! Nun, fürchte ich, wird dies ihr einen neuen Anfang geben, laßt uns ihm daher nachgehn.

Sie gehen ab.

ACT 5

SCENE 1

[A churchyard.]

Enter two Clowns [a sexton and his mate] with spades and mattocks.

1 Clown. Is she to be buried in Christian burial, | when she wilfully seeks her own salvation?

2 Clown. I tell thee she is, therefore make her grave straight. | The crowner hath sat on her, and finds it Christian burial.

[Falls to work with a mattock.]

1 Clown. How can that be, unless she drowned herself in her own defence?

2 Clown. Why, 'tis found so.

1 Clown. It must be 'se offendendo', it cannot be else. | For here lies the point: | if I drown myself wittingly, it argues an act, | and an act hath three branches, it is to act, to do, and to perform – | argal, she drowned herself wittingly.

2 Clown. Nay, but hear you, goodman delver ...

1 Clown. Give me leave. | Here lies the water – good. Here stands the man – good. | If the man go to this water and drown himself, | it is, will he nill he, he goes, mark you that. | But if the water come to him and drown him, | he drowns not himself – argal, he that is not guilty of his own death shortens not his own life.

2 Clown. But is this law?

1 Clown. Ay, marry, is't, crowner's quest law.

2 Clown. Will you ha' the truth an't? | If this had not been a gentlewoman, she should have been buried out a' Christian burial.

1 Clown. Why, there thou say'st, and the more pity | that great

AKT 5

SZENE 1

[*Ein Friedhof.*]

Zwei Dörfler [*ein Küster und sein Gehilfe*] *treten auf mit Spitzhacken und Schaufeln.*

1. Dörfler. Soll sie in christlichem Begräbnis beerdigt werden, wo sie doch selbsttätig ihr eigenes Heil sucht?

2. Dörfler. Ich sag dir, sie soll, darum mach geradewegs ihr Grab. Der Todes-Untersuchungsrichter hat über sie gesessen und befindet auf christliches Begräbnis. [*Er beginnt, mit der Spitzhacke zu arbeiten.*]

1. Dörfler. Wie kann das angehn, es sei denn, sie ertränkte sich in der Verteidigung ihrer selbst?

2. Dörfler. Nun, so wurde es befunden.

1. Dörfler. Es muß lauten »se offendendo«, anders geht's nicht. Denn hierin liegt der springende Punkt: Wenn ich mich absichtlich ertränke, so beweist das eine Handlung, und eine Handlung hat drei Glieder, nämlich zu handeln, zu tun und auszuführen – ergum, sie hat sich absichtlich ertränkt.

2. Dörfler. Nein, hört doch nur, Meister Schaufler ...

1. Dörfler. Mit Verlaub. Hier liegt das Wasser – gut. Hier steht der Mensch – gut. Wenn der Mensch zu diesem Wasser geht und sich ertränkt, so heißt das, ob er will oder nicht, daß er geht, beachtet das. Wenn das Wasser aber zu ihm kommt und ihn ertränkt, ertränkt er sich nicht selbst – ergum, wer nicht an seinem eignen Tode schuldig ist, verkürzt nicht sein eignes Leben.

2. Dörfler. Aber ist so das Recht?

1. Dörfler. Ja freilich ist's das, Todesfall-Untersuchungsrecht.

2. Dörfler. Wollt Ihr die Wahrheit darüber hören? Wenn dies kein Edelfräulein gewesen wäre, würde sie außerhalb christlichen Begräbnisses beerdigt worden sein.

1. Dörfler. Genau, du sagst es, und 's ist um so schader, daß es

folk should have countenance in this world | to drown or hang themselves more than their even-Christen ... | Come, my spade! There is no ancient gentlemen but gardeners, ditchers and grave-makers – | they hold up Adam's profession.

[*Starts digging.*]

2 Clown. Was he a gentleman?

1 Clown. 'A was the first that ever bore arms.

2 Clown. Why, he had none.

1 Clown. What, art a heathen? How dost thou understand the Scripture? | The Scripture says Adam digged; | could he dig without arms? | I'll put another question to thee. | If thou answerest me not to the purpose, confess thyself ...

2 Clown. Go to.

1 Clown. What is he that builds stronger | than either the mason, the shipwright, or the carpenter?

2 Clown. The gallows-maker, for that frame outlives a thousand tenants.

1 Clown. I like thy wit well; in good faith, the gallows does well – | but how does it well? It does well to those that do ill. | Now thou dost ill to say the gallows is built stronger than the church – | argal, the gallows may do well to thee. | To't again, come.

2 Clown. Who builds stronger than a mason, a shipwright, or a carpenter?

1 Clown. Ay, tell me that, and unyoke.

2 Clown. Marry, now I can tell.

1 Clown. To't.

2 Clown. Mass, I cannot tell.

1 Clown. Cudgel thy brains no more about it, | for your dull ass will not mend his pace with beating. | And when you are asked this question next, say 'A grave-maker': | the houses he makes lasts till doomsday. | Go, get thee in, and fetch me a stoup of liquor.

großen Leuten in dieser Welt vergönnt ist, sich zu ertränken oder aufzuhängen, mehr als ihren Mitchristen ... Los, meinen Spaten! Es gibt keine alten Edelleute, außer Gärtner, Grabenzieher und Grabmacher – sie führen Adams Beruf weiter. [*Er beginnt zu graben.*]

2. Dörfler. War der ein Edelmann?

1. Dörfler. Er war der erste, der gewappnet war.

2. Dörfler. Aber nein, das war er nicht.

1. Dörfler. Wie, bist etwa ein Heide? Wie verstehst denn du die Heilige Schrift? Die Schrift sagt, Adam grub; konnte er graben, ohne mit Armen gewappnet zu sein? Ich will dir eine andre Frage stellen, wenn du mir nicht richtig antwortest, leg deine Beichte ab ...

2. Dörfler. Nur los.

1. Dörfler. Wer ist's, der fester baut als der Maurer, der Schiffsbauer oder der Zimmermann?

2. Dörfler. Der Galgenbauer, denn sein Gerüst überlebt tausend Einmieter.

1. Dörfler. Ich mag deinen Humor gut leiden, fürwahr, der Galgen tut's gut – aber wie tut er gut? Er tut denen gut, die schlechttun. Nun tust du aber schlecht daran zu sagen, der Galgen ist fester gebaut als die Kirche – ergum, der Galgen wird vielleicht dir guttun. Mach dich nochmal dran, komm.

2. Dörfler. Wer baut fester als ein Maurer, ein Schiffsbauer oder ein Zimmermann?

1. Dörfler. Ja, das sag mir, dann darfst du abschirren.

2. Dörfler. Ach freilich, jetzt weiß ich's.

1. Dörfler. Los.

2. Dörfler. Sakrament, ich weiß es doch nicht.

1. Dörfler. Prügle dein Hirn nicht weiter darob, denn der träge Esel wird seinen Gang nicht durch Schläge beschleunigen. Und wenn dir das nächste Mal diese Frage gestellt wird, so sag »Ein Grabmacher«. Die Behausungen, die er baut, währen bis zum Jüngsten Tag. Geh rüber und hol mir einen Humpen zu trinken.

Digs on; exit Second Clown.

Sings.

In youth when I did love, did love,
  Methought it was very sweet,
To contract – o – the time for – a – my behove,
  O, methought there – a – was nothing – a – meet.

Enter Hamlet and Horatio, afar off.

Ham. Has this fellow no feeling of his business? 'A sings in grave-making.

Hor. Custom hath made it in him a property of easiness.

Ham. 'Tis e'en so, the hand of little employment hath the daintier sense.

1 Clown. (Sings.) But age with his stealing steps
    Hath clawed me in his clutch,
  And hath shipped me into the land,
    As if I had never been such.

A skull rolls off a shovelful.

Ham. That skull had a tongue in it, and could sing once; | how the knave jowls it to the ground, | as if 'twere Cain's jaw-bone, that did the first murder! This might be the pate of a politician, | which this ass now o'erreaches; | one that would circumvent God, might it not?

Hor. It might, my lord.

Ham. Or of a courtier, which could say 'Good morrow, sweet lord! | how dost thou, sweet lord?' | This might be my lord such-a-one, | that praised my lord such-a-one's horse, | when 'a meant to beg it, might it not?

Hor. It might, my lord.

Ham. Why, e'en so, and now my Lady Worm's, | chopless and knocked about the mazard with a sexton's spade; | here's fine revolution an we had the trick to see't. | Did these

Er gräbt weiter; der 2. Dörfler geht ab.

(Er singt.) Als Jüngling tät ich lieben, lieben,
Das dünkte mir äußerst süß,
Um nützlich Kürzung – o – der Zeit – a – zu üben,
Oh, da kannt' ich nichts – a – Bessres als dies.

Hamlet und Horatio treten in der Ferne auf.

Ham. Hat der Bursche denn kein Gefühl für sein Geschäft? [65] Er singt beim Grabmachen.

Hor. Die Gewohnheit hat es bei ihm zu einer gleichgültigen Sache gemacht.

Ham. Ja, das stimmt schon, die wenig beschäftigte Hand hat das delikatere Gespür.

1. Dörfler (singt). Doch Alter krallte mit Schleichertritt
In seine Klaue mich fest,
Und schiffte mich zum Land hin mit,
Als wäre ich nie so gewest.

Von einer Schaufelladung rollt ein Schädel weg.

Ham. Dieser Schädel hatte eine Zunge in sich und konnte einst singen; wie der Kerl ihn auf den Boden schmettert, als wär's der Kinnbacken von Kain, der den ersten Mord beging! [75] Dies könnte der Hirnkasten eines Intriganten sein, den dieser Esel jetzt übers Ohr haut; eines Mannes, der sogar Gott gern überlistet hätte, könnte's das nicht sein?

Hor. Es könnte, mein Prinz.

Ham. Oder eines Höflings, der sagen konnte [80] »Guten Morgen, liebster Herr! Wie geht's dir, liebster Herr?« Dies könnte der edle Herr Soundso sein, der das Pferd des edlen Herrn Soundso pries, als er's erbetteln wollte, könnte's das nicht sein? [85]

Hor. Es könnte, mein Prinz.

Ham. Fürwahr, gerade so, und jetzt Besitz der gnädigen Frau Made, kinnlos und vom Spaten eines Totengräbers auf die Rübe gehaun; da haben wir eine feine Umwälzung, wenn wir nur den Kniff heraushätten, sie zu erkennen. Hat's nicht mehr gekostet, diese Knochen großzuziehen, [90] als daß

bones cost no more the breeding, but to play at loggats with them? | Mine ache to think on't.

1 Clown. (Sings.) A pickaxe, and a spade, a spade,
For and a shrouding sheet,
O, a pit of clay for to be made
For such a guest is meet.
[*Another skull rolls off.*]

Ham. There's another. | Why may not that be the skull of a lawyer? | Where be his quiddities now, his quillities, his cases, his tenures, and his tricks? | Why does he suffer this mad knave now to knock him about the sconce with a dirty shovel, | and will not tell him of his action of battery? | Hum, this fellow might be in's time a great buyer of land, | with his statutes, his recognizances, his fines, | his double vouchers, his recoveries: is this the fine of his fines, and the recovery of his recoveries, | to have his fine pate full of fine dirt? | Will his vouchers vouch him no more of his purchases, and double ones too, | than the length and breadth of a pair of indentures? | The very conveyances of his lands will scarcely lie in this box, and must th' inheritor himself have no more, ha?
[*Puts down the skull.*]

Hor. Not a jot more, my lord.

Ham. Is not parchment made of sheep-skins?

Hor. Ay, my lord, and of calves'-skins too.

Ham. They are sheep and calves which seek out assurance in that. I will speak to this fellow ... | [*They approach him.*] Whose grave's this, sirrah?

1 Clown. Mine, sir.

Sings.

O, a pit of clay for to be made
For such a guest is meet.

Ham. I think it be thine indeed, for thou liest in't.

man nur mit ihnen kegelt? Meine schmerzen mich, wenn ich daran denke.

1. Dörfler (singt). 'ne Picke und ein Spaten, Spaten,
Und auch ein Leichentuch,
Oh, eine Grube aus Lehm geraten,
Ist für solchen Gast gut genug.

[*Ein anderer Schädel rollt weg.*]

Ham. Hier ist noch einer. Warum sollte das nicht der Schädel eines Advokaten sein? Wo sind jetzt seine Quidditäten und Quillitäten, seine Fälle, Besitztitel und Schliche? Warum duldet er's nun, daß jener verrückte Kerl ihn mit einer dreckigen Schaufel auf die Birne haut, und sagt ihm nichts von seiner Anklage wegen tätlichen Angriffs? Hm! Dieser Bursche mag zu seiner Zeit ein großer Landaufkäufer gewesen sein, mit seinen Besitzbelastungen, Schuldscheinen, Abstandssummen, seinen doppelten Gewährsmännern und Erlangungsverfügungen: Ist dies der Endstand seiner Abstände und das aus seinen Erlangungen Erlangte, seinen feinen Schädel voll von feinem Dreck zu haben? Wollen seine Gewährsmänner, und sogar doppelte, ihm für keine weiteren Ankäufe Gewähr leisten, als für die Länge und Breite von einem Paar gezahnter Verträge? Sogar die Übertragungsurkunden seiner Ländereien können kaum in dieser Kiste liegen, und soll der Eigentümer selbst nicht mehr Raum haben, ha? [*Er legt den Schädel nieder.*]

Hor. Kein Jota mehr, mein Prinz.

Ham. Macht man Pergament nicht aus Schafshäuten?

Hor. Ja, mein Prinz, und auch aus Kalbshäuten.

Ham. Diejenigen sind Schafe und Kälber, die darin Absicherung suchen. Ich will mit diesem Burschen reden ... [*Sie gehen zu ihm.*] Wessen Grab ist das, Freundchen?

1. Dörfler. Meins, mein Herr.
(Er singt.) Oh, eine Grube aus Lehm geraten,
Ist für solchen Gast gut genug.

Ham. Ich glaube, es ist wirklich deins, denn du liegst darin.

1 Clown. You lie out on't, sir, and therefore 'tis not yours; | for my part, I do not lie in't, yet it is mine.

Ham. Thou dost lie in't, to be in't and say it is thine; | 'tis for the dead, not for the quick – therefore thou liest.

1 Clown. 'Tis a quick lie, sir, 'twill away again from me to you.

Ham. What man dost thou dig it for?

1 Clown. For no man, sir.

Ham. What woman, then?

1 Clown. For none neither.

Ham. Who is to be buried in't?

1 Clown. One that was a woman, sir, but rest her soul, she's dead.

Ham. How absolute the knave is! | We must speak by the card, or equivocation will undo us. | By the Lord, Horatio, this three years I have took note of it, the age is grown so picked that the toe of the peasant | comes so near the heel of the courtier he galls his kibe. – | How long hast thou been grave-maker?

1 Clown. Of all the days i'th' year I came to't that day that | our last king Hamlet overcame Fortinbras.

Ham. How long is that since?

1 Clown. Cannot you tell that? Every fool can tell that. | It was that very day that young Hamlet was born: | he that is mad and sent into England.

Ham. Ay, marry; why was he sent into England?

1 Clown. Why, because 'a was mad; | 'a shall recover his wits there, | or if 'a do not, 'tis no great matter there.

Ham. Why?

1 Clown. 'Twill not be seen in him there, there the men are as mad as he.

1. Dörfler. Ihr liegt außerhalb davon, mein Herr, und daher ist es nicht Eures; ich für mein Teil liege nicht darin, dennoch ist es meins.

Ham. Du lügst aber doch darin, da du darin bist und sagst, es ist deins. 's ist für die Toten, nicht für die Lebendigen – deshalb lügst du.

1. Dörfler. 's ist 'ne quicklebendige Lüge, mein Herr, sie will wieder fort von mir zu Euch.

Ham. Für welchen Mann gräbst du es?

1. Dörfler. Für keinen Mann, mein Herr.

Ham. Für welches Weib also?

1. Dörfler. Auch für keins.

Ham. Wer soll darin begraben werden?

1. Dörfler. Eine, die ein Weib war, doch Gott hab' sie selig, sie ist tot.

Ham. [*zu Horatio*]. Wie definitiv der Kerl ist! Wir müssen mit der Präzision von Seekarten reden, sonst richtet uns die Doppeldeutigkeit zugrunde. Bei unserm Herrn, Horatio, 's ist mir die letzten drei Jahre lang aufgefallen, die Zeit ist dermaßen überzüchtet geworden, daß der Zeh des Bauern der Ferse des Höflings nah genug kommt, ihr die Frostbeulen wundzureiben. – Wie lange bist du schon Grabmacher?

1. Dörfler. Von allen Tagen im Jahr kam ich dazu an dem Tag, als unser letzter König Hamlet den Fortinbras besiegte.

Ham. Wie lang ist das her?

1. Dörfler. Das wißt Ihr nicht? Jeder Narr weiß das. Es war genau an diesem Tag, daß der junge Hamlet geboren wurde: der, der irrsinnig ist und nach England geschickt wurde.

Ham. Ja freilich; warum wurde er nach England geschickt?

1. Dörfler. Nun, weil er irre war; er soll dort wieder zu Verstand kommen, oder, wenn er's nicht tut, spielt es dort keine große Rolle.

Ham. Wieso?

1. Dörfler. 's wird bei ihm nicht auffallen dort, dort sind die Leute so irr wie er.

Ham. How came he mad?

1 Clown. Very strangely, they say.

Ham. How, strangely?

1 Clown. Faith, e'en with losing his wits.

Ham. Upon what ground?

1 Clown. Why, here in Denmark: | I have been sexton here, man and boy, thirty years.

[*Steps out of the grave.*]

Ham. How long will a man lie i'th' earth ere he rot?

1 Clown. Faith, if 'a be not rotten before 'a die – as we have many pocky corses now-a-days | that will scarce hold the laying in – | 'a will last you some eight year, or nine year. | A tanner will last you nine year.

Ham. Why he more than another?

1 Clown. Why, sir, his hide is so tanned with his trade | that 'a will keep out water a great while; | and your water is a sore decayer of your whoreson dead body. | Here's a skull now, hath lien you i'th' earth three-and-twenty years.

Ham. Whose was it?

1 Clown. A whoreson mad fellow's it was . . . | whose do you think it was?

Ham. Nay, I know not.

1 Clown. A pestilence on him for a mad rogue! | 'A poured a flagon of Rhenish on my head once. This same skull, sir, was, sir, Yorick's skull, the king's jester.

Ham. This?

[*Takes the skull.*]

1 Clown. E'en that.

Ham. Alas, poor Yorick! | I knew him, Horatio – a fellow of infinite jest, of most excellent fancy. He hath borne me

Ham. Wie kam er dazu, irr zu werden?

1. Dörfler. Sehr seltsam, sagt man.

Ham. Inwiefern seltsam?

1. Dörfler. Meiner Treu, eben dadurch, daß er den Verstand verlor.

Ham. Über welchen Grund?

1. Dörfler. Hier in Dänemark natürlich: Ich bin hier, als Mann und als Junge, seit dreißig Jahren Totengräber. [*Er steigt aus dem Grab.*]

Ham. Wie lang liegt ein Mensch gewöhnlich in der Erde, bis er verfault?

1. Dörfler. Meiner Treu, falls er nicht schon verfault ist, bevor er stirbt – denn wir haben heutzutage viele lustverseuchte Leichen, die kaum die Beisetzung durchstehn –, so wird er Euch etwa acht Jahre halten, oder neun Jahre. Ein Gerber hält Euch neun Jahre.

Ham. Wieso der länger als jemand anders?

1. Dörfler. Je nun, mein Herr, sein Fell ist durch sein Handwerk so gegerbt, daß er das Wasser eine gute Weile abhält; und das Wasser ist Euch ein schlimmer Verweser eines solchen Hurensohns von Leichnam. Hier ist zum Beispiel ein Schädel, der Euch dreiundzwanzig Jahre in der Erde gelegen hat.

Ham. Wessen war das?

1. Dörfler. Eines verrückten Hurensohns von einem Burschen ... Wessen glaubt Ihr wohl, daß es war?

Ham. Nein, ich weiß es nicht.

1. Dörfler. Die Pest über ihn, er war solch ein verrückter Schalk! Er hat mir mal 'nen Krug Rheinwein übern Kopf gegossen. Eben dieser Schädel hier, mein Herr, war, mein Herr, der Schädel von Yorick, dem Hofnarren des Königs.

Ham. Dieser? [*Er nimmt den Schädel.*]

1. Dörfler. Genau der.

Ham. Ach, armer Yorick! Ich kannte ihn, Horatio – ein Bursche von unendlichem Witz, von ganz hervorragender

on his back a thousand times, | and now how abhorred in my imagination it is! | My gorge rises at it . . . | Here hung those lips that I have kissed I know not how oft. | Where be your gibes now? your gambols, your songs, your flashes of merriment, that were wont to set the table on a roar? | Not one now to mock your own grinning? quite chopfallen? | Now get you to my lady's table, and tell her, | let her paint an inch thick, to this favour she must come. | Make her laugh at that. – Prithee, Horatio, tell me one thing.

Hor. What's that, my lord?

Ham. Dost thou think Alexander looked a' this fashion i'th' earth?

Hor. E'en so.

Ham. And smelt so? pah!

[*Puts down the skull.*]

Hor. E'en so, my lord.

Ham. To what base uses we may return, Horatio! | Why may not imagination trace the noble dust of Alexander, | till 'a find it stopping a bung-hole?

Hor. 'Twere to consider too curiously, to consider so.

Ham. No, faith, not a jot, but to follow him thither | with modesty enough, and likelihood to lead it; | as thus: Alexander died, Alexander was buried, Alexander returneth to dust, | the dust is earth, of earth we make loam, | and why of that loam whereto he was converted might they not stop a beer-barrel?

Imperious Caesar, dead and turned to clay,
Might stop a hole to keep the wind away.
O, that that earth, which kept the world in awe,
Should patch a wall t'expel the winter's flaw!

– But soft, but soft awhile, here comes the king,
The queen, the courtiers.

Phantasie. [180] Er hat mich tausend Male auf dem Rücken getragen, und wie widerwärtig ist das jetzt in meiner Vorstellung! Mir kommt's die Kehle hoch davon ... Hier hingen jene Lippen, die ich küßte, ich weiß nicht, wie oft. Wo sind deine Sticheleien jetzt? Deine Luftsprünge, deine Liedchen, das Aufblitzen deiner witzigen Einfälle, die die Tischrunde immer zum Brüllen brachten? [186] Kein einziger nun, um dein eigenes Grinsen zu verspotten? Hängt die Kinnlade ganz lang? Jetzt ab mit dir an den Schminktisch der gnädigen Frau, und sag ihr, sie mag die Farbe zolldick auftragen, sie muß doch einmal zu diesem Aussehn kommen. Mach sie *darüber* lachen. – [190] Ich bitte dich, Horatio, sag mir nur eines.

Hor. Was denn, mein Prinz?

Ham. Glaubst du, daß Alexander solcherart aussah in der Erde?

Hor. Gerade so.

Ham. Und so stank? – Puh! [*Er legt den Schädel nieder.*]

Hor. Gerade so, mein Prinz. [196]

Ham. Zu welch niedrigen Verwendungszwecken wir wieder kommen können, Horatio! Warum könnte die Vorstellungskraft den edlen Staub Alexanders nicht verfolgen, bis sie ihn findet, wie er ein Spundloch stopft?

Hor. Es so zu bedenken, hieße übergenau zu denken. [200]

Ham. Nein, fürwahr, kein Jota, nur ihm dorthin mit völliger Mäßigung zu folgen, von der Wahrscheinlichkeit geleitet; etwa so: Alexander starb, Alexander wurde begraben, Alexander wird wieder Staub, der Staub ist Erde, aus Erde machen wir Lehm, und weshalb sollten die Leute mit dem Lehm, in den er verwandelt wurde, [205] nicht ein Bierfaß zustopfen?

Der machtgewalt'ge Caesar, tot und wieder Lehm,
Ein Loch vorm Wind zu stopfen dient er vielleicht wem.
Oh, daß der Erdleib, der die Welt bedräut,
'ne Wand flickt gegen Wintersstürme heut!

– Doch halt, doch halt einmal, hier kommt der König, die Königin, die Höflinge.

[*A bell rings;*] *behind the corpse* [*carried in an open coffin,*] *enter a Priest, Laertes, King, Queen, and Courtiers.*

Who is this they follow?
And with such maimed rites? This doth betoken
The corse they follow did with desp'rate hand
Fordo it own life ... 'Twas of some estate ...
Couch we a while and mark.
[*Retires with Horatio.*]

Laer. What ceremony else?

Ham. [*Softly, to Horatio.*] That is Laertes,
A very noble youth – mark.

Laer. What ceremony else?

Priest. Her obsequies have been as far enlarged
As we have warranty. Her death was doubtful,
And but that great command o'ersways the order,
She should in ground unsanctified have lodged
Till the last trumpet; for charitable prayers,
Shards, flints, and pebbles should be thrown on her;
Yet here she is allowed her virgin crants,
Her maiden strewments, and the bringing home
Of bell and burial.

Laer. Must there no more be done?

Priest. No more be done!
We should profane the service of the dead
To sing a requiem and such rest to her
As to peace-parted souls.

Laer. Lay her i'th' earth,
And from her fair and unpolluted flesh
May violets spring!
[*The coffin is lowered into the grave.*]
– I tell thee, churlish priest,
A minist'ring angel shall my sister be
When thou liest howling.

Ham. [*Softly.*] What, the fair Ophelia!

Queen. [*Scattering flowers.*] Sweets to the sweet – farewell!
I hoped thou shouldst have been my Hamlet's wife:

[*Eine Glocke läutet;*] *hinter dem* [*in offenem Sarg getragenen*] *Leichnam kommen heran ein Priester, Laertes, der König, die Königin und Höflinge.*

Wer ist es, dem sie folgen? Und mit solch verstümmeltem Ritus? Das zeigt an, der Tote, dem sie folgen, zerstörte mit verzweifelter Hand das eigene Leben ... Es war jemand von einigem Rang ... Wir wollen uns ein Weilchen verborgen halten und achtgeben. [*Er zieht sich mit Horatio zurück.*]

Laer. Welch feierliche Handlung noch?

Ham. [*leise, zu Horatio*]. Das ist Laertes, ein sehr edler Jüngling; gib acht.

Laer. Welch feierliche Handlung noch?

Priester. Ihr Leichenbegängnis wurde so weit ausgedehnt, wie's uns verstattet ist. Ihr Tod war zweifelhaft, und setzte hohes Gebot die festgelegte Ordnung nicht beiseite, so würde sie in ungeweihtem Boden hausen bis zu des Jüngsten Tags Posaune; statt mildtätiger Gebete würde man Scherben, Steine und Kiesel über sie werfen; doch hier gewährt man ihr den Jungfernkranz, ihr jungfräuliches Blumenstreuen und das Heimgeleit mit Totenglocke und Begräbnis.

Laer. Darf dann weiter nichts geschehn?

Priester. Weiter nichts geschehe! Wir würden den Totendienst entweihen, wenn wir mit einem Requiem ihr solche Ruhe sängen wie in Frieden abgeschiednen Seelen.

Laer. Legt sie in die Erde, und aus ihrem schönen, unbefleckten Fleische mögen Veilchen sprießen! [*Der Sarg wird in das Grab gesenkt.*] Ich sag dir, knickeriger Pfaffe, ein dienender Engel wird meine Schwester sein, wenn du heulend daliegst.

Ham. [*leise*]. Wie, die schöne Ophelia?

Kgin. [*Blumen streuend*]. Liebliches dem Lieblichen – leb wohl! Ich hoffte, du würdest meines Hamlets Frau sein, ich

I thought thy bride-bed to have decked, sweet maid,
And not have strewed thy grave.

Laer. O, treble woe
Fall ten times treble on that cursed head
Whose wicked deed thy most ingenious sense
Deprived thee of! – Hold off the earth awhile,
Till I have caught her once more in mine arms . . .

Leaps in the grave.

Now pile your dust upon the quick and dead,
Till of this flat a mountain you have made
T'o'ertop old Pelion, or the skyish head
Of blue Olympus.

Ham. [*Advancing.*] What is he whose grief
Bears such an emphasis, whose phrase of sorrow
Conjures the wand'ring stars, and makes them stand
Like wonder-wounded hearers? – This is I,
Hamlet the Dane.

Leaps in after Laertes.

Laer. [*Grappling with him.*] The devil take thy soul!

Ham. Thou pray'st not well . . .
I prithee, take thy fingers from my throat,
For though I am not splenative and rash,
Yet have I in me something dangerous,
Which let thy wisdom fear; hold off thy hand.

King. Pluck them asunder.

Queen. Hamlet, Hamlet!

All. Gentlemen!

[*Attendants get them out of the grave and keep them apart.*]

Hor. Good my lord, be quiet.

Ham. Why, I will fight with him upon this theme
Until my eyelids will no longer wag.

Queen. O my son, what theme?

Ham. I loved Ophelia, forty thousand brothers
Could not with all their quantity of love
Make up my sum. – What wilt thou do for her?

King. O, he is mad, Laertes.

gedachte dein Brautbett auszuschmücken, liebes Mädchen, nicht dein Grab zu überstreuen.

Laer. Oh, dreifach Unheil komme zehnmal dreifach über das verfluchte Haupt, dessen böse Tat dich deines hochedelen Verstands beraubt hat! – Haltet die Erde eine Weile fern, bis ich sie noch einmal umfangen hab mit meinen Armen ... *(Er springt in das Grab.)* Nun häufet euren Staub auf Lebende und Tote, bis ihr aus diesem flachen Grunde einen Berg gemacht habt, der den alten Pelion überragt, oder das himmelhohe Haupt des blauen Olymp!

Ham. [*vortretend*]. Wer ist es, dessen Gram solche Emphase hat? Dessen Redestil der Trauer die Wandelsterne bannt und sie stehenbleiben macht wie staunenswunde Hörer? – Dies bin ich, Hamlet der Däne! *(Er springt dem Laertes nach.)*

Laer. [*ringt mit ihm*]. Der Teufel hole deine Seele!

Ham. Du betest ungut ... Ich bitte dich, nimm die Finger von meiner Kehle, denn ob ich schon nicht heißblütig bin und hastig, so hab ich doch in mir etwas Gefährliches, das deine Klugheit fürchten sollte ... Halt deine Hand weg.

Kön. Reißt sie auseinander.

Kgin. Hamlet, Hamlet!

Alle. Ihr Herrn!

[*Gefolgsleute zerren sie aus dem Grab und halten sie auseinander.*]

Hor. Mein edler Prinz, beruhigt Euch.

Ham. Wahrlich, über diese Sache will ich mit ihm kämpfen, bis meine Augenlider sich nicht mehr bewegen.

Kgin. O mein Sohn, welche Sache denn?

Ham. Ich hab Ophelia geliebt, vierzigtausend Brüder könnten mit der ganzen Menge ihrer Liebe meine Summe nicht erreichen. – Was willst du für sie tun?

Kön. Oh, er ist irrsinnig, Laertes.

Queen. For love of God, forbear him.
Ham. 'Swounds, show me what thou't do:
Woo't weep? woo't fight? woo't fast? woo't tear thyself?
Woo't drink up eissel? eat a crocodile?
I'll do't. Dost come here to whine?
To outface me with leaping in her grave?
Be buried quick with her, and so will I.
And if thou prate of mountains, let them throw
Millions of acres on us, till our ground,
Singeing his pate against the burning zone,
Make Ossa like a wart! Nay, an thou'lt mouth,
I'll rant as well as thou.
Queen. This is mere madness,
And thus awhile the fit will work on him;
Anon, as patient as the female dove
When that her golden couplets are disclosed,
His silence will sit drooping.
Ham. Hear you, sir,
What is the reason that you use me thus?
I loved you ever – but it is no matter.
Let Hercules himself do what he may,
The cat will mew, and dog will have his day.
Exit.
King. I pray thee, good Horatio, wait upon him . . .
Exit Horatio.
[*Aside to Laertes.*] Strengthen your patience in our last night's speech,
We'll put the matter to the present push. –
Good Gertrude, set some watch over your son.
This grave shall have a living monument . . .
An hour of quiet shortly shall we see,
Till then, in patience our proceeding be.
Exeunt.

Kgin. Um Gottes Liebe willen, schont ihn.

Ham. Kruzifix nochmal, zeig mir, was du tun willst: Willst weinen? Willst kämpfen? Willst fasten? Willst dich zerreißen? Willst lauter Essig trinken? Ein Krokodil essen? Ich werd's tun. Kommst hierher, um zu jammern? Mich zu übertrumpfen, indem du in ihr Grab springst? Laß du lebendig dich mit ihr begraben, ich will es auch. Und wenn du von Bergen protzest, laß sie nur Millionen Ar von Erde auf uns werfen, bis der Boden über uns, seinen Scheitel an der feurigen Region versengend, den Ossa zu 'ner Warze macht! Fürwahr, wenn du den Mund vollnimmst, will ich so hoch tönen wie du.

Kgin. Dies ist barer Irrsinn, und so wird eine Weile lang der Anfall ihn bedrängen; bald wird sein Schweigen dann, wie das geduldige Taubenweibchen, wenn seine goldnen Zwillingsjungen ausgeschlüpft sind, mutlos niedersitzen.

Ham. Hört einmal, mein Herr, aus welchem Grund behandelt Ihr mich so? Ich hab Euch stets geliebt – doch es ist alles eins. Laßt Herkules selbst tun, was er nur mag, die Katz miaut, der Hund hat seinen Tag.

Er geht ab.

Kön. Ich bitte dich, guter Horatio, kümmere dich um ihn.

Horatio geht ab.

[*Beiseite, zu Laertes.*] Bestärkt Eure Geduld mit unserem Gespräch von gestern abend, wir wollen die Sache unverzugs auf Spitz und Knopf bringen. – Liebe Gertrud, setzt eine Wache ein für Euren Sohn. Dies Grab soll ein lebendig Denkmal haben ... Der Ruhe Stunde werden wir bald sehn, bis dahin laßt uns mit Geduld vorgehn.

Sie gehen ab.

SCENE 2

[*The hall of the castle.*]

Enter Hamlet and Horatio.

Ham. So much for this, sir; now shall you see the other –
You do remember all the circumstance?
Hor. Remember it, my lord!
Ham. Sir, in my heart there was a kind of fighting
That would not let me sleep; methought I lay
Worse than the mutines in the bilboes. Rashly –
And praised be rashness for it . . . let us know,
Our indiscretion sometime serves us well,
When our deep plots do pall, and that should learn us
There's a divinity that shapes our ends,
Rough-hew them how we will . . .
Hor. That is most certain.
Ham. . . . up from my cabin,
My sea-gown scarfed about me, in the dark
Groped I to find out them, had my desire,
Fingered their packet, and in fine withdrew
To mine own room again, making so bold
(My fears forgetting manners) to unseal
Their grand commission; where I found, Horatio –
Ah, royal knavery! – an exact command,
Larded with many several sorts of reasons
Importing Denmark's health and England's too,
With, ho! such bugs and goblins in my life,
That on the supervise, no leisure bated,
No, not to stay the grinding of the axe,
My head should be struck off.
Hor. Is't possible?
Ham. Here's the commission, read it at more leisure.
But wilt thou hear now how I did proceed?
Hor. I beseech you.
Ham. Being thus benetted round with villanies,

SZENE 2

[*Der Große Saal der Burg.*]

Hamlet und Horatio treten ein.

Ham. Soviel hierzu, mein Herr; nun sollt Ihr das andre sehn – Ihr erinnert Euch an jeden Umstand?

Hor. Und ob ich mich daran erinnere, mein Prinz!

Ham. Mein Herr, in meinem Herz war eine Art von Kämpfen, das mich nicht schlafen ließ; mir schien, ich läge schlechter als Meuterer in Fußeisen. Hastig – und sei die Hastigkeit dafür gepriesen ... Laßt uns nur erkennen, daß unsere Unbesonnenheit uns manchmal bestens dient, wenn unsre tiefgeplanten Anschläge verkümmern, und dies sollte uns lehren, daß eine Gottheit da ist, die unsre Endzwecke gestaltet, wie immer wir sie auch im Groben vorentwerfen ...

Hor. Das ist ganz sicher.

Ham. ... aus meiner Kabine tappte ich, den Schiffermantel umgeschlungen, im Dunkeln hoch, um sie zu finden, erreichte, was ich wollte, langte mir ihr Bündel und zog mich schließlich wieder in meinen Raum zurück, erkühnte mich (meine Furcht vergaß die Umgangsformen), das Siegel ihrer großartigen Order aufzubrechen; darin fand ich, Horatio – oh, königliche Schurkerei! – ein striktes Gebot, mit Gründen mancherlei verschiedner Art gespickt, Dänemarks und auch Englands Wohlergehn betreffend, mit – ho! – solchen Schreckgespenstern und bösartigen Geistern im Falle meines Weiterlebens, daß gleich nach Durchsicht, kein Verweilen abgezogen, nein, nicht einmal um abzuwarten, bis das Beil geschärft sei, der Kopf mir abgeschlagen werden müsse.

Hor. Ist's möglich?

Ham. Hier ist die Order, lies sie, wenn mehr Zeit ist. Doch willst du nunmehr hören, wie ich verfuhr?

Hor. Ich bitte Euch darum.

Ham. Auf diese Art umgarnt von Schurkereien, hatte mein

Ere I could make a prologue to my brains,
They had begun the play. I sat me down,
Devised a new commission, wrote it fair –
I once did hold it, as our statists do,
A baseness to write fair, and laboured much
How to forget that learning, but, sir, now
It did me yeoman's service. Wilt thou know
Th' effect of what I wrote?
Hor. Ay, good my lord.
Ham. An earnest conjuration from the king,
As England was his faithful tributary,
As love between them like the palm might flourish,
As peace should still her wheaten garland wear
And stand a comma 'tween their amities,
And many such like 'as-es' of great charge,
That on the view and knowing of these contents,
Without debatement further, more or less,
He should those bearers put to sudden death,
Not shriving-time allowed.
Hor. How was this sealed?
Ham. Why, even in that was heaven ordinant;
I had my father's signet in my purse,
Which was the model of that Danish seal,
Folded the writ up in the form of th' other,
Subscribed it, gave't th' impression, placed it safely,
The changeling never known. Now, the next day
Was our sea-fight, and what to this was sequent
Thou knowest already.
Hor. So Guildenstern and Rosencrantz go to't.
Ham. Why, man, they did make love to this employment,
They are not near my conscience, their defeat
Does by their own insinuation grow.
'Tis dangerous when the baser nature comes
Between the pass and fell incensed points
Of mighty opposites.
Hor. Why, what a king is this!

Hirn, eh' ich ihm eine Eingangsrede halten konnte, das Schauspiel schon begonnen. Ich setzte mich, verfaßte eine neue Order, führte sie in Schönschrift aus – einst hielt ich es, wie unsre Staatsmänner es tun, für eine unwürdige Sache, schön zu schreiben, und mühte mich sehr, wie ich die Fertigkeit vergessen könnte, doch nun, mein Herr, tat sie mir wahren Hintersassendienst. Willst du wissen, in welchem Sinn ich schrieb?

Hor. Ja, mein edler Prinz.

Ham. Eine dringende Beschwörung unsres Königs, wofern England sein getreuer Zinspflichtiger sei, wofern die Liebe zwischen ihnen wie die Palme üppig wachsen solle, wofern der Friede weiter seinen Kranz aus Ähren tragen solle und als Beistrich bindend zwischen ihrer Freundschaft stehn, und viele andre solche Esel von »woferns« von großer Lastenschwere, daß England, sobald es diesen Inhalt sah und aufnahm, ohne weitres Überlegen, ob länger oder kürzer, jene Überbringer unverzüglich töten sollte, selbst Zeit zur Beichte nicht gewährt.

Hor. Wie wurde das gesiegelt?

Ham. Nun, sogar hierin griff der Himmel ordnend ein; ich hatt' in meiner Börse meines Vaters Siegel, das das kleine Gegenstück zum dänischen Staatssiegel war, ich faltete das Schreiben auf die Art des andern, unterschrieb es, gab ihm den Siegelaufdruck, bracht' es sicher unter, und der Wechselbalg ward nie erkannt. Am nächsten Tage war dann unser Seegefecht, und was auf jenes folgte, weißt du schon.

Hor. Güldenstern und Rosenkranz gehn somit drauf.

Ham. Wahrhaftig, Mann, sie buhlten ja um diesen Auftrag, sie kommen mir nicht nah an mein Gewissen, ihr Untergang erwächst daraus, daß sie sich selbst hereingedrängelt haben. 's ist gefährlich, wenn die niedrigere Kreatur sich zwischen Stoß und wildentbrannte Degenspitzen großmächtiger Gegner stellt.

Hor. Oh, was ist das für ein König!

Ham. Does it not, think thee, stand me now upon –
He that hath killed my king, and whored my mother,
Popped in between th' election and my hopes,
Thrown out his angle for my proper life,
And with such cozenage – is't not perfect conscience
To quit him with this arm? And is't not to be damned,
To let this canker of our nature come
In further evil?

Hor. It must be shortly known to him from England
What is the issue of the business there.

Ham. It will be short, the interim is mine,
And a man's life's no more than to say 'One' . . .
But I am very sorry, good Horatio,
That to Laertes I forgot myself;
For by the image of my cause I see
The portraiture of his. I'll court his favours;
But sure the bravery of his grief did put me
Into a towering passion.

Hor. Peace, who comes here?

Enter Osric.

Osr. [*Doffs his hat and bows low.*] Your lordship is right welcome back to Denmark.

Ham. I humbly thank you, sir. | [*Aside to Horatio.*] Dost know this water-fly?

Hor. [*Aside to Hamlet.*] No, my good lord.

Ham. [*Aside to Horatio.*] Thy state is the more gracious, for 'tis a vice to know him. He hath much land, and fertile: let a beast be lord of beasts, | and his crib shall stand at the king's mess. | 'Tis a chough, but, as I say, spacious in the possession of dirt.

Osr. Sweet lord, if your lordship were at leisure, | I should impart a thing to you from his majesty.

Ham. I will receive it, sir, with all diligence of spirit. – | Put your bonnet to his right use, 'tis for the head.

Ham. Ist es, denk doch nur, jetzt nicht an mir – er, der meinen König mordete und meine Mutter zur Hure machte, der zwischen meine Hoffnungen und die Wahl hereingeplatzt ist, seine trügerische Angel nach meinem eignen Leben auswarf, und das mit solcher Hinterlist –, ist es nicht vollkommen Sache des Gewissens, ihm mit diesem Arme heimzuzahlen? Und heißt es nicht, Verdammnis auf sich laden, dies Krebsgeschwür des Menschenwesens sich zu weitrem Bösen ausbreiten zu lassen?

Hor. Gewißlich wird ihm über kurz aus England kund, wie dort die Sache ausgegangen ist.

Ham. Es wird kurz sein, die Zwischenzeit ist mein, und eines Menschen Leben ist nicht länger, als man »Eins« sagt ... Doch ist es mir sehr leid, lieber Horatio, daß ich mich dem Laertes gegenüber so vergaß; denn in dem Bilde seiner Sache seh ich das Ebenbild der meinen. Ich will um seine Gunst mich mühen; doch ganz gewiß, sein prahlerisches Trauern versetzte mich in hochgetürmte Wut.

Hor. Still, wer kommt da?

Osrik kommt herein.

Osr. [*nimmt den Hut ab und verneigt sich tief*]. Euer Hoheit sind zurück in Dänemark hochwillkommen.

Ham. Ich danke Euch ergebenst, mein Herr. [*Beiseite, zu Horatio.*] Kennst diese Wassermücke?

Hor. [*beiseite zu Hamlet*]. Nein, mein edler Prinz.

Ham. [*beiseite zu Horatio*]. Du bist dem Seelenheile desto näher, denn es ist ein Laster, ihn zu kennen. Er hat viel Land, und es ist fruchtbar: Laß ein Rind nur Herr über Rinder sein, und seine Futterkrippe wird an der Tafel des Königs stehn. 's ist eine Dohle, aber, wie ich sage, weitläufig im Besitz von Dreck.

Osr. Liebster Prinz, falls Eure Hoheit Muße hätten, würde ich Euch etwas von seiner Majestät weitergeben.

Ham. Ich werde es, mein Herr, mit aller Beflissenheit des Geistes aufnehmen. – Gebt Eurem Hut die richtige Verwendung, er ist für den Kopf bestimmt.

Osr. I thank your lordship, it is very hot.

Ham. No, believe me, 'tis very cold, the wind is northerly.

Osr. It is indifferent cold, my lord, indeed.

Ham. But yet, methinks, it is very sultry and hot for my complexion.

Osr. Exceedingly, my lord, it is very sultry, | as 'twere ... I cannot tell how ... | My lord, his majesty bade me signify to you | that 'a has laid a great wager on your head. Sir, this is the matter ...

Ham. [*Again moves him to put on his hat.*] I beseech you, remember ...

Osr. Nay, good my lord, for my ease, in good faith. | Sir, here is newly come to court Laertes – | believe me, an absolute gentleman, full of most excellent differences, of very soft society, and great showing; | indeed, to speak feelingly of him, | he is the card or calendar of gentry: | for you shall find in him the continent of what parts a gentleman would see.

Ham. Sir, his definement suffers no perdition in you, though, I know, to divide him inventorially would dizzy th' arithmetic of memory, | and yet but yaw neither in respect of his quick sail, | but, in the verity of extolment, I take him to be a soul of great article, | and his infusion of such dearth and rareness, | as, to make true diction of him, his semblable is his mirror, and who else would trace him – | his umbrage, nothing more.

Osr. Your lordship speaks most infallibly of him.

Ham. The concernancy, sir? | Why do we wrap the gentleman in our more rawer breath?

Osr. Ich danke Euer Hoheit, es ist sehr heiß.

Ham. Nein, glaubt mir, 's ist sehr kalt, der Wind steht nördlich.

Osr. Es ist ziemlich kalt, mein Prinz, tatsächlich ...

Ham. Und dennoch scheint es mir für meine Konstitution sehr schwül und heiß zu sein.

Osr. Außerordentlich, mein Prinz, es ist sehr schwül, gleichsam ... ich kann nicht sagen, wie ... Mein Prinz, seine Majestät befahl mir, Euch anzuzeigen, daß er eine große Wette abgeschlossen hat auf Euren Kopf. Mein Herr, so steht die Sache ...

Ham. [*bedeutet ihm erneut, den Hut aufzusetzen*]. Ich bitte, erinnert Euch ...

Osr. Nicht doch, mein edler Prinz, zu meiner eigenen Bequemlichkeit, ganz ehrlich. Mein Herr, es ist soeben Laertes an den Hof gekommen – glaubt mir, ein perfekter Edelmann, voll von den vortrefflichsten Distinktionen, sehr fein im Umgang und von imponierender Erscheinung; fürwahr, um verständnisinnig über ihn zu reden, er ist Landkarte oder Almanach des vornehmen Betragens: denn Ihr werdet in ihm den ganzen Kontinent aller Teile finden, die ein Edelmann nur zu sehen wünscht.

Ham. Mein Herr, seine Umgrenzung erleidet keinerlei Verminderung durch Euch, obgleich ich weiß, daß seine inventurmäßige Unterteilung die Rechenkunst des Gedächtnisses schwindlig machen würde und nichtsdestoweniger nur schlingern im Vergleich zu seinem raschen Segel, doch in der Wahrhaftigkeit der Lobeserhebung halte ich ihn für eine Seele von großer Bedeutung, und die in ihn eingeflossenen Begabungen als von solcher Teuerkeit und Rarität, daß man, um zutreffende Rede über ihn zu führen, sagen muß, nur sein Spiegelbild gleicht ihm, und wer sonst ihm nachzuziehn versucht – sein Schattenbild, nichts weiter.

Osr. Euer Hoheit sprechen ganz unfehlbar über ihn.

Ham. Die Betrefflichkeit, mein Herr? Warum hüllen wir den edlen Mann in unseren gröberen Atem?

Osr. Sir?

Hor. Is't not possible to understand in another tongue? | You will to't, sir, really.

Ham. What imports the nomination of this gentleman?

Osr. Of Laertes?

Hor. [*Aside to Hamlet.*] His purse is empty already, all's golden words are spent.

Ham. Of him, sir.

Osr. I know you are not ignorant ...

Ham. I would you did, sir, yet, in faith, if you did, | it would not much approve me. Well, sir?

Osr. You are not ignorant of what excellence Laertes is ...

Ham. I dare not confess that, lest I should compare with him in excellence, | but to know a man well were to know himself.

Osr. I mean, sir, for his weapon, | but in the imputation laid on him by them, in his meed he's unfellowed.

Ham. What's his weapon?

Osr. Rapier and dagger.

Ham. That's two of his weapons – but, well.

Osr. The king, sir, hath wagered with him six Barbary horses, | against the which he has impawned, as I take it, six French rapiers and poniards, | with their assigns, as girdle, hangers, and so. | Three of the carriages, in faith, are very dear to fancy, | very responsive to the hilts, | most delicate carriages, and of very liberal conceit.

Ham. What call you the 'carriages'?

Hor. [*Aside to Hamlet.*] I knew you must be edified by the margent ere you had done.

Osr. The carriages, sir, are the hangers.

Ham. The phrase would be more germane to the matter, | if we could carry a cannon by our sides – I would it might

Osr. Mein Prinz?

Hor. Ist's nicht möglich, es auf einer andern Zunge zu verstehen? Ihr werdet's schon schaffen, mein Herr, bestimmt.

Ham. Was bedeutet die Nennung dieses Edelmanns?

Osr. Des Laertes? [125]

Hor. [*beiseite zu Hamlet*]. Seine Börse ist schon leer, all seine goldenen Worte sind ausgegeben.

Ham. Des nämlichen, mein Herr.

Osr. Ich weiß, Ihr seid nicht unwissend ...

Ham. Ich wünschte, Ihr wüßtet's, mein Herr, doch wahrlich, wenn Ihr's tätet, gereichte es mir nicht zu großem Lob. Nun, mein Herr? [130]

Osr. Ihr seid nicht unwissend, von welcher Vortrefflichkeit Laertes ist ...

Ham. Das wage ich nicht zuzugeben, um mich mit ihm nicht an Vortrefflichkeit zu messen, jedoch einen Mann gut kennen, hieße sich selber kennen.

Osr. Ich meine, mein Herr, hinsichtlich seiner Waffe, doch nach dem Ansehn, das man ihm beilegt, ist er in seinem Verdienste ohne seinesgleichen. [135]

Ham. Was ist seine Waffe?

Osr. Rapier und Kurzschwert.

Ham. Das sind zwei von seinen Waffen – aber wenn schon.

Osr. Der König, mein Herr, hat mit ihm sechs Berberhengste gewettet, gegen die Laertes, wie ich's verstehe, sechs französische Rapiere und Stoßklingen verpfändet hat, [141] samt ihrem Zubehör, als da sind Gurte, Hängriemen und so. Drei der Gestelle sind wahrhaftig dem Kunstgeschmack sehr schätzenswert, den Griffen sehr gemäß, höchst zierliche Gestelle, und sehr großzügig ersonnen. [145]

Ham. Was nennt Ihr die »Gestelle«?

Hor. [*beiseite zu Hamlet*]. Ich wußte, Ihr würdet Euch durch eine Randglosse erbauen müssen, bevor Ihr fertig seid.

Osr. Die Gestelle, mein Herr, sind die Hängriemen.

Ham. Der Ausdruck wäre der Sache eher anverwandt, wenn wir eine Kanone an der Seite tragen könnten – [150] ich

be hangers till then. | But on! Six Barbary horses against six French swords, | their assigns, and three liberal-conceited carriages – | that's the French bet against the Danish. | Why is this all 'impawned', as you call it?

Osr. The king, sir, hath laid, sir, | that in a dozen passes between yourself and him | he shall not exceed you three hits; | he hath laid on twelve for nine, | and it would come to immediate trial if your lordship would vouchsafe the answer.

Ham. How if I answer 'no'?

Osr. I mean, my lord, the opposition of your person in trial.

Ham. Sir, I will walk here in the hall, if it please his majesty, | it is the breathing time of day with me. Let the foils be brought, | the gentleman willing, and the king hold his purpose, | I will win for him an I can, | if not, I will gain nothing but my shame and the odd hits.

Osr. Shall I deliver you so?

Ham. To this effect, sir – after what flourish your nature will.

Osr. [*Bows profusely.*] I commend my duty to your lordship.

Ham. Yours.

Exit Osric.

['A] does well to commend it himself, | there are no tongues else for's turn.

Hor. This lapwing runs away with the shell on his head.

Ham. 'A did comply, sir, with his dug before 'a sucked it. | Thus has he – and many more of the same breed | that I

wünschte, man könnte es bis dahin bei Hängriemen belassen. Doch weiter! Sechs Berberhengste gegen sechs französische Schwerter, ihr Zubehör, und drei großzügig-versponnene Gestelle – das ist die französische Wette gegen die dänische. Warum wird das alles »verpfändet«, wie Ihr's nennt?

Osr. Der König, mein Herr, hat gewettet, mein Herr, daß in einem Dutzend Runden zwischen Euch und dem Laertes jener Euch keine drei Treffer voraushaben wird; er hat zwölf für neun gewettet, und es käme zur sofortigen Erprobung, wenn Euer Hoheit die Entgegnung gewähren wollten.

Ham. Und wenn ich nun »Nein« entgegne?

Osr. Ich meine, mein Prinz, die Gegenüberstellung Eurer Person in dieser Erprobung.

Ham. Mein Herr, ich werde hier im Saal umhergehn, wenn's seiner Majestät beliebt, 's ist jetzt bei mir die Tageszeit des Atemschöpfens. Laßt die Rapiere bringen, falls der Edelmann willens ist und der König an seiner Absicht festhält, will ich für ihn gewinnen, wenn ich kann, wenn nicht, stecke ich nichts als meine Schande ein und die überzähligen Treffer.

Osr. Soll ich Euch so wiedergeben?

Ham. In diesem Sinn, mein Herr – mit was für Ausschmückungen Eure Wesensart nur wünscht.

Osr. [*verbeugt sich übertrieben*]. Ich empfehle Euer Hoheit meine Pflichtergebenheit.

Ham. Der Eure.

Osrik geht ab.

Er tut gut daran, sie selber zu empfehlen, es gibt sonst keine Zungen, ihm dafür zu dienen.

Hor. Dieser Kiebitz rennt weg mit der Schale noch auf seinem Kopf.

Ham. Er tauschte schon Höflichkeitsfloskeln mit der Nippel aus, bevor er an ihr sog, mein Herr. So hat er – und noch viele andre aus dem gleichen Schlag, in die unser schlackiges

know the drossy age dotes on – | only got the tune of the time | and, out of an habit of encounter, a kind of yeasty collection, which carries them through and through | the most fond and winnowed opinions, | and do but blow them to their trial, the bubbles are out.

Enter a Lord.

Lord. My lord, his majesty commended him to you by young Osric, who brings back to him that you attend him in the hall. | He sends to know if your pleasure hold to play with Laertes, | or that you will take longer time.

Ham. I am constant to my purposes, they follow the king's pleasure. | If his fitness speaks, mine is ready; now or whensoever, provided I be so able as now.

Lord. The king, and queen, and all are coming down.

Ham. In happy time.

Lord. The queen desires you | to use some gentle entertainment to Laertes before you fall to play.

Ham. She well instructs me.

Exit Lord.

Hor. You will lose, my lord.

Ham. I do not think so. | Since he went into France I have been in continual practice. | I shall win at the odds . . . thou wouldst not think how ill all's here about my heart – | but it is no matter.

Hor. Nay, good my lord . . .

Ham. It is but foolery, but it is such a kind of gaingiving | as would perhaps trouble a woman.

Hor. If your mind dislike any thing, obey it. | I will forestall their repair hither, and say you are not fit.

Ham. Not a whit, we defy augury. | There is special providence in the fall of a sparrow. | If it be now, 'tis not to

Zeitalter vernarrt ist – nur den modischen Schall aufgenommen und aus gewohnheitsmäßigem Begegnen eine Art hefeschaumigen Sammelsuriums, das sie durch die seichtesten wie die verfeinertsten Ansichten durchträgt, aber puste sie zur Probe nur mal an, und weg sind die Blasen.

Ein Edelmann tritt ein.

Edelm. Mein Prinz, Seine Majestät empfahl sich Euch durch den jungen Osrik, der ihm zurückbringt, Ihr erwartet ihn im Saal. Er sendet mich, um zu erfahren, ob es Euch immer noch beliebt, mit Laertes zu fechten, oder ob Ihr längerer Zeit bedürft.

Ham. Ich bleibe stetig bei meinen Absichten, sie folgen dem Belieben des Königs. Wenn seine Bereitschaft spricht, ist meine zur Stelle; jetzt oder wann immer, vorausgesetzt, ich bin so tauglich wie jetzt.

Edelm. Der König, die Königin und alle kommen herunter.

Ham. Zu guter Stunde.

Edelm. Die Königin wünscht, daß Ihr dem Laertes freundliches Entgegenkommen zeigt, ehe Ihr beginnt zu fechten.

Ham. Sie leitet mich gut an.

Der Edelmann geht ab.

Hor. Ihr werdet verlieren, mein Prinz.

Ham. Das glaub ich nicht. Seit er nach Frankreich ging, habe ich mich ständig in Übung gehalten. Bei dieser Vorgabe werde ich gewinnen ... Du würdest nicht glauben, wie weh mir alles hier ums Herz ist, doch das macht nichts.

Hor. Nicht doch, mein edler Prinz ...

Ham. Es ist nur eine Torheit, doch ist es solch eine Art von schlimmer Ahnung, wie sie vielleicht eine Frau bedrücken würde.

Hor. Falls Eurem Gemüte irgend etwas nicht behagt, gehorcht ihm. Ich werde ihrem Herkommen vorgreifen und sagen, Ihr befindet Euch nicht wohl.

Ham. Keine Spur, wir verwerfen Vorausdeutung. Es liegt besondere Vorsehung selbst im Fallen eines Spatzen. Wenn es

come; if it be not to come, it will be now; | if it be not now, yet it will come – the readiness is all. | Since no man, of aught he leaves, | knows what is't to leave betimes, let be.

Enter Attendants with cushions, and arrange seats and tables; others bring in flagons of wine and cups; trumpets and drums; enter King, Queen, Osric, and all the Court; rapiers and daggers are carried in and put on a table; enter Laertes.

King. Come, Hamlet, come, and take this hand from me.
[*Puts the hand of Laertes into the hand of Hamlet.*]

Ham. Give me your pardon, sir, I have done you wrong,
But pardon't, as you are a gentleman.
This presence knows, and you must needs have heard,
How I am punished with a sore distraction.
What I have done
That might your nature, honour, and exception
Roughly awake, I here proclaim was madness.
Was't Hamlet wronged Laertes? Never Hamlet.
If Hamlet from himself be ta'en away,
And when he's not himself does wrong Laertes,
Then Hamlet does it not, Hamlet denies it.
Who does it then? His madness. If't be so,
Hamlet is of the faction that is wronged,
His madness is poor Hamlet's enemy.
Sir, in this audience,
Let my disclaiming from a purposed evil
Free me so far in your most generous thoughts,
That I have shot my arrow o'er the house,
And hurt my brother.

Laer. I am satisfied in nature,
Whose motive in this case should stir me most
To my revenge; but in my terms of honour
I stand aloof, and will no reconcilement
Till by some elder masters of known honour
I have a voice and precedent of peace,

jetzt sein soll, kommt es nicht mehr; wenn es nicht mehr kommt, wird es jetzt sein; wenn es jetzt nicht ist, wird es doch kommen – Bereitsein ist alles. Da kein Mensch an irgend etwas, das er verläßt, ablesen kann, wann es die rechte Zeit zum Verlassen ist, laß hingehn.

Bediente kommen mit Kissen herein und stellen Sitze und Tische bereit; andere bringen Weinkrüge und Kelche; Trompeten und Trommeln; es treten auf der König, die Königin, Osrik und der ganze Hofstaat; Rapiere und Kurzschwerter werden hereingebracht und auf einen Tisch abgelegt; Laertes tritt ein.

Kön. Kommt, Hamlet, kommt und nehmet diese Hand von mir.

[*Er legt die Hand des Laertes in die Hamlets.*]

Ham. Gewährt mir Eure Verzeihung, mein Herr, ich hab Euch Unrecht angetan, aber verzeiht es, so Ihr ein Edelmann seid. Die hier Gegenwärtigen wissen, und Ihr müßt notwendig gehört haben, daß ich mit einer schlimmen Verstörung gestraft bin. Was ich getan habe, das Euer natürliches Gefühl, Eure Ehre und Euren Unmut rauh erwecken mochte, das nenne ich hier offen Irrsinn. War's Hamlet, der Laertes Unrecht tat? Niemals Hamlet. Wenn Hamlet seiner selbst benommen ist und, wenn er nicht er selbst ist, Laertes Unrecht tut, dann tut das Hamlet nicht, Hamlet verleugnet es. Wer tut es dann? Sein Irrsinn. Wenn dem so ist, dann gehört Hamlet zur Partei, der Unrecht widerfuhr, sein Irrsinn ist des armen Hamlet Feind. Mein Herr, vor dieser Zuhörerschaft laßt mein Abstreiten von vorbedachtem Bösen mich so weit in Eurem großmütigen Denken freisprechen, als daß ich meinen Pfeil über das Dach des Hauses schoß und meinen Bruder traf.

Laer. Ich bin's zufrieden, was das natürliche Gefühl angeht, dessen Beweggrund mich in diesem Fall am heftigsten zu meiner Rache treiben sollte; doch im Punkt der Ehre halte ich mich fern und will keine Aussöhnung, bis ich durch ältre Meister von anerkannter Ehre auf Beispielfälle gründende Zustimmung zum Frieden habe, um meinen Namen

To keep my name ungored; but till that time
I do receive your offered love like love,
And will not wrong it.

Ham. I embrace it freely,
And will this brothers' wager frankly play –
Give us the foils.

Laer. Come, one for me.

Ham. I'll be your foil, Laertes, in mine ignorance
Your skill shall like a star i'th' darkest night
Stick fiery off indeed.

Laer. You mock me, sir.

Ham. No, by this hand.

King. Give them the foils, young Osric.

[*Osric brings forward some rapiers from the table; Laertes takes one and tries himself with it.*]

Cousin Hamlet,
You know the wager?

Ham. Very well, my lord;
Your grace has laid the odds a'th' weaker side.

King. I do not fear it, I have seen you both;
But since he is bettered, we have therefore odds.

Laer. This is too heavy: let me see another.

[*Goes to the table and brings from it the poisoned and unbated rapier.*]

Ham. [*Takes a rapier from Osric.*]
This likes me well – these foils have all a length?

Osr. Ay, my good lord.

Hamlet and Laertes prepare themselves.

King. Set me the stoups of wine upon that table.
If Hamlet give the first or second hit,
Or quit in answer of the third exchange,
Let all the battlements their ordnance fire:
The king shall drink to Hamlet's better breath,
And in the cup an union shall he throw,
Richer than that which four successive kings
In Denmark's crown have worn – give me the cups –

unverletzt zu halten; doch bis zu der Zeit nehme ich Eure dargebotene Liebe als Liebe an und werde ihr kein Unrecht tun.

Ham. Ich umfang sie freudig und will diesen brüderlichen Wettgang freimütig ausfechten. – Gebt uns die Rapiere.

Laer. Kommt, eins für mich.

Ham. Ich werde die Stahlfolie sein, von der Ihr absttecht, Laertes, aus meinem Unverstand wird Eure Fertigkeit wahrlich wie ein Stern in finsterster Nacht feurig hervorblitzen.

Laer. Ihr verspottet mich, mein Herr.

Ham. Nein, bei dieser Hand.

Kön. Gebt ihnen die Rapiere, junger Osrik.

[*Osrik bringt einige Rapiere vom Tisch her; Laertes nimmt eins und versucht sich damit.*]

– Neffe Hamlet, Ihr kennt die Wette?

Ham. Sehr gut, mein Fürst; Euer Gnaden haben ungleich höher auf die schwächere Seite eingesetzt.

Kön. Das fürcht ich nicht, ich hab Euch beide fechten sehn; doch seither hat er sich verbessert, deshalb haben wir die Vorgabe.

Laer. Dies ist zu schwer, laßt mich ein andres sehn.

[*Er geht zum Tisch und holt sich das unentschärfte und vergiftete Rapier.*]

Ham. [*nimmt eines der von Osrik dargebotenen Rapiere*]. Dies gefällt mir gut – die Rapiere sind alle von der gleichen Länge?

Osr. Ja, mein edler Prinz.

Hamlet und Laertes machen sich fertig.

Kön. Setzt mir die Krüge Weins auf jenen Tisch. Falls Hamlet den ersten oder zweiten Treffer macht, oder im dritten Abtausch nachzieht, sollen alle Zinnen die Geschütze feuern: Der König wird auf Hamlets bessern Atem trinken, und in den Becher wird er eine Einzelperle werfen, köstlicher als jene, die vier Könige nacheinander in der Krone Dänemarks getragen haben – gebt mir die Kelche –, und die

And let the kettle to the trumpet speak,
The trumpet to the cannoneer without,
The cannons to the heavens, the heaven to earth,
'Now the king drinks to Hamlet.' – Come, begin,
And you, the judges, bear a wary eye.
[*Flagons and cups are set by the King's side; trumpets sound.*]
Ham. Come on, sir.
Laer. Come, my lord,
They play.
Ham. One!
Laer. No.
Ham. Judgement?
Osr. A hit, a very palpable hit.
[*They break off.*]
Laer. Well, again.
King. Stay, give me drink.
[*An Attendant fills a cup.*]
Hamlet, this pearl is thine.
Here's to thy health!
[*Drinks;*] *kettle-drum sounds, a flourish of trumpets, cannon shot without;* [*the King seems to cast a pearl into the cup*].
Give him the cup.
Ham. I'll play this bout first, set it by a while.
[*The Attendant sets it on a table behind him.*]
Come.
They play again.
Another hit! What say you?
Laer. A touch, a touch, I do confess't.
[*They break off.*]
King. Our son shall win.
Queen. He's fat, and scant of breath. –
Here, Hamlet, take my napkin, rub thy brows.
[*She gives it him, and, going to the table, takes up his cup of wine.*]
The queen carouses to thy fortune, Hamlet.
Ham. Good madam!

Kesselpauke soll zur Trompete sprechen, die Trompete zum Kanoniere draußen, die Kanonen zu den Himmeln, der Himmel zur Erde: »Jetzt trinkt der König auf Hamlet.« – Kommt, beginnt, und Ihr, Schiedsrichter, habt ein wachsam Auge.

[*Krüge und Kelche werden neben den König gestellt; die Trompeten ertönen.*]

Ham. Kommt, mein Herr.

Laer. Kommt, mein Prinz.

Sie fechten.

Ham. Eins!

Laer. Nein.

Ham. Schiedsspruch?

Osr. Ein Treffer, ein sehr fühlbarer Treffer.

[*Sie brechen ab.*]

Laer. Schon gut, noch einmal.

Kön. Wartet, gebt mir zu trinken. [*Ein Bedienter füllt einen Kelch.*] Hamlet, diese Perle ist dein. Hier, auf dein Wohl!

[*Er trinkt;*] *die Kesselpauke dröhnt, Trompetenstoß, draußen ein Kanonenschuß;* [*der König scheint eine Perle in den Kelch zu werfen*].

– Gebt ihm den Kelch.

Ham. Erst fecht ich diese Runde, stellt ihn inzwischen ab.

[*Der Bediente setzt den Kelch auf einen Tisch hinter Hamlet.*]

– Kommt.

Sie fechten weiter.

Noch ein Treffer! Was sagt Ihr?

Laer. Ein Streifer, ein Streifer, ich geb's zu.

[*Sie brechen ab.*]

Kön. Unser Sohn wird gewinnen.

Kgin. Er schwitzt und ringt nach Atem. – Hier, Hamlet, nimm mein Taschentuch, wisch dir die Stirn. [*Sie gibt es ihm und nimmt seinen Kelch vom Tisch.*] Die Königin trinkt auf dein Glück, Hamlet.

Ham. Werte Majestät!

King. Gertrude, do not drink.
Queen. I will, my lord, I pray you, pardon me.
[*Drinks, and offers the cup to Hamlet.*]
King. [*Aside.*] It is the poisoned cup, it is too late!
Ham. I dare not drink yet, madam – by and by.
Queen. Come, let me wipe thy face.
Laer. [*To the King.*] My Lord, I'll hit him now.
King. I do not think't.
Laer. [*Aside.*] And yet it is almost against my conscience.
Ham. Come, for the third, Laertes. You do but dally,
I pray you, pass with your best violence;
I am sure you make a wanton of me.
Laer. Say you so? Come on.
They play again.
Osr. Nothing neither way.
[*They break off.*]
Laer. [*Suddenly.*] Have at you now!
[*Takes Hamlet off his guard and wounds him; Hamlet, enraged, closes with him, and*] *in scuffling they change rapiers.*
King. Part them, they are incensed!
Ham. [*Attacks.*] Nay, come again!
The Queen falls.
Osr. Look to the queen there, ho!
Hamlet wounds Laertes.
Hor. They bleed on both sides! – How is it, my lord?
Laertes falls.
Osr. How is't, Laertes?
Laer. Why, as a woodcock to mine own springe, Osric;
I am justly killed with mine own treachery.
Ham. How does the queen?
King. She swoons to see them bleed.
Queen. No, no, the drink, the drink – O my dear Hamlet –
The drink, the drink! I am poisoned!
Dies.

Kön. Gertrud, trinkt nicht.

Kgin. Ich möchte aber, mein Gebieter, ich bitte Euch, verzeiht mir. [*Sie trinkt und bietet Hamlet den Kelch an.*]

Kön. [*beiseite*]. Es ist der vergiftete Kelch, es ist zu spät!

Ham. Ich traue mich noch nicht zu trinken, Majestät – bald dann.

Kgin. Komm, laß mich dein Gesicht abwischen.

Laer. [*zum König*]. Mein Fürst, jetzt werde ich ihn treffen.

Kön. Das glaub ich nicht.

Laer. [*beiseite*]. Und doch ist's beinah gegen mein Gewissen.

Ham. Kommt, zum dritten Mal, Laertes. Ihr tändelt nur, ich bitte Euch, stoßt zu mit Eurer größten Kraft; ich bin sicher, Ihr behandelt mich wie ein verzognes Kind.

Laer. Das sagt Ihr? Kommt.

Sie fechten weiter.

Osr. Nichts auf beiden Seiten.

[*Sie brechen ab.*]

Laer. [*plötzlich*]. Jetzt geht's auf Euch!

[*Er überrascht Hamlet und verwundet ihn; Hamlet dringt wütend auf ihn ein, und*] *im Gemenge tauschen sie die Rapiere.*

Kön. Trennt sie, sie sind wutentbrannt!

Ham. [*macht einen Ausfall*]. Nein, kommt, noch einmal!

Die Königin fällt nieder.

Osr. Seht nach der Königin, heda!

Hamlet verwundet Laertes.

Hor. Auf beiden Seiten bluten sie! – Wie steht's, mein Prinz?

Laertes fällt nieder.

Osr. Wie steht's, Laertes?

Laer. Nun, wie eine Schnepfe in meiner eigenen Schlinge, Osrik; ich bin zu Recht durch meine eigene Verräterei getötet.

Ham. Was ist mit der Königin?

Kön. Die Sinne schwinden ihr, weil sie sie bluten sieht.

Kgin. Nein, nein, der Trank, der Trank – o mein lieber Hamlet –, der Trank, der Trank, ich bin vergiftet!

Sie stirbt.

Ham. O villainy! ho! let the door be locked –
Treachery! seek it out!
Laer. It is here, Hamlet. Hamlet, thou art slain,
No medicine in the world can do thee good,
In thee there is not half an hour's life,
The treacherous instrument is in thy hand,
Unbated and envenomed. The foul practice
Hath turned itself on me; lo, here I lie,
Never to rise again . . . thy mother's poisoned . . .
I can no more . . . the king, the king's to blame.
Ham. The point envenomed too! –
Then, venom, to thy work.
Stabs the King.
All. Treason! treason!
King. O, yet defend me, friends, I am but hurt.
Ham. Here, thou incestuous, murderous, damned Dane,
[*Forces him to drink*]
Drink off this potion. Is thy union here?
Follow my mother.
The King dies.
Laer. He is justly served,
It is a poison tempered by himself.
Exchange forgiveness with me, noble Hamlet,
Mine and my father's death come not upon thee,
Nor thine on me.
Dies.
Ham. Heaven make thee free of it. I follow thee . . .
I am dead, Horatio. Wretched queen, adieu!
– You that look pale and tremble at this chance,
That are but mutes or audience to this act,
Had I but time – as this fell sergeant, Death,
Is strict in his arrest – O, I could tell you . . .
But let it be. Horatio, I am dead,
Thou livest, report me and my cause aright
To the unsatisfied.
Hor. Never believe it;

Ham. O Schurkenstreich! Heda! Verschließt die Tür – [300] Verräterei, verfolgt sie!

Laer. Hier ist sie, Hamlet. Hamlet, du bist umgebracht, keine Medizin der Welt kann dir mehr helfen, es ist nicht eine halbe Stunde Lebens in dir, das verräterische Werkzeug ist in deiner Hand, [305] unentschärft und mit Gift belegt. Die ruchlose List hat sich gegen mich gewendet; sieh, hier liege ich, um nie mehr aufzustehn ... deine Mutter ist vergiftet ... ich kann nicht mehr ... den König, den König trifft die Schuld.

Ham. Die Spitze auch vergiftet! Dann, Gift, geh an dein Werk!

Er durchbohrt den König.

Alle. Verrat! Verrat! [311]

Kön. Oh, schützt mich dennoch, Freunde, ich bin nur verwundet.

Ham. Hier, du blutschänderischer, mörderischer, verfluchter Däne, trink dies Gebräu aus. [*Er flößt ihm den Gifttrank ein.*] Folg meiner Mutter nach!

Der König stirbt.

Laer. Ihm geschieht recht, [315] es ist ein Gift, selbst von ihm gemischt. – Tausch mit mir Vergebung, edler Hamlet, mein eigener und meines Vaters Tod komme nicht über dich, noch deiner über mich.

Er stirbt.

Ham. Der Himmel mach' dich davon frei. Ich folge dir ... [320] Ich bin des Tods, Horatio. Unglückselige Königin, ade! – Ihr, die ihr bleich ausseht und ob dieses Schreckensfalles zittert, die ihr nur stumme Spieler und Zuhörer seid in dieser Handlung, hätt' ich nur Zeit – denn dieser grause Scherge, der Tod, ist unerbittlich im Verhaften –, oh, ich konnt' euch sagen ... [325] doch mag es hingehn. – Horatio, ich bin des Todes, du lebst, gib wahrhaften Bericht von mir und meiner Sache denen, die unwissend zweifeln.

Hor. Das glaubt nimmer. Ich bin mehr ein alter Römer als ein

I am more an antique Roman than a Dane –
Here's yet some liquor left.
[*Seizes the cup.*]
Ham. As th'rt a man,
Give me the cup, let go, by heaven I'll ha't!
[*Dashes the cup to the ground and falls.*]
O God, Horatio, what a wounded name,
Things standing thus unknown, shall live behind me!
If thou didst ever hold me in thy heart,
Absent thee from felicity awhile,
And in this harsh world draw thy breath in pain,
To tell my story ...
Marching and drums heard afar off, then canon shots;
[*exit Osric*].
What warlike noise is this?
Osr. [*Returning.*] Young Fortinbras, with conquest come from Poland,
To th' ambassadors of England gives
This warlike volley.
Ham. O, I die, Horatio,
The potent poison quite o'ercrows my spirit,
I cannot live to hear the news from England;
But I do prophesy th' election lights
On Fortinbras, he has my dying voice.
So tell him, with th' occurrents, more and less,
Which have solicited ... the rest is silence.
Dies.
Hor. Now cracks a noble heart. Good night, sweet prince,
And flights of angels sing thee to thy rest!
– Why does the drum come hither?
Enter Fortinbras and English Ambassadors, with Drums, Coulours, and Attendants.
Fort. Where is this sight?
Hor. What is it you would see?
If aught of woe or wonder, cease your search.
Fort. This quarry cries on havoc. O proud death,

Däne. Hier ist noch etwas von dem Tranke über. [*Er ergreift den Kelch.*]

Ham. So du ein Mann bist, gib mir den Kelch, laß los, beim Himmel, ich will ihn haben! [*Er stößt den Kelch zu Boden und fällt nieder.*] O Gott, Horatio, welch versehrter Name wird, solang die Dinge unbekannt sind, mich überleben! Wenn du mich je in deinem Herzen trugst, so halte dich für eine Weile der Glückseligkeit noch fern und schöpfe auf dieser rauhen Welt in Schmerzen Atem, um meine Geschichte zu erzählen . . .

Man hört von ferne Marschtritte und Trommelschlag, dann Kanonenschüsse; [*Osrik geht hinaus*].

Was ist das für ein kriegerischer Lärm?

Osr. [*zurückkommend*]. Der junge Fortinbras, siegreich zurückgekehrt aus Polen, entbietet den Gesandten Englands diese kriegerische Salve.

Ham. Oh, ich sterbe, Horatio, das starke Gift übermächtigt völlig meinen Geist, ich kann nicht leben, die Nachricht aus England zu vernehmen; doch sage ich voraus, die Wahl fällt auf Fortinbras, er hat meine sterbende Stimme. Das sag ihm, und die Vorgänge, größere und mindere, die es hierzu brachten . . . Der Rest ist Schweigen.

Er stirbt.

Hor. Nun bricht ein edles Herz. Gute Nacht, geliebter Prinz, und mögen Engelsscharen dich zur Ruhe singen! – Warum kommt die Trommel hierher?

Fortinbras und die englischen Gesandten treten ein mit Trommeln, Fahnen, Gefolge.

Fort. Wo ist dieser Anblick?

Hor. Was ist's, das Ihr zu sehen wünscht? Falls irgend Trauer oder Staunen, endet Eure Suche.

Fort. Diese Strecke schreit von wahllosem Gemetzel. O stolzer

What feast is toward in thine eternal cell,
That thou so many princes at a shot
So bloodily hast struck?

1 Amb. The sight is dismal,
And our affairs from England come too late;
The ears are senseless that should give us hearing,
To tell him his commandment is fulfilled,
That Rosencrantz and Guildenstern are dead.
Where should we have our thanks?

Hor. Not from his mouth,
Had it th' ability of life to thank you;
He never gave commandment for their death.
But since, so jump upon this bloody question,
You from the Polack wars, and you from England,
Are here arrived, give order that these bodies
High on a stage be placed to the view,
And let me speak to th' yet unknowing world
How these things came about; so shall you hear
Of carnal, bloody and unnatural acts,
Of accidental judgements, casual slaughters,
Of deaths put on by cunning and forced cause,
And, in this upshot, purposes mistook
Fall'n on th' inventors' heads: all this can I
Truly deliver.

Fort. Let us haste to hear it,
And call the noblest to the audience.
For me, with sorrow I embrace my fortune.
I have some rights of memory in this kingdom,
Which now to claim my vantage doth invite me.

Hor. Of that I shall have also cause to speak,
And from his mouth whose voice will draw on more.
But let this same be presently performed,
Even while men's minds are wild, lest more mischance
On plots and errors happen.

Fort. Let four captains
Bear Hamlet like a soldier to the stage,

Tod, welch Fest steht wohl bevor in deinem ewigen Gelaß, daß du so viele Fürsten mit einem Schuß so blutig niedermachtest?

1. Ges. Der Anblick ist entsetzlich, und unsre Angelegenheit aus England kommt zu spät; die Ohren sind entseelt, die uns hätten hören sollen, damit wir ihm sagen könnten, sein Befehl ist ausgeführt, Rosenkranz und Güldenstern sind tot. Wo finden wir unsern Dank?

Hor. Nicht aus seinem Munde, hätte der die Kraft des Lebens, euch zu danken; er gab nie den Befehl zu ihrem Tod. Doch da ihr so stracks zu dieser blutigen Sache, ihr aus den polnischen Kriegen, ihr aus England, hier angekommen seid, gebt Befehl, daß man die Leichen hoch auf einem Schaugerüste ausstellt, und laßt mich zu der noch unwissenden Welt darüber reden, wie es zu diesen Dingen kam; so sollt ihr von fleischeslüsternen, blutigen und widernatürlichen Taten hören, von zufälligen Verhängnissen, ungewolltem Töten, von Toden, bewirkt durch List und aufgezwungenen Grund, und, in diesem letzten Gang, von Absichten, die, fehlgeschlagen, auf die Häupter ihrer Urheber zurückgefallen sind: All dieses kann ich wahrheitstreu berichten.

Fort. Laßt uns eilen, es zu vernehmen, und die Edelsten als Zuhörer berufen. Ich selbst umfange trauervoll mein Glück. Ich habe einige Ansprüche alten Gedenkens in diesem Königreich, die wahrzunehmen mich mein Vorteil nunmehr einlädt.

Hor. Auch davon werd ich Grund zu reden haben, und zwar nach seinem Munde, dessen Stimme weitre nach sich ziehen wird. Doch laßt dies unverzüglich ausgeführt sein, gerade während noch der Menschen Sinne wild sind, damit auf Anschläge und Irrtümer nicht weitres Unheil sich ereigne.

Fort. Vier Hauptleute sollen Hamlet wie einen Krieger auf das

For he was likely, had he been put on,
To have proved most royal; and for his passage,
The soldiers' music and the rites of war
Speak loudly for him.
Take up the bodies – such a sight as this
Becomes the field, but here shows much amiss.
Go, bid the soldiers shoot.

The bodies are taken up; the drums sound a dead march; exeunt omnes; a peal of ordnance are shot off.

FINIS

Schaugerüste tragen, denn man darf glauben, er hätte sich, wär' er erhoben worden, [385] höchst königlich bewährt; und bei seinem Hingang sollen Feldmusik und kriegerische Ehren laut für ihn sprechen. Nehmt die Leichen auf – im Felde schiene solcher Anblick recht, hier dagegen ziemt er sich sehr schlecht. Geht, heißt die Soldaten feuern.

Die Leichen werden aufgehoben; die Trommeln schlagen einen Trauermarsch; alle gehen ab; danach wird eine Geschützsalve abgefeuert.

ENDE

Zur Textgestalt

Shakespeare schrieb fürs Theater. Wie die meisten Dramatiker seiner Zeit kümmerte er sich nicht um die Drucklegung der Stücke. Gewöhnlich wurden, den finanziellen Interessen der Theatertruppen entsprechend, Dramen zunächst aufgeführt und dann nach einiger Zeit, oft erst nach Jahren (oder nie) gedruckt. Die Drucklegung geschah entweder ›illegal‹, indem sich ein Buchhändler – etwa durch Gedächtnis-Reproduktion von Schauspielern – den Text eines populären Stücks verschaffte; oder ›legal‹, indem die Truppe selbst einem Buchhändler ein Stück, sei es in Form der oft lange aufbewahrten »foul papers«, d. h. der Vor-Reinschrift (letztere nahm nicht immer der Dramatiker selbst vor), sei es in Form einer Abschrift des »prompt-book« (d. h. des Souffliер-/›Regie‹-Buches), übergab.

Kein Schauspiel Shakespeares ist als Manuskript oder gar Autograph erhalten. Es gibt aber in einem zuerst 1844 gedruckten Dramenmanuskript, *Sir Thomas More* (um 1590–1605?), das von verschiedenen Autoren stammt und in verschiedenen Handschriften abgefaßt ist, zumindest eine Passage von 147 Zeilen Länge, die seit ihrer Untersuchung durch den Paläographen Sir Edward M. Thompson (1916) allgemein als von Shakespeare selbst geschrieben anerkannt wird. Sie vermittelt wesentliche Einblicke in Shakespeares Schreibgewohnheiten wie in die Schwierigkeiten, denen sich ein Kopist, Setzer, Korrektor gegenübersah. Für Shakespeares Dramen sind wir auf mehr oder weniger sorgfältig gefertigte und näher oder ferner von seinem vermutlichen Text stehende Frühdrucke angewiesen, denen die Autorität mangelt, die z. B. Ben Jonsons von ihm selbst betreute *Works* (1616) haben.

Kein Text des *Hamlet* ist also ›authentisch‹. Jede Ausgabe ist notgedrungen ein synthetisches Produkt, das auf nun über zwei Jahrhunderte währenden Bemühungen beruht, die maßgeblichen Frühdrucke zu kollationieren, die jeweils ›beste‹ Lesart einer Stelle zu wählen und einige Lücken oder völlig korrupte Stellen auszufüllen bzw. zu emendieren. Die Textverhältnisse bei diesem Drama sind sehr kompliziert und sind Gegenstand zahlreicher, oft kontroverser Studien. Hier sei nur als Hintergrund der Textgestalt und der Argumentation in den Anmerkungen ein kurzer, einführender Überblick gegeben.

Hamlet erschien zum ersten Mal in einem Quarto-Druck als *The Tragicall Historie of Hamlet Prince of Denmarke* im Jahre 1603. Diese Ausgabe (Q1) ist ein Raubdruck, von dem nur 2 Exemplare erhalten

sind. Sein Umfang beträgt etwa die Hälfte des uns bekannten *Hamlet*-Textes; außer riesigen Lücken weist Q 1 auch schwerwiegende Umstellungen der Handlungsfolge, zum Teil Verschiebungen in den Charakteren und Handlungsänderungen, teilweise andere Namen der Charaktere auf; ferner neben einer Unzahl von Fehlern, Paraphrasen, Verballhornungen und Füllseln auch einige Passagen, insbesondere eine ganze Szene (statt 4.6), denen in den anderen Texten nichts entspricht.

Vieles läßt sich in diesem (treffend so genannten) »Schlechten Quarto« durch die allgemein akzeptierte Hypothese erklären, Q 1 beruhe auf der Gedächtnis-Reproduktion eines Schauspielers, der (wahrscheinlich auf einer Provinztour) Nebenrollen innehatte, nämlich den Marcellus, vermutlich noch den Lucianus und vielleicht auch »Voltemar« (Voltemand). Dies genügt jedoch nicht als Begründung der tiefergreifenden Unterschiede. Lange spekulierte man, Q 1 spiegele vielleicht eine frühe *Hamlet*-Fassung wider.

Das ist immerhin eine Möglichkeit; die gründliche Arbeit von George Ian Duthie (1941) hat sie aber wenig wahrscheinlich gemacht – es gibt zu viele gleichlautende Stellen, Amalgame und sehr nahe Echos (oft verstellt) sowie Strecken enger Berührung. Nach Duthie ist Q1 ein Konglomerat von Gedächtnis-Reproduktion, radikaler Kürzung und simplifizierender Adaption, verbunden mit Einschüssen bzw. Reminiszenzen aus früheren Stücken: so vor allem Thomas Kyds *The Spanish Tragedy* (um 1589, gedr. 1592, bis 1633 10 weitere Drucke) und einer verlorengegangenen, aber aus zeitgenössischen Anspielungen seit 1589 erschließbaren früheren dramatischen Version des *Hamlet*-Stoffes, die wohl gleichfalls von Kyd stammte. Dieser ›Ur-Hamlet‹ wird auch, vermutlich gleichfalls indirekt, in einem seit dem früheren 17. Jahrhundert von Wandertruppen (den »Englischen Komödianten«) auf dem europäischen Festland gespielten *Hamlet*-Drama wirksam gewesen sein, das man aus einer *Tragoedia Der Bestrafte Brudermord oder: Prinz Hamlet aus Dännemark* betitelten deutschen Prosafassung erschließen kann, die 1781 nach einem 1710 datierten, inzwischen verlorengegangenen Manuskript gedruckt wurde. Sie steht in einigen wichtigen Aspekten Q 1 nahe.

Q 1 selbst wurde erst 1823 wiederentdeckt und spielte auch danach lange eine geringe praktische Rolle in den Editionsarbeiten, wurde jedoch aufgrund der Rätsel, die es aufgibt, reichlich diskutiert. Es enthält aber dank seiner Provenienz aus der Aufführungspraxis manche hilfreichen Bühnenanweisungen, außerdem viele interessante Übereinstimmungen mit anderen Texten und eine Reihe aufschlußreicher und nützlicher Lesarten. Es wird nun schon seit längerem mitberücksichtigt

und für einzelne Stellen herangezogen. Seit die Vermutung aufkam, es sei zumindest für den 1. Akt beim Druck des darauffolgenden Quartos konsultiert oder sogar noch stärker einbezogen worden, stieg das Interesse an Q 1 weiter.

Wiederum als einzelner Druck im Quarto-Format erschien das Drama erneut als *The Tragicall Historie of Hamlet, Prince of Denmarke* 1604/05 mit dem Vermerk auf der Titelseite: »Newly imprinted and enlarged to almost as much againe as it was, according to the true and perfect Coppie« (3 Exemplare mit dem Datum 1604 und 4 in den späten Blättern einige Korrekturen bzw. Fehlkorrekturen aufweisende Exemplare mit dem Datum 1605 sind von dieser Ausgabe erhalten). Dieser Druck (Q 2) ist mit rund 3 800 Zeilen der längste *Hamlet*-Text (ja der längste Shakespeare-Text überhaupt); er ist auch der wichtigste. Dies sogenannte »Gute Quarto« ist ein autorisierter Druck, offenbar von Shakespeares Truppe als Reaktion auf den Raubdruck veranlaßt.

Auch Q 2 weist Lücken auf, manche Verwirrungen und größere sowie sehr viele kleinere Fehler. Es dauerte relativ lange, bis seine Qualitäten im Vergleich zum *Hamlet*-Text in den Sammelausgaben voll erkannt und ausgenutzt wurden. Edward Capell (1768) und besonders Charles Jennens (1773) berücksichtigten Q 2 stärker als andere frühe Herausgeber, im allgemeinen begann die Aszendenz des Guten Quartos erst im späteren 19. Jahrhundert. Der Höhepunkt dieser Entwicklung wurde 1934 mit John Dover Wilsons Studie erreicht, die davon überzeugte, daß Q 2 auf Shakespeares »foul papers« beruhe und damit dem Text des Dramatikers am nächsten stehe. Dies bewirkte eine grundsätzliche Reorientierung der Editionspraxis.

In einigen Punkten ist Wilson von der späteren Forschung überholt worden: Er ging von einem Setzer dieses Quartos aus, der unerfahren war und überhastet arbeitete; dadurch glaubte Wilson, viele Fehler erklären zu können. Inzwischen haben systematische Analysen drucktechnischer Details ergeben, daß Q 2 von zwei Setzern ohne erkennbaren Zeitdruck gefertigt worden sein muß; u. a. steigt dadurch der Verdacht, daß die »papers« noch ›fouler‹ waren, als Wilson annahm. Weiterhin erklärte Wilson die vielen auffälligen Entsprechungen von Q 2 mit Q 1 im 1. Akt durch gelegentliche Konsultation des Raubdrucks. Inzwischen wird der Einfluß von Q 1 auf den Druck des 1. Aktes in Q 2 als weit stärker beurteilt (sogar eine Herstellung nach einem annotierten Exemplar von Q 1 ist vereinzelt postuliert worden) und auch noch später im Stück – in wiederum umstrittenem Umfang – als möglich anerkannt. Hierdurch verlieren Übereinstimmungen von Q 2 und Q 1 an Gewicht gegenüber anderen Lesarten, jedenfalls für den

1. Akt; insgesamt aber kann das, wenngleich es zu größerer Vorsicht mahnt, die Position von Q 2 als wichtigstem und bestem Text nicht beeinträchtigen.
Es erschienen noch drei weitere frühe Quartodrucke, jeweils mit kleinen Korrekturen bzw. Änderungen auf den vorigen zurückgehend: 1611 (Q 3), undatiert (Q 4) und 1637 (Q 5). Diesen Drucken mangelt eigene Autorität, aber sie sind nützlich zum Vergleich und bei mehreren Stellen sehr instruktiv und hilfreich. Im Jahre 1676 kam die drastisch gekürzte und als erstes Quarto in Akte eingeteilte und überhaupt systematisch für die Bühne eingerichtete Aufführungsversion der Truppe Thomas Bettertons im Drury-Lane-Theater heraus. Dies Quarto 1676 ist natürlich peripher, beeinflußte jedoch besonders die frühen Editionsarbeiten. Zugleich war Q 1676 Vorlage bzw. Modell noch späterer Aufführungsdrucke, der Quartos 1685, 1693 und 1703.

Im Jahre 1623 veranlaßten John Heminge und Henry Condell, zwei Mit-Schauspieler und Partner Shakespeares im Globe-Theater, zum ehrenden Gedächtnis des Freundes die erste Sammelausgabe seiner Dramen. Dieser Prachtband im Folio-Format (F 1; rund 200 Exemplare erhalten, etwa 14 davon perfekt) vereinigt 36 Stücke, von denen 18 hier zum ersten Mal im Druck erschienen. F 1, für damalige Verhältnisse recht sorgfältig hergestellt, wurde dreimal mit jeweils kleineren Korrekturen bzw. Änderungen und (spät) sogar Erweiterungen neu aufgelegt: 1632 (F 2), 1663/64 (F 3; *Pericles* aufgenommen) und 1685 (F 4), und diente dem ersten kritischen Herausgeber, Samuel Rowe (1709), wie auch späteren, als selbstverständliche Grundlage nicht nur für die Dramen, für die es den einzigen Text darstellt, sondern auch für die anderen, von denen bereits Quartos erschienen waren.
Die Herstellung des ganzen Bandes F 1 ist in unserem Jahrhundert außerordentlich intensiv erforscht worden, am umfassendsten wohl von William Walter Greg und neuerdings von Charlton Hinman. Bezüglich des *Hamlet* stellte sich heraus, daß zumindest drei Setzer den Text gefertigt haben; ferner ist, Wilson korrigierend, ein gewisser (in Natur und Umfang heftig umkämpfter) Einfluß von Q 2 festgestellt worden.
Hamlet steht in F 1 als *The Tragedie of Hamlet, Prince of Denmarke* zwischen *Macbeth* und *King Lear*. Der Text umfaßt rund 3 600 Zeilen; es fehlen etwa 230 Zeilen, die Q 2 aufweist (so z. B. der Monolog in 4.4), dafür finden sich hier etwa 85 Zeilen, die Q 2 nicht enthält. Für die normale Aufführungsdauer der öffentlichen Theater der Shakespeare-Zeit (nicht viel mehr als 2 Stunden) scheint F 1 gleichfalls zu lang. Durchgehende Züge sind die leichte Verringerung des Personalauf-

wands (z. B. ist Cornelius vollends zur stummen Rolle gemacht, nach dem Spiel im Spiel tritt in 3.2 nur ein »Player« mit einer Flöte ein, usw.), die Bereinigung mancher Verwirrungen (z. B. der irreführenden Textzuteilung bzw. Sprecherbezeichnung 3.2.60 ff.), die weit systematischeren und oft ausführlicheren Bühnenanweisungen, die weitgehende Standardisierung und Modernisierung von Wortformen und Schreibweisen; ferner fallen besonders auf die zu Beginn durchgeführte, dann aufgegebene Akt- und Szeneneinteilung, die sporadische Ausmerzung bzw. Abschwächung von der Blasphemie verdächtigen Ausdrücken wie z. B. »'Swounds« und sogar »O God« (was mit einem 1606 erlassenen Gesetz zusammenhängen dürfte), der deutlich ›handlungsbeschleunigende‹ Charakter mancher Schnitte (z. B. 1.1.108–125 und 4.7.113–122) sowie viele einzelne Wörter und kurze Stellen, die als typische ›Schauspieler-Interpolationen‹ anmuten.

Im ganzen ist *Hamlet* F 1 ein gut gemachter Text, so daß es nicht verwundern kann, daß man lange hiervon ausging, emendierte, was offenbar verkehrt war (oder verkehrt schien), Lücken, wo sie bedauerlich schienen, aus Q 2 bzw. seinen Nachfolgern ergänzte und daraus in unterschiedlicher Fülle ›bessere‹ Lesarten einsetzte. Einen wichtigen Beitrag zur Abwertung von *Hamlet* F 1 lieferte Tycho Mommsen (1855), indem er energisch die Theaterprovenienz dieses Textes hervorhob; die entscheidende Wende bewirkte dann Wilson. F 1 gibt Shakespeares Text weit mittelbarer wieder.

Heminge und Condell brachten, wie die Forschung immer detaillierter erschlossen hat, recht unterschiedliche Vorlagen für die einzelnen Stücke in F 1 bei. Der Charakter der *Hamlet*-Vorlage ist problembeladen und sehr widersprüchlich dargestellt worden. Besonders wichtige Hypothesen sind: (1) F 1 gibt im wesentlichen die endgültige Fassung eines Textes wieder, der für private Aufführungen vor akademischem Publikum verwendet wurde, mit den Aufführungen im Globe wenig zu tun hatte und seit etwa 1602/03 unbenutzt im Theater aufbewahrt worden war. (2) F 1 beruht im wesentlichen auf einer Abschrift des Globe-»prompt-book«, die kurz vor dem Druck von F 1 und wohl eigens dafür hergestellt wurde. (3) F 1 beruht auf einem durchgehend anhand der Bühnenfassung revidierten Exemplar von Q 2. (4) F 1 beruht auf einer Abschrift der Bühnenfassung unter ständiger Konsultierung eines Exemplars von Q 2. Letzterer Ansicht, von Harold Jenkins vertreten, möchte man am ehesten zuneigen. Aber jede dieser Hypothesen hat (wie auch noch andere) einiges für sich. Alle außer (1) bewirken eine weitere Statussenkung von F 1 gegenüber Q 2; (3) und (4) mindern die Beweiskraft der Übereinstimmung von Q 2 und F 1 für

die ›Richtigkeit‹ einer bestimmten Lesart, erweitern also etwas den Entscheidungsraum des Herausgebers. Die Fälle, wo das relevant wird, sind jedoch weniger zahlreich als die Fälle, wo Q 2 und F 1 divergieren. Meist handelt es sich um die Frage, ob etwas von Shakespeare Geschriebenes versehentlich in Q 2 ausgelassen, in F 1 aber – auf welchem Weg auch immer – bewahrt wurde (z. B., wie allgemein angenommen wird, 5.2.68–80), oder ob etwas Nicht-Authentisches in F 1 Eingang fand, was Q 2 einfach deswegen nicht enthält, weil es nicht in Shakespeares Manuskript stand (z. B., wie gleichfalls allgemein angenommen wird, »O, o, o, o« bei Hamlets Tod 5.2.346). Daneben gibt es natürlich eine Vielzahl anders gelagerter Fälle, so besonders die Abwägung zweier akzeptabler Lesarten, die Erwägung der Möglichkeit, daß ein Schnitt in F 1 auf Shakespeare selbst zurückgeht, usw. Sein Einfluß auf die Textentwicklung, die F 1 wiedergibt, ist nicht bestimmbar; er muß zu einem gewissen Grad stattgehabt haben, der allgemein gering angesetzt wird; desgleichen ist die Datierung solcher Änderungen meist ungewiß, die große Mehrzahl wird gewöhnlich recht früh vorgestellt.

Eines ist jedenfalls nach Ansicht der großen Mehrheit heute klar: Man muß Q 2 als Basistext nehmen. Aber man kann Q 2 nicht einfach übernehmen; ein gewisser Eklektizismus ist hier angesichts der Sachlage keine Laune, sondern unvermeidliche Methode. Alice Walker sagt bezüglich der weiteren Aufgabe des Herausgebers: »the recognized procedure (where merits are evenly matched) is to give Q 2 the benefit of the doubt and (if possible) to emend the Q 2 errors in accordance with what can be inferred concerning transmission« (*Studies in Bibliography* 7, 1955, S. 54). Damit ist zugleich ein wichtiger Punkt berührt: das Verhältnis zwischen ästhetischem Urteil und textkritischer Nachforschung sowie Argumentation. Dazu sei als überspitzte und vielleicht einseitige, aber heilsame Betonung eines Aspektes des hermeneutischen Zirkels auf Kant verwiesen, der in der *Kritik der reinen Vernunft* (vgl. besonders »Zweite Vorrede«) deutlich macht, daß jeder wissenschaftlichen Untersuchung gegenstandsexterne Prämissen unterliegen – wir finden und sehen, wonach wir suchen.

Die großen frühen Herausgeber, die allen Dank verdienen, ließen sich zweifellos oft durch intime Kenntnis von Shakespeares Werk und allgemein weite literarische Erfahrung ebenso wie von einem ästhetischen Gefühl leiten, etwas müsse ›richtig‹ oder ›falsch‹ sein. Mit der zunehmenden Gründlichkeit und Systematik der Textkritik verminderte sich der Spielraum, den man diesen Faktoren erlaubte. Noch bei Wilson, dem alle Nachfolgenden gleichfalls tief verpflichtet sind, sind

sie stark gegenwärtig; man hat immer wieder den Eindruck, er gehe von dem aus, was »aesthetically superior« sei, das Suchen und Finden von analogen Fehlern usw. diene der Erhärtung dieses Empfindens. In wiederum vermindertem Maße gilt das auch noch heute – wie z. B. Walkers Worte demonstrieren: Wo und inwieweit »merits are evenly matched«, ist häufig sehr strittig und gründet zumindest teilweise auf dem subjektiven literarischen Gefühl, oft auch teilweise auf größere Sinnzusammenhänge des Dramas berücksichtigenden Ideen. Das ist nur natürlich und sogar notwendig; man kann solche Kriterien kaum völlig ausschließen und sollte es auch gar nicht wollen. Ein Bewußtmachen dieser Lage ist jedoch wesentlich.

Für die Frage: Auslassung in Q 2 / Einschub in F 1, wie auch Entscheidungen über die ›bessere‹ von zwei möglichen Lesarten könnte man versucht sein, die wachsende Bevorzugung von Q 2 in unserem Jahrhundert als Teil einer weitreichenden modernen Geschmacksänderung zu deuten. Darum handelt es sich indessen nicht. Vielmehr fand eine durch erhöhte Einsicht in die Textverhältnisse ausgelöste, aber verständlicherweise nur allmähliche Entwöhnung von der weithin nachwirkenden, in zum Teil noch heute käuflichen Editionen tradierten F 1-Version statt. So erklären sich vielleicht manche Entscheidungen noch von Wilson oder Thomas Marc Parrott / Harding Craig oder George Lyman Kittredge. Man muß vielleicht die Alternativen – z. B. den Monolog in 2.2 ohne »Oh vengeance« oder die Übergabe des Schädels 5.2.176–179 ohne »Let me see« mehrfach im Druck gesehen haben, bevor man einer Würdigung beider Versionen auf etwa gleichem Fuße fähig ist.

Jeder Herausgeber bemüht sich, einen Text zu bieten, der dem, was Shakespeare vermutlich schrieb, möglichst nahe kommt. Dazu geben Hilfsmittel und spezialisierte Untersuchungen, die uns heute zur Verfügung stehen, wertvolle Anhaltspunkte, Richtlinien und einen bestimmten Rahmen. Die verbleibenden, beträchtlichen Differenzen auch zwischen neuen Ausgaben entstehen durch die unterschiedliche Entscheidung, zu der ein Herausgeber in jedem einzelnen Fall gekommen ist und die er persönlich vertreten muß.

Die vorliegende Ausgabe beruht auf einer vollständigen Kollationierung von Q 2, F 1 und Q 1, unter gelegentlicher Konsultierung von Q 3, Q 4 und Q 5, von Q 1676 und von F 2. Dabei wurden systematisch die Argumente der in der Bibliographie mit Siglen versehenen Herausgeber, insbesondere aber die von Wilson und Parrott/Craig sowie von Jenkins (»Playhouse Interpolations [. . .]«, s. Bibliographie), berücksichtigt, ebenso die Entscheidungen, die G. Blakemore Evans in der

bahnbrechenden neuen Gesamtausgabe *The Riverside Shakespeare* getroffen hat; weitere Ausgaben und Kommentare wurden für bestimmte Probleme zu Rate gezogen.

Leitlinie war in der Tat, was Walker als »recognized procedure« umriß. Abgesehen von 1.5.80, enthält der hier vorgelegte Text keine revolutionären Dinge; im Einzelfall getroffene, ungewöhnliche Entscheidungen basieren auf Q 2 oder F 1 und werden besonders begründet. Durchweg übte der (aus der Notwendigkeit des Übersetzens entstandene) systematische ›lexikalische‹ Ansatz bei Argumentation und Textgestaltung großen Einfluß aus; er darf als Besonderheit dieser Ausgabe gelten. Insgesamt ergibt sich eine stärkere Hinwendung zu Q 2 als bei Wilson, jedoch weniger stark als z. B. bei Cyrus Hoy und bei Evans.

Als Visualisierungshilfen sind nach dem Vorbild Wilsons zahlreiche *Bühnenanweisungen* denen der Frühdrucke hinzugefügt worden. Solche Zusätze sind (außer bei einfachem »Enter« und »Exit«) durch eckige Klammern gekennzeichnet, und wo sie aus früheren Ausgaben übernommen wurden, gibt das Variantenverzeichnis den betreffenden Herausgeber an; wo kein Nachweis erfolgt, wurden diese Anweisungen neu hinzugesetzt. Bühnenanweisungen, die nicht in Klammern stehen, sind aus den Frühdrucken genommen oder adaptiert; wo der Wortlaut dabei nicht dem eines Frühdrucks entspricht, steht dieser im Variantenverzeichnis.

Durchgehend eingefügt wurden *Akt- und Szenenüberschriften*, auch dort, wo die Frühdrucke noch keine Gliederung in Akte und Szenen aufweisen; die Einteilung folgt dem seit dem 18. Jahrhundert tradierten Standardschema, im einzelnen gibt darüber das Variantenverzeichnis Aufschluß.

Die *Verseinrichtung* folgt, von Ausnahmen abgesehen, Wilson. Die ganz neue Erstellung des Textes führte aber zu einer *Neuzählung der Zeilen*. Damit wird den vielen unterschiedlichen Zählungen eine weitere hinzugefügt, aber das war praktisch unvermeidlich. In den meisten Szenen sind die Differenzspannen nicht beträchtlich, und aufgrund der besonderen Form des Variantenverzeichnisses dürften sich keine Auffindungsschwierigkeiten ergeben. Für die Prosapassagen des Textes orientiert sich die (vom Herausgeber hier eigens eingeführte) Zeilenzählung an praktischen Gesichtspunkten und beansprucht keinerlei Verbindlichkeit. Wie bei Versen steht die Zählung nach jeder fünften Zeile (hier in eckigen Klammern), dazwischen sind die Zeilengrenzen innerhalb eines jeden Absatzes durch senkrechte Striche markiert.

Wie seit langem üblich (Evans ist die bedeutendste Ausnahme), wurde die *Orthographie* durchgehend modernisiert und nur an wenigen Stel-

len, z. B. 3.2.40 »abhominable«, wo an der ursprünglichen Schreibung viel gelegen ist, daran festgehalten. Grundsätzlich bestimmte die im *Oxford English Dictionary* zuerst aufgeführte Schreibweise die orthographische Form. Problemfälle werden verzeichnet und viele davon besprochen. Entgegen dem allgemeinen Usus wurde die in den Frühdrucken häufige Kontraktion und Apostrophierung der Partizip-Perfekt-Endung *-ed* nicht perpetuiert und vervollständigt. Andererseits wurde auch Wilson, der gewöhnlich stumme, aber ausnahmsweise zu sprechende Silben mit einem Akzent versieht, nicht gefolgt, weil das wiederum einen Verfremdungseffekt hat (z. B. 1.1.91 »Was gagéd by our king«). Die Frühdrucke schreiben nämlich auch Fälle voll aus, wo eine gewöhnlich verschluckte Silbe gesprochen werden muß (z. B. 3.3.63 »Euen to the teeth ... faults«; »euen« hier als *e'en* zu sprechen), so daß dem Leser in jedem Fall eine Skandierungsaufgabe bleibt. Normalerweise kann er in der vorliegenden Ausgabe davon ausgehen, daß die ›stummen‹ Silben wirklich stumm sind, und wird von selbst die Betonung wahrnehmen, wo der Zeile deutlich etwas ›fehlt‹; ebenso wird er, umgekehrt, synkopieren, wo eine Zeile eine Silbe zuviel hat, aber ansonsten klar dem Blankvers oder dem gelegentlichen Alexandriner entspricht. So werden hier nur relevante Fälle des Partizip Präsens *-ing* apostrophiert, nicht aber Adjektive wie z. B. 5.2.313 »murderous«, wo die Aussprache die Synkope ohnehin nahelegt. Alle anderen Fälle von Kontraktion werden reproduziert (also *a* = *he* oder auch *on*; *th'*, *'tis*, *ta'en* usw.), und zwar im Fall von Divergenzen grundsätzlich nach Q 2. Die in den Drucken jener Zeit übliche Kursivauszeichnung von Eigennamen und Fremdwörtern wird hier nicht wiedergegeben.

Die *Interpunktion* wurde durchgehend modernisiert, wie es nach Gesichtspunkten der grammatischen Zuordnung und des Sprechrhythmus erforderlich schien. Die Interpunktion von Q 2 ist im allgemeinen viel ›leichter‹, die von F 1 viel ›emphatischer‹. In beiden Drucken finden sich zahlreiche Stellen, wo die jeweilige Interpunktion nicht nur unbefriedigend, sondern irreführend oder sogar ›falsch‹ ist. Obgleich die Elisabethaner, einschließlich der Kopisten und Setzer, nicht so ›chaotisch‹ interpunktierten, wie man lange angenommen hatte, ist ein Festhalten an den Frühdrucken in dieser Beziehung mit so vielen Nachteilen behaftet, daß davon abgesehen wurde. Der raschere Fluß von Q 2 wurde jedoch, nach dem Beispiel von Wilson und Evans, oft berücksichtigt. Besondere Fälle, in denen jede gewählte Interpunktion einen bestimmten und nicht eindeutig festliegenden Sinn mit sich bringt, sind verzeichnet und gegebenenfalls besprochen.

Verzeichnis der Textvarianten

Die verschiedenen frühen *Hamlet*-Drucke weisen zahllose Varianten auf – von minimalen Schreibunterschieden bis zu enormen inhaltlichen Divergenzen. Für eine annähernd vollständige Übersicht sei auf die Variorum-Ausgabe von Horace Howard Furness in Verbindung mit Wilsons *The Manuscript of Shakespeare's »Hamlet«*, Parrott/Craig und Evans verwiesen (s. Bibliographie).

Das nachfolgende Variantenverzeichnis erfaßt *Unterschiede des Wortlauts* zwischen Q 2 und F 1 außer völlig klaren Fehlern wie z. B. 1.4.87 (Q 2) »He waxes desperate with imagion« oder 4.7.181 (F 1) »from her melodious buy« (statt »lay«). Allgemein wurden aber Varianten, die einen auch nur entfernt vorstellbaren Sinn möglich erscheinen lassen, lieber verzeichnet als – zu sparsam – einfach ausgeschieden. Q 1-Lesarten sind in der Regel verzeichnet, wenn sie zur Bestätigung eines der beiden anderen Texte wichtig oder in sich von großem Interesse sind. Dabei wurde von ihrer oft weiten Verstellung im Stück abgesehen und nur unmittelbar relevante lokale Dislozierung vermerkt. Ferner sind hier aus späteren Drucken gewählte Lesarten, Emendierungen und lückenfüllende Konjekturen anderer Herausgeber verzeichnet, wobei nach Möglichkeit stets der erste solche Text bzw. Herausgeber aufgeführt wird.

Weiterhin sind wichtige, da bedeutungsändernde, Divergenzen von *Interpunktion*, *Orthographie* und gelegentlich auch der *Verseinteilung* aufgenommen.

Schließlich erfaßt das Variantenverzeichnis sämtliche *Bühnenanweisungen*, Varianten der *Sprecherbezeichnung* und *Textzuteilung* in Q 2 und F 1 sowie, soweit praktikabel, Q 1. Wenn also z. B. bei einer Bühnenanweisung »F 1« steht und sonst nichts, bedeutet dies, daß sie in Q 2 und Q 1 fehlt.

Einfache, Orthographie und Interpunktion betreffende Varianten, Auslassungen einzelner Buchstaben, die unproblematisch sind, eindeutige Druckfehler und Kontraktionsunterschiede (z. B. »I will« / »Ile« = »I'll«), hinsichtlich derer die vorliegende Ausgabe Q 2 folgt, sind jedoch gewöhnlich nicht erfaßt. Viele bedeutungsmäßig nicht relevante, aber bezeichnende und interessante Formen werden anläßlich von Wortbestimmungen und der Diskussion von Problemen in den einzelnen Anmerkungen des Kommentars mitbesprochen.

Die *Schreibung* der abgelehnten, hier im Verzeichnis zitierten Varianten richtet sich (unter typographischer Vereinfachung, besonders ohne

›langes‹ *s*) einschließlich der Interpunktion nach dem Original im Fall von Q 2 und F 1, Kursivierungen wurden beibehalten; wo Q 1 bei einer Übereinstimmung mit aufgeführt ist, wird seine Schreibweise aus Platzgründen nicht gesondert wiedergegeben, außer in Fällen, wo sie aufschlußreich ist.

Es bedeuten:

BA	Bühnenanweisung
IP	Interpunktion
ORTH	Orthographie
SB	Sprecherbezeichnung
Text	Wortlaut in der vorliegenden Ausgabe (nicht notwendig IP und ORTH)
TZ	Textzuteilung an einen Sprecher
VE	Verseinrichtung

Dramatis Personae: vgl. Kommentar.

1.1

Akt- und Szeneneinteilung: nach F 1: “*Actus Primus. Scoena Prima.*”
Ortsangabe: nach Wilson und Capell.
BA vor Z. 1: nach Staunton und Capell (Q 2, F 1: “*Enter Barnardo*[,] *and Francisco*[,] *two Centinels.*” // Q 1: “*Enter two Centinels.*”).
Z. 13: Text Q 2, F 1 (Q 1: “The partners of my watch,”).
BA nach Z. 13: Q 2, F 1, Q 1.
Z. 14: Text Q 2 (F 1 om. “ho!”).
BA zu Z. 18: nach Q 2, F 1: “*Exit Fran.*”
BA zu Z. 19: Warburton.
TZ Z. 21: Q 2 (F 1, Q 1: “*Mar.*”).
Z. 25: Text Q 2, F 1 (Q 1: “seene by vs,”).
ORTH Z. 30: nach F 1: “a-while” (Q 2: “a while,”).
Z. 33: Text Q 2, Q 1 (F 1: “two Nights haue”).
Z. 39: Text Q 2, F 1 (Q 1: “towling one.”).
BA nach Z. 39: nach Wilson und Q 2, Q 1: “*Enter Ghost.*” (F 1 erst zu Z. 40: “*Enter the Ghost.*”).
Z. 43: Text Q 2 (F 1, Q 1: “Lookes it not like”).
Z. 44: Text F 1 (Q 2: “it horrowes me” // Q 1: “it horrors mee”).

Z. 45: Text Q2 (F1, Q1: "Question it, *Horatio*.").
BA nach Z. 51: Q2 (F1: "*Exit the Ghost.*" // Q1 wie Q2, aber schon zu Z. 50 nach "offended").
Z. 61: Text Q2, Q1 (F1: "When th'Ambitious Norwey combatted:").
Z. 63: Text Malone (Q2, Q1: "the sleaded pollax" // F1: "the sledded Pollax").
Z. 65: Text Q2, Q1 (F1: "and iust at this").
Z. 68: Text Q2 (F1, Q1: "of my Opinion,").
Z. 73: Text F1, Q1 (Q2: "And with such").
ORTH Z. 82: F1 (Q2: "*Fortinbrasse*" // Q1: "Forten-/Brasse").
Z. 87: Text Q2 (F1, Q1: "Heraldrie,").
Z. 88: Text F1, Q1 (Q2: "all these his lands").
Z. 89: Text Q2, Q1 (F1: "stood seiz'd on,").
Z. 93: Text Q5 nach Q2 comart (F1: "Cou'nant").
Z. 94: Text F2 (Q2: "article desseigne," // F1: "Article designe,").
Z. 96: Text Q2, F1 (Q1: "inapproued mettle").
Z. 98: Text Q2, Q1 (F1: "Landlesse Resolutes,").
Z. 101: Text Q2 (F1: "And it doth well appeare").
Z. 103: Text Q2 (F1: "And termes Compulsatiue,").
Z. 108–125: Text Q2 (F1 om.).
ORTH Z. 112: Q4 (Q2: "moth").
Z. 121: Text Q4 nach Q3 "fearce euents" (Q2: "feare euents").
BA nach Z. 125: Capell nach F1: "*Enter Ghost againe.*" (Q2: "*Enter Ghost.*" // Q1: "*Enter the Ghost.*").
BA zu Z. 127: Q 1676 nach Q2: "*It spreads his armes.*"
Z. 134: Text Q2, F1 (Q1: "happly").
Z. 138: Text F1, Q1 (Q2: "your spirits").
BA nach Z. 138: Q2 (rechts am Rand neben Z. 138/139).
Z. 140: Text Globe nach F1: "strike at ir" (Q2: "strike it").
BA nach Z. 141: nach Q1 (schon nach dem ersten "'Tis here") und F1 (erst nach Z. 142) "*Exit Ghost.*"
Z. 150: Text Q2 (F1: "the Trumpet to the day," // Q1: "the trumpet to the morning,").
Z. 158: Text Q2, Q1 (F1: "Some sayes,").
Z. 160: Text Q2 (F1, Q1: "The Bird").
Z. 161: Text Q2 (F1: "can walke abroad," // Q1: "dare walke abroade,").
Z. 163: Text Q2, Q1 (F1: "No Faiery talkes,").
Z. 164: Text Q2, Q1 (F1: "the time.").
Z. 167: Text Q2 (F1: "yon high Easterne Hill," // Q1: "yon hie mountaine top,").

Z. 175: Text Q 2 (F 1, Q 1: “conueniently.”).
BA nach Z. 175: Q 2, F 1.

1.2

Szeneneinteilung: nach F 1: “*Scena Secunda.*”
Ortsangabe: nach Capell.
Auftrittsanweisung: Nach Evans und Wilson gemäß Q 2: “*Florish. Enter Claudius, King of Denmarke, Gertradthe Queene, Counsaile: as Polonius, and his Sonne Laertes, Hamlet, Cum Alijs.*”(F 1: “*Enter Claudius, King of Denmarke, Gertrude the Queene, Hamlet, Polonius, Laertes, and his Sister Ophelia, Lords Attendant.*” // Q 1: “*Enter King, Queene,* Hamlet, *Leartes, Corambis, and the two Ambassadors, with Attendants.*”).
SB Z. 1: F 1, Q 1 (Q 2: “*Claud.*”).
Z. 8: Text Q 2 (F 1: “sometimes Sister,”).
Z. 9: Text Q 2 (F 1: “Th’Imperiall Ioyntresse of”).
Z. 11: Text Q 2 (F 1: “With one [. . .] and one”).
ORTH/Text Z. 21: Capell nach Q 2: “Coleagued” (F 1: “Colleagued”).
Z. 21: Text Q 2 (F 1: “the dreame”).
Z. 24: Text Q 2 (F 1: “Bonds of Law”).
[Nach Z. 25 hat F 1: “*Enter Voltemand and Cornelius.*”]
Z. 34: Text Q 2, F 1 (Q 1: “good *Cornelia*,”).
ORTH Z. 34: F 1 (Q 2 hier: “*Valtemand*,” // Q 1: “*Voltemar*”).
Z. 35: Text Q 2, Q 1 (F 1: “For bearing”).
Z. 38: Text F 1 (Q 2: “delated” // Q 1: “related”).
BA nach Z. 38: nach Capell.
TZ Z. 40: nach Q 2: “*Cor. Vo.*” (F 1: “*Volt.*” // Q 1: “*Gent.*”).
BA nach Z. 41: nach F 1: “*Exit Voltemand and Cornelius.*”
Z. 50: Text Q 2 (F 1: “Dread my Lord,”).
Z. 55: Text Q 2 (F 1: “towards” // Q 1: “for”).
SB/Text Z. 58: nach Parrott/Craig (Q 2: “*Polo.* Hath my Lord” // F 1, Q 1: “*Pol.* [“*Cor.*”] He hath my Lord:”).
Z. 58–60: Text Q 2 (F 1 om. von “wrung” bis “consent”).
BA vor Z. 65: Warburton.
Z. 67: Text F 1 (Q 2: “Not so much my Lord,”).
ORTH Z. 67: Wilson nach Q 2: “in the sonne.” (F 1: “i’th’Sun.”).
Z. 68: Text Q 2 (F 1: “nightly”).
ORTH/Text Z. 70: Q 2 (F 1: “veyled”).
Z. 77: Text F 1 (Q 2: “coold mother”).

Z. 82: Text Capell (Q 2: “moodes,” // F 1: “Moods,”).
Z. 82: Text Q 3 (Q 2: “chapes” // F 1: “shewes”).
Z. 85: Text Q 2 (F 1: “passeth”).
Z. 96: Text F 1 (Q 2: “or minde”).
Z. 112: Text Q 2 (F 1: “towards you.”).
Z. 127: Text Q 2 (F 1: “the Heauens”).
BA nach Z. 128: Q 2 (F 1: “*Exeunt / Manet Hamlet.*” // Q 1 wie Q 2, aber om. “*Flourish*”).
Z. 129: Text Cambridge nach Anon. (Q 2: “too too sallied” // F 1: “too too solid” // Q 1: “too much grieu’d and sallied”).
Z. 132: Text Q 2 (F 1: “O God, O God!”).
Z. 133: Text F 1 (Q 2: “wary,”).
Z. 134: Text Q 2 (F 1: “Seemes to me”).
Z. 135: Text Q 2 (F 1: “Fie on’t? Oh fie, fie,”).
Z. 137: Text Q 2 (F 1: “come to this:”).
Z. 143: Text F 1, Q 1 (Q 2: “she should”).
Z. 149: Text F 1 (Q 2 om. “even she”).
Z. 150: Text Q 2, Q 1 (F 1: “(O Heauen! A beast”).
Z. 151: Text Q 2 (F 1, Q 1: “mine Vnkle,”).
Z. 155: Text Q 2 (F 1: “the flushing of her” // Q 1: “their flushing / In her”).
BA nach Z. 159: Q 2 (F 1: “*Enter Horatio, Barnard, and Marcellus.*” // Q 1: “*Enter* Horatio *and* Marcellus.”).
Z. 161: Text Q 2, F 1 (Q 1: “or I much forget my selfe.”).
BA nach Z. 163 und 165: Wilson.
BA zu Z. 167: White.
Z. 170: Text Q 2 (F 1: “I would not haue”).
Z. 171: Text Q 2 (F 1: “mine eare”).
ORTH Z. 174 usw.: Malone (Q 2: “*Elsonoure?*” // F 1 hier: *Elsenour?*” // Q 1 hier: *Elsenoure?*”).
Z. 175: Text Q 2 (F 1, Q 1: “to drinke deepe,”).
Z. 177: Text Q 2, Q 1 (F 1: “I pray thee,”).
ORTH Z. 177: F 1 (Q 2, Q 1: “studient,”).
Z. 178: Text F 1, Q 1 (Q 2 om. “see”).
Z. 183: Text Q 2 (F 1: “Ere I had euer seene” // Q 1: “Ere euer I had seene”).
Z. 184: Text Q 2, F 1 (Q 1: “O my father, my father,”).
Z. 185: Text Q 2, Q 1 (F 1: “Oh where my Lord?”).
Z. 186: Text Q 2 (F 1, Q 1: “he was”).
Z. 187: Text Q 2 (F 1, Q 1: “He was”).
IP Z. 190: Q 2, Q 1 (F 1: “Saw? Who?”).

Z. 195: Text Q 2, Q 1 (F 1: “For Heauens loue”).
Z. 198: Text Rowe (Q 2, F 1: “In the dead wast” // Q 1: “In the dead vast”).
Z. 200: Text Q 2 (F 1: “Arm’d at all points exactly,” // Q 1: “Armed to poynt, exactly”).
IP Z. 202: Q 2 (F 1: “Goes slow and stately: By them thrice”).
Z. 202: Text Q 2, F 1 (Q 1: “he walkes”).
Z. 204: Text Q 2, Q 1 (F 1: “bestil’d”).
ORTH/Text Z. 209: Q 1 (Q 2, F 1: “Whereas”).
Z. 213: Text Q 2 (F 1: “where we watcht.” // Q 1: “where we watched.”).
Z. 216: Text Q 2, F 1 (Q 1: “his head”).
Z. 224: Text F 1, Q 1 (Q 2: “Indeede Sirs but this troubles me,”).
TZ Z. 225 (2. Hälfte), 227, 228 (2. Hälfte): Q 2, Q 1 (F 1: “*Both.*”).
IP Z. 229: Q 2 (F 1, Q 1: “face?”).
Z. 237: Text F 1 (Q 2: “Very like, stayd it long?” // Q 1: “Yea very like, very like, staid it long?”).
ORTH Z. 238: F 1, Q 1 (Q 2: “a hundreth.”).
TZ Z. 239: Capell nach Q 2: “*Both.*” (F 1: “*All.*” // Q 1: “*Mar.*”).
Z. 240: Text Capell nach Q 2: “grisl’d, no.” und Q 1: “grisleld, no.” (F 1: “grisly? no.”).
Z. 243: Text Kittredge nach Q 2: “I warn’t it will.” (F 1: “I warrant you it will.” // Q 1: “I warrant it will.”).
Z. 248: Text Q 2 (F 1: “treble” // Q 1: “tenible”).
Z. 249: Text Q 2 (F 1, Q 1: “whatsoeuer”).
Z. 251: Text Q 2, Q 1 (F 1: “fare ye well:”).
Z. 254: Text Q 2 (F 1: “Your loue,” // Q 1: “O your loues, your loues,”).
BA nach Z. 254: Capell (Q 2, F 1, Q 1 schon nach Z. 253: “*Exeunt.*”).
IP Z. 255: nach Q 2: “(in armes)” (F 1: “in Armes?” // Q 1: “in Armes,”).
Z. 257: Text F 1, Q 1 (Q 2: “fonde deedes”).
BA nach Z. 258: Q 2, F 1, Q 1.

1.3

Szeneneinteilung: nach F 1: “*Scena Tertia.*”
Ortsangabe: nach Capell.
Auftrittsanweisung: Q 2 (F 1: “*Enter Laertes and Ophelia.*” // Q 1: “*Enter Leartes and Ofelia.*”).
ORTH/Text Z. 1: nach Capell (Q 2: “inbarckt,” // F 1: “imbark’t;” // Q 1: “inbarkt,”).

Z. 3: Text F1 (Q2: "And conuay, in assistant").
Z. 5: Text Q2 (F1: "his fauours,").
Z. 9: Text Q2 (F1 om. "perfume and").
IP Z. 10: Rowe (Q2, F1: "No more but so.").
Z. 12: Text F1 (Q2: "bulkes,").
Z. 12: Text Q2 (F1: "his Temple").
Z. 18: Text F1 (Q2 om.).
Z. 21: Text Q3 nach Q2: "The safty and health" (F1: "The sanctity and health").
Z. 21: Text Q2 (F1: "of the weole State." // F2: "of the whole State.").
Z. 26: Text Q2 (F1: "peculiar Sect and force").
ORTH/Text Z. 31: F1 (Q2: "Or loose your hart,").
Z. 34: Text Q2 (F1: "And keepe within the reare").
IP Z. 36–42 (Anführungszeichen): nach Q2.
Z. 40: Text Q2 (F1: "the buttons").
Z. 46: Text Q2 (F1: "As watchmen").
Z. 49: Text Globe (Q2: "Whiles a puft," // F1: "Whilst like a puft").
ORTH Z. 51: Pope bzw. Q1 (Q2: "reakes" // F1: "reaks").
BA zu Z. 52: vgl. Anm. (Q2 schon zu Z. 51 nach "rede" // F1 schon nach Z. 51 // Q1 erst nach Z. 54 ["*Enter Corambis.*"]).
BA nach Z. 53: nach Capell.
BA und IP zu Z. 57: nach Theobald (Q2, Q1: "And you are stayed [Q1: staid] for, there my blessing" // F1: "And you are staid for there: my blessing").
Z. 57: Text Q2, Q1 (F1: "with you;").
Z. 59: Text Q2 (F1: "See thou Character.").
Z. 62: Text Q2, Q1 (F1: "The friends").
Z. 63: Text Q2 (F1: "to thy Soule," // Q1: "to thee").
Z. 65: Text Q2 (F1: "Of each vnhatch't, vnfledg'd Comrade." // Q1: "Of euery new vnfledg'd courage,").
Z. 68: Text Q2 (F1: "thine eare;").
Z. 74: Text Knight (Q2: "Or of a most select and generous, chiefe in that:" // F1: "Are of a most select and generous cheff in that." // Q1. "Are of a most select and generall chiefe in that:").
Z. 76: Text F1 (Q2: "For loue").
Z. 77: Text F1 (Q2: "dulleth edge").
BA vor Z. 82: nach Wilson.
Z. 83: Text Q2 (F1: "inuites you,").
BA nach Z. 87: nach Q1 [schon zu Z. 85]: "*exit.*" (Q2: "*Exit Laertes.*" // F1: "*Exit Laer.*").

Z. 97: Text Q2, F1 (Q1: “So well as befits my honor, and your credite.”).
Z. 105: Text Q2 (F1: “Ile teach you;”).
Z. 106: Text Q2 (F1: “his tenders”).
IP Z. 108 f. (Parenthesen): Q2.
Z. 109: Text Collier (Q2: “Wrong it thus)” // F1: “Roaming it thus,”).
Z. 114: Text Q2 (F1 om. “almost” und “holy”).
ORTH/Text Z. 115: F1, Q1 (Q2: “springs”).
Z. 117: Text Q2, Q1 (F1: “Giues”).
Z. 120: Text Q2 (F1: “For this time Daughter,”).
Z. 121: Text Q2 (F1: “somewhat”).
Z. 123: Text Q2 (F1: “to parley.”).
Z. 125: Text F1 (Q2: “tider” // Q3, Q4: “teder”).
Z. 128: Text Q2 (F1: “of the eye,”).
BA nach Z. 136: Q2, F1, Q1.

1.4

Szeneneinteilung: Capell (F1 noch: “*Scena Tertia.*”).
Ortsangabe: vgl. Anm. zur Ortsangabe 1.1.
Auftrittsanweisung: Q2, Q1 (F1 om. “and”).
Z. 1: Text Q2 (F1: “is it very cold?”).
Z. 2: Text F1 (Q2: “It is nipping, and an eager ayre.” // Q1: “it is an eager and / An nipping winde,”).
IP Z. 5: Capell (Q2: “Indeede; I” // F1, Q1: “Indeed I”).
Z. 5: Text Q2 (F1: “then it drawes neere”).
BA nach Z. 6: Wilson nach Globe (Q2: “*A florish of trumpets and 2. peeces goes of.*” // Q1 [schon zu Z. 3]: “*Sound Trumpets.*”).
Z. 9: Text Q2, Q1 (F1: “wassels”).
Z. 14: Text Q2 (F1: “And to my mind,” // Q1: “and though I am”).
Z. 17–38: Text Q2 (F1, Q1 om.).
Z. 27: Text Pope (Q2: “By their ore-grow’th”).
Z. 36: Text Dowden nach Keightley (Q2: “the dram of eale”).
Z. 37: Text Steevens (Q2: “Doth [...] of a doubt”).
BA zu Z. 38: Q2, F1 (Q1: “*Enter the Ghost.*”).
Z. 42: Text Q2, Q1 (F1: “Be thy euents”).
Z. 45: Text Q2, Q1 (F1: “Oh, oh, answer me,”).
Z. 49: Text Q2, Q1 (F1: “enurn’d,”).
IP und Text Z. 56: Q2, Q1 (F1: “thoughts beyond thee; reaches”).
BA nach Z. 57: Globe nach F1: “*Ghost beckens Hamlet.*” (Q2 einfach: “*Beckins.*”).

Z. 61: Text Q 2, Q 1 (F 1: “It wafts you”).
Z. 63: Text Q 2 (F 1, Q 1: “then will I follow it.”).
ORTH/Text Z. 71: F 1 (Q 2: “bettles” // Q 1: “beckles”).
Z. 72: Text Q 2, Q 1 (F 1: “And there assumes”).
Z. 75–78: Text Q 2 (F 1, Q 1 om. bis “beneath”).
Z. 78: Text Q 2 (F 1: “It wafts me still:”).
Z. 80: Text Q 2 (F 1: “your hand.”).
ORTH / Text Z. 82: Q 5 (Q 2: “arture” // F 1: “Artire” // Q 1: “Artiue”).
BA nach Z. 84: Wilson nach Rowe.
BA nach Z. 86: F 1 (Q 2: “*Exit Ghost and Hamlet.*”).
BA nach Z. 91: vgl. Anm. (Q 2, F 1: “*Exeunt.*” // Q 1 [schon nach Z. 88]: “*exit.*”).

1.5

Szeneneinteilung: Capell (F 1 noch: “*Scena Tertia.*”).
Ortsangabe: nach Theobald.
Auftrittsanweisung: Q 2 (F 1: “*Enter Ghost & Hamlet.*” // Q 1: “*Enter Ghost and Hamlet.*”).
Z. 1: Text Q 2, Q 1 (F 1: “Where”).
BA vor Z. 2: Wilson.
Z. 18: Text Q 2, Q 1 (F 1: “knotty”).
Z. 19: Text Q 2, F 1 (Q 1: “on end”).
Z. 20: Text Q 2 (F 1, Q 1: “fretfull Porpentine:”).
Z. 22: Text Q 2 (F 1: “list *Hamlet*, oh list,”).
Z. 24: Text Q 2 (F 1: “Oh Heauen!”).
IP Z. 26: F 1 (Q 2: “Murther.” // Q 1: “Murder.”).
Z. 29: Text Q 2, Q 1 (F 1: “Hast, hast me”).
Z. 29: Text Q 2 (F 1, Q 1 om. “I”).
Z. 33: Text Q 2, Q 1 (F 1: “That rots it selfe”).
Z. 35: Text Q 2, Q 1 (F 1: “It’s giuen out, [. . .] mine Orchard,”).
VE Z. 40/41: Walker (Q 2, F 1, Q 1 eine Zeile von “O” bis “uncle?”).
IP und Text Z. 40 f.: Q 2 (F 1: “soule: mine Vncle?” // Q 1: “soule, my vncle! my vncle!”).
Z. 43: Text Pope (Q 2, F 1: “of his wits,”).
IP und Text Z. 43: Q 2 (F 1: “hath Traitorous guifts.”).
Z. 45: Text Q 2 (F 1: “to to this shamefull Lust”).
Z. 47: Text F 1 (Q 2 om. “a”).
IP Z. 47: Q 2 (F 1: “was there,”).
IP Z. 50: F 1 (Q 2: “marriage, and to decline”).

Z. 55: Text F1, Q1 (Q2: "So but though").
Z. 56: Text F1 (Q2: "Will sort it selfe in" // Q1: "Would fate it selfe from").
Z. 58: Text Q2 (F1, Q1: "the Mornings Ayre;").
Z. 59: Text Q2, Q1 (F1: "mine Orchard,").
Z. 60: Text Q2 (F1, Q1: "in the afternoone;").
Z. 62: Text Q2, Q1 (F1: "Hebenon").
Z. 63: Text Q2, Q1 (F1: "mine eares").
Z. 68: Text F1 (Q2: "it doth possesse").
ORTH Z. 69: Q2, Q1 (F1: "Aygre").
Z. 71: Text Q2 (F1: "bak'd about,").
Z. 75: Text Q2, Q1 (F1: "and Queene").
TZ Z. 80: Rann (Q2, F1 noch Ghost // Q1: "O horrible, most horrible! / *Ham.* O God! / *ghost.* If thou hast nature in thee [...]").
SB Z. 81: Q1.
Z. 84: Text Q2 (F1: "howsoeuer thou pursuest" // Q1 gleichfalls "howsoeuer").
Z. 91: Text Q2 (F1: "Adue, adue, *Hamlet:* remember me." // Q1: "Hamlet adue, adue, adue: remember me.").
BA nach Z. 91: F1, Q1.
Z. 93: Text Q2 (F1: "Hell? Oh fie: hold my heart;").
Z. 95: Text F1 (Q2: "But beare me swiftly vp;").
Z. 96: Text Q2 (F1: "while").
Z. 104: Text Q2 (F1, Q1: "yes, yes, by Heauen:").
Z. 106: Text Q2, Q1 (F1: "My Tables, My Tables;").
BA nach Z. 108: nach Rowe.
BA nach Z. 111: nach Wilson.
BA nach Z. 112: nach Wilson.
BA Z. 113 (vor allen 3 Sätzen): nach Capell (F1 vor 1. Satz: "*within.*").
TZ Z. 113: Q2 und [3. Satz disloziert] Q1 (F1 1. Satz an "*Hor & Mar.*").
Z. 113 (3. Satz): Text Q2, Q1 (F1: "Heauen secure him.").
TZ Z. 114: Q2 (F1: "*Mar.*").
BA nach Z. 114: nach Wilson.
BA vor Z. 115: nach Capell.
TZ Z. 115: Q2 (F1, Q1: "*Hor.*").
Z. 115: Text Q2, F1 (Q1: "Ill, lo, lo, ho, ho.").
TZ Z. 116: Q2, F1 (Q1: "*Mar.*").
Z. 116: Text F1 (Q2: "Hillo, ho, ho, boy come, and come." // Q1: "Ill, lo, lo, so, ho, so, come boy, come.").
BA nach Z. 116: nach Capell (Q2 schon nach Z. 112 // F1 schon nach Z. 113 [1. Satz] // Q1 neben Z. 113).

Z. 122: Text F1, Q1 (Q2 om. "my lord").
Z. 129: Text Q2 (F1, Q1: "desires").
Z. 130: Text Q2, F1 (Q1: "desires,").
Z. 131: Text Q2, Q1 (F1: "mine owne poor part,").
Z. 132: Text Q2 (F1: "Looke you, Ile goe pray." // Q1: "ile go pray.").
Z. 133: Text Q2, Q1 (F1: "wild and hurling words,").
Z. 136: Text Q2, Q1 (F1: "but there is my Lord,").
BA vor Z. 147: Wilson.
BA vor Z. 149, 155, 161, 181: Capell (Q2, F1, beide nur vor Z. 149: "*Ghost cries vnder the Stage.*" // Q1, nur nach Z. 149: "*The Gost vnder the stage.*").
Z. 150: Text Q2 (F1: "Ah ha boy," // Q1: "Ha, ha, come you here,").
BA nach Z. 154, 160, 180: nach Wilson.
Z. 156: Text Q2, Q1 (F1: "shift for grownd,").
Z. 159f.: Text Q2 (F1: "Neuer to speake of this that you haue seene. / Sweare by my Sword." // Q1: "neuer to speake / Of that which you haue seene, sweare by my sword.").
Z. 161: Text Q2 (F1, Q1 om. "by his sword").
Z. 162: Text Q2, Q1 (F1: "i'th' ground").
Z. 167: Text Q2, Q1 (F1: "in our Philosophy").
Z. 170: Text Wilson nach Q2: "so mere" (F1: "so ere" // Q1: "soere").
IP Z. 171f. (Parenthesen): F1 (Q2: Parenthesen Z. 170–178).
Z. 173: Text Q2, Q1 (F1: "at such time").
Z. 174: Text Q2, Q1 (F1: "or thus, head shake;").
Z. 176: Text Q2, Q1 (F1: om. das zweite "well").
Z. 176, 177: Text Hanmer (Q2, F1, Q1: "and if").
Z. 177: Text Q2, Q1 (F1: "there might,").
Z. 179f.: Text Q2 (F1: "this not to doe: / So grace and mercy at your most heede helpe you: / Sweare." // Q1: "This not to doe, so grace, and mercie / At your most need helpe you, sweare").
ORTH/Text Z. 183: F1 (Q2: "Withall my loue" // Q1: "In all my loue").
BA nach Z. 190: Q2, F1, Q1.

2.1

Akt- und Szeneneinteilung: Q 1676 nach F1: "*Actus Secundus.*"
Ortsangabe: vgl. Anm. zur Ortsangabe 1.3.
Auftrittsanweisung: Globe nach F1: "*Enter Polonius, and Reynoldo.*" (Q2: "*Enter old Polonius, with his man or two.*" // Q1: "*Enter Corambis, and Montano.*").

Z. 1: Text Q2 (F1: “his money,” // Q1 [disloziert] “this same mony”).
ORTH/Text Z. 3: Q4 nach Q3: “maruelous” (Q2: “meruiles” // F1: “maruels”).
IP und Text Z. 3 f.: Q2 (F1: “wisely: good *Reynoldo*, / Before you visite him you make inquiry”).
Z. 14: Text Q2 (F1: “And thus”).
Z. 28: Text F1 (Q2: “Fayth as you may” // Q1: “I faith not a whit, no not a whit,”).
Z. 38: Text nach Wilson (Q2: “a fetch of wit,” // F1: “a fetch of warrant:”).
ORTH Z. 39: F1 (Q2: “sallies”), vgl. Anm. zu 1.2.129.
Z. 40: Text Evans nach Q2: “soyld with working,” // F1: “soil'd i'th' working:”.
IP (Parenthesen) Z. 45: Q2.
Z. 46: Text Q2 (F1: “and the Addition,”).
VE Z. 48–51: nach Malone.
Z. 48: Text Q2 (F1: “does he [. . .] / He does:”).
Z. 50: Text Q2 (F1 om. “By the mass”).
Z. 51: Text F1 (Q2 om. “at‘friend, or so, and gentleman’”).
Z. 53: Text Q2 (F1: “he closes with you thus.”).
Z. 55: Text Q2 (F1: “with such and such;”).
Z. 56: Text Q2 (F1: “There was he gaming,”).
IP und Text Z. 56: F1 (Q2: “gaming there, or tooke”).
Z. 60: Text F1 (Q2: “take”).
Z. 60: Text Q2 (F1: “this Cape of truth;”).
ORTH/Text Z. 66: Wilson nach Q2: “God buy ye, far ye well.” (F1: “God buy you; fare you well.”).
Z. 70: Text Q2, F1 (Q1: “And bid him ply”).
BA nach Z. 70: F1, Q1 (Q2: “*Exit Rey.*”).
BA zu Z. 71: Singer (Q2, F1, Q1 schon nach Z. 70).
Z. 72: Text Q2 (F1: “Alas my Lord,” // Q1: “O my deare father,”).
Z. 73: Text Q2 (F1: “in the name of Heauen?”).
Z. 74: Text Q2 (F1: “Chamber,”).
Z. 88: Text Q2 (F1: “As he”).
Z. 92: Text Q2 (F1: “That it did seeme”).
Z. 94: Text Q2, Q1 (F1: “ouer his shoulders”).
Z. 96: Text F1, Q1 (Q2: “without theyr helps,”).
Z. 98: Text Q2 (F1 om. “Come”).
Z. 102: Text F1 (Q2: “any passions”).
Z. 108: Text Q2 (F1: “speed and iudgement”).
ORTH Z. 109: F1 (Q2: “not coted him,”).

ORTH Z. 110: Hanmer (Q2: "to wrack thee," // F1: "to wracke thee:").
Z. 111: Text Q2 (F1: "It seemes it is as proper").
Z. 117: Text Q2 (F1: om.).
BA nach Z. 117: Q2, F1, Q1.

2.2

Szeneneinteilung: nach F1: "*Scena Secunda.*"
Ortsangabe: nach Wilson.
Auftrittsanweisung: Globe (Q2: "*Florish. Enter King and Queene, Rosencraus and Guyldensterne.*" // F1: "*Enter King, Queene, Rosincrane, and Guildensterne Cumalijs.*" // Q1: "*Enter King and Queene, Rossencraft, and Gilderstone.*").
Z. 5: Text F1 (Q2: "so call it,").
Z. 6: Text Q2 (F1: "Since not").
Z. 10: Text Q2 (F1: "I cannot deeme of.").
Z. 12: Text Q2 (F1: "And since [...] to his youth, and humour,").
Z. 16: Text Q2 (F1: "Occasions").
Z. 17: Text Q2 (F1 om.).
Z. 21: Text Q2 (F1: "there are not").
Z. 29: Text Q2 (F1 om. "But").
Z. 31: Text Q2 (F1: "our Seruices").
Z. 36: Text Q2 (F1: "Go some of ye,").
Z. 37: Text Q2 (F1: "the Gentlemen").
Z. 39: Text Capell nach Q2: "I" (F1 om. "Ay").
BA nach Z. 39: nach Capell (Q2: "*Exeunt Ros. and Guyld.*" // F1 [schon zu Z. 39 nach "amen"]: "*Exit.*").
2. BA nach Z. 39: Q2, F1 (Q1: "*Enter Corambis and Ofelia.*").
BA vor Z. 40: nach Wilson.
Z. 43: Text Parrott/Craig (Q2: "I assure my good Liege" // F1: "Assure you, my good Liege," // Q1: "I assure your grace,").
Z. 48: Text Q2 (F1: "As I haue vs'd to do:" // Q1: "As it had wont to doe,").
Z. 50: Text Q2 (F1: "that I do long").
Z. 52: Text Q2 (F1: "shall be the Newes").
BA nach Z. 53: Rowe.
Z. 54: Text Q5 nach Q2: "my deere *Gertrard* he hath" (F1: "my sweet Queene, that he hath).
Z. 57: Text F1 (Q2: "our hastie marriage.").

BA zu Z. 58: Theobald; Position: Dyce (Q2 schon nach Z. 57: "*Enter Embassadors*." // F1 schon nach Z. 57: "*Enter Polonius, Voltumand, and Cornelius*." // Q1: "*Enter the Ambassadors*.").
Z. 58 (2. Hälfte): Text Q2 (F1 om. "my").
Z. 73: Text Q2 (F1, Q1: "three thousand Crownes").
IP (Parenthesen) Z. 75: Q2.
Z. 78: Text Q2 (F1: "for his Enterprize," // Q1: "for that enterprise").
Z. 79: Text Q2, F1 (Q1: "and allowances").
BA zu Z. 80: nach Wilson und Malone.
BA zu Z. 85: nach Alexander (Q2: "*Exeunt Embassadors*." // F1: "*Exit Ambass*." // Q1: "*exeunt Ambassadors*.").
Z. 85 (2. Hälfte): Text Q2 (F1: "very well ended." // Q1: "very well dispatched.").
Z. 90: Text F1 (Q2 om. "since").
BA nach Z. 105: nach Wilson.
Z. 106: Text Q2, Q1 (F1: "whil'st").
BA vor Z. 109: Q1676 (F1: "*The Letter*." // Q2 erst nach Z. 116: "Letter.").
IP Z. 109, 110, 113, 116–124 (Anführungszeichen): Globe (Q2: kursiv Z. 109–113, 116–120 // F1: kursiv Z. 109, 110, 116–124).
Z. 111: Text Q2 (F1: "a vilde Phrase,").
IP Z. 112: Malone nach Jennens (Q2: "*heare: thus in her*" // F1: "heare these in her").
BA vor Z. 113: Dyce.
Z. 113: Text Q2 (F1 om. "etc.").
BA vor Z. 116: Rowe.
IP (Parenthesen) Z. 133: Q2.
Z. 137: Text Q2 (F1: "a winking, mute and dumbe,").
Z. 142: Text Q2 (F1: "Precepts").
Z. 146: Text Q2 (F1: "repulsed.").
Z. 149: Text F1 (Q2 om. "a").
Z. 150: Text Q2 (F1: "whereon").
Z. 151 (1. Hälfte): Text Q2 (F1: "waile for.").
Z. 151 (2. Hälfte): Text F1 (Q2: "Doe you thinke this?").
Z. 152: Text Q2 (F1: "very likely.").
BA nach Z. 156: nach Dowden.
Z. 159: Text Q2, F1 (Q1: "As deepe as the centre of the earth.").
BA nach Z. 167: nach F1: "*Enter Hamlet reading on a Booke*."
BA nach Z. 170: nach Capell (Q2 schon nach Z. 169: "*Exit King and Queene*." // F1 schon zu Z. 170 [nach "presently"]: "*Exit King & Queen*.").

Z. 174: Text Q2 (F1: "Excellent, excellent well: y'are" // Q1: "Yea very well, y'are").
Z. 179: Text Q2, Q1 (F1: "out of two thousand.").
Z. 182: Text Warburton (Q2, F1: "being a good kissing carrion [F1: Carrion ——]").
Z. 186: Text Q2 (F1: "but not as your daughter").
BA nach Z. 186, 205, 220: nach Wilson.
BA vor Z. 187: Capell.
Z. 188: Text Q2 (F1: "he said").
Z. 189: Text Q2 (F1: "he is farre gone, farre gone: and truly").
Z. 195: Text Q2 (F1: "I meane the matter you meane, my Lord." // Q1: "I meane the matter you reade my Lord.").
Z. 196: Text Q2 (F1: "the Satyricall slaue").
Z. 199: Text Q2 (F1: "Amber, or Plum-Tree Gumme:").
Z. 201: Text Q2 (F1: om. "most").
Z. 204: Text Q2 (F1: "For you your selfe Sir, should be old" // Q1: "For sir, your selfe shalbe olde").
BA vor Z. 206: Johnson.
IP Z. 209: Q2, Q1 (F1: "Graue?").
BA vor Z. 210: White.
Z. 212: Text F1 (Q2: "*sanctity*").
Z. 212f.: Text F1 (Q2 om. von "and" bis "him").
Z. 215: Text Q2, Q1 (F1: "My Honourable Lord, I will most humbly / Take my leaue of you.").
Z. 216f.: Text Parrott/Craig (Q2 om. "sir" // F1 om. "not"// Q1: "You can take nothing from me sir, / I will more willingly [...]").
Z. 218: Text Q2 (F1: "except my life, my life.").
BA nach Z. 220: nach Q2 [schon nach Z. 218]: "*Enter Guyldersterne, and Rosencraus.*" (F1 erst nach Z. 221: "*Enter Rosincran and Guildensterne.*" // Q1 schon nach Z. 215: "*Enter Gilderstone, and Rossencraft.*").
Z. 221: Text Q2 (F1: "my Lord *Hamlet*;" // Q1: "Prince Hamlet,").
BA vor Z. 222: Malone.
BA nach Z. 222: Capell nach Q1 [schon nach Z. 221]: "*exit.*"
Z. 223: Text Q2 (F1: "Mine honour'd Lord?").
BA vor und nach Z. 225: nach Wilson.
ORTH Z. 225: nach F1: "*Guildensterne*?" (Q2: "*Guyldersterne*?" // Q1 entsprechend: "*Gilderstone*,").
Z. 226: Text Q2 (F1: "Oh, [...] doe ye both?").
IP und Text Z. 228f.: F1 (Q2: "not euer happy on Fortunes lap,").
Z. 232: Text Q2 (F1: "fauour?").

Z. 236: Text Q2 (F1: "What's the newes?").
Z. 237: Text F1 (Q2 om. "that").
Z. 240–268: Text F1 (Q2 om.).
Z. 271: Text F1 (Q2: "euer poore in thankes,").
Z. 275: Text Q2 (F1: "Come, deale iustly").
IP und Text Z. 277: Q2 (F1: "Why any thing. But to the purpose;").
Z. 286: Text Q2 (F1: "could charge you withall;").
BA vor Z. 288: Globe nach Theobald.
BA vor Z. 289: Steevens.
BA vor Z. 290: Wilson.
Z. 292: Text Q2 (F1: "preuent your discouery of your secricie to").
Z. 295: Text Q2 (F1: "custome of exercise;").
Z. 299: Text Q2 (F1 om. "firmament").
Z. 301: Text Q2 (F1: "why, it appeares no other thing to mee, then a").
Z. 303: Text F1 (Q2: "What peece of worke").
Z. 304: Text Q2 (F1: "in faculty?").
Z. 310: Text F1 (Q2: "not me, nor women neither," // Q1: "not me, no nor woman too,").
Z. 313: Text Q2 (F1: "Why did you laugh, when" // Q1: "Why did you laugh then, / When").
Z. 319: Text Q2 (F1, Q1 [disloziert]: "Tribute of mee:").
Z. 323: Text nach Staunton und Nicholson (Q2 om. // F1: "the Clowne shall make those laugh whose lungs are tickled a'th' sere:" // Q1: "The clowne shall make them laugh / That are tickled in the lungs,").
Z. 327: Text Q2 (F1 om. "such").
Z. 335: Text Q2 (F1: "No indeed, they are not.").
Z. 336–359: Text F1 (Q2 om. // Q1: "Yfaith my Lord, noueltie carries it away, / For the principall publike audience that / Came to them, are turned to priuate playes, / And to the humour of children.").
Z. 349: Text Pope (F1: "(as it is like most if [. . .])").
Z. 360: Text Q2 (F1 om. "very").
Z. 361: Text Q2 (F1: "make mowes" // Q1: "makes mops and moes").
Z. 363: Text Q2 (F1: "giue twenty, forty, an hundred" // Q1: "Now giue a hundred, two hundred").
Z. 363: Text Q2 (F1 om. "'Sblood").
BA nach Z. 364: nach Q2: "*A Florish.*" (F1: "*Flourish for the Players.*").
BA zu Z. 367: nach Wilson.
Z. 367: Text Q2 (F1 om. "then").

Z. 368: Q 2 (F 1: "in the Garbe,").
Z. 370: Text Q 2 (F 1: "([. . .] outward)").
ORTH/Text Z. 375: Rowe nach F 1: "Hawke [. . .] Handsaw." (Q 2: "Hauke [. . .] hand saw." // Q 3: "Hauke [. . .] hand-saw.").
BA nach Z. 375: Q 2, F 1 (Q 1: "*The Trumpets sound, Enter Corambis.*").
BA vor Z. 377, 379, 381: nach Wilson und Neilson.
ORTH/Text Z. 378: Q 2, Q 1 (F 1: "swathing clouts.").
BA vor Z. 382: nach Wilson.
Z. 382: Text Wilson nach Q 2 [Q 2: "a" ohne Apostroph] (F 1: "for a Monday morning, 'twas so indeed." // Q 1: "a monday last, t'was so indeede.").
Z. 385: Text Q 2, Q 1 (F 1 om. "was").
Z. 388: Text Q 2 (F 1: "Vpon mine Honor.").
IP Z. 392 (Anführungszeichen): Johnson.
Z. 392: Text Globe (Q 2: "Pastorall Comicall, Historicall Pastorall," // F 1: "Pastoricall–Comicall-Historicall–Pastorall: Tragicall–Historicall: Tragicall–Comicall–Historicall–Pastorall:" //Q 1: "Pastorall, Historicall, Historicall, Comicall, / Comicall historicall, Pastorall, Tragedy historicall:").
VE und IP Z. 398–400: Capell (Q 2, F 1, Q 1: ohne Abhebung; Q 2 Prosa).
BA vor Z. 401: Capell.
VE und IP Z. 407–410: Pope nach Malone (Q 2, F 1, Q 1: ohne Abhebung, Prosa).
Z. 411: Text Q 2 (F 1: "The first rowe of the *Pons Chanson*" // Q 1: "the first verse of the godly Ballet").
Z. 412: Text Q 2, Q 1 (F 1: "Abridgements come.").
BA nach Z. 412: Q 2 (F 1: "*Enter foure or fiue Players.*" // Q 1 [erst nach Z. 413]: *Enter players.*").
Z. 415: Text Q 2 (F 1: "O my olde Friend?" // Q 1: "What my olde friend,").
Z. 416: Text Q 2, Q 1 (F 1: "Thy face is valiant").
ORTH/Text Z. 419: Globe nach F 1: "Byrlady" (Q 2: "by lady" // Q 1: "burlady").
Z. 419: Text Q 2 (F 1: "neerer Heauen").
Z. 424: Text F 1, Q 1 (Q 2: "Weele ento't like friendly Fankners,").
SB Z. 427 usw.: Wilson nach F. 1: "*1. Play.*", Z. 463 "*1. Player.*" (Q 2: "*Player.*", später: "*Play.*" // Q 1: "*Players*", später: "*Play.*").
Z. 427: Text Q 2, Q 1 (F 1 om. "good").
Z. 433: Text Q 2, Q 1 (F 1: "iudgement").

Z. 437: Text Q2 (F1, Q1: "there was no Sallets").
Z. 438: Text Q2 (F1: "affectation,").
Z. 439 f.: Text Q2 (F1 om. von "as wholesome" bis "fine" // Q1: "methode, as wholesome as sweete.", Rest om.).
Z. 441: Text Q2 (F1: "One cheefe Speech in it," // Q1: "a speech in it").
Z. 441: Text F1, Q1 (Q2: "'twas *Aeneas* talke to *Dido*,").
Z. 442: Text F1 (Q2: "when he speakes" // Q1: "where he talkes").
VE Z. 443–447: Capell nach Q1 (Q2: Prosa bis Z. 447 // F1: Prosa bis Z. 446, beide ohne Abhebung).
ORTH/Text Z. 445: F1 (Q2: "Th'ircanian beast," // Q1: "th'arganian beast:").
Z. 446: Text Q2 (F1: "It is not so:" // Q1: "No t'is not so,").
Z. 451: Text Q2 (F1, Q1: "Heraldry"), vgl. Anm. zu 1.1.87.
Z. 455: Text Q2 (F1: "That lend a tyrranous, and damned light").
Z. 456: Text Q2 (F1: "To their vilde Murthers,").
Z. 460: Text Globe nach Q2 [Q2 ohne Abhebung, noch Z. 459] (F1 om. // Q1 [als neue Zeile]: "So goe on.").
Z. 466: Text Q2 (F1: "vnequall match,").
Z. 469: Text F1 (Q2 om. "Then senseless Ilium").
Z. 470: Text Q2 (F1: "his blow,").
ORTH Z. 474: F1 (Q2: "reuerent").
Z. 476: Text F1 (Q2 om. "And").
Z. 485: Text Capell nach Q2: "On *Marses* Armor" (F1: "On Mars his Armours,").
ORTH Z. 490: F4 (Q2: "follies" // F1, F2, F3: "Fallies" // Q3: "folles" // Q4: "fellowes" // Q5: "felloes").
Z. 498: Text Q5 nach Q2: "But who, a woe," (F1, Q1: "But who, O who,").
Z. 498: Text Q2, Q1 (F1: "the inobled Queen.").
Z. 499: Text Q2 (F1: "inobled").
Z. 500: Text F2 (Q2 om. "'mobled queen' is good" // F1: "Inobled Queene is good." // Q1: [om. "That's good"]: "Mobled Queene is good, faith very good.").
Z. 501: Text Q2 (F1: "the flame").
Z. 502: Text Q2 (F1: "A clout about that head," // Q1: "a kercher on that head,").
ORTH/Text Z. 505: Q2 (F1: "in th'Alarum" // Q1: "All in the alarum").
Z. 515: Text Evans nach Theobald (Q2: "Looke where he has not turnd his cullour," // F1: "Looke where he ha's not turn'd his colour," // Q1: "Looke my lord if he hath not changde his colour,").

Z. 516: Text Q 2 (F 1: "Pray you no more." // Q 1: "no more good heart, no more.").
Z. 517: Text Q 2 (F 1 om. "of this").
Z. 519: Text Q 2 (F 1: "Do ye heare,").
Z. 520: Text F 1 (Q 2: "the abstract and breefe Chronicles" // Q 1: "the Chronicles / And briefe abstracts").
Z. 522: Text Q 2, Q 1 (F 1: "liued.").
Z. 524: Text Q 2 (F 1: "Gods bodykins man, better." // Q 1: "O farre better man,").
Z. 525: Text Q 2 (F 1, Q 1: "who should scape").
BA nach Z. 529: nach Wilson (F 1: "*Exit Polon.*" // Q 1: "*exit.*").
BA nach Z. 530: nach White und Staunton.
SB Z. 534, 537: Capell (Q 2, F 1: "*Play.*" // Q 1: "*players*").
Z. 535: Text F 1 (Q 2: "you could for neede study a speech of some dosen lines, or sixteene lines," // Q 1: "And could'st not thou for a neede study me / Some dozen or sixteene lines,").
Z. 536: Text Q 2 (F 1: "Could ye not?").
BA nach Z. 539: nach Q 2 (erst nach Z. 541): "*Exeunt Pol. and Players.*"
BA vor Z. 540: Johnson.
Z. 543: Text Wilson nach Q 2: "God buy to you," (F 1: "God buy'ye:").
BA zu Z. 543: Capell; Position: Globe (Q 2 schon nach Z. 542: "*Exeunt.*" // F 1 schon nach Z. 542: "*Exeunt. / Manet Hamlet.*" // Q 1, ungefähre Position wie Q 2 und F 1: "*Exeunt all but Hamlet.*").
Z. 547: Text Q 2 (F 1: "to his whole conceit,").
Z. 548: Text F 1 (Q 2: "all the visage").
Z. 548: Text Q 2 (F 1: "warm'd;").
Z. 553: Text F 1, Q 1 (Q 2: "or he to her,").
Z. 555: Text F 1 (Q 2: "and that for passion").
ORTH/Text Z. 558: Globe nach Rowe (Q 2: "appale" // F 1: "apale").
Z. 560: Text Q 2 (F 1: "faculty").
VE Z. 560/561: Johnson (Q 2, F 1: "Yet I" noch Z. 560).
Z. 571: Text Q 2 (F 1: "Ha? Why" // Q 1: "Sure").
Z. 574: Text Wilson nach Q 2, Q 1: "I should a fatted" (F 1: "I should haue fatted").
Z. 575: Text Q 2 (F 1: "bloudy: a Bawdy villaine,").
Z. 577: Text Q 2 (F 1: "Oh Vengeance! / Who? What an Asse am I? I sure, this is most braue,").
Z. 578: Text Q 3 (Q 2: "the sonne of a deere murthered," // F 1: "the

Sonne of the Deere murthered," // Q1: "the sonne of my deare father,").

Z. 582: Text Q2 (F1: "A Scullion?" // Q1: "a scalion,").

Z. 583: Text Q2 [außer British-Museum-Exemplar 1605: "braues;"] (F1, Q1: "Braine." und om. "hum").

Z. 592: Text Q2 (F1: "If he but blench").

Z. 594: Text Capell nach Q3: "a diuell and the dieull" (Q2: "a deale, and the deale" // F1: "the Diuell, and the Diuel" // Q1: "the Diuell,", Rest om.).

BA nach Z. 600: Q2, F1, Q1.

3.1

Akt- und Szeneneinteilung: Q 1676.

Ortsangabe: vgl. Anm. zur Ortsangabe 2.2.

Auftrittsanweisung: nach F1: "*Enter King, Queene, Polonius, Ophelia, Rosincrance, Guildenstern, and Lords.*" (Q2 entsprechend, aber "*Rosencraus, Guyldensterne, Lords.*" // Q1: "*Enter the King, Queene, and Lordes*").

Z. 1: Text Q2 (F1: "drift of circumstance").

Z. 6: Text Q2 (F1: "he will").

ORTH/Text Z. 16: Q2 (F1: "ore-wrought").

Z. 19: Text Q2 (F1 om. "here").

Z. 27: Text Q2 (F1: "on / To these delights.").

BA zu Z. 28: vgl. Anm. (Q2: "*Exeunt Ros. & Guyl.*" // F1: "*Exeunt.*").

Z. 28 (2. Hälfte): Text F1 (Q2: "leaue vs two,").

Z. 30: Text Q2 (F1: "may there").

Z. 32: Text F1 (Q2 om. "(lawful espials)").

Z. 33: Text Q2 (F1: "Will").

BA nach Z. 42: Theobald.

Z. 43: Text Q2 (F1: "so please ye").

BA zu Z. 44: nach Wilson und Johnson.

Z. 46: Text F1 (Q2: "lowlines;").

Z. 48: Text Q2 (F1: "surge o're").

Z. 49: Text Q2 (F1 om. "too").

BA vor Z. 50: Pope.

Z. 55: Text F1 (Q2: "comming, with-draw").

BA nach Z. 55: nach Wilson (F1: "*Exeunt.*").

2. BA nach Z. 55: F1 (Q2 schon vor Z. 55).

IP Z. 60: F1, Q1 (Q2: "to die to sleepe").

Z. 71: Text Q 2 (F 1: “the poore mans Contumely,”).
Z. 72: Text F 1 (Q 2: “despiz'd loue,”).
ORTH Z. 75: F 1, Q 1 (Q 2: “quietas”).
Z. 76: Text Q 2 (F 1: “Who would these Fardles beare”).
Z. 83: Text F 1, Q 1 (Q 2 om. “of us all”).
Z. 86: Text Q 2 (F 1: “of great pith and moment,”).
Z. 87: Text Q 2 (F 1: “away,”).
Z. 92: Text Q 2 (F 1: “I humbly thanke you: well, well, well.”).
Z. 95: Text Q 2 (F 1: “No, no, I neuer”).
Z. 97: Text Q 2, Q 1 (F 1: “I know right well”).
Z. 99: Text F 1 (Q 2: “these things”).
Z. 99: Text Q 2 (F 1: “then perfume left:”).
BA zu Z. 102: nach Wilson.
Z. 107: Text F 1 (Q 2: “you should admit no discourse to your beautie.” // Q 1: “Your beauty should admit no discourse to your honesty.”).
Z. 108: Text Q 2 (F 1: “then your Honestie?”).
Z. 119: Text F 1 (Q 2 om. “to”).
Z. 126: Text Q 2 (F 1, Q 1: “betweene Heauen and Earth.”).
Z. 127: Text F 1, Q 1 (Q 2 om. “all”).
Z. 131: Text Q 2, Q 1 (F 1: “no way, but”).
BA nach Z. 131, 136, 139: nach Wilson.
Z. 136: Text Q 2 (F 1: “Get thee to a Nunnery. Go, Farewell.”).
Z. 140: Text Q 2 (F 1: “O heauenly Powers,”).
Z. 141: Text Q 2, Q 1 (F 1: “your pratlings”).
Z. 141: Text F 1, Q 1 (Q 2: om. “too”).
Z. 142: Text Q 2, Q 1 (F 1: “one pace,”).
Z. 143: Text Globe nach F 1: “you gidge, you amble,” (Q 2: “you gig & amble,” // Q1: “You fig, and you amble,”).
Z. 143: Text F 1 (Q 2: “and you list”).
Z. 143: Text Q 2 (F 1: “and nickname”).
Z. 144: Text F 1, Q 1 (Q 2: “your wantonnes ignorance;”).
Z. 146: Text Q 2 (F 1, Q 1: “no more Marriages.”).
BA nach Z. 148: Q 2, Q 1 (F 1: “*Exit Hamlet*”).
Z. 150: Text Q 2, F 1 (Q 1: “The Courtier, Scholler, Souldier, all in him,”).
Z. 151: Text F 1 (Q 2: “Th'expectation,”).
Z. 155: Text F 1 (Q 2: “his musickt vowes;”).
Z. 156: Text F 1 (Q 2: “what noble”).
Z. 157: Text Q 2 (F 1: “out of tune,”).
Z. 158: Text F 1 (Q 2: “forme, and stature”).
BA nach Z. 160: nach Wilson (Q 2, 1604, und Q 1: “*Exit.*”).

2. BA nach Z. 160: nach Wilson (Q2: "*Enter King and Polonius.*" // F1 ebenso, mit Komma vor "*and*" // Q1: "*Enter King and Corambis.*").
IP Z. 161: F1, Q1 (Q2: "Loue,").
Z. 166: Text Q2 (F1: "which to preuent").
IP Z. 170: Q2 (F1: "the Seas and Countries different").
Z. 176: Text Q2 (F1: "of this greefe").
Z. 182: Text Q2 (F1: "his Greefes:").
Z. 187: Text F1 (Q2: "vnmatcht goe.").
BA nach Z. 187: Q2, F1.

3.2

Szeneneinteilung: Capell.
Ortsangabe: nach Wilson und Capell.
Auftrittsanweisung: Q2 (F1: "*Enter Hamlet, and two or three of the Players.*" // Q1: "*Enter Hamlet and the Players.*").
Z. 3: Text Q2 (F1, Q1: "many of your Players").
Z. 4: Text Q2 (F1: "had spoke").
Z. 5: Text Q2 (F1 om. "with" // Q1: "with your hands,").
Z. 7: Text Q2 (F1: "the Whirle-winde of Passion,").
Z. 11: Text Q2, Q1 (F1: "to see").
ORTH Z. 11: F1 (Q2, Q1: "totters").
Z. 15: Text Q2, Q1 (F1: "I could haue").
SB Z. 17, 41: nach Capell (Q2: "*Player.*" // F1: "*Player.*" und "*Play.*" // Q1: "*players*").
Z. 22: Text Q2 (F1: "ore-stop").
Z. 26: Text Q2 (F1: "Vertue her owne Feature,").
Z. 29: Text Q2 (F1: "though it make").
Z. 31: Text Q2 (F1: "The censure of the which One,").
Z. 37: Text Q2 (F1: "or Norman," // Q1: "Nor Turke,").
Z. 41: Text Q2 (F1: "with vs, Sir." // Q1 [disloziert]: "My Lorde,").
BA nach Z. 50: Q1 [nach längerem Einschub] (F1: "*Exit Players.*").
2. BA nach Z. 50: nach Q2 [erst nach Z. 51]: "*Enter Polonius, Guyldensterne, & Rosencraus.*" (F1: "*Enter Polonius, Rosincrance, and Guildensterne.*").
BA nach Z. 53: F1.
TZ und Text Z. 55: Q2 (F1: "*Both.* We will my Lord.").
BA nach Z. 55: Globe (Q2: "*Exeunt they two.*" // F1: "*Exeunt.*").
BA nach Z. 56: Q2 (F1 schon nach Z. 55).

TZ/SB Z. 60–91: F1 (Q2 von "Nay" bis "seeming" versehentlich alles an Horatio).
Z. 66: Text Q2 (F1: "faining?").
Z. 67: Text Q2 (F1: "of my choyse,").
IP Z. 68: Q2 (F1: "distinguish, her election").
Z. 69: Text Wilson nach Q2: "S'hath" und Q4 "Shath" (F1: "Hath").
Z. 72: Text Q2 (F1: "Hath 'tane").
Z. 73: Text Q2 (F1: "co-mingled,").
Z. 83: Text Q2 (F1: "of my Soule").
Z. 84: Text Q2 (F1: "mine Vnkle:").
Z. 88: Text Q2 (F1: "needfull note,").
Z. 91: Text Q2 (F1: "To censure").
Z. 92: Text Q2 (F1: "If he steale").
BA nach Z. 93: nach Wilson (und F1 nach Z. 95).
BA nach Z. 95: vgl. Anm. (Q2 schon nach Z. 93: "*Enter Trumpets and Kettle Drummes, King, Queene, Polonius, Ophelia.*" // F1: "*Enter King, Queene, Polonius, Ophelia, Rosincrance, Guildensterne, and other Lords attendant, with his Guard carrying Torches. Danish March. Sound a Flourish.*" // Q1: "*Enter King, Queene, Corambis, and other Lords.*").
IP Z. 101 f.: nach Johnson (Q2: "No, nor mine now my Lord. / You playd" // F1: "No, nor mine. Now my Lord, you plaid").
BA vor Z. 102: Rowe.
Z. 103: Text Q2 (F1, Q1: "That I did").
Z. 104: Text Q2 (F1: "And what [...]" // Q1: "What did you enact there?").
SB Z. 110: F1, Q1 (Q2: "*Ger.*").
Z. 110: Text Q2 (F1: "my good *Hamlet*,").
BA nach Z. 111: nach Rowe; Position: Capell.
BA vor Z. 112: Capell.
Z. 115 f.: Text F1 (Q2 om.).
Z. 117: Text Q2, F1 (Q1: "contrary matters?").
Z. 128: Text Q2, F1 (Q1 [disloziert]: "within these two houres.").
Z. 133 f.: Text Q2 (F1, Q1: "he must [...] shall he").
BA nach Z. 136: kombiniert aus Q2 und F1 (Q2: "*The Trumpets sounds. Dumbe show followes. / Enter a King and a Queene, the Queene embracing him, and he her, he takes her vp, and declines his head vpon her necke, he lyes him downe vppon a bancke of flowers, she seeing him asleepe, leaues him: anon come in an other man, takes off his crowne, kisses it, pours poyson in the sleepers eares, and leaues him: the Queene returnes, finds the King dead, makes passio-*

nate action, the poysner with some three or foure come in againe, seeme to condole with her, the dead body is carried away, the poysner wooes the Queene with gifts, shee seemes harsh awhile, but in the end accepts loue." // *F1:* "Hoboyes play. The dumbe shew enters. / Enter a King and Queene, very louingly; the Queene embracing him. She kneeles, and makes shew of Protestation vnto him. He takes her vp, and declines his head vpon her neck. Layes him downe vpon a Bancke of Flowers. She seeing him a-sleepe, leaues him. Anon comes in a Fellow, takes off his Crowne, kisses it, and powres poyson in the Kings eares, and Exits. The Queene returnes, findes the King dead, and makes passionate Action. The Poysoner, with some two or three Mutes comes in againe, seeming to lament with her. The dead body is carried away: The Poysoner Wooes the Queene with Gifts, she seemes loath and vnwilling awhile, but in the end, accepts his loue. Exeunt" // *Q1:* "Enter in a Dumbe Shew, the King and the Queene, he sits downe in an Arbor, she leaues him: Then enters Lucianus with poyson in a Viall, and powres it in his eares, and goes away: Then the Queene commeth and findes him dead: and goes away with the other."*)*.

Z. 138: Text Malone (Q2: "Marry this munching *Mallico*," // F1: "Marry this is Miching *Malicho*," // Q1: "This is myching Mallico,").

Z. 138: Text Q2 (F1, Q1: "that meanes").

BA nach Z. 139: nach Wilson und Theobald (Q2 [erst nach Z. 140], F1 [erst nach Z. 146]: "*Enter Prologue.*" // Q1 schon nach Z. 137: "*Enter the Prologue.*").

Z. 140: Text Q2, Q1 (F1: "these Fellowes:").

Z. 141: Text F1, Q1 (Q2 om. "counsel").

Z. 142: Text Q2 (F1: "Will they tell vs" // Q1: "Will he tell vs").

Z. 142: Text Q2, F1 (Q1: "meanes?").

BA nach Z. 149: Globe.

Z. 152: Text Q2, F1 (Q1: "As womens loue.").

BA nach Z. 152: nach Wilson und Globe (Q2: "*Enter King and Queene.*" // F1: "*Enter King and his Queene.*" // Q1: "*Enter the Duke and Dutchesse.*").

SB Z. 153 usw.: Steevens (Q2, F1: "*King.*" // Q1: "*Duke*").

Z. 153: Text Q2, F1 (Q1: "Full fortie yeares").

SB Z. 159 usw.: Steevens (Q2: "*Quee.*" // F1: "*Bap.*", Z. 181 "*Bapt.*", Z. 226 "*Qu.*" // Q1: "Dutchesse").

Z. 165: Text Q2 (F1: om.).

Z. 166: Text Q2 (F1: "For [. . .] holds").

Z. 167: Text Malone nach F1: “In neither ought, or in extremity:” (Q2: “Eyther none, in neither ought, or in extremitie,”).
Z. 168: Text F1 (Q2: “What my Lord is”).
Z. 170f.: Text Q2 (F1 om.).
Z. 173: Text Q2 (F1: “my Functions”).
Z. 179: Text Q2, F1 (Q1: “None weds the second, but she kils the first:”).
Z. 180: Text Q2 (F1: “Wormwood, Wormwood.” // Q1: “O wormewood, wormewood!”).
Z. 189: Text F1 (Q2: “Which now the fruite vnripe”).
Z. 196: Text Q2 (F1: “ennactors”).
Z. 203: Text Q2 (F1: “his fauourites flies,”).
Z. 215: Text Q2 (F1: “to giue me food,”).
Z. 217f.: Text Q2 (F1 om.).
Z. 218: Text Theobald (Q2: “And Anchors”).
Z. 222: Text F1, Q1 (Q2: “If once I be a widdow, euer I be a wife.”).
BA zu Z. 226: Pope nach F1 [erst nach Z. 226].
BA nach Z. 227: F1 (Q2: “*Exeunt.*” // Q1: “*exit Lady.*”).
Z. 229: Text Q2 (F1, Q1: “protests to[o] much”).
ORTH/Text Z. 235: Q2, F1 (Q1: “trapically:”).
Z. 241: Text Q1 (Q2, F1: “winch, [:]”).
BA nach Z. 241: nach Wilson (Q2 [erst nach Z. 242], F1: “*Enter Lucianus.*”).
Z. 243: Text Q2 (F1: “You are a good Chorus, my Lord.”).
Z. 247: Text Q2 (F1: “my edge.”).
Z. 249: Text Capell nach Q2: “mistake” (F1: “So you mistake Husbands.” // Q1: “So you must take your husband,”).
Z. 250f.: Text Q2 (F1: “Begin Murderer. Pox, leaue” // Q1: “begin. Murdred / Begin, a poxe, leaue”).
SB Z. 252: Wilson nach Q2: “*Luc.*” und F1: “*Lucian.*” (Q1: “*Murd.*”).
Z. 253: Text F1, Q1 (Q2: “Considerat season”).
Z. 255: Text Q2, F1 (Q1: “With *Hecates* bane”).
Z. 257: Text Q2, Q1 (F1: “vsurpe”).
BA nach Z. 257: nach F1: “*Powres the poyson in his eares.*” und Q1: “*exit.*”).
Z. 258: Text Q2 (F1, Q1: “He poysons him”).
Z. 260: Text Q2 (F1: “and writ in choyce Italian.”).
IP und Text Z. 263: Globe nach F1: “What, frighted with false fire.” (Q2 om. // Q1: “What, frighted with false fires?”).
TZ Z. 267: Q2 (F1: “*All.*”).

BA nach Z. 267: Q 2 (F 1: "*Exeunt. / Manet Hamlet & Horatio.*" // Q 1: "*Exeunt King and Lordes.*").
ORTH Z. 268: F 1 (Q 2: "strooken" // Q 1: "stricken").
Z. 270: Text Q 2, F 1 (Q 1: "For some must laugh, while some must weepe,").
Z. 271: Text Q 2, Q 1 (F 1: "So runnes").
VE Z. 271/272: F 1 (Q 2: als Prosa-Langzeile).
Z. 274: Text F 1 (Q 2 om. "two").
ORTH/Text Z. 274: Malone nach Q 2: "raz'd" (F 1: "rac'd").
Z. 275: Text Q 2 (F 1: "in a crie of Players sir.").
Z. 281: Text Pope (Q 2: "paiock." // F 1: "Paiocke.").
Z. 288: Text Q 2 (F 1: "Oh, ha? Come some Musick, Come ye Recorders:").
Z. 289: Text Q 2, F 1 (Q 1: "the tragedy,").
BA nach Z. 291: nach Q 2: "*Enter Rosencraus and Guyldensterne.*" (F 1 schon nach Z. 287: "*Enter Rosincrance and Guildensterne.*" // Q 1 schon etwa nach Z. 283: "*Enter Rossencraft and Gilderstone.*").
Z. 298: Text Q 2 (F 1: "rather with choller.").
Z. 300: Text Q 2 (F 1: "to his Doctor:").
Z. 302: Text Q 2 (F 1: "into farre more Choller.").
Z. 313: Text F 1 (Q 2 om. "my").
BA nach Z. 313: Wilson nach Capell.
TZ Z. 315: Q 2 (F 1: "*Guild.*").
Z. 317: Text Q 2 (F 1: "such answers").
Z. 318: Text Q 2 (F 1 om. "as").
Z. 323: Text Q 2 (F 1: "so astonish").
Z. 325: Text Q 2 (F 1 om.).
Z. 330: Text Q 2 (F 1: "So I do still,").
Z. 332: Text Q 2 (F 1: "You do freely barre the doore of").
BA nach Z. 336: Q 2 (F 1 erst nach Z. 338: "*Enter one with a Recorder.*").
Z. 337: Text Q 2 (F 1 om. "sir").
Z. 339: Text Q 2 (F 1: "O the Recorder. Let me see,").
BA nach Z. 339: Wilson nach Malone.
Z. 353: Text Pope (Q 2: "with your fingers, & the vmber," // F 1: "with your finger and thumbe," // Q 3: "with your fingers, and the thumb").
Z. 355: Text Q 2 (F 1: "most excellent Musicke." // Q 1: "most delicate musick.").
Z. 363: Text F 1 (Q 2 om. "the top of").
Z. 365: Text Q 2 (F 1 om. "speak").

Z. 366: Text Q2 (F1: "Why do you thinke, that I am easier" // Q1: "Zownds do you thinke, I am easier").

Z. 368: Text Q1 (Q2: "though you fret me not, you cannot play vpon me." // F1: "though you can fret me, you cannot play vpon me.").

BA nach Z. 368: Capell nach Q2, F1 (beide erst nach Z. 369).

Z. 371: Text Q2 (F1: "Do you see that Clowd? that's almost in shape like a Camell." // Q1: "Do you see yonder clowd in the shape of a camell?").

IP und Text Z. 372: Q2 (F1: "By'th'Misse, and it's like a Camell indeed." // Q1: "T'is like a camell in deed.").

IP Z. 375: Q2, Q1 (F1: "Or like a Whale?").

TZ/SB Z. 377 ff.: F1 (Q2 bis Szenenende versehentlich alles an Polonius).

Z. 377: Text Q2 (F1: "Then will I").

BA vor Z. 378: Staunton.

VE Z. 380–382: F1 (Q2-Abfolge: Z. 382, 380, 381).

BA nach Z. 380: F1 (Q1 schon nach Z. 376: "*exit Coram.*").

BA nach Z. 382: Globe nach Rowe.

Z. 384: Text F1 (Q2: "breakes out").

Z. 386: Text F1 (Q2: "such busines as the bitter day").

BA nach Z. 394: Q2, Q1.

3.3

Szeneneinteilung: Capell.

Ortsangabe: vgl. Anm.

Auftrittsanweisung: nach Wilson (Q2: "*Enter King, Rosencraus, and Guyldensterne.*" // F1: "*Enter King, Rosincrance, and Guildensterne.*" // Q1: "*Enter the King.*").

Z. 6: Text Q2 (F1: "Hazard so dangerous").

Z. 7: Text Q2 (F1: "Out of his Lunacies.").

Z. 14: Text Q2 (F1: "vpon whose spirit").

Z. 15: Text F1 (Q2: "the cesse of Maiestie").

IP und Text Z. 17: Q2 (F1: "with it. It is").

Z. 23: Text F1 (Q2 om. "with").

ORTH Z. 24: F1 (Q2: "viage,").

Z. 25: Text Q2 (F1: "vpon this feare,").

TZ Z. 26 (2. Hälfte): Q2 (F1: "*Both.*").

BA nach Z. 26: Hanmer (Q2, F1: "*Exeunt Gent.*").

2. BA nach Z. 26: Q2, F1.
BA nach Z. 35: Capell nach Q2 [schon zu Z. 35 nach “know”]: “*Exit.*”
BA nach Z. 72: nach Q1: “*hee kneeles.*”
2. BA nach Z. 72: Q2, F1 (Q1: “*enters Hamlet*”).
Z. 73: Text Wilson (Q2: “Now might I doe it, but now a is a praying,” // F1: “Now might I do it pat, now he is praying,”).
BA zu Z. 74: nach Wilson und Capell.
Z. 74: Text Q2 (F1: “and so he goes”).
Z. 77: Text Q2 (F1: “I his foule Sonne,”).
Z. 79: Text Capell (Q2: “Why, this is base and silly,” // F1: “Oh this is hyre and Sallery,” // Q1: “this is a benefit,”).
Z. 80: Text Q2 (F1: “He tooke”).
Z. 81: Text Q2 (F1: “as fresh as May,”).
BA nach Z. 87: nach Wilson.
IP Z. 89: F1 (Q2: “drunke, a sleepe,”).
IP und Text Z. 91: Q2 (F1: “At gaming, swearing,” // Q1: “at game swaring,”).
BA nach Z. 96: Q2, F1 (Q1: “*exit Ham.*”).
BA vor Z. 97: Wilson nach Theobald.
BA nach Z. 98: Q2, F1 (Q1: “*exit King.*”).

3.4

Szeneneinteilung: Capell.
Ortsangabe: Steevens nach Rowe.
Auftrittsanweisung: Wilson nach F1: “*Enter Queene and Polonius.*” (Q2: “*Enter Gertrard and Polonius.*” // Q1: “*Enter Queene and Corambis.*”).
Z. 1: Text Q2 (F1: “He will”).
Z. 4: Text Q2, F1 (Q1: “I'le shrowde my selfe behinde the Arras.”).
VE Z. 5/6: Hanmer.
Z. 5 (Polonius): Text F1 (Q2 om. “with him”).
Z. 5f.: Text Q2 (F1: “with him. / *Ham. within.* Mother, mother, mother.”).
SB Z. 5 (2. Hälfte) usw.: nach F1: “*Qu.*” und Q1: “*Queene*” (Q2: “*Ger.*”, außer Z. 50, 2. Hälfte: “*Quee.*”).
Z. 5 (Queen): Text Evans nach Wilson (Q2: “Ile wait you,” // F1: “Ile warrant you,”).
BA nach Z. 6: Globe nach Rowe (Q1 etwa nach Z. 4: “*exit Cor.*”).
2. BA nach Z. 6: F1 (Q2 schon zu Z. 5 nach “round”).

Z. 11: Text Q2 (F1: “you question with an idle tongue.”).
Z. 15: Text Q2 (F1: “But would you were not so.”).
BA nach Z. 16: nach Wilson.
BA vor Z. 17: Wilson.
Z. 19: Text F1 (Q2: “the most part of you.”).
Z. 21 (Queen): Text Q2, Q1 (F1: “Helpe, helpe, hoa.”).
BA zu Z. 21 (Polonius): Rowe.
Z. 21 (Polonius): Text Q2 (F1: “What hoa, helpe, helpe, helpe.” // Q1: “Helpe for the Queene.”).
BA vor Z. 22: nach Malone.
IP Z. 22: nach F1: “How now, a Rat? dead for a Ducate, dead.” (Q2: “How now, a Rat, dead for a Duckat, dead.” // Q1: “I[= Ay] a Rat, dead for a Duckat.”).
BA zu Z. 22: nach Globe und Capell (F1 erst nach Z. 23: “*Killes Polonius.*”).
BA vor Z. 23: Rowe.
BA nach Z. 23: Globe nach Capell.
BA nach Z. 25: Globe; Position: Dyce.
IP Z. 29 (Queen): Q1 (Q2: “King.” // F1: “King?”).
Z. 31: Text Q2 (F1: “thy Betters,”).
BA nach Z. 32: White.
ORTH Z. 36: nach F1: “braz’d it so,” (Q2: “brasd it so,”).
Z. 37: Text Q2 (F1: “That it is”).
Z. 43: Text Q2 (F1: “And makes a blister there.”).
Z. 48: Text Wilson (Q2: “Ore this solidity” // F1: “Yea this solidity”).
Z. 49: Text Q2 (F1: “With tristfull visage”).
TZ Z. 51: F1 (Q2: “*Ham.*”).
SB Z. 52: F1.
BA vor Z. 52: nach Wilson.
Z. 54: Text Q2 (F1: “his Brow,”).
Z. 56: Text Q2 (F1: “to threaten or command”).
Z. 58: Text F1 (Q2: “on a heaue, a kissing hill,”).
Z. 64: Text Q2 (F1: “his wholsom breath.”).
Z. 70–75: Text Q2 (F1 om. von “Sense sure” bis “difference”).
IP und ORTH Z. 76: F1 (Q2: “at hodman blind;” // Q1: “at hob-man blinde?”).
Z. 77–80: Text Q2 (F1 om. von “Eyes” bis “mope”).
Z. 87: Text Theobald (Q2: “And reason pardons will.” // F1: “As Reason panders Will.”).
Z. 88: Text Q2 (F1: “mine”).
Z. 88: Text F1 (Q2: “very eyes into my soule,”).

Z. 89: Text F1 (Q2: "blacke and greeued spots").
Z. 90: Text F1 (Q2: "As will leaue there their tin'ct.").
ORTH/Text Z. 91: F1 (Q2: "inseemed bed").
Z. 94: Text Q2 (F1: "mine eares.").
Z. 96: Text F1 (Q2: "the kyth").
BA nach Z. 100: Q1; Position: Q2, F1 (Q2, F1: "*Enter Ghost.*").
Z. 103: Text Q2 (F1: "What would you gracious figure?").
Z. 116: Text Q2 (F1: "That you bend" // Q1: "That thus you bend").
BA zu Z. 127: nach Rowe.
BA nach Z. 135: Q2, Q1 (F1: "*Exit.*").
Z. 139: Text F1 (Q2 om.); IP: Capell (F1: "Extasie?").
Z. 143: Text F1 (Q2 om. "I").
Z. 145: Text Q2 (F1: "a flattering Vnction").
Z. 148: Text Q2 (F1: "Whil'st").
Z. 151: Text Q2 (F1: "or [= o'er] the Weedes,").
Z. 152: Text Q2 (F1: "To make them ranke.").
Z. 158: Text F1 (Q2: "And leaue the purer").
Z. 161–165: Text Q2 (F1 om. von "That monster" bis "put on").
Z. 162: Text Theobald nach Thirlby (Q2: "Of habits deuill,").
Z. 167–170: Text Q2 (F1 om. von "the next more easy" bis "potency").
Z. 169: Text nach Ingleby (Q2: "And either the deuill," // Q3: "And Maister the diuell,").
BA nach Z. 172: Rowe.
Z. 179: Text F1 (Q2: "This bad beginnes,").
BA nach Z. 179: nach Wilson.
Z. 180 (Hamlet): Text Q2 (F1 om. "One word more, good lady").
Z. 182: Text Warburton nach Q2: "blowt" (F1: "blunt").
Z. 202–210: Text Q2 (F1 om.).
IP Z. 213: Wilson nach Q2: "Mother good night indeed, this Counsayler" (F1: "Mother goodnight. Indeede this Counsellor").
Z. 215: Text F1, Q1 (Q2: "in life a most foolish").
BA nach Z. 217: nach F1: "*Exit Hamlet tugging in Polonius.*" (Q2: "*Exit.*" // Q1: "*Exit Hamlet with the dead body.*").

4.1

Akt- und Szeneneinteilung: Q1676.
Ortsangabe: Capell.
Auftrittsanweisung: nach Wilson (Q2: "*Eenter King, and Queene, with*

Rosencraus and Guyldensterne." // F1: "*Enter King.*" // Q1: "*Enter the King and Lordes.*").
IP Z. 1: Pope (Q2: "sighes, these" // F1: "sighes. / These").
Z. 1: Text Q2 (F1: "matters").
SB Z. 4, 6, 24: nach F1 "*Qu.*" (Q2: "*Ger.*").
BA vor Z. 4: nach Theobald.
Z. 4: Text Q2 (F1 om.).
BA nach Z. 4: nach Q1676: "*Exeunt Ros. and Guild.*"
Z. 5: Text Q2 (F1: "Ah my good Lord,").
Z. 7: Text Q2, Q1 (F1: "as the Seas,").
Z. 10: Text Q2 (F1: "He whips his Rapier out, and cries" // Q1: "but whips me / Out his rapier, and cries").
Z. 11: Text Q2 (F1, Q1: "in his").
Z. 22: Text Q2 (F1: "let's [= lets] it feede").
Z. 27: Text Q2 (F1: "He weepes").
Z. 30: Text Q2 (F1: "vilde deed,").
BA nach Z. 32: Dyce (Q2 schon nach Z. 31, F1 schon zu Z. 32: "*Enter Ros. & Guild.*").
Z. 35: Text Q2 (F1: "Clossets").
BA nach Z. 37: Rowe (F1: "*Exit Gent.*" // Q1 [disloziert]: "*Exeunt Lordes.*").
Z. 39: Text Q2 (F1: "To let them know").
Z. 40 (2. Hälfte): Text Capell nach Theobald (Q2, F1 om.).
Z. 41–44: Text Q2 (F1 om.).
BA nach Z. 45: Q2, F1.

4.2

Szeneneinteilung: Pope.
Ortsangabe: Globe nach Capell.
Auftrittsanweisung: F1 (Q2: "*Enter Hamlet, Rosencraus, and others.*").
SB Z. 2: nach Wilson (F1: "*Gentlemen within.*").
Z. 2: Text F1 (Q2 om.).
SB Z. 3: F1 (Q2 om.).
Z. 3: Text Q2 (F1 om. "But soft").
BA nach Z. 4: kombiniert aus Q2 [vor Z. 1] und F1: "*Enter Ros. and Guildensterne.*"
Z. 5: Text F1 (Q2: "Compound it").
Z. 17: Text nach Farmer (Q2: "like an apple" // F1: "like an Ape").
Z. 30: Text F1 (Q2 om.).
BA nach Z. 30: nach Wilson (Q2, F1: "*Exeunt.*").

4.3

Szeneneinteilung: Pope.
Ortsangabe: nach Wilson.
Auftrittsanweisung: nach Wilson und Q2: "*Enter King, and two or three.*" (F1: "*Enter King.*").
Z. 7: Text Q2 (F1: "but neerer the offence:").
BA zu Z. 11: nach Wilson (Q2: "*Enter Rosencraus and all the rest.*" // F1: "*En*[*t*]*er Rosincrane.*").
Z. 15: Text Q2 (F1: "Hoa, *Guildensterne?* Bring in my Lord.").
BA nach Z. 15: nach Wilson (Q2: "*They enter.*" // F1: "*Enter Hamlet and Guildensterne.*").
Z. 19: Text Q2 (F1, Q1: "where he is eaten,").
Z. 20: Text Q2 (F1 om. "politic" // Q1: "a certaine company of politicke wormes").
Z. 26–28: Text Q2 (F1 om. von "Alas" bis "worm" // Q1 om. Z. 26, dann: "Looke you, a man may fish with that worme / That hath eaten of a King, / And a Beggar eate that fish, / Which that worme hath caught.").
Z. 36: Text Q2 (F1: "but indeed, if you finde him not this moneth,").
BA vor Z. 38: Capell.
BA nach Z. 38: nach Capell.
Z. 39: Text Q2 (F1: "He will stay till ye come." // Q1: "hee'le stay till you come.").
Z. 40: Text Q2 (F1: "this deed of thine, for thine especial").
Z. 43: Text F1 (Q2 om. "with fiery quickness").
Z. 45: Text Q2 (F1: "and euery thing at bent").
IP Z. 46: F1 (Q2: "For *England.*").
Z. 48: Text Q2 (F1: "that see's [= sees] him:").
Z. 52: Text Q2 (F1: "one flesh, and so my mother." // Q1: "one flesh, / And so (my mother) farewel:").
BA vor Z. 53: nach Wilson.
BA nach Z. 53: nach Wilson (Q2, Q1: "*Exit.*" // Q1: "*exeunt all but the king.*").
BA vor Z. 54: Wilson.
BA zu Z. 57: nach Wilson und Theobald.
Z. 64: Text Q2 (F1: "By Letters coniuring to that effect").
Z. 68: Text F1 (Q2: "my ioyes will nere [= ne'er] begin.").
BA nach Z. 68: Q2, F1.

4.4

Szeneneinteilung: Pope.
Ortsangabe: Evans.
Auftrittsanweisung: vgl. Anm. (Q2: "*Enter Fortinbrasse with his Army ouer the stage.*" // F1: "*Enter Fortinbras with an Armie.*" // Q1: "*Enter Fortenbrasse, Drumme and Souldiers.*").
Z. 3: Text Q2, Q1 (F1: "Claimes").
BA nach Z. 7: nach Wilson.
BA vor Z. 8: Wilson.
Z. 8: Text Q2 (F1: "Go safely on." // Q1: "goe march away.").
BA nach Z. 8: nach Theobald (F1: "*Exit.*" // Q1: "*exeunt all.*").
Z. 9–66: Text Q2 (F1, Q1 om.).
2. BA nach Z. 8: Dyce (Q2: "*Enter Hamlet, Rosencraus, etc.*").
Z. 30: Text Wilson nach Q2: "God buy you sir."
BA zu Z. 30: Dyce nach Capell.
BA nach Z. 31: nach Dyce und Rowe.
BA nach Z. 66: Q2.

4.5

Szeneneinteilung: Pope.
Ortsangabe: vgl. Anm.
Auftrittsanweisung: nach Q2: "*Enter Horatio, Gertrard, and a Gentleman.*" (F1: "*Enter Queene and Horatio.*" // Q1: "*enter King and Queene.*").
TZ Z. 2/3 (1. Hälfte), Z. 4–13: Q2 (F1: "*Hor.*").
Z. 9: Text F1 (Q2: "they yawne at it,").
Z. 12: Text Q2 (F1: "there would be thought,").
TZ Z. 14–16: Q2 (F1: "*Qu.*").
BA vor Z. 17: Capell.
IP Z. 19 f. (Anführungszeichen): nach Q2.
BA nach Z. 20: F1 (Q2 schon nach Z. 16: "*Enter Ophelia.*" // Q1 [nach ganz anderem Szenenbeginn, vgl. Anm. zu Z. 74 ff.]: "*Enter Ofelia playing on a Lute, and her haire downe singing.*").
BA vor Z. 23: Globe nach Q2 [neben Z. 22]: "*shee sings.*" (F1 gesungene Zeilen kursiv).
BA vor Z. 29: Globe nach Q2: "*Song.*" (F1 gesungene Zeilen kursiv).
Z. 33: Text Q2 (F1 om. "O, ho!").
BA vor Z. 34: Capell.
BA nach Z. 34: Q2 (F1 schon nach Z. 32).

BA vor Z. 36: Globe nach Q 2 [neben Z. 37]: "*Song.*" (F 1 gesungene Zeilen kursiv).
Z. 36: Text Q 2 (F 1, Q 1 om. "all").
Z. 37: F 1, Q 1 (Q 2: "to the ground").
Z. 39: Text Q 2 (F 1: "How do ye,").
Z. 40: Text Johnson (Q 2: "good dild you," // F 1: "God dil'd you." // Q 1: "God yeeld you,").
Z. 44: Text Q 2 (F 1: "Pray you let's").
BA vor Z. 46: Globe nach Q 2: "*Song.*" (F 1 gesungene Zeilen kursiv).
ORTH Z. 50: Wilson nach Q 2: "close," (F 1, Q 1 [disloziert]: "*clothes*,").
Z. 55: Text Q 2 (F 1: "Indeed la? without an oath").
BA vor Z. 56: Capell.
Z. 62: Text Q 2 (F 1, Q 1 om. "(He answers.)").
Z. 62: Text Kittredge nach Q 2, Q 1: "a done" (F 1: "*ha done*").
Z. 63: Text Hanmer (Q 2, F 1: "And thou" // Q 1: "If thou").
Z. 64: Text Q 2 (F 1: "hath she bin this?").
Z. 67: Text Q 2 (F 1: "they should lay him").
IP Z. 70: Q 2 (F 1: "Goodnight Ladies: Goodnight sweet Ladies: Goodnight, goodnight.").
BA nach Z. 70: F 1 (Q 1: "*exit Ofelia.*").
BA nach Z. 71: Parrott/Craig nach Capell.
Z. 72–74: Text Q 2; VE: Steevens (F 1 om. "and now behold").
Z. 75: Text Q 2 (F 1: "When sorrowes comes,").
ORTH Z. 76: Rowe nach Q 2: "battalians:" (F 1: "Battaliaes.").
Z. 79: Text F 1 (Q 2 om. "their").
Z. 86: Text Johnson (Q 2: "Feeds on this wonder," // F 1: "Keepes on his wonder,").
Z. 90: Text Q 2 (F 1: "our persons").
BA zu Z. 93: nach Q 2: "*A noise within.*" // F 1: "*A Noise within.*" // Q 1: "*A noyse within.*").
Z. 93 (2. Hälfte): Text F 1 (Q 2 om. // Q 1 [noch König]: "How now, what noyse is that?").
BA vor Z. 94: Wilson.
Z. 94: Text Q 2 (F 1 om.); VE (als eigene Zeile): Steevens.
BA nach Z. 94: Staunton nach Capell (Q 2, F 1 schon nach Z. 93 "death": "*Enter a Messenger.*").
Z. 95: Text Q 2 (F 1: "Where are").
SB Z. 96 (2. Hälfte): Globe nach Capell (Q 2: "*Messen.*" // F 1: "*Mes.*").
ORTH Z. 98: Wilson (Q 2: "impitious" // F 1: "impittious").
BA nach Z. 106: vgl. Anm. zu Z. 94/95.

2. BA nach Z. 106: nach Capell (Q 2 erst nach Z. 107: "*A noise within*." // F 1 erst nach Z. 108: "*Noise within*.").
BA nach Z. 109: nach White (Q 2 schon nach Z. 108: "*Enter Laertes with others*." // F 1 schon nach Z. 108: "*Enter Laertes*." // Q 1 etwa nach Z. 93: "*Enter Leartes*.").
IP u. Text Z. 110: Q 2 (F 1: "Where is the King, sirs? Stand you all without.").
SB Z. 111 (1. Hälfte) und Z. 112: vgl. Anm. zu Z. 109/110 (Q 2, F 1: "*All*.").
BA nach Z. 112: nach Capell.
Z. 113: Text Q 2 (F 1, Q 1: "vilde").
BA zu Z. 114: nach Johnson.
Z. 115: Text Q 2 (F 1: "that calmes").
Z. 117: Text Q 1676 (Q 2: "browe" // F 1: "brow").
Z. 135: Text Pope nach Q 2: "worlds:" (F 1: "world,").
Z. 139: Text Q 2 (F 1: "Of your deere Fathers death,").
ORTH/Text Z. 140: Dyce (Q 2: "soopstake," // F 1: "Soop-stake" // Q 1: "Swoop-stake-like,").
Z. 144: Text Q 2 (F 1: "Life-rend'ring Politician,").
Z. 148: Text Q 2 (F 1: "most sensible in greefe").
Z. 149: Text Johnson nach Q 2: "peare" (F 1: "pierce").
TZ und VE Z. 150 (2. Hälfte) und 151: nach Johnson (Q 2: "*A noyse within*. / *Enter Ophelia*. / *Laer*. Let her come in. / How now, what noyse is that?" // F 1: "*A noise within. Let her come in.* / *Enter Ophelia.* / *Laer.* How now? What noise is that?").
SB Z. 150 (2. Hälfte): nach Johnson.
BA nach Z. 151: nach Collier und Rowe (Q 2, F 1 zit. zu TZ/VE Z. 150/151 // Q 1: "*Enter Ofelia as before*.").
Z. 154: Text Q 2 (F 1: "payed by waight,").
Z. 155: Text Q 2 (F 1: "turnes").
Z. 158: Text F 1 (Q 2: "as a poore mans life." // Q 1: "as an olde mans sawe?").
Z. 159–161: Text F 1 (Q 2 om.).
BA vor Z. 162: Capell nach Q 2: "*Song*." (F 1 gesungene Zeilen kursiv).
Z. 163: Text F 1 (Q 2 om.).
Z. 164: Text Q 2 (F 1: "And on his graue raines").
VE Z. 165: Capell (Q 2 unbestimmbar // F 1 als Liedteil noch kursiv).
Z. 168: Text Q 2 (F 1: "sing downe a-downe,").
IP Z. 168 f. (Anführungszeichen): nach Kittredge.
BA vor Z. 173: nach Hunter.
Z. 174: Text Q 2 (F 1 om. "you").

BA vor Z. 177: Wilson nach Malone.
BA vor Z. 178: Wilson nach Steevens.
Z. 179: Text Q2 (F1: "Herbe-Grace a Sundaies:" // Q1: "hearb a grace a Sundayes,").
Z. 180: Text F1 (Q2: "you may weare" // Q1: "you must weare").
Z. 183: Text Q2 (F1: "he made").
BA vor Z. 184: Capell nach F1 [abgesetzt und kursiv] (Q2 nur neue Zeile).
Z. 185: Text F1 (Q2: "Thought and afflictions," // Q1: "Thoughts & afflictions, torments worse than hell.").
BA vor Z. 187: Globe nach Q2: "*Song.*" (F1 gesungene Zeilen kursiv).
Z. 187, 188: Text Q2 (F1, Q1 [disloziert]: "will he").
Z. 192: Text Q2 (F1, Q1 om. "was").
Z. 193: Text F1, Q1 (Q2 om. "All").
VE Z. 194/195: Q1 (Q2, F1 als eine Zeile).
VE Z. 196/197: F1, Q1 (Q2 als eine Zeile).
Z. 196: Text Kittredge nach Q2, Q1: "God a mercy" (F1: "*Gramercy*").
Z. 197: Text Evans nach Q2: "and of all Christians soules," (F1: "And of all Christian Soules," // Q1: "And of all christen soules").
Z. 197: Text F1, Q1 (Q2 om. "I pray God").
Z. 198: Text Wilson nach Q2: "God buy you." (F1: "God buy ye." // Q1 [an ungefähr entsprechender Stelle]: "God bwy Loue.").
BA nach Z. 198: Globe (F1: "*Exeunt Ophelia.*" // Q1: "*exit Ofelia.*").
IP und Text Z. 199: Capell (Q2: "Doe you this ô God." // F1: "Do you see this, you Gods?").
Z. 200: Text Q2 (F1: "I must common").
Z. 211: Text Q2 (F1: "buriall;").
Z. 215: Text Q2 (F1: "call in question.").
BA nach Z. 217: Q2, F1 (Q1: "*exeunt om.*").

4.6

Szeneneinteilung: Capell.
Ortsangabe: Globe nach Capell.
Auftrittsanweisung: Q2 (F1: "*Enter Horatio, with an Attendant.*").
SB Z. 2: nach F1: "*Ser.*" (Q2: "*Gent.*").
Z. 2: Text Q2 (F1: "Saylors, sir,").
BA nach Z. 3: nach Hanmer.
BA nach Z. 5: Q2 (F1: "*Enter Saylor.*").

SB Z. 6, 8–11: Capell (Q 2, F 1: "*Say.*").
Z. 8: Text Q 2 (F 1: "Hee shall,").
Z. 8: Text Globe (Q 2: "and please him," // F 1: "and't please him.").
Z. 10: Text Q 2 (F 1: "It comes from th'Ambassadours").
BA nach Z. 11: Wilson nach F 1: "*Reads the Letter.*" [F 1 ganzer Brief kursiv].
Z. 17: Text Q 2 (F 1 om. "and").
Z. 22: Text F 1 (Q 2 om. "good").
Z. 24: Text Q 2 (F 1: "as much hast").
Z. 25: Text Q 2 (F 1: "your eare,").
Z. 26: Text F 1 (Q 2: "for the bord of the matter,").
IP und Text Z. 30: F 1 (Q 2: "*So that thou knowest thine Hamlet.*").
Z. 31: Text F 1 (Q 2: om. "give" // Q 3, Q 4: "make you way").
BA nach Z. 33: Q 2 (F 1: "*Exit.*").

4.7

Szeneneinteilung: Capell.
Ortsangabe: vgl. Anm.
Auftrittsanweisung: Q 2, F 1 sowie [mit: "*Leartes*"] Q 1.
Z. 6: Text F 1 (Q 2: "proceede").
Z. 7: Text Q 2 (F 1: "crimefull,").
Z. 8: Text Q 2 (F 1 om. "greatness").
Z. 11: Text Q 2 (F 1: "And yet").
Z. 20: Text F 1 (Q 2: "Worke like the spring").
Z. 22: Text F 1 (Q 2: "for so loued Arm'd,").
Z. 24: Text Globe (Q 2: "haue aym'd them." // F 1: "had arm'd them.").
BA nach Z. 35: nach Capell und Q 2: "*Enter a Messenger with Letters.*" (F 1: "*Enter a Messenger.*").
Z. 36: Text F 1 (Q 2 om.).
SB Z. 36 (2. Hälfte) und Z. 39: Capell.
Z. 37: Text Q 2 (F 1: "This [. . .] this [. . .]").
Z. 41 (1. Hälfte): Text Q 2 (F 1 om.).
BA nach Z. 42: nach F 1: "*Exit Messenger*".
BA vor Z. 43: Globe nach Capell (F 1 ganzer Brief kursiv).
IP und Text Z. 46: F 1 (Q 2: "when I shal first asking you pardon, there-vnto recount").
Z. 47: Text Q 2 (F 1: "th'Occasions").
Z. 47: Text F 1 (Q 2 om. "and more strange" und "Hamlet").
Z. 48: Text Q 2 (F 1: "Or no such thing?").

Z. 52: Text Q 2 (F 1: “Can you aduise me?”).
Z. 55: Text F 1 (Q 2 om. “shall”).
Z. 56: Text Marshall (Q 2: “Thus didst thou.” // F 1: “Thus diddest thou.” // Q 1: “thus he dies.”).
Z. 58: Text Q 2 (F 1 om. “Ay, my lord”).
Z. 59: Text Q 2 (F 1: “If so you'l not”).
Z. 61: Text F 1 (Q 2: “As the King at his voyage,” // Q 4: “As liking not his voyage,”).
Z. 67–80: Text Q 2 (F 1 om. von “My lord” bis “graveness”).
Z. 80: Text Q 2 (F 1: “Some two Monthes hence”).
Z. 83: Text Q 2 (F 1: “And they ran well”).
Z. 84: Text Q 2 (F 1: “into his Seat,”).
Z. 87: Text Q 2 (F 1: “he past [= passed]”).
Z. 87: Text F 1 (Q 2: “me thought,”).
Z. 91: Text Q 2 (F 1: “*Lamound.*”).
Z. 93: Text Q 2 (F 1: “of all our Nation.”).
Z. 97: Text Q 2 (F 1: “most especially,”).
Z. 99–101: Text Q 2 (F 1 om. von “the scrimers” bis “opposed them”).
ORTH Z. 99: Q 3 nach Q 2: “Scrimures”.
Z. 104: Text Q 2 (F 1: “to play with him;”).
Z. 105: Text Q 2 (F 1: “Why out of this,”).
Z. 113–122: Text Q 2 (F 1 om.).
Z. 121: Text Q 5 (Q 2: “like a spend thirfts sigh,”).
Z. 124: Text Q 2 (F 1: “To show your selfe your Fathers sonne indeed,”).
Z. 133: Text F 1 (Q 2: “wager ore [= o'er] your heads;”).
ORTH/Text Z. 137: F 1 (Q 2: “a pace of practise”).
ORTH/Text Z. 138: Q 2 (F 1: “Requit him”).
Z. 139: Text F 1 (Q 2 om. “that” // Q 3: “the”).
Z. 141: Text Q 2 (F 1: “so mortal, I but dipt”).
Z. 153: Text Q 2 (F 1: “If this should blast”).
Z. 154: Text Q 2 (F 1: “on your commings,”).
VE Z. 155/156: Johnson (Q 2, F 1 eine Zeile); ORTH und IP: F 1 (Q 2: “I hate,” // Q 3: “I hau't,”).
Z. 157: Text Q 2 (F 1: “to the end,”).
Z. 158: Text nach Q 3: “preferd him” (Q 2: “prefard him” // F 1: “prepar'd him”).
Z. 161: Text Q 2 (F 1: “how sweet Queene.”).
BA nach Z. 161: Q 2, F 1 (Q 1: “*enter the Queene.*”).
Z. 163: Text Q 2 (F 1: “So fast they'l follow:”).
Z. 165: Text Q 2 (F 1: “growes aslant a Brooke,”).
Z. 166: Text F 1 (Q 2: “his horry [= hoary] leaues”).

Z. 167: Text Q2 (F1: "There with [...] did she come,").
Z. 170: Text F1 (Q2: "our cull–cold maydes").
ORTH Z. 171: F1, Q3 (Q2: "cronet").
Z. 173: Text Q2 (F1: "the weedy Trophies,").
Z. 176: Text Q2 (F1: "snatches of old tunes," // Q1: "olde sundry tunes").
IP und Text Z. 182: Capell nach Q2: "Alas, then she is drownd." (F1: "Alas then, is she drown'd?" // Q1: "So, she is drownde:").
Z. 185: Text Evans nach Q2 (F1: "a speech of fire,").
Z. 190: Text Q2 (F1: "this folly doubts [= douts] it.").
BA zu Z. 191: Q2, F1.
BA nach Z. 193: Q2, F1, Q1.

5.1

Akt- und Szeneneinteilung: Q 1676.
Ortsangabe: Capell.
Auftrittsanweisung: Q 1676 (Q2, F1: "*Enter two Clownes.*" // Q1: "*enter Clowne and an other.*").
SB Z. 1 usw.: Rowe (Q2: "*Clowne.*", später meist "*Clow.*" // F1: "*Clown.*", später fast durchgehend "*Clo.*" // Q1: "*Clowne.*").
Z. 1f.: Text Q2 (F1: "buriall, that wilfully seekes").
SB Z. 3 usw.: Rowe (Q2, F1: durchgehend "*Other.*" // Q1: durchgehend "2.").
Z. 3: Text Q2 (F1: "she is, and therefore make").
Z. 7: Text F1 (Q2: "It must be so offended,").
Z. 11: Text Q2 (F1: "It is an Act").
Z. 11: Text F1 (Q2: "to doe, to performe,").
Z. 12: Text F1 (Q2: "or all; she drownd her selfe").
Z. 24: Text Q2 (F1: "the truth on't:").
Z. 26: Text Evans nach Q2 (F1: "out of").
Z. 29: Text Q2 (F1: "their euen Christian.").
BA nach Z. 32: nach Capell.
Z. 34: Text Q2 (F1: "He was").
Z. 35–38: Text F1 (Q2 om. von "Why" bis "arms").
Z. 44: Text F1 (Q2 om. "frame").
Z. 58: Text Q2 (F1: "the Houses that he makes," // Q1: "the houses he buildes").
Z. 58: Text Q2, F1 (Q1: "Last").

Z. 60: Text Q 2 (F 1: "go, get thee to *Yaughan*," // Q 1 [nach Z. 29]: "Goe fetch me a stope of drinke,").

Z. 60: Text F 1 (Q 2: "and fetch mee a soope of liquer." // Q 1: "Fetch me a stope of beere, goe.").

BA nach Z. 60: nach Rowe.

BA vor Z. 61: F 1, dort außerdem alle gesungenen Zeilen kursiv (Q 2: "*Song*.").

ORTH Z. 63: vgl. Anm. (Q 2: "To contract ô the time" // F 1: "*To contract O the time*").

Z. 64: Text Q 2 (F 1: "*there was nothing meete*.").

BA nach Z. 64: nach F 1 [schon nach Z. 55] (Q 2, Q 1 [Q 1 schon nach Z. 60]: "*Enter Hamlet and Horatio*."); Position: Q 2.

Z. 65 f.: Text Q 2 (F 1: "businesse, that he sings at").

BA vor Z. 69, 93: Capell nach F 1: "*Clowne sings*." (Q 2: "*Song*.").

Z. 70: Text Q 2 (F 1: "*hath caught me*").

Z. 71: Text Q 2 (F 1: "*intill the Land*,").

BA nach Z. 72: nach Q 1 [disloziert]: "he throwes vp a shouel."

Z. 76: Text Q 2 (F 1: "It might be the Pate").

Z. 77: Text Q 2 (F 1: "which this Asse o're Offices:").

Z. 78: Text Q 2 (F 1: "one that could circumuent").

Z. 82: Text Q 2 (F 1: "how dost thou, good Lord?").

Z. 85: Text Q 4 nach Q 3: "when a ment" (Q 2: "when a went" // F 1: "when he meant").

Z. 88: Text Wilson nach Q 2: "Choples," (F 1: "Chaplesse,").

Z. 88: Text F 1 (Q 2: "the massene").

Z. 89: Text Capell (Q 2: "and we had" // F 1: "if wee had").

BA nach Z. 96: nach Capell.

Z. 98: Text Q 2 (F 1: "why might not that bee" // Q 1: "Why mai't not be").

Z. 99: Text Q 2 (F 1: "Quiddits [...] Quillets?" // Q 1: "Quirkes [...] quillets").

Z. 100: Text Q 2 (F 1: "this rude knaue").

Z. 106: Text F 1 (Q 2 om. von "is this" bis "recoveries").

Z. 108: Text F 1 (Q 2: "will vouchers vouch him [...] purchases & doubles").

Z. 110: Text Q 2 (F 1: "will hardly lye").

Z. 115: Text Q 2 (F 1: "that seek out").

BA nach Z. 116: nach Wilson.

Z. 117: Text Q 2 (F 1: "whose Graue's this Sir?").

BA vor Z. 119: Capell (Q 2 weiter als Prosa // F 1 abgesetzt und kursiv).

Z. 119: Text F 1 (Q 2: "or a pit" // Q 1 om.).

Z. 120: Text F1 (Q2, Q1 om.).
Z. 123: Text Q2 (F1: "and yet it is mine.").
Z. 135: Text Q2 (F1: "these three yeares" // Q1: "This seauen yeares").
Z. 135: Text Q2 (F1: "taken note").
Z. 137: Text Q2, Q1 (F1: "the heeles of our Courtier,").
Z. 138: Text Q2 (F1: "hast thou been a Graue-maker?").
Z. 139: Text F1 (Q2 om. "all").
Z. 143: Text Q2 (F1: "the very day,").
Z. 144: Text Q2 (F1: "hee that was mad," // Q1: "Hee that's mad.").
Z. 146: Text Q2 (F1: "he was").
Z. 147f.: Text Q2 (F1 und [disloziert] Q1: "he shall [...] or if he").
Z. 150f.: Text Q2 (F1 om. das erste "there"; Q1 hat, umgestellt, beide).
Z. 160: Text Q2 (F1: "Ifaith, if he be not rotten before he die" // Q1 [disloziert]: "I faith sir, if hee be not rotten before / He be laide in,").
Z. 161: Text F1 (Q2, Q1 om. "now-a-days").
Z. 163, 164: Text Q2, F1 (Q1: "yeares").
Z. 163, 167: Text Q2 (F1: "he will" // Q1: "He will", "it will").
Z. 169: Text Q2 (F1: "Heres a Scull now: this Scul, has laine in the earth" // Q1 [disloziert]: "Looke you, heres a scull hath bin here").
Z. 169: Text F1 (Q2: "23. yeeres." // Q1: "this dozen yeare," // Q5: "twenty three yeeres.").
Z. 176: Text Q2 (F1: "This same Scull Sir, this same Scull sir, was *Yoricks* Scull,").
BA nach Z. 177: Capell.
Z. 179: Text Q2 (F1: "Let me see. Alas poore *Yorick*," // Q1: "I prethee let me see it, alas poore *Yoricke*").
Z. 181: Text F1 (Q2: "hee hath bore me" // Q1: "he hath caried mee").
Z. 182: Text Q2 (F1: "And how abhorred my Imagination is,")
Z. 187: Text Q2 (F1: "No one now to mock your own Ieering?").
Z. 188: Text Q2 (F1, Q1: "to my Ladies Chamber,").
Z. 193: Text Evans nach Q2: "a this fashion" (F1: "o'this fashion").
Z. 195: Text Q2 (F1: "Puh.").
BA nach Z. 195: Collier.
Z. 199: Text Q2 (F1: "till he find it").
Z. 202: Text F1 (Q2 om. "as thus").
Z. 203: Text Q2 (F1: "into dust;").
Z. 207: Text Q2, Q1 (F1: "Imperiall *Caesar*,").

Z. 210: Text F1 (Q2: "the waters flaw.").
Z. 211: Text Q2 (F1: "But soft, but soft, aside;").
BA zu Z. 212: vgl. Anm. (Q2 neben Z. 211–213: "*Enter K. Q. Laertes and the corse.*" // F1 schon nach Z. 211: "*Enter King, Queene, Laertes, and a Cooffin, with Lords attendant.*" // Q1 schon nach Z. 208: "*Enter King and Queene, Leartes, and other lordes, with a Priest after the coffin.*").
Z. 212 (2. Hälfte): Text Q2 (F1: "Who is that").
Z. 215: Text Q2 (F1 om. "of").
BA nach Z. 216: nach Capell.
BA vor Z. 218: nach Capell.
SB Z. 220, 229: F1, Q1 (Q2: "*Doct.*").
Z. 221: Text Q2 (F1: "warrantis,").
Z. 223: Text F1 (Q2: "She should [...] been lodg'd,").
Z. 224: Text Q2 (F1: "praier,").
Z. 225: Text F1 (Q2 om. "Shards").
Z. 226: Text Q2 (F1: "her Virgin Rites,").
Z. 231: Text Q2 (F1: "To sing sage *Requiem*,").
BA zu Z. 234: nach Capell; Position: Wilson.
BA vor Z. 237: Johnson.
Z. 240: Text Q2 (F1: "And not t'haue strew'd").
Z. 240 (Laertes): Text Q2 (F1: "Oh terrible woer,").
Z. 241: Text F1 (Q2: "tenne times double").
BA nach Z. 244: F1 (Q1: "*Leartes leapes into the graue.*").
BA zu Z. 248: Capell.
Z. 248 (Hamlet): Text Q2 (F1: "whose griefes").
BA zu Z. 252: nach Q1: "*Hamlet leapes in after Leartes*".
2. BA zu Z. 252: Rowe.
Z. 255: Text Q2 (F1: "Sir though I am not").
Z. 255: Text F1 (Q2 om. "and").
Z. 256: Text Q2 (F1: "Yet haue I something in me dangerous," // Q1: "For there is something in me dangerous,").
Z. 257: Text Q2, Q1 (F1: teils "thy wisensse", teils "thy wisenesse").
Z. 257: Text Q2, Q1 (F1: "Away thy hand.").
TZ und Text Z. 259: Q2 (F1 om. "*All.* Gentlemen!"; statt dessen: "*Gen.* Good my Lord be quiet.").
BA zu Z. 259: nach Capell und Rowe.
Z. 268: Text Q2 (F1: "Come show me" // Q1: "Shew me").
ORTH/Text Z. 268: Q5 nach Q2: "th'owt" (F1: "thou'lt" // Q1: "thou wilt").
ORTH/Text Z. 269, 270: Q2, F1 (Q1: "wilt").

Z. 269: Text Q 2, Q 1 (F 1 om. “woo't fast?”).
ORTH/Text Z. 270: nach Theobald (Q 2: “Esill,” // F 1: “*Esile*,” // Q 1: “vessels,”).
Z. 271: Text Q 2 (F 1: “Dost thou come heere” // Q 1: “Com'st thou here”).
TZ Z. 278 (2. Hälfte): Q 2 (F 1: “*Kin*.” // Q 1: “*King*.”).
Z. 279: Text F 1 (Q 2: “And this a while”).
Z. 281: Text Q 2 (F 1: “Cuplet”).
BA nach Z. 286: F 1 (Q 2 [neben Z. 286/287] und Q 1: “*Exit Hamlet and Horatio*.”).
Z. 287: Text Q 2 (F 1: “I pray you”).
BA nach Z. 287: Pope.
BA vor Z. 288: Wilson nach Rowe.
Z. 288: Text Q 2 (F 1: “Strengthen you patience”).
Z. 292: Text F 1 (Q 2, 1604: “thirtie shall we see” // Q 2, 1605: “thereby shall we see”).
BA nach Z. 293: Q 2, F 1 (Q 1: “*exeunt omnes*”).

5.2

Szeneneinteilung: Rowe.
Ortsangabe: nach Wilson und Capell.
Auftrittsanweisung: Q 2, F 1, Q 1.
Z. 1: Text Q 2 (F 1: “now let me see the other,”).
IP Z. 3: Capell (Q 2: “my Lord.” // F 1: “my Lord?”).
Z. 6: Text F 1 (Q 2: “in the bilbo,” // Q 4: “in the bilbo's,”).
Z. 7: Text Q 2 (F 1: “praise be”).
Z. 8: Text Q 2 (F 1: “sometimes”).
Z. 9: Text Q 2 (F 1: “deare plots”).
Z. 9: Text Q 2, 1604, und [“paule” geschrieben] F 1 (Q 2, 1605: “fall,”).
Z. 9: Text Q 2 (F 1: “should teach vs,”).
IP und Text Z. 17: F 1 (Q 2 [ohne Satzzeichen]: “to vnfold”).
Z. 19: Text Wilson nach Delius und Q 2: “A royall knauery,” (F 1: “Oh royall knauery;”).
Z. 20: Text Q 2 (F 1: “sorts of reason;”).
Z. 27: Text Q 2 (F 1: “But wilt thou heare me how”).
Z. 30: Text F 1 (Q 2: “Or I could make”).
Z. 37: Text Q 2 (F 1: “The effects”).
Z. 40: Text Q 2 (F 1: “as the Palme should flourish,”).

ORTH/Text Z. 43: Parrott/Craig nach F 1: “such like Assis” (Q 2: “such like, as sir”).
Z. 44: Text Q 2 (F 1: “on the view and know of”).
Z. 46: Text Q 2 (F 1: “the bearers”).
Z. 48: Text Q 2 (F 1: “ordinate:”).
Z. 51: Text Q 2 (F 1: “in forme of the other,”).
Z. 57: Text F 1 (Q 2 om.).
Z. 58: Text Q 2 (F 1: “their debate”).
Z. 63: Text Q 2 (F 1: “Does it not, thinkst thee, stand”).
Z. 68–80: Text F 1 (Q 2 om.).
Z. 78: Text Rowe (F 1: “count his fauours:”).
BA nach Z. 80: Globe (Q 2: “*Enter a Courtier.*” // F 1: “*Enter young Osricke.*” // Q 1: “*Enter a Bragart Gentleman.*”).
BA vor Z. 81: Wilson.
SB Z. 81 usw.: nach F 1 (Q 2: in dieser Episode “*Cour.*” // Q 1: “*Gent.*”, einmal “*Gen.*”).
BA vor Z. 83, 84, 85: Dyce nach Capell.
Z. 88: Text Q 2 (F 1: “but as I saw”).
Z. 89: Text Q 2 (F 1: “if your friendship”).
Z. 91: Text Q 2 (F 1 om. “sir”).
Z. 92: Text F 1 (Q 2 om. “Put”).
Z. 96: Text Q 2 (F 1: om. “But yet”).
Z. 96: Text F 1 (Q 2: “very sully and hot, or my complection.”).
Z. 98: Text Q 2 (F 1: “but my Lord,”).
Z. 100: Text Q 2 (F 1: “he ha’s laid”).
BA vor Z. 102: nach Johnson.
Z. 103: Text Q 2 (F 1: “Nay, in good faith, for mine ease in good faith:”).
Z. 104–135: Text Q 2 (F 1 om.).
Z. 108: Text Q 3 (Q 2, 1604: “sellingly” // Q 2, 1605 “fellingly”[?]).
Z. 109: Text Wilson nach Nicholson (Q 2: “of what part a Gentleman”).
Z. 111: Text Q 3 (Q 2, 1604: “dosie” // Q 2, 1605: “dazzie”).
Z. 112: Text Q 2, 1604 (Q 2, 1605: “raw”).
Z. 123: Text Q 2, 1604 (Q 2, 1605: “you will doo’t sir really.”).
BA vor Z. 126: Capell.
Z. 134–135: Text Q 2 [außer: “his”] (F 1 Übergang von Z. 103: “Sir, you are not ignorant of what excellence *Laertes* is at his weapon.”).
Z. 134: Text Q 5 (Q 2: “for this weapon,” [auch F 1: “his”]).
IP Z. 135: Steevens (Q 2: “but in the imputation laide on him, by them in his meed, hee’s vnfellowed.”).
Z. 139: Text Q 2 (F 1: “ha’s wag’d with him”).

Z. 140: Text Q2 (F1: “he impon’d”).
Z. 142: Text Globe (Q2: “hanger and so.” // F1: “Hangers or so:”).
BA vor Z. 147: Theobald.
Z. 147: Text Q2 (F1, Q1 om.).
Z. 150: Text Q2 (F1: “carry Cannon”).
Z. 151: Text F1, Q3, Q4 (Q2, 1604: “it be hangers” // Q2, 1605: “it be might hangers”).
Z. 155: Text Wilson nach Malone (Q2: “why is this all you call it?” // F1: “why is this impon’d as you call it?”).
Z. 156: Text Q2 (F1: “The King Sir, hath laid that”).
Z. 157: Text Q2 (F1: “betweene you and him,”).
Z. 159: Text Q2 (F1: “He hath one twelue for mine,”).
Z. 160: Text Q2 (F1: “and that would come”).
Z. 168: Text Capell (Q2: “and I can,” // F1: “if I can:”).
Z. 170: Text Q2 (F1: “Shall I redeliuer you ee’n so?”).
BA vor Z. 172: nach Wilson.
Z. 173 f.: Text Evans nach Q2: “Yours doo’s well to commend it himselfe,” (F1: “Yours, yours; hee does well to commend it himselfe,”).
BA nach Z. 173: Capell (Q1 schon nach Z. 172: “*exit.*”).
Z. 174: Text Q2 (F1: “for’s tongue.”).
Z. 177: Text Wilson (Q2, 1604: “A did sir with” // Q2, 1605: “A did so sir with” // F1: “He did Complie with”).
Z. 177: Text Q2 (F1: “before hee suck’t it:”).
Z. 178: Text Q2 (F1: “thus had he and mine more of the same Beauy”).
Z. 181: Text Q2 (F1: “and outward habite of encounter,”).
Z. 181: Text F1 (Q2: “a kind of histy colection,”).
Z. 183: Text F1 (Q2: “the most prophane and trennowed opinions,”).
Z. 184: Text Q2 (F1: “to their tryalls:”).
Z. 185–196: Text Q2 (F1, Q1 om.).
BA nach Z. 184: Q2.
BA nach Z. 196: Theobald.
Z. 197: Text Q2 (F1: “You will lose this wager, my Lord.”).
Z. 201: Text Q2 (F1: “but thou wouldest not thinke how all heere about my heart:”).
Z. 206: Text Q2 (F1 om. “it”).
Z. 209: Text Q2 (F1: “there’s a speciall Prouidence” // Q1: “theres a predestiuate prouidence”).
Z. 210: Text F1 (Q2 om. “now”).
Z. 213 f.: Text Q2 (F1: “since no man ha’s ought of what he leaues. What is’t to leaue betimes?”).

BA nach Z. 214: vgl. Anm. (Q 2: "*A table prepard, Trumpets, Drums and officers with Cushions, King, Queene, and all the state, Foiles, daggers, and Laertes.*" // F 1: "*Enter King, Queene, Laertes and Lords, with other Attendants with Foyles, and Gauntlets, a Table and Flagons of Wine on it.*" // Q 1: "*Enter King, Queene, Leartes, Lordes.*").
BA nach Z. 215: nach Wilson und Johnson.
Z. 219: Text Q 2 (F 1 om. "a").
Z. 230: Text F 1 (Q 2 om.).
Z. 234: Text Q 2, Q 1 (F 1: "my Mother.").
Z. 240: Text F 1 (Q 2 om. "keep").
Z. 240: Text Q 2 (F 1: "vngorg'd.").
Z. 240: Text F 1 (Q 2: "but all that time").
Z. 242: Text Q 2 (F 1: "I do embrace it freely,").
ORTH/Text Z. 243 (Apostroph): Evans nach Edel.
Z. 244 (Hamlet): Text Q 2 (F 1: "Giue vs the Foyles: Come on.").
BA zu Z. 249: nach Wilson.
Z. 253: Text F 1 (Q 2 "But since he is better,").
BA nach Z. 254: nach Wilson.
BA vor Z. 255: nach Wilson.
BA nach Z. 256: nach F 1 [schon nach Z. 255]: "*Prepare to play.*"
Z. 260: Text Q 2 (F 1: "Ordinance").
Z. 262: Text F 1 (Q 2, 1604: "an Vnice" // Q 2, 1605: "an Onixe").
Z. 265: Text Q 2 (F 1: "to the Trumpets speake,").
BA nach Z. 269: nach Wilson und Q 2 (neben Z. 268/269): "*Trumpets the while.*"
Z. 270: Text Q 2 (F 1: "*Ham*. Come on sir. / *Laer*. Come on sir.").
BA zu Z. 270: F 1 (Q 1 erst nach Laertes' "No": "*Heere they play:*").
BA zu Z. 271, 272: nach Wilson.
BA zu Z. 273: vgl. Anm. (Q 2 [zweizeilig neben Z. 271]: "*Drum, trumpets and shot. / Florish, a peece goes off.*" // F 1 [nach Z. 273]: "*Trumpets sound, and shot goes off.*").
Z. 274: Text Q 2 (F 1 om. "it").
ORTH/Text Z. 274: nach F 1: "a-while." (Q 2: "a while").
BA nach Z. 274: nach Wilson.
BA zu Z. 275: nach Q 1 [schon nach Z. 271]: "*They play againe.*"
Z. 276: Text F 1 (Q 2 om. "A touch, a touch" // Q 1: "I [= Ay], I grant, a tuch, a tuch.").
Z. 276: Text Q 2 (F 1: "I do confesse.").
BA nach Z. 276: Wilson.

Z. 278: Text Q2 (F1: "Heere's a Napkin, rub thy browes." // Q1: "Here *Hamlet*, take my napkin, wipe thy face.").
BA nach Z. 278: Wilson.
BA nach Z. 281: nach Wilson und Q1: "*Shee drinkes.*"
BA vor Z. 282, 286: Rowe.
BA vor Z. 285: Wilson.
Z. 286: Text Q2 (F1: "And yet 'tis almost 'gainst my conscience." // Q1: "And yet it goes almost against my conscience.").
Z. 287: Text Q2 (F1 om. "do").
Z. 289: Text Q2 (F1: "I am affear'd you make").
BA zu Z. 290: nach F1: "*Play.*"
BA nach Z. 290: Wilson.
BA vor Z. 291: Wilson.
BA zu Z. 291: nach Wilson und F1: "*In scuffling they change Rapiers.*" (Q1 etwa nach Z. 287: "*They catch one anothers Rapiers, and both are wounded, Leartes falles downe, the Queene falles downe and dies.*").
BA vor Z. 292: Wilson.
BA zu Z. 292: Capell (Q1 zit. zu Z. 291).
BA nach Z. 292: nach Wilson und Rowe (Q1 zit. zu Z. 291).
BA nach Z. 293: Wilson nach Capell (Q1 zit. zu Z. 291).
Z. 295: Text Q2 (F1 om. "own").
Z. 297: Text Q5 (Q2, F1: "sounds").
BA nach Z. 299: nach Rowe (Q1 zit. zu Z. 291).
ORTH/Text Z. 300: nach Q3, Q4 ["hoe"] (Q2: "O villanie, how let" // F1: "Oh Villany! How? Let" // Q1: "Treason, ho, keepe the gates.").
Z. 302: Text F1 (Q2: "It is heere *Hamlet*, thou art slaine,").
Z. 304: Text Q2 (F1, Q1: "halfe an houre of life:").
Z. 305: Text F1, Q1 (Q2: "in my hand").
BA zu Z. 311: Rowe nach F1: "*Hurts the King.*"
Z. 313: Text F1 (Q2 om. "murderous").
BA nach Z. 313: nach Wilson.
Z. 314: Text F1 (Q2: "Drinke of this potion, is the Onixe heere?" // Q1: "Come drinke, here lies thy vnion here.").
BA zu Z. 315: Q1 (F1: "*King Dyes.*").
BA nach Z. 319: F1 (Q1: "*Leartes dies.*").
Z. 327: Text Q2 (F1: "and my causes right").
BA zu Z. 330: nach Wilson und Collier.
IP und ORTH/Text Z. 331: Capell (Q2: "Ile hate," // F1: "Ile haue't.").
BA nach Z. 331: nach Wilson.
Z. 332: Text Q2 (F1: "Oh good *Horatio*," // Q1: "O fie *Horatio*,").

Z. 333: Text F1 (Q2: "shall I leaue behind me?").
BA zu Z. 337: nach Wilson, Jennens und F1: "*March afarre off, and shout* [= shot] *within.*" (Q2 neben Z. 336/337: "*A march a farre off.*").
BA nach Z. 337: nach Q2, F1: "*Enter Osrick*[*e*]".
Z. 346: Text Q2 (F1: "The rest is silence. O, o, o, o.").
BA nach Z. 346: F1 (Q1: "*Ham. dies.*").
BA nach Z. 349: kombiniert aus Q2: "*Enter Fortenbrasse, with the Embassadors.*" und F1: "*Enter Fortinbras and English Ambassador, with Drumme, Colours, and Attendants.*" (Q1: "*Enter Voltemar and the Ambassadors from England. enter Fortenbrasse with his traine.*").
Z. 350: Text Q2 (F1: "ye would see;").
Z. 352: Text Q2 (F1: "His quarry").
ORTH/Text Z. 354: Q2 (F1: "at a shoote," // Q1: "at one draft").
SB Z. 355: Capell (Q2: "*Embas.*" // F1: "*Amb.*" // Q1: "*Ambass.*").
Z. 367: Text F1 (Q2 om. "th'").
Z. 371: Text F1 (Q2: "and for no cause").
Z. 379: Text Q2 (F1: "I shall haue alwayes cause").
Z. 380: Text F1 (Q2: "will draw no more,").
Z. 382: Text Q2 (F1: "Euen whiles").
Z. 386: Text Q2, Q1 (F1: "most royally:").
Z. 387: Text F1 (Q2: "and the right of warre").
Z. 389: Text Q2 (F1, Q1: "the body;").
BA nach Z. 391: nach Wilson, Capell und F1: "*Exeunt Marching: after the which, a Peale of Ordenance are shot off.*" (Q2: "*Exeunt.*").
FINIS: Q2, F1 (Q1: "*Finis.*").

Der Neue Reclam Shakespeare

ZWEISPRACHIG

Antony and Cleopatra / Antonius und Cleopatra. 304 S. UB 8830
As You Like It / Wie es Euch gefällt. 253 S. UB 7734
Julius Caesar. 216 S. UB 9816
The Comedy of Errors / Die Komödie der Irrungen. 189 S. UB 9703
Hamlet. Bd. 1: Einführung. Text. Übersetzung. Textvarianten. 372 S. UB 8243 – Bd. 2: Kommentar. Bibliographie. 693 S. UB 8244
King Henry V / König Heinrich V. 263 S. UB 9899
King Lear / König Lear. 272 S. UB 9444
King Richard II / König Richard II. 215 S. UB 9806
King Richard III / König Richard III. 320 S. UB 9881
Macbeth. 224 S. UB 9870
Measure for Measure / Maß für Maß. 270 S. UB 4523
The Merchant of Venice / Der Kaufmann von Venedig. 224 S. UB 9800
A Midsummer Night's Dream / Ein Sommernachtstraum. 176 S. UB 9755
Much Ado About Nothing / Viel Lärm um nichts. 392 S. UB 3727
Othello. 264 S. UB 9830
Romeo and Juliet / Romeo und Julia. 268 S. UB 9942
The Sonnets / Die Sonette. Englisch und in ausgewählten deutschen Versübertragungen. 232 S. UB 9729
The Taming of the Shrew / Der Widerspenstigen Zähmung. 260 S. UB 8032
The Tempest / Der Sturm. 190 S. UB 7903
Titus Andronicus. 222 S. UB 8476
Twelfth Night / Was ihr wollt (Der Dreikönigstag). 230 S. UB 9838
Venus and Adonis. 144 S. UB 18255
The Winter's Tale / Das Wintermärchen. 256 S. UB 8393

Philipp Reclam jun. Stuttgart

William Shakespeare

EINZELAUSGABEN
IN RECLAMS UNIVERSAL-BIBLIOTHEK

Antonius und Cleopatra. Trauerspiel. 117 S. UB 39
Coriolanus. Trauerspiel. 112 S. UB 69
Cymbelin. Schauspiel. 120 S. UB 225
Ende gut, alles gut. Lustspiel. 108 S. UB 896
Hamlet. Trauerspiel. 141 S. UB 31
Julius Cäsar. Trauerspiel. 80 S. UB 9
Der Kaufmann von Venedig. Lustspiel. 87 S. UB 35
König Heinrich der Vierte. Schauspiel. 200 S. UB 81
König Lear. Trauerspiel. 112 S. UB 13
König Richard der Zweite. Schauspiel. 91 S. UB 43
König Richard der Dritte. Schauspiel. 120 S. UB 62
Die Komödie der Irrungen. 68 S. UB 273
Macbeth. Trauerspiel. 92 S. UB 17
Maß für Maß. Lustspiel. 104 S. UB 196
Othello. Trauerspiel. 112 S. UB 21
Romeo und Julia. Trauerspiel. 127 S. UB 5
Ein Sommernachtstraum. Komödie. 72 S. UB 73
Der Sturm. Zauberlustspiel. 72 S. UB 46
Troilus und Cressida. Trauerspiel. 118 S. UB 818
Viel Lärmen um nichts. Lustspiel. 95 S. UB 98
Was ihr wollt. Lustspiel. 80 S. UB 53
Der Widerspenstigen Zähmung. Lustspiel. 88 S. UB 26
Wie es euch gefällt. Lustspiel. 93 S. UB 469
Das Wintermärchen. Schauspiel. 96 S. UB 152

Shakespeare zum Vergnügen. Anthologie. 165 S. UB 9779

Philipp Reclam jun. Stuttgart

William Shakespeare

SEKUNDÄRLITERATUR
IN RECLAMS UNIVERSAL-BIBLIOTHEK

Interpretationen

Shakespeares Dramen. (The Taming of the Shrew, King Richard III, A Midsummer Night's Dream, Romeo and Juliet, The Merchant of Venice, Much Ado Abouth Nothing, Julius Caesar, As You Like It, Hamlet, Twelfth Night, Othello, King Lear, Macbeth, The Tempest). 402 S. UB 17513

Erläuterungen und Dokumente

Hamlet. 264 S. UB 8116
Romeo und Julia. 182 S. UB 16029

Literaturwissen

William Shakespeare. 240 S. UB 15224

Darstellungen

Ulrich Suerbaum: *Das elisabethanische Zeitalter.* 581 S. UB 8622

Ulrich Suerbaum: *Der Shakespeare-Führer.* Mit 49 Abbildungen. 468 S. UB 17663

Philipp Reclam jun. Stuttgart

Fremdsprachentexte

IN RECLAMS UNIVERSAL-BIBLIOTHEK

Englische Prosa

Douglas Adams: *The Hitchhiker's Guide to the Galaxy.* 320 S. UB 19744

British Political Speeches. From Churchill to Blair. 190 S. UB 9084

Anthony Burgess: *A Clockwork Orange.* 261 S. UB 9281

Lewis Carroll: *Alice's Adventures in Wonderland.* Ill. 165 S. UB 9160

Bruce Chatwin: *In Patagonia.* 379 S. UB 9099

Joseph Conrad: *Heart of Darkness.* 189 S. UB 9161

Roald Dahl: *Three Tales of the Unexpected.* 96 S. UB 9215 – *The Witches.* 192 S. UB 9080

Charles Dickens: *A Christmas Carol.* 155 S. UB 9150

Garry Disher: *The Apostle Bird.* 152 S. UB 9101

Arthur Conan Doyle: *The Speckled Band.* Four Sherlock Holmes Stories. 184 S. UB 9003

Daphne Du Maurier: *The Birds.* 76 S. UB 9287 – *Don't Look Now.* 109 S. UB 9054

English Literature. From Chaucer to McEwan. 311 S. UB 9123

English Proverbs. 152 S. UB 9235

Graham Gardner: *Inventing Elliot.* 267 S. UB 19720

Nadine Gordimer: *Town and Country Lovers. Three Stories.* 96 S. UB 9237

Graffiti. 88 S. UB 9112

Graham Greene: *The Third Man.* 173 S. UB 9180

Aldous Huxley: *Brave New World.* 323 S. UB 9284

Kazuo Ishiguro: *The Remains of the Day.* 373 S. UB 9138

James Joyce: *Dubliners.* A Selection. 104 S. UB 9181

Judith Kerr: *When Hitler Stole Pink Rabbit.* 268 S. UB 9076

Doris Lessing: *To Room Nineteen.* 72 S. UB 9151

London Stories. 228 S. UB 9106

London Underground. Poems and Prose About the Tube. 199 S. UB 9104

Katherine Mansfield: *The Garden-Party.* Five Short Stories. 85 S. UB 9152

W. Somerset Maugham: *The Letter.* 75 S. UB 9183

Ian McEwan: *The Cement Garden.* 182 S. UB 9069 – *The Daydreamer.* 160 S. UB 9119

A. A. Milne: *Winnie-the-Pooh.* Ill. 180 S. UB 9231

Mini-Sagas. *An Anthology of Fifty-Word Short Stories.* 183 S. UB 9146

Salman Rushdie: *East, West.* 275 S. UB 9094

Alan Sillitoe: *The Loneliness of the Long-distance Runner.* 88 S. UB 9192 – *Saturday Night and Sunday Morning.* 360 S. UB 9038

Muriel Spark: *The Prime of Miss Jean Brodie.* 189 S. UB 9193

Robert Louis Stevenson: *The Bottle Imp.* 59 S. UB 9157 – *The Strange Case of Dr. Jekyll and Mr. Hyde.* 119 S. UB 9167

Think more, act less. English aphorisms. 148 S. UB 9296

Urban Legends. 104 S. UB 9065

Evelyn Waugh: *The Loved One.* 192 S. UB 9233

H. G. Wells: *The Time Machine.* 160 S. UB 9176

Oscar Wilde: *The Canterville Ghost.* 64 S. UB 9177 – *The Happy Prince and Other Tales.* 91 S. UB 9293 – *The Picture of Dorian Gray.* 344 S. UB 9019

Virginia Woolf: *Mrs Dalloway's Party.* A Short Story Sequence. 96 S. UB 9196

Philipp Reclam jun. Stuttgart

Fremdsprachentexte

IN RECLAMS UNIVERSAL-BIBLIOTHEK

Amerikanische Literatur (Auswahl)

Afro-American Short Stories. 167 S. UB 9276

Edward Albee: Who's Afraid of Virginia Woolf? 206 S. UB 9073

American Love Stories. 208 S. UB 9097

American Crime Stories. 167 S. UB 9268

American Political Speeches. 175 S. UB 9137

American Short Stories of the 19th Century. 300 S. UB 9034

Paul Auster: City of Glass. 248 S. UB 9078 – Moon Palace. 456 S. UB 9083

L. Frank Baum: The Wonderful Wizard of Oz. 211 S. UB 9001

Ambrose Bierce: The Devil's Dictionary. 157 S. UB 9057

Robert Bloch: Psycho. 239 S. UB 9066

T. C. Boyle: After the Plague and Other Stories. 239 S. UB 9149

Ray Bradbury: Fahrenheit 451. 247 S. UB 9270 – The Martian Chronicles. 338 S. UB 9058

Bill Bryson: Notes from a Big Country. 172 S. UB 9134

Howard Buten: When I Was Five I Killed Myself. 214 S. UB 9100

Ernest Callenbach: Ecotopia. 367 S. UB 9030

Raymond Carver: Short Cuts. 237 S. UB 9079

Truman Capote: Breakfast at Tiffany's. 157 S. UB 9241 – Handcarved Coffins. 144 S. UB 9110

Raymond Chandler: The Big Sleep. 379 S. UB 9009 – Killer in the Rain. 128 S. UB 9198

Contemporary American Short Stories. 155 S. UB 9206

Stephen Crane: Maggie: A Girl of the Streets. 135 S. UB 9289

F. Scott Fitzgerald: The Great Gatsby. 255 S. UB 9242

Winston Groom: Forrest Gump. 301 S. UB 9033

Ernest Hemingway: The Old Man and the Sea. 140 S. UB 9075 – The Snows of Kilimanjaro. Six Stories. 176 S. UB 9120

Patricia Highsmith: A Shot from Nowhere. Six Stories. 160 S. UB 9262 – The Talented Mr. Ripley. 437 S. UB 9145

Denis Johnson: Jesus' Son. 157 S. UB 9092

Kiss Me, Kate. A Musical. (Book Samuel and Bella Spewack, Music and Lyrics Cole Porter) 181 S. UB 9263

Kressmann Taylor: Address Unknown. 63 S. UB 9107

Nick McDonell: Twelve. 237 S. UB 9127

Herman Melville: Bartleby. 88 S. UB 9190

Arthur Miller: Death of a Salesman. 171 S. UB 9172 – The Crucible. 224 S. UB 9257

Mexican-American Short Stories. 179 S. UB 9124

Modern American Short Stories. 160 S. UB 9216

New York Fiction. 154 S. UB 9070

Eugene O'Neill: Long Day's Journey into Night. 216 S. UB 9252

Edgar Allan Poe: The Gold-Bug and Other Tales. 192 S. UB 9173 – The Murders in the Rue Morgue. 80 S. UB 9088

Morton Rhue: Give a Boy a Gun. 195 S. UB 9111

John Steinbeck: Of Mice and Men. 173 S. UB 9253 – Tortilla Flat. 280 S. UB 9027

James Thurber: Stories and Fables of Our Time. Ill. 88 S. UB 9232

West Side Story. A Musical. (Jerome Robbins / Arthur Laurents / Leonard Bernstein / Stephen Sondheim.) 136 S. UB 9212

Thornton Wilder: The Bridge of San Luis Rey. 152 S. UB 9193 – Our Town. 127 S. UB 9168

Tennessee Williams: Cat on a Hot Tin Roof. 223 S. UB 9039 – The Glass Menagerie. 149 S. UB 9178 – A Streetcar Named Desire. 199 S. UB 9240

Philipp Reclam jun. Stuttgart

Englische Fremdsprachentexte

IN RECLAMS UNIVERSAL-BIBLIOTHEK

Short Stories (Auswahl)

Afro-American Short Stories. Baldwin – Hughes – Jones – Kelley – Walker – Wright. 167 S. UB 9276

American Crime Stories. Cain – Collier – Ellin – MacDonald – Millar – Slesar. 167 S. UB 9268

American Film Stories. Boyle – Bradbury – Brautigan – Clark – Johnson – Johnston – Phillips – Saroyan – Shepard. 144 S. UB 9029

American Short Stories of the 19th Century. Bierce – Hawthorne – Irving – James – Melville – Poe – Twain. 300 S. UB 9034

Classic Science Fiction Stories. Asimov – Ballard – Bester – Dick – Ellison – Harrison – Heinlein – Russell – Wyndham. 311 S. UB 9103

Contemporary American Short Stories. Barth – Barthelme – Godwin – Graham – Merwin – Oates – Pynchon – Updike – Vonnegut. 155 S. UB 9206

Contemporary Australian Short Stories. Bail – Carey – Garner – Malouf - Moorhouse – Weller – White. 165 S. UB 9295

Contemporary Canadian Short Stories. Atwood – Findley – MacLeod – Munro – Richler – Valgardson – Wiebe. 189 S. UB 9261

Contemporary Indian Short Stories. Narayan – Manto – Devi – Vaid – Das – Hejmadi – Rushdie. 221 S. UB 19708

Contemporary Irish Short Stories. Daly – Devlin – Friel – Healy – Kelly – Mac Mathúna – McGahern – Montague. 184 S. UB 9250

Contemporary New Zealand Short Stories. Frame – Gee – Grace – Hulme – Ihimaera – Stead. 168 S. UB 9035

Contemporary South African Short Stories. Bosman – Gordimer – Head – Hope – Matthews – Mphahlele – Roberts – Themba. 176 S. UB 9006

English Crime Stories. Allingham – Berkeley – Francis – James – Sayers. 165 S. UB 9254

English Love Stories. Bowen – Enright – Lawrence – Lessing – Lively – Mansfield – McEwan – O'Connor – Weldon. 174 S. UB 9047

Horror Stories of the Twentieth Century. Blackwood – Highsmith – King – Langley – Spark. 151 S. UB 9255

Many Voices – Many Cultures. Multicultural British Short Stories. Collins – Dabydeen – Dhondy – Gunesekera – Kureishi – O'Faolain – Rhys – Selvon – Shinebourne – Sinclair – Singh-Toor. 274 S. UB 9045

Mexican-American Short Stories. Anaya – Burciaga – Castillo – Cisneros – Jiménez – Ponce – Sálaz-Márquez – Ulibarrí. 179 S. UB 9124

Modern American Short Stories. Anderson – Faulkner – Fitzgerald – Hemingway – Porter – Steinbeck. 160 S. UB 9216

Modern English Short Stories I. Bennett – de la Mare – Galsworthy – Hardy – Kipling – Maugham – Saki – Wells. 189 S. UB 9184

Modern English Short Stories II. Coppard – Forster – Graves – Greene – Hartley – Huxley – Lawrence – Pritchett – Waugh – Woolf. 184 S. UB 9165

Modern English Short Stories III. Amis – Bates – Lessing – McEwan – Sillitoe – Swift – Taylor – Wain – Wilson. 168 S. UB 9202

New York Fiction. Crane – Dreiser – O. Henry – Howe – Janowitz – Leacock – Marshall – Parker – Wolfe. 154 S. UB 9070

Short Short Stories Universal. Thirty Stories from the Englishspeaking World. 229 S. UB 9297

Ten British Women Writers. Byatt – Carter – Fitzgerald – Gordimer – Hill – Maitland – Page – Tennant – Tremain – Weldon. 240 S. UB 9077

Philipp Reclam jun. Stuttgart